全国高等院校电子商务系列实用规划教材

新编电子商务

主　编　田　华
参　编　李　燕

北京大学出版社
PEKING UNIVERSITY PRESS

内容简介

本书系统地介绍了电子商务的基本框架、基本理论、电子商务技术、安全和业务操作流程以及电子商务应用等。全书共9章，具体内容包括电子商务概述、电子商务法律法规基本知识、网络营销、计算机网络技术、电子商务安全管理、电子交易、物流信息管理、网络采购和电子商务的应用。本书重点突出了电子商务在商务活动中的最新实际应用，结合大量经典实例阐述了电子商务的方法和原理，力求重点突出、结构清晰、通俗易懂。通过大量的知识拓展和实践案例分析，重点突出技能应用、培养学生岗位实践能力。

本书可作为高等学校电子商务专业的教材，也可作为电子信息、经济管理类专业学生的教材或教学参考用书。

图书在版编目(CIP)数据

新编电子商务/田华主编．—北京：北京大学出版社，2015.9

（全国高等院校电子商务系列实用规划教材）

ISBN 978-7-301-23558-4

Ⅰ.①新… Ⅱ.①田… Ⅲ.①电子商务—高等学校—教材 Ⅳ.①F713.36

中国版本图书馆CIP数据核字（2015）第223162号

书　　名	新编电子商务 Xinbian Dianzi Shangwu
著作责任者	田　华　主编
责任编辑	王显超
标准书号	ISBN 978-7-301-23558-4
出版发行	北京大学出版社
地　　址	北京市海淀区成府路205号　100871
网　　址	http://www.pup.cn　　新浪微博：@北京大学出版社
电子信箱	pup_6@163.com
电　　话	邮购部62752015　发行部62750672　编辑部62750667
印 刷 者	三河市博文印刷有限公司
经 销 者	新华书店
	787毫米×1092毫米　16开本　24.25印张　570千字
	2015年9月第1版　2015年9月第1次印刷
定　　价	48.00元

前　言

随着网络的快速发展，电子商务的发展日新月异，社会上需要大量“既懂电子，又懂商务；既会应用，又会创新”的复合型人才。因此，培养适应电子商务发展需要的各类人才，是国家及高等院校的重要任务。

本书系统地介绍了电子商务的基本框架、基本理论、电子商务技术、安全和业务操作流程以及电子商务应用等。全书共9章，包括电子商务概述、电子商务法律法规基本知识、网络营销、计算机网络技术、电子商务安全管理、电子交易、物流信息管理、网络采购和电子商务的应用。在编写中，重点突出了电子商务在商务活动中的最新实际应用，结合大量经典实例阐述了电子商务的方法和原理，力求重点突出、结构清晰、通俗易懂。通过大量的知识拓展和实践案例分析，重点突出技能应用、培养学生岗位实践能力。本书的每章开始都列出了“知识要点”“能力要求”“相关知识”，每章最后都有“本章小结”让读者对本章的重点内容一目了然，清楚本章的学习目标。每一章均由导入案例开篇，引导和启发读者主动思考、分析与探索；每一章最后都精心设计了“案例分析”“本章习题”等模块，针对每一章的重点和难点进行训练，便于读者掌握相关理论，提升实践技能和综合职业能力。为了方便教学，本书配有电子课件，供课堂教学使用。

本书从国家培养电子商务应用型人才目标出发，探讨应用型人才培养方法，探索学校教育与实践相结合的模式，为电子商务应用型人才培养提供教学参考。本书参考最新修订的“电子商务师”国家职业资格标准编写，努力做到知识体系完整、框架内容丰富、教与学相结合、学与用相呼应。由于电子商务的发展变化较快，本书编写中力求取材新颖、内容丰富、关注焦点、最新动态；采用经典案例、理论实践、热点话题、实战演练凸显本书“实用型”的特色。

本书由田华担任主编，并编写了第1、2章和第5～9章，李燕担任参编，并编写了第3、4章。感谢部分学生对本书进行的校对和编辑。

由于编者水平有限，书中难免存在疏漏和不足之处，敬请广大读者批评指正。

编者

2015年5月

目 录

第1章 电子商务概述

教学目标

通过本章的学习，了解电子商务的产生和发展、电子商务分类；熟知EDI的工作原理以及产生的影响；理解电子商务的概念、特点，电子商务的框架，电子商务的组成与应用模式，EDI的发展对电子商务及贸易起到的重要作用；掌握电子商务的流程，电子商务信息的收集与处理交换。

教学要求

知识要点	能力要求	相关知识
电子商务的基本概念	(1) 了解电子商务产生的原因 (2) 了解Internet电子商务的产生 (3) 了解电子商务的发展	(1) 电子商务的定义 (2) 中国电子商务的发展
电子商务的分类与特征	(1) 了解不同标准的电子商务的分类 (2) 了解电子商务的特点	(1) B2B电子商务定义 (2) B2C电子商务定义 (3) 政府与企业电子商务定义
电子商务的组成与应用模式	(1) 了解电子商务系统的组成 (2) 了解电子商务模型并能灵活运用 (3) 了解电子商务模式	(1) 电子商务的概念模型 (2) 信息网络、物流网络、金融网络的概念 (3) 电子商务业务模式内容 (4) 电子商务运营模式内容 (5) 电子商务盈利模式内容 (6) 电子商务新模式内容
电子商务的框架与流程	(1) 了解电子商务总框架、发展框架 (2) 了解以Web为中心的电子商务架构、以应用为主的电子商务整体架构 (3) 掌握电子商务的基本流程和具体流程	(1) Web组件的特性 (2) 电子商务流程的参与主体 (3) 网络商品直销的流程、网络商品中介交易的流程、C2C电子商务流程

续表

知识要点	能力要求	相关知识
网络商务信息收集与处理	(1) 了解网络商务信息采集 (2) 了解网络商务信息分级 (3) 了解网络商务信息的采集方法、收集的途径 (4) 掌握网络商务信息处理、发布并能运用	(1) 网络商务信息的定义、特点和收集要求 (2) 网络商务信息的发布工具与方法
EDI与电子商务	(1) 了解EDI的发展概况 (2) 了解EDI应用系统 (3) 了解EDI应用方式、EDI的实现、EDI的业务流程 (4) 了解EDI对电子商务产生的影响	(1) EDI的概念 (2) EDI应用模式 (3) EDI标准、EDI软件及硬件 (4) Internet EDI

导入案例

电子商务是新经济模式

2012年11月30日晚9点50分，阿里巴巴集团旗下淘宝和天猫的交易额本年度突破10000亿元！阿里巴巴集团董事局主席马云对此表示："我们很幸运，能够适逢互联网这个时代，一起见证并参与互联网及电子商务给我们社会带来的一次次惊喜和改变。"

具体剖析10000亿元的交易额可以发现，三四线以下地区60%以上的消费增长速度，要远远高于作为传统消费主力的一二线城市不足40%的消费增速。庞大的消费增量，给受阻于出口增长缺乏的以长三角、珠三角地区为首的企业创造了新的机遇和空间。

以服装制造业为例，在长三角、珠三角等产业密集地，已经出现了大批专业为电商企业做定制和分工的下游供应链企业，从纽扣、布料甚至是包装，都已经有专业型的分工条线——上游的电商企业通过阿里巴巴、淘宝和天猫等平台获得订单后，整个供应链条全部协作，从而实现低库存甚至零库存，并迅速调动物流企业发货，而至再度收获订单的整个闭环。目前长三角、珠三角地区的一些服装企业，整个供应链运转时间甚至可以被压缩到15天。

马云认为，互联网环境下电子商务的本质，绝不是以前很多人理解的"虚拟经济"。实际上，电子商务是实实在在的新经济，是用互联网信息技术和传统实体经济完美融合的一种新经济模式，这种新经济模式能有效整合当下的现有资源，切实降低企业发展成本，提升小企业全新的竞争实力，极大地提高社会整体效率。当下千万级的网商以及互联网环境下的每个消费者，是新经济时代第一批移民，他们将引导中国经济的转型。

"10000亿元只是刚刚开始，我们正在步入10万亿元的时代。"他说，"未来电子商务在中国，必将产生1000万数量级的小而美的企业，具备服务全球10亿消费者的能力。"

资料来源：大洋网

引　言

随着网络、通信和信息技术快速发展，Internet 在全球迅速普及。信息技术在国际贸易和商业领域广泛应用，利用计算机技术、网络通信技术和 Internet 实现商务活动的国际化、信息化和无纸化，已经成为各国商务发展的趋势。

面对经济全球化和日益激烈的市场竞争，企业要在全球竞争中生存和发展，客观上要求其提高商务活动效率及商务决策的科学性和可靠性。而借助计算机处理，企业能够有效提高商务决策的科学性和可靠性；借助于 Internet，企业能显著提高商务活动效率。于是，为了提高商务活动的效率和效益，将计算机和 Internet 应用到商务活动中来就成为时代发展的必然。

电子商务作为计算机通信技术和现代贸易活动相结合的产物，已经成为人类跨入 21 世纪的重要标志之一。网络经济使得商业空间发展到全球的规模，使得现代商业具有不断增长的供货能力、不断增长的客户需求和不断增长的全球竞争三大特征，使得任何一个商业组织都必须改变自己的组织结构和运行方式，以适应这种全球性的发展和变化。电子商务的发展为人类开辟了新的生活和工作空间，代表了未来商务活动的发展方向，已经并将继续对全球经济和社会的发展产生深刻的影响。

1.1　电子商务的基本概念

电子商务(Electronic Commerce，EC)是基于互联网的一种新的商业模式，其特征是商务活动在互联网上以数字化电子方式完成。电子商务是利用计算机技术、网络技术和远程通信技术，实现整个商务(买卖)过程中的电子化、数字化和网络化。

广义上讲，电子商务一词源自于 Electronic Business，是指利用简单快捷低成本的方式，在买卖双方不谋面的情况下所进行的商务和贸易活动。

1.1.1　电子商务产生的原因

电子商务产生的原因可以从以下 3 个方面进行分析。

1. 信息网络技术为电子商务奠定了物质基础

20 世纪 80 年代末期以国际互联网技术(Internet)和电子数据技术(EDI)为代表的全球网络技术迅猛发展，推动了现代通信技术的不断更新。Internet 的技术性能，为它在商业上的应用提供了广阔的天地。Internet 的强劲发展和网络应用在全球范围内的普及，为电子商务的发展奠定了良好的基础。Internet 的发展在环境、技术和经济上都为电子商务创造了条件，电子商务作为 Internet 的一项最为重要的应用系统已呈现在人们眼前了。

2. 国际经贸的迅速发展要求商务手段和工具上的变革

1950 年全球贸易额仅为 1130 亿美元，1995 年增长到 6 万多亿美元，2000 年已经达到

12 万多亿美元，增长了近 100 倍，若排除通货膨胀因素，仍有 15 倍多，远远超过全球 GDP 的增长速度。进入 21 世纪，世界贸易每年都达到了两位数的增长，并且增长的速度越来越快。2005 年，全球国际贸易额达到 25.92 万亿美元，几乎在 1995 年的基础上翻了两番。

全球贸易额的增加带来了各种贸易单证、文件数量的激增，繁多的贸易单证在各个国家的数个公司之间传递。据估计，平均每做一笔生意需要 30～40 份纸面单证。纸面文件的处理工作非常繁重，而且容易出错。国际贸易的发展，客观上要求从根本上消除传统纸面文件所形成的成本高、传递慢、重复处理等问题，要求商务手段和工具上的变革。

国际贸易所涉及的内容繁多，包括海关、税收、结算、运输等，与内陆贸易有实质性的区别，而且各国之间对于这些业务的商务政策和处理方式不同，这就造成了数据量的剧增。原有的一个个独立存在的商贸管理信息系统，已经远远不能适应国际商务业务发展的需要，只有开发新的电子商贸系统才能适应全球商贸发展的需要。

3. 国际市场的激烈竞争也促进电子商务的发展

世界市场的激烈竞争也大大促进了电子商务的发展。20 世纪六七十年代以后，价格因素在竞争中所占的比重在减少，而非价格因素在上升。例如，小批量、多品种、定制式生产成为销售商和消费者新的需求，这就要求商业文件的传递和处理速度大大加快，以适应瞬息万变的市场变化。因此，可以说市场竞争是电子商务产生和发展的催化剂。

总之，电子商务形成的动因主要体现在：社会网络化，20 世纪 90 年代后期“互联网”广泛使用；经济全球化，“社会网络化”将企业经营范围扩展到世界各个角落；物资流动自由化，“经济全球化”要求物资自由流动。

1.1.2 Internet 电子商务的产生

1969 年 9 月，用于军事目的的计算机互联网在加州大学洛杉矶分校 UCLC 等四站点连通。

1973 年，ARPAnet 扩展成国际互联网，第一批接入的有英国和挪威。

1981 年，TCP/IP4.0 版本正式成为 ARPAnet 的标准协议。

1984 年，从 ARPAnet 分出 MILnet(军用)和 ARPAnet(民用)两个网络，DCA 把 ARPAnet 各站点的通信协议全部转为 TCP/IP，这是全球 Internet 正式诞生的标志。

1989 年，美国科学基金会允许两家商业性电子邮件商 MCI 和 CompuSever 与互联网建立有限联系，即可以和互联网相互交换电子邮件，这样就使企业可以直接向互联网上的地址发电子邮件。

1991 年网络向社会开放，1993 年随着 WWW(World Wide Web)和 Web 浏览器的出现，开启了 Internet 的商务浪潮。

1992 年，美国政府提出“信息高速公路”计划，公布“国家信息基础设施建设：行动纲领”，简称 NII 计划。

1994 年，美国加州组成商用实践网(CommerceNet)，目的是加速发展互联网上电子商务，确保交易安全、货款支付作业、商业电子目录、EDI 的实现。

从 1995 年起，Internet 主干网转由企业支持，实现商业化运营。1995 年 8 月，劳伦斯利威莫实验室开始试验用电子邮件的方式在Internet上传输EDI交易信息。EDI交易信息经过加密压缩后作为电子邮件的附件在网上传播。实现Internet与EDI的结合有4种方式：Internet Mail、标准CI、Web-EDI、XML/EDI。

1997年，美国克林顿政府要求联邦政府自1997年1月起，各部门采用全面采取电子商务方式。

1997—1999年，电子商务以新商业推动的商业模式运作，把虚拟的网络经济与现实的传统经济结合起来，创造全新的商业运作模式。例如，从网络走向传统产业的Amazon(http://www.amazon.com/)：创新的商业运营模式(网络购物、具有竞争力的价格折扣、完善的购物服务、灵活的支付手段等)，获得了迅速的发展。还有从传统产业进军网络的Dell(http://www.dell.com/)和Cisco(http://www.cisco.com/)，Dell的网络订单、订单分解及转发，营造出一个纯粹电子商务企业网站的典范；Cisco以签约合同制造商的形式，创造无限的满足订单能力，却没有任何生产设备，其精干灵活的组织形式和高度的生产效率，使公司的市值一度超越微软公司，一举成为纳斯达克市场上市值最大的公司。

2000年以来，电子商务以新服务、新应用推动企业经营运作。网络公司的新服务、传统企业的新应用，在极大拓展其用户和市场资源的同时，不断提高自身的经营运作。

2011年11月11日，“网购神话”淘宝网单日销售额破52亿元。网络经济占GDP的比重呈上升趋势，电子商务市场份额达26.1%，是未来网络经济发展主动力，网络零售增长态势表现最为强劲，未来四年平均复合增长率可达95.0%。中国电子商务近年来每年以30%以上的速度增长，2011年交易规模接近6万亿元人民币。

2012年11月11日，淘宝和天猫总成交额191亿元，再次刷新了单日销售额天量；12月12日，当天销售43.8亿元。天猫淘宝2012年交易额破万亿元，占中国GDP的2%。

2014年深圳电子商务交易额超1.5万亿元。

电子商务不是在某天突然产生的，它经历了由局部的、在专用网上交易到开放的、基于Internet的电子商务过程。EFT(Electronic Funds Transfer，电子资金转账)使企业间能够通过网络进行账户交易信息的传输，实现了结算的最优化，这是传统商务活动中的部分质变。EDI的使用，是传统商务中最重要的质变，以至于有人把它叫作EDI电子商务，但是它并没有引起传统商务的根本质变。此外，诸如计算机联网订票系统(SA-BRE)、借记卡(Debit Card)、自动柜员机(ATM)、收款机(POS)等，它们都引起了传统商务某一方面或某一环节的部分质变，这些部分质变积累到Internet出现后，它们的技术和作用与Internet联系起来，于是传统商务发生了根本质变，电子商务产生了。

1.1.3 电子商务的发展

1. 电子商务发展的五大阶段

第一阶段：电子邮件阶段。这个阶段可以认为是从20世纪70年代开始，平均的通信量以每年几倍的速度增长。

第二阶段：信息发布阶段。从1995年起，以Web技术为代表的信息发布系统，爆炸式地成长起来，成为目前Internet的主要应用。中小企业如何把握好从“粗放型”到“精准型”营销时代的电子商务。

第三阶段：电子商务阶段(EC，Electronic Commerce)。EC在美国也才刚刚开始，之所以把EC列为一个划时代的东西，笔者认为，是因为Internet的最终主要商业用途，就是电子商务。同时反过来也可以很肯定地说，若干年后的商业信息，主要是通过Internet传递。Internet即将成为我们这个商业信息社会的神经系统。1997年底在加拿大温哥华举行的第五次亚太经合组织非正式首脑会议(APEC)上美国总统克林顿提出敦促各国共同促进电子商务发展的议案，引起了全球首脑的关注，IBM、HP和Sun等国际著名的信息技术厂商已经宣布1998年为电子商务年。

第四阶段：全程电子商务阶段。随着SaaS(Software as a Service)软件服务模式的出现，软件纷纷登录互联网，延长了电子商务链条，形成了当下最新的“全程电子商务”概念模式。

第五阶段：智慧电子商务阶段。2011年，互联网信息碎片化以及云计算技术愈发成熟，主动互联网营销模式出现，I-Commerce(Individual Commerce)顺势而出，电子商务摆脱传统销售模式生搬上互联网的现状，以主动、互动、用户关怀等多角度与用户进行深层次沟通。其中以IZP科技集团提出的ICE最具有代表性。

2. 中国电子商务的发展

第一阶段：起步期。1990—1993年，电子数据交换时代，成为中国电子商务的起步期。

第二阶段：雏形期。1993—1997年，政府领导组织开展“三金工程”阶段，为电子商务发展期打下坚实基础。1993年成立了国务院副总理为主席的国民经济信息化联席会议及其办公室，相继组织了金关、金卡、金税等“三金工程”，取得了重大进展。1996年1月成立国务院国家信息化工作领导小组，由副总理任组长，20多个部委参加，统一领导组织中国信息化建设。1996年，全桥网与互联网正式开通。1997年，信息办组织有关部门起草编制中国信息化规划。1997年，中国第一家垂直互联网公司浙江网盛科技股份有限公司(浙江网盛生意宝股份有限公司)诞生。1997年4月在深圳召开全国信息化工作会议，各省市地区相继成立信息化领导小组及其办公室，各省开始制订本省包含电子商务在内的信息化建设规划。1997年，广告主开始使用网络广告。1997年4月以来，中国商品订货系统(CGOS)开始运行。

第三阶段：发展期。1998—2000年，互联网电子商务发展阶段。1998年3月，中国第一笔互联网网上交易成功。1998年10月，国家经贸委与信息产业部联合宣布启动以电子贸易为主要内容的“金贸工程”，它是一项推广网络化应用、开发电子商务在经贸流通领域的大型应用试点工程。1999年3月8848等B2C网站正式开通，网上购物进入实际应用阶段。1999年兴起政府上网、企业上网，电子政务(政府上网工程)、网上纳税、网上教育(湖南大学、浙江大学网上大学)，远程诊断(北京、上海的大医院)等广义电子商务开始启动，并已有试点，进入实际试用阶段。

第四阶段：稳定期。2000—2009年，电子商务逐渐以传统产业B2B为主体，标志着电子商务已经进入可持续性发展的稳定期。

据中国互联网信息中心统计，截至2009年6月，中国互联网人数已达3.38亿元。自1994年中国接入国际互联网以来，我国互联网已经历十五个年头。在这15年里，中国互联网产业经历了门户、SP、搜索、网游、Web 2.0、电子商务六大主流，互联网也渐由新闻娱乐应用向电子商务与生活服务应用为主转变。从1995年被看作中国最早的一家网络公司的瀛海威成立，中国的互联网企业经过15年的发展，已经形成年直接营收逾百亿元的庞大产业规模，而且也间接带动了IT、信息产业、家电、物流、展会、金融、广告、包装等诸多行业的发展，这其中电子商务类企业贡献尤为显著。

作为互联网产业最重要、发展最健康的分支，电子商务也自1997年起，不经意间跨入了第十二个年头，圆满地落下了第一个轮回的帷幕。中国电子商务经历了12年五个阶段所发生的一些标志性事件，如图1.1所示。

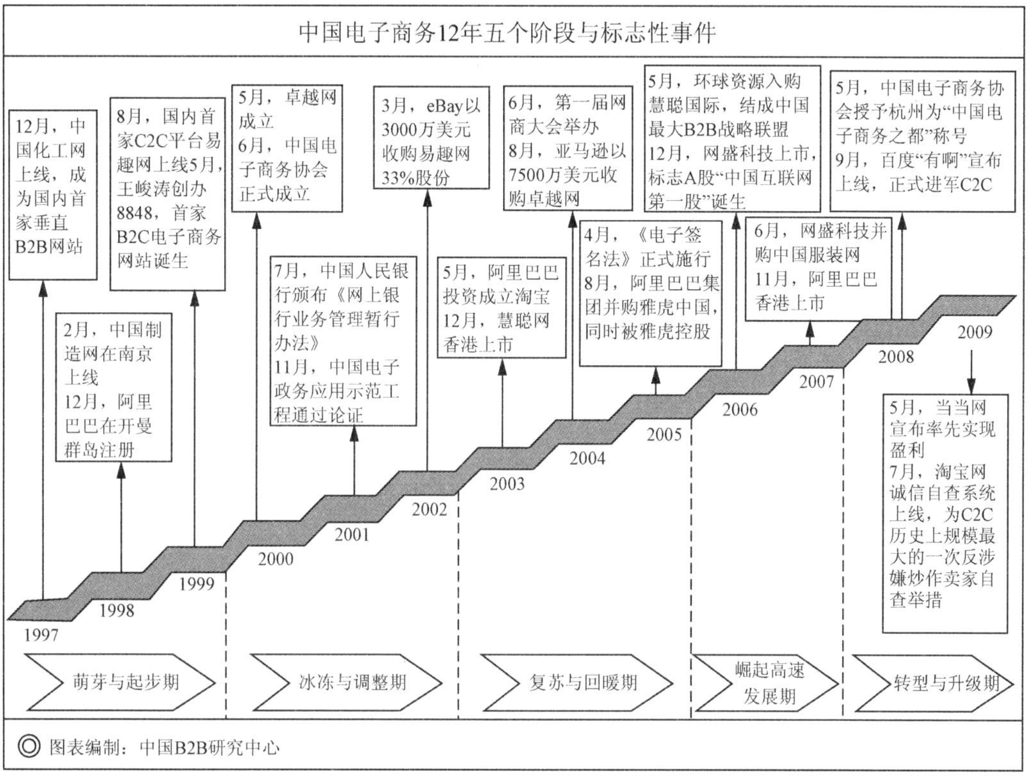

图1.1 中国电子商务1997—2009年经历的五个阶段与标志性事件

第五阶段：成熟期。2013年1月15日，中国互联网络信息中心(CNNIC)发布《第31次中国互联网络发展状况统计报告》(以下简称《报告》)。《报告》显示，截至2012年12月底，我国网民规模达到5.64亿元，互联网普及率为42.1%；中国手机网民规模达到4.2亿个，成为中国网民的重要组成部分，2012年中国移动互联网市场产值达到了712.5亿元，2013年中国移动互联网的规模将达到901.9亿元。中国网站规模达到250万个；CN域名注册量达到873万个，较2011年年底增加98万个，半年增长率为12.7%。我国拥有IPv6地址数量为12499块/32，全球排名第3位，仅次于巴西和美国。《报告》显示，截至2012年12月，我国微博用户规模为3.09亿个，我国网络购物用户规模达到2.42亿个。

2012年上半年中国网上零售市场交易规模达到4976亿元，根据《2012年第3季度中国网上零售市场季度监测》数据显示，2012年第3季度中国网上零售市场交易规模达到

3316 亿元，环比增长 18.7%，同比增长 60%，到 2012 年年底我国网络零售市场交易规模突破 10000 亿元。

1.1.4 电子商务的定义

1. 不同发展阶段的电子商务定义

电子商务是一个不断发展的概念，电子商务的先驱 IBM 公司于 1996 年提出了 Electronic Commerce (E-Commerce) 的概念，到了 1997 年，该公司又提出了 Electronic Business(E-Business)的概念。但中国在引进这些概念的时候都翻译成电子商务，很多人对这两者的概念产生了混淆。事实上这两个概念及内容是有区别的，有人将 E-C 称为狭义的电子商务，将 E-B 称为广义的电子商务。E-C 是指实现整个贸易过程中各阶段贸易活动的电子化。E-B 是利用网络实现所有商务活动业务流程的电子化。E-Commerce 集中于电子交易，强调企业与外部的交易与合作，而 E-Business 则把涵盖范围扩大了很多，广义上指使用各种电子工具从事商务或活动，狭义上指利用 Internet 从事商务或活动。

在不同的发展阶段，各专家从不同的角度出发对电子商务给出了众多的定义，如图 1.2 所示。

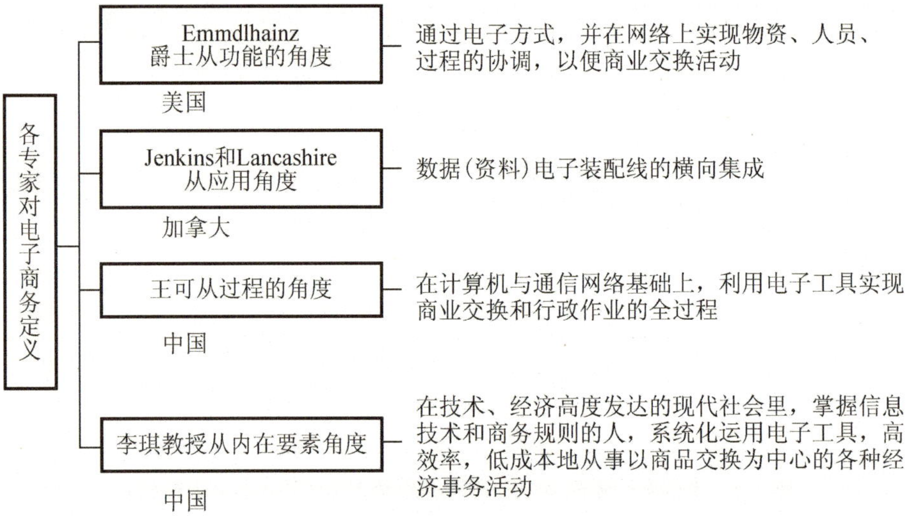

图 1.2 各专家对电子商务的定义

电子商务的定义从范围上看可以分为广义的电子商务和狭义电子商务，如图 1.3 所示。

2. 几种常见电子商务的定义

电子商务的定义，至今国际上尚无一致的规范化定义，常见电子商务的定义主要有以下几种。

(1) 1997 年 11 月 6 日至 7 日在法国首都巴黎，国际商会举行了世界电子商务会(The World Agenda for Electronic)，从商业角度提出了电子商务的概念。电子商务，是指对整个贸易活动实现电子化，从涵盖范围方面可以定义为交易各方以电子交易方式而不是通过

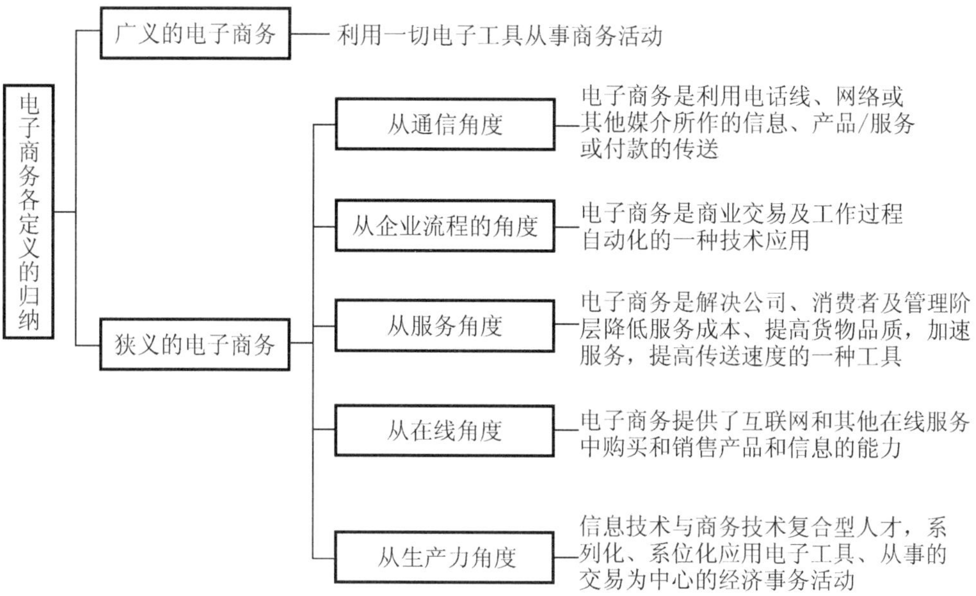

图 1.3 广义与狭义的电子商务

当面交换或直接面谈方式进行的任何形式的商业交易；从技术方面可以定义为电子商务是一种多技术的集合体，包括交换数据(如电子数据交换、电子邮件)、获得数据(共享数据库、电子公告牌)以及自动捕获数据(条形码)等。

(2) 联合国经济合作和发展组织(OECD)对电子商务的定义：电子商务是发生在开放网络上的包含企业之间(Business to Business)、企业和消费者之间(Business to Consumer)的商业交易。

(3) 联合国国际贸易法律委员会(UNITRAL)：电子商务是采用电子数据交换(EDI)和其他通信方式增进国际贸易的职能。

(4) 全球信息基础设施委员会(GIIC)电子商务工作委员会在报告草案中对电子商务的定义：电子商务是运用电子通信作为手段的经济活动，通过这种方式人们可以对带有经济价值的产品和服务进行宣传、购买和结算。这种交易的方式不受地理位置、资金多少或零售渠道的所有权影响，公有私有企业、公司、政府组织、各种社会团体、一般公民、企业家都能自由地参加广泛的经济活动，其中包括农业、林业、渔业、工业、私营和政府的服务业。电子商务能使产品在世界范围内交易并向消费者提供多种多样的选择。

(5) IBM公司：电子商务(E-Business)概念包括三个部分：内联网(Intranet)、外联网(Extranet)和电子商务(E-Commerce)。它所强调的是在网络计算环境下的商业化应用，不仅仅是硬件和软件的结合，也不仅仅是我们通常意义下的强调交易的狭义的电子商务(E-Commerce)，而是把买方、卖方、厂商及其合作伙伴在互联网(Internet)、内联网和外联网结合起来应用。它同时强调这三部分是有层次的。只有先建立良好的Intranet，建立好比较完善的标准和各种信息基础设施，才能顺利扩展到Extranet，最后扩展到E-Commerce。

（6）美国惠普公司(HP)提出电子商务(EC)、电子业务(EB)、电子消费(EC)和电子化世界的概念。它对电子商务(EC)的定义是：通过电子化手段来完成商业贸易活动的一种方式，电子商务使我们能够以电子交易为手段完成物品和服务等的交换，是商家和客户之间的联系纽带。它包括两种基本形式：商家之间的电子商务及商家与最终消费者之间的电子商务。对电子业务(E-Business)的定义是：一种新型的业务开展手段，通过基于Internet的信息结构，使得公司、供应商、合作伙伴和客户之间，利用电子业务共享信息。E-Business不仅能够有效地增强现有业务进程。更重要的是，E-Business本身也为企业创造出更多、更新的业务运作模式。对电子消费(E-Consumer)的定义：人们使用信息技术进行娱乐、学习、工作、购物等一系列活动，使家庭的娱乐方式越来越多的从传统电视向Internet转变。

（7）行内较多的提法：电子商务就是在Internet上做生意，就是在Internet开放的网络环境下，基于客户端/服务器应用方式，实现消费者的网上购物、商户之间的网上交易、有官方的网络服务以及在线支付的一种新型的商业运营模式。

总之，归纳起来，电子商务是商务活动的新形式，它是利于用各种电子工具和电子技术从事各种商务活动的过程，从而实现整个贸易活动的自动化和电子化，并达到企业乃至全社会的高效率、低成本的目的。

电子商务通常是在全球各地广泛的商业贸易活动中，在互联网开放的网络环境下，基于客户端/服务器应用方式，买卖双方不谋面地进行各种商贸活动，实现消费者的网上购物、商户之间的网上交易和在线电子支付以及各种商务活动、交易活动、金融活动和相关的综合服务活动的一种新型的商业运营模式。

1.2 电子商务的分类与特征

1.2.1 电子商务的分类

电子商务的分类有多种分类方法，可以按交易的对象、参与的主体、应用的平台，以及是否在线支付等进行分类，如表1-1所示。

表1-1 不同标准的电子商务分类

分类标准	分　类
按交易对象	数字化商品(完全EC)；非数字化商务商品；网上服务
按参与主体	BtoB；BtoC；CtoC；GtoB…
按应用平台	专用网(如EDI)；互联网(Internet)；电话网；电视网；三网合一
按是否在线支付	在线支付；非在线支付

电子商务的应用领域十分广泛，按照不同的标准可以将电子商务划分为不同的类型。

（1）按电子商务应用的领域及参与的主体大体可分为以下几类。

① 企业对消费者(Business to Consumer 也称商业机构对消费者，简记为 B to C 或 B2C)的电子商务。B2C 方式是指在企业或商业机构与消费者之间进行的电子商务活动。这是消费者利用互联网直接参与经济活动的形式。近年来，随着 Internet 为企业和消费者开辟了新的交易平台，再加上全球网民的增多，使得这类电子商务得到了较快发展。另外，Internet 上提供的搜索浏览功能和多媒体界面，又使得消费者更容易寻找和深入了解所需的产品。因此，开展商业机构对消费者的电子商务具有巨大的潜力。

② 企业对企业(Business to Business 也称为商业机构对商业机构，简记为 B to B 或 B2B)的电子商务。B2B 方式是指在企业或商业机构之间进行的电子商务活动，它是企业对企业的传统商务活动的延续。这一类电子商务已经存在很多年，其中以企业通过专用网或增值网(VAN)采用 EDI 方式所进行的商务活动尤为典型。这种类型是电子商务的主流，也是企业面临激烈的市场竞争，改善竞争条件，建立竞争优势的主要方法。

③ 政府机构对企业(Government to Business，简记为 G to B 或 G2B)的电子商务。G2B 方式是指在企业与政府机构之间进行的电子商务活动。这种商务活动覆盖了企业与政府组织间的各项事务。政府可以通过网上服务，为企业创造良好的电子商务空间，如网上办公、网上报税、网上报关、网上审批等。通过网络对提高办事效率、促进政府机关勤政、廉政建设、维护消费者的权益等具有不可替代的作用。

④ 政府机构对消费者(Government to Consumer，简记为 G to C 或 G2C)的电子商务。G2C 方式是指政府对个人的电子商务活动。政府可以把对个人的身份核实、报税、收税、福利基金的发放、拍卖、民意调查、政策法规查询等政府事务处理在网上进行，以促进政府、社会团体的在线服务及网上政治、社交活动等，建立与民众的密切联系。各国政府都在积极推动这一进程来树立良好形象并达到更完善的服务。

⑤ 消费者对消费者(Consumer to Consumer，简记为 C to C 或 C2C)的电子商务。C2C 方式是个人对个人的电子商务活动，是网络服务提供商利用计算机和网络技术，提供有偿或无偿使用的电子商务平台和交易程序，允许交易双方(主要为个人用户)在其平台上独立开展以竞价、议价为主的在线交易模式。

⑥ 电子商务的新兴类型。近年来，电子商务新兴的类型不断出现，简介以下几种类型。

G2E(Government to Employee，简记为 G to E 或 G2E)即电子政务，是指政府(Government)与政府公务员或政府雇员(Employee)之间的电子政务，也有学者把它称之为内部效率效能(IEE)电子政务模式。

C2B(Customer to Business)是电子商务模式的一种，即消费者对企业(Customer to Business)。最先由美国流行起来的消费者对企业(C2B)模式。C2B 模式的核心，是通过聚合分散分布但数量庞大的用户，形成一个强大的采购集团，以此来改变 B2C 模式中用户一对一出价的弱势地位，使之享受到以大批发商的价格买单件商品的利益。目前国内很少厂家真正完全采用这种模式。C2B 模式是先在网上聚合一个庞大用户群，形成一个社区，以团购等形式，用户获得批发商的价格。国内做得比较好的 C2B 网站有摇篮网、宝宝树、豆瓣网等。C2B 模式比较本土的说法是要约，由客户发布自己要些什么东西，要求的价格是什么，然后由商家来决定是否接受客户的要约。假如商家接受客户的要约，那么交易成功；假如商家不接受客户的要约，那么交易就失败。例如：U-deals、当家物业联盟等。

B2M(Business to Marketing)指面向市场营销的电子商务企业(电子商务公司或电子商务是其重要营销渠道的公司)。B2M电子商务公司根据客户需求为核心而建立起的营销型站点，并通过线上和线下多种渠道对站点进行广泛的推广和规范化的导购管理，从而使得站点作为企业的重要营销渠道。

O2O(Online to Offline)是指在网上寻找消费者，然后将他们带到现实的商店中。它是支付模式和为店主创造客流量的一种结合(对消费者来说，也是一种“发现”机制)，实现了线下的购买。它本质上是可计量的，因为每一笔交易(或者是预约)都发生在网上。这同目录模式明显不同，因为支付有助于量化业绩和完成交易等。通过网站了解相关资讯后，再到线下的商家去消费。随着拉手网(团购模式)、NHT Global(积分返佣模式)等公司的带动下，O2O会在中国有较大的发展。

目前应用最多，也是应用最广泛的电子商务分类是：企业间电子商务、消费者与企业的电子商务、政府与企业的电子商务，如图1.4所示。

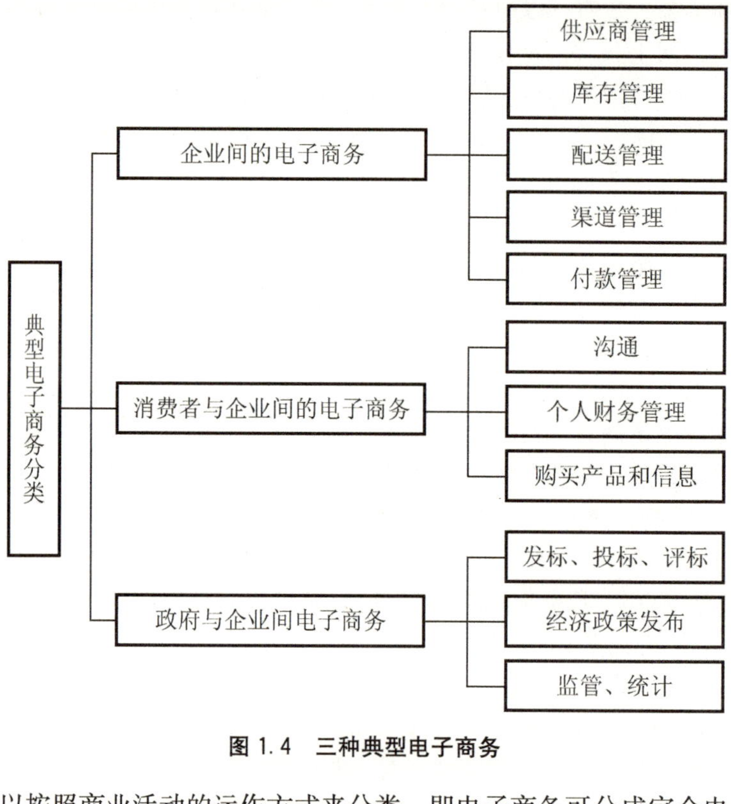

图1.4　三种典型电子商务

(2) 还可以按照商业活动的运作方式来分类，即电子商务可分成完全电子商务和不完全电子商务。

① 完全电子商务。完全电子商务是指完全可以通过电子商务方式实现和完成完整交易的交易行为和过程。换句话说，完全电子商务是指商品或者服务的完整过程是在信息网络上实现的电子商务。完全电子商务能使双方超越地理空间的障碍进行电子交易，可以充分挖掘全球市场的潜力。

② 不完全电子商务。不完全电子商务是指不能完全依靠电子商务方式实现和完成完整交易过程的交易行为与过程，它需要依靠一些外部要素才能完成交易。如鲜花、书籍、食品、汽车等非数字化的实物商品无法通过 Internet 完成配送，仍需要借助传统的渠道，如邮政服务和商业快递服务等来完成送货环节。

(3) 还可以按照开展电子交易的范围分类：区域化电子商务；远程国内电子商务；全球电子商务。

(4) 按照使用网络的类型分类：基于专门增值网络的电子商务；基于互联网(Internet)网络的电子商务；基于 Intranet(企业内部网)网络的电子商务。

1.2.2 电子商务的特点

电子商务是互联网飞速发展的直接产物，是网络技术应用的全新发展方向。互联网本身所具有的开放性、全球性、低成本、高效率的特点，也成为电子商务的内在特征。与传统的商务活动方式相比，电子商务具有以下几个特点。

1. 普遍性

电子商务作为一种新型的交易方式，将生产企业、流通企业以及消费者和政府带入了一个网络经济、数字化生存的新天地。电子商务将传统的商务流程电子化、数字化，一方面以电子流代替了实物流，可以大量减少人力、物力，降低了成本；另一方面突破了时间和空间的限制，使得交易活动可以在任何时间、任何地点进行，从而大大提高了效率。

2. 方便性

互联网使传统的空间概念发生变化，出现了有别于实际地理空间的虚拟空间或者虚拟社会。处于世界任何角落的个人、公司或机构，可以通过互联网紧密地联系在一起，建立虚拟社区、虚拟公司、虚拟政府、虚拟商场，或者虚拟大学等，以达到信息共享、资源共享等。互联网跨越国界，穿越时空，无论身处何地，无论白天与黑夜，只要利用浏览器轻点鼠标，就可以随心所欲地登录任何国家、任何地域的网站，与想交流的人直接沟通。

在电子商务环境中，人们不再受地域的限制，客户能以非常简捷的方式完成过去较为繁杂的商务活动，如通过网络银行能够全天候地存取账户资金、查询信息等，同时使企业对客户的服务质量得以大大提高。

3. 整体性

电子商务能够规范事务处理的工作流程，将人工操作和电子信息处理集成为一个不可分割的整体，这样不仅能提高人力和物力的利用率，也可以提高系统运行的严密性。

4. 安全性

在电子商务中，安全性是一个至关重要的核心问题，它要求网络能提供一种端到端的安全解决方案，如加密机制、签名机制、安全管理、存取控制、防火墙、防病毒保护等，这与传统的商务活动有着很大的不同。

5. 协调性

电子商务使企业可以以较低的成本进入全球电子化市场，使得中小企业有可能拥有和大企业一样的信息资源，提高了中小企业的竞争能力。电子商务重新定义了传统的流通模式，减少了中间环节，使得生产者和消费者可以直接交易，从而在一定程度上改变了整个社会经济运行的方式。

商务活动本身是一种协调过程，它需要客户与公司内部、生产商、批发商、零售商间的协调，在电子商务环境中，它更要求银行、配送中心、通信部门、技术服务等多个部门的通力协作，电子商务的全过程往往是一气呵成的。

6. 集成性

电子商务以计算机网络为主线，对商务活动的各种功能进行了高度的集成，同时也对参加商务活动的商务主体各方进行了高度的集成。高度的集成性使电子商务进一步提高了效率。

7. 互动性

通过互联网，商家之间可以直接交流、谈判、签合同，消费者也可以把自己的建议反馈到企业或商家的网站，而企业或商家可以根据消费者的反馈及时调查产品种类及服务品质，做到良性互动。电子商务一方面破除了时空的壁垒，另一方面又提供了丰富的信息资源，为各种社会经济要素的重新组合提供了更多的可能，影响了社会的经济布局和结构。21 世纪是信息社会，信息就是财富，而信息传递速度对于商家而言至关重要，互联网以其传递信息速度的快捷而倍受商家青睐。互联网真正使整个地球变成了一个地球村。

电商实践

客户为什么愿意进行网络购物?

Invesp 数据表明，73%的人认为网购省时间，67%的人认为商品品类丰富，59%的人认为易比价，58%的人认为不拥挤，55%的人认为价格低，40%的人认为省汽油，30%的人认为缴税少。相对电商需要做的：整体提升客户体验、扩充品类、提供有竞争力价格、提升物流水平。

1.2.3 电子商务的功能

电子商务可提供网上交易和管理等全过程的服务。因此，它具有广告宣传、咨询洽谈、网上订购、网上支付、电子账户、服务传递、意见征询、交易管理等各项功能。

1. 广告宣传

电子商务可凭借企业的 Web 服务器和客户端，在 Internet 上发布各类商业信息。客户可借助网上的检索工具(Search)迅速地找到所需商品信息，而商家可利用网上主页(Home Page)和电子邮件(E _ mail)在全球范围内做广告宣传。与以往的各类广告相比，网络广告成本最为低廉，而给顾客的信息量却最为丰富。

2. 咨询洽谈

电子商务可借助非实时的电子邮件(E _ mail)、新闻组(News Group)和实时的讨论组(Chat)来了解市场和商品信息、洽谈交易事务，如有进一步的需求，还可用网上的白板会议(Whiteboard Conference)来交流即时的图形信息。网上的咨询和洽谈能超越人们面对面洽谈的限制、提供多种方便的异地交谈形式。

3. 网上订购

电子商务可借助Web中的邮件交互传送实现网上的订购。网上的订购通常都是在产品介绍的页面上提供十分友好的订购提示信息和订购交互格式框。当客户填完订购单后，通常系统会回复确认信息单来保证订购信息的收悉。订购信息也可采用加密的方式使客户和商家的商业信息不会泄露。

4. 网上支付

电子商务要成为一个完整的过程。网上支付是重要的环节。客户和商家之间可采用信用卡账号实施支付。在网上直接采用电子支付手段将可省略交易中很多人员的开销。网上支付将需要更为可靠的信息传输安全性控制以防止欺骗、窃听、冒用等非法行为。

5. 电子账户

网上的支付必须要有电子金融来支持，即银行或信用卡公司及保险公司等金融单位要为金融服务提供网上操作的服务，而电子账户管理是其基本的组成部分。信用卡号或银行账号都是电子账户的一种标志，其可信度需配以必要技术措施来保证，如数字凭证、数字签名、加密等手段的应用提供了电子账户操作的安全性。

6. 服务传递

对于已付了款的客户应将其订购的货物尽快地传递到他们的手中。而有些货物在本地，有些货物在异地，电子邮件将能在网络中进行物流的调配。最适合在网上直接传递的货物是信息产品。如软件、电子读物、信息服务等。它能直接从电子仓库中将货物发到用户端。

7. 意见征询

电子商务能十分方便地采用网页上的“选择”“填空”等格式文件来收集用户对销售服务的反馈意见。这样使企业的市场运营能形成一个封闭的回路。客户的反馈意见不仅能提高售后服务的水平，更使企业获得改进产品、发现市场的商业机会。

8. 交易管理

整个交易的管理将涉及人、财、物多个方面，企业和企业、企业和客户及企业内部等各方面的协调和管理。因此，交易管理是涉及商务活动全过程的管理。电子商务的发展，将会提供一个良好的交易管理的网络环境及多种多样的应用服务系统，这样能保障电子商务获得更广泛的应用。

电商实践

电子商务与传统零售核心五差异

1. 物理特征：传统零售有实体店铺，展示实物商品。每个店铺受空间限制仅能容纳有限货架，导致只能销售有限品类和品种。顾客来店购物，受物理距离和交通限制，每个店仅覆盖周边有限半径。一般有营业时间限制。主要成本有店铺租金、物业及店内运营人员成本等。电子商务是虚拟店铺，商品通过图片和文字展示。由于送货上门，配送能力决定了其覆盖半径，可以一网覆盖全国，乃至全球。有无穷货架，若系统具有可扩性，增添商品和顾客群时只需增加服务器、信息储存容量和带宽即可。新品、高价值商品和难以预测销售的商品可以通过寄售，聚单和转单来完成。订单由系统自动化处理，可以每天 24 小时服务无须增加额外成本。没有和物理店面相关的租金和人员成本，但有包装材料和配送成本。

2. 商品展示与搜寻：传统零售按照顾客逛店购物习惯摆放商品，将售货量大、品牌知名度高的商品以及促销商品摆放在显眼位置和顾客容易拿到的货架上。为了增加顾客购买的机会，商店往往把顾客来店必须购买的商品(比如生鲜)放在最深的地方，让顾客在找寻的途中看到其他的商品而产生冲动性购买。电子商务的商品寻找主要靠关键字、类别、价格区间、功能等搜索，商品的展示融图片和文字等内容为一体。利用信息丰富的特征，网站给顾客提供多种购物决策支持包括：热销产品排行榜；多角度商品展示图片；多种排序方式(价格、库存、热销)；个性化推荐；清晰的类别划分和展示；相关产品推荐；商品比价功能；组合商品等。

3. 市场手段/营销策略：传统零售的推广主要靠 DM 和广告(户外、报纸、电视等)。店内营销可利用场所环境及声、光、味等效果刺激购买；也可通过销售人员与顾客面对面交流推介产品。电商的营销方式有 SEO/SEM、EDM、网盟、门户网站广告，与社交、游戏、支付网站的合作引流等。电商拥有大量的顾客搜索、收藏、购买、历史订单的商品关联度等数据和信息，可进行精准营销。还可用 landing page、链接、用户评论、打分系统等方式，方便地为顾客提供知识性、经验性、权威性的相关内容。

4. 供应链架构和管理：传统零售多用立体库，商品一般不用拆零，仅需成箱或成托的货物进出。库存为仓库和店铺多层次管理。仓库内的货物摆放主要考虑商品的畅销度和上下架效率。电商的仓库以平面库为主，商品以成箱入库后需要拆零，根据顾客的订单来拣货，最后合单和包装。库存只需考虑仓库内拣货区和存储区库存的管理。仓库内货物摆放主要考虑商品的畅销度和顾客购买的商品的关联性。

5. 人才结构：对传统零售来讲，有丰富零售经验的人才很重要，同时需要资深的采购和店内运营人员。电子商务则需要大量的 IT 和分析人才，包括业务需求分析师、系统开发工程师、商务智能分析师、系统优化分析师等。懂得网络营销的人才非常重要。由于供应链环节中多了拣货、分拣、包装和配送的过程，增加了仓储和配送人员。

来源：艾瑞网

1.3 电子商务的组成与应用模式

1.3.1 电子商务的组成

一个完整的电子商务系统组成包括网络平台、电子商务网站、客户服务中心、支付中心、认证中心、物流中心用户等内容。

1. 网络平台

网络平台包含：互联网(Internet)、企业内部网(Intranet)、企业外部网(Extranet)、商业增值网(VAN)等。一个完善的电子商务系统的网络应该具备连接性、协同性、安全可靠、多选择性、适应性等特点。

2. 电子商务网站

电子商务网站是电子商务系统的前台部分，作为电子商务人机交互平台和信息流的界面平台，其主要功能就是发布商务信息、接受客户需求。

3. 客户服务中心

客户服务中心是电子商务系统的后台部分，它提供交易过程中的服务平台，其主要功能就是处理和满足客户需求。

4. 支付中心

支付中心提供资金流平台，其功能是为电子商务系统中的采购者、供应者等提供资金支付方面的服务。在 Internet 上实现传统银行的支付业务，为用户提供 24 小时的实时服务。

5. 认证中心

认证中心提供交易双方的信用保障。受法律承认的权威机构负责发放和管理电子证书，使网上交易的各方能够互相确认身份。

6. 物流中心

物流中心提供物流平台。接受商家的送货要求，组织运送无法从网上直接得到的商品，跟踪商品的流向，将商品送到消费者手中。

7. 用户

用户分为个人用户和企业用户。

1.3.2 电子商务的模型

电子商务的概念模型是对现实生活中电子商务活动的抽象描述，它由交易主体、电子市场、交易事务以及信息流、资金流、物流和商流等基本要素构成。

1. 交易主体

交易主体是指从事电子商务活动的对象，是电子商务活动的实际参与主体，包括买卖双方和交易活动必需的第三方中介机构，如企业、银行、政府机构、认证机构和个人等。

2. 电子市场

电子市场是指电子商务参与各方从事商品和服务交换的场所，它是由商务活动参与主体，利用通信网络连接成的虚拟的统一经济整体。

3. 交易事务

交易事务是指电子商务参与各方所从事的具体的商务活动的内容，例如：询价、报价、转账支付、广告宣传、商品运输等。

4. 信息流、资金流、物流和商流

电子商务的应用是信息流、资金流、物流和商流的整合。其中，信息流最为重要，它对整个流程起着监控作用，而资金流、物流则是实现电子商务的保证，商流代表着货物所有权的转移，标志着交易的达成。

信息流在电子商务活动中最基本也最普遍，既包括商品信息、营销信息、技术支持、售后服务等内容，也包括诸如询价单、报价单、付款通知单、转账通知单等商业贸易单证，还包括交易方的支付能力、支付信誉、中介信誉等。

资金流主要是指资金在银行之间的转移过程，包括付款、转账、兑换等过程。

物流主要是指商品和服务的存储、保管、加工、配送、运输和装卸。在电子商务交易中，通过网络实现物流的能力十分有限，只能直接传输如软件、有价信息等信息类商品和服务。对于大多数实体商品和服务来说，物流仍然要经由传统的配送渠道和方式。

商流是指商品在购、销之间进行交易和商品所有权转移的过程，具体包括商品交易的一系列活动，它是在电子交易的过程完成之后，通过物流来实现的。

在电子商务的应用中，十分强调物流、资金流、商流和信息流的整合。在网络环境下，虽然商务活动的顺序并没有改变，但进行交易和联络的工具改变了，要处理的信息形式也发生了重要改变，即信息流的电子化，如从以前的纸面单证变为现在的电子单证。信息流的作用更为重要了，它贯穿于商品交易过程的始终，对商品流通的整个过程进行控制，记录整个商务活动过程，是分析物流、导向资金流、进行经营决策的重要依据。由于电子工具和网络通信技术的应用，使交易各方突破了时空的限制，有利于促进物流、资金流和信息流的有机结合，加快流转速度。而商流也通过方便快捷的物流得以快速实现。

电子商务四流的基本功能如图 1.5 所示。

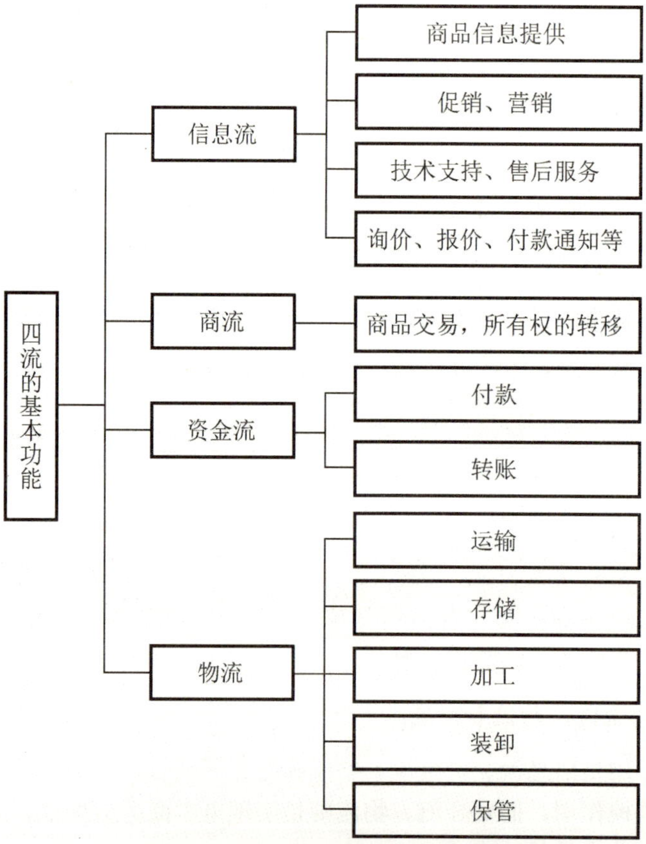

图 1.5　电子商务四流的基本功能

5. 电子商务应用的硬件要素

（1）信息网络：提供参与商务活动各方之间进行信息处理与传递交流的功能，多以网站的形式出现。

（2）金融网络：提供交易各方的在线使用金融服务工具功能，如网上电子支付等。

（3）物流网络：提供商品从卖方转移到买方的物流配送运输服务功能。

这三个网络实际上是电子商务的“三流”，即信息流、资金流和物流的基础环境。信息流的载体是信息网络，资金流的载体是金融网络，物流的载体是运输网络，三流互动，各种网络有机融合，构成商务活动的川流不息，商机无限，这也是电子商务营运的基础。

1.3.3 电子商务的模式

电子商务模式，是指在网络环境中基于一定技术基础的商务运作方式和盈利模式。研究和分析电子商务模式的分类体系，有助于挖掘新的电子商务模式，为电子商务模式创新提供途径，也有助于企业制定特定的电子商务策略和实施步骤。

1. 业务模式(以生产型企业为例)

以产品生产为主要业务的企业模式，基本上都是一致的。即需要通过将企业的信息流、物流和资金流的有效结合，提高运行效率。

对于产品生产型企业，业务的起点是企业从供应商和合作伙伴那里购进原辅材料安排组织生产产品，产品生产出来以后，还需要经过运输、保险、商检和银行结算等环节的配合，通过经销产品的代理商和承销商将产品销售给最终用户，才能完成全部业务过程。在整个企业的运作过程中，企业业务模式要根据电子商务应用的要求，根据企业供应链和企业生产流程的特点，并结合企业信息化改造进行流程重组。在整个业务过程中，客户的需求是业务的起点，也是产品实现价值增值的重点，处理好与产品经销商的关系是整个业务模式的核心。经过重新梳理后企业业务、各个环节的作用与角色定位都将发生一些变化，这种变化是在企业 ERP 下完成，并实现业务运行效率提高。

2. 运营模式

第一种：综合商城。商城，谓之城，自然城中会有许多店，综合商城就如我们平时进入现实生活中的大商城一样。商城一楼可能是一级品牌比如化妆专柜等，然后二楼是女士服饰，三楼男士服饰，四楼运动/装饰，五楼手机数码，六楼特价……将 N 个品牌专卖店装进去，这就是商城。而现在的淘宝商城自然也是这个形式，跟传统无异，它有庞大的购物群体，有稳定的网站平台，有完备的支付体系，诚信安全体系等，促进了卖家进驻卖东西，买家进去买东西。如同传统商城一样，淘宝自己是不卖东西的，只是提供了完备的销售配套。而线上的商城，在人气足够、产品丰富、物流便捷的情况下，其成本占据优势。二十四小时的不夜城、无区域限制、更丰富的产品等优势，体现着网上综合商城即将获得交易市场的一个角色。这种商城在线下是以区域来划分的，每个大的都市总有三五个大的商城。而互联网这一领域，也注定了三五家综合商城独大，目前是淘宝一家独大的尴尬境地。其实相似的有拍拍、易趣、有啊，只是相差甚远。

第二种：专一整合型。比如赛V网就是专一整合型。赛V网主要从事体育用品网上销售、导购、新闻资讯、赛事报道等，是一个大型体育综合门户网。北京赛威网信息技术有限公司是一家富有创新性的综合性企业，他们把先进的电子商务模式与传统零售业进行创新性融合，用现代化网络平台和呼叫中心的方式为客户服务，主要做体育品牌用品业务，做到只做正品，假一罚十，十分注重客户服务。公司依托赛V网，用网络营销和网站推广为主要手段，主要靠先进的营销理念，高效完善的配送方式，全新的经营模式，为消费者提供高品质的完美购物体验。

第三种：百货商店。商店，谓之店，说明卖家只有一个；而百货，即是满足日常消费需求的丰富产品线。这种商店是有自有仓库，会库存系列产品，以备更快的物流配送和客户服务。这种店甚至会有自己的品牌，就如同线下的沃尔玛、屈臣氏、百佳百货。比如：亚马逊、当当、卓越、线上的沃尔玛等。

第四种：垂直商店。垂直商店，服务于某些特定的人群或某种特定的需求，提供有关这个领域或需求的全面产品及更专业的服务体现。例如：麦考林、红孩子、京东、优歌网、线上的千色店、国美360商城、笑购网等。麦考林定位于18～25岁的年轻女性群体无店面销售载体，尽管起家是用DM，后来慢慢向网店倾向。红孩子起步时就以母婴市场切入。

第五种：复合品牌店。佐丹奴是一个传统的服装品牌，自己有*N*家直属、加盟店。正佳商城开了，佐丹奴进驻，而网上的淘宝商城开了，线上的佐丹奴也进去了。而哪怕是所有的商城都倒掉，佐丹奴也有自己的独立形象店，这就是传统的品牌。当佐丹奴发现线上的消费者和线下的消费者是不同的时候，他们大胆地运用价格歧视，而其完善的仓储调配管理通过网络的销售降低了商品店面陈列成本，摊分了库存成本，优化了现金流通及货品流通的运作。就像百丽，线下有近8000家店，据公布2008年就做了160亿元的市场。目前进军网络，更是大胆尝试，线上的款式或是品牌有一定的区分，也进行大量的生产，因为，如果线上卖不完了，那8000家店可是很好的清库存的出口。20万双鞋每家店销上20多双就解决了。类似这种店，随着电子商务的成熟，将有越来越多的传统品牌商加入电商战场，以抢占新市场、拓充新渠道、优化产品与渠道资源为目标，一波大肆进军的势头蠢蠢欲动。这种网店有多少呢？线下有多少家，线上就会有多少家。而包括了国美这种，都是属于复合型网店，只是整合的力度还不够，整个物流、现金、人才运营系统没有成熟而已。

第六种：轻型品牌店。PPG与VANCL的案例已传遍大街小巷了，尽管存在着诸多争议，但新事物总是在争议中产生的。其加入梦芭莎有两个原因，第一，是YES PPG已被众多媒体棒打，尽管已经倒闭，但其首创的商业模式依然值得提及。后起之秀的VANCL，已经成功转型为综合商城。对于梦芭莎是先从DM投递＋网络＋CALL Centre，然后再做线下形象品牌店，月销售额也已达千万了，也是值得关注的一个代表。中国已是一个生产大国，N多的代工厂，成熟的行业链条足以满足生产需要。而中国人赚钱都是属于产品利润溢价，而非品牌利润溢价(比如中国的MP3，在赚十块钱的利润，而美国的APPLE赚的却是不止十美金的利润)，在环境的催熟下，做一个品牌已非一定是自己有工厂。相反，中国拥有了得天独厚的优势，品牌商可以更专注地提供个性化的、能够更细腻地满足受众群体需求的产品。基于品牌定位，加强产品设计，通过信息化应用，配合日益成熟的互联网销售平台，日趋完善的物流配送乃至各种服务等，整条链条日趋细化与完善，使得品牌商可以专注做自己擅长的事情。通过外包，专心形成自己品牌的产品标准，然后用最好的原材料提供商，找最好的生产厂商，寻找高效益的有效推广渠道，强强结合，专业化品牌的优势将突现得淋漓尽致。放眼望去，世界顶级的品牌企业，几乎都是这样做的。

第七种：衔接通道型。M2E 是英文 Manufacturers to E-commerce(厂商与电子商务)的缩写，是驾驭在电子商务上的一种新型行业。是一个以节省厂商销售成本和帮助中小企业的供应链资源整合的运作模式。2007 年美国电商峰会上由知名经济学家提出，在国内暂无代表企业。

第八种：服务型网店。易美是一家网上冲印公司，比如，小王结婚了，跟妻子去了欧洲度蜜月，拍了好多的相片，可是还没回到家，亲戚朋友们都拿到了小王通过易美网上冲印好的相片。相片有的是嵌在骨瓷杯上，有的按自己的意愿，装订了漂亮的相框，正放在爸爸妈妈的房前。

“亦得代购，购遍全球。”亦得可以帮你到全世界各地去购买你想要的产品，并以收取适量的服务费赢利。服务型的网店越来越多，都是为了满足人们不同的个性需求，甚至是帮你排队买电影票，都有人交易。

第九种：导购引擎型。例如：爱比网。导购网站不只爱比网一家，而这是你不得不去的一家导购站。爱比网是一个选购工具。有比友说过这么一句话：要购物，去淘宝。要选产品，去爱比。面对淘宝上面的海量产品，当你连买什么东西都不知道的话，怎么办呢？爱比网既然是一个选购工具，自然有它的妙招。仅以一小例子说明：比如，你想买一款适合自己干性皮肤的面霜，你可以通过爱比网的化妆品频道进入，进入左边的导航以及右边的功能型导航轻松地选取出结果，你甚至可以选择过滤条件，比如选：筛选过于油腻。匹配出来的，永远是满足你需求的产品。如果你知道你想要什么，又懒得去选，你也可以很轻松地在搜索那里得到答案，比如你想买一款智能型的手机，喜欢诺基亚和多普达，那你甚至可以轻松地输入：我想要诺基亚和多普达的智能手机。相信你会得到满意的答案。

爱比网是可信赖的优质网购入口。爱比网的“去哪里买”收录的全是具备资格的网上零售卖家，配有良好的服务支持。爱比网坚决打击销售假货、水货的不良商家，一旦发现，将永远终止合作。爱比网是最好的产品体验口碑分享平台，比友们可以通过这里分享到比友的产品体验点评，比友们也热衷于将自己用过的产品体验告诉更多的比友。服务业必须站在消费者的角度，爱比网力争成为电商有效的流量采购平台，并降低高品质 B2C 商家的营销成本。

第十种：社交电子商务(SNS-EC)。SNS-EC 是电子商务的一种新的衍生模式。它借助社交媒介、网络媒介的传播途径，通过社交互动、用户自生内容等手段来辅助商品的购买和销售行为。在 Web 2.0 时代，越来越多的内容和行为是由终端用户来产生和主导的，比如博客、微博。一般可以分为两类，一类是专注于商品信息的，比如 Kaboodle、This-next，以及国内的较新网站：美丽说、辣妈说、葡萄网是比较早期的模式。它主要是通过用户在社交平台上分享个人购物体验、在社交圈推荐商品的应用来销售商品。另一类是比较新的模式，通过社交平台直接介入了商品的销售过程，例如社交团购网站 Groupon，还有就是社交网店平台：法国的 Zlio、中国的辣椒网 Lajoy。这类是让终端用户也介入商品销售过程中，通过社交媒介来销售商品。

第十一种：电子商务 ABC 模式。ABC 模式是新型电子商务模式的一种，被誉为继阿里巴巴 B2B 模式、京东商城 B2C 模式、淘宝 C2C 模式之后电子商务界的第四大模式。是由代理商(Agents)、商家(Business)和消费者(Consumer)共同搭建的集生产、经营、消费为一体的电子商务平台。三者之间可以转化。大家相互服务，相互支持，你中有我，我中有你，真正形成一个利益共同体。

第十二种：团购模式。团购(Group Purchase)就是团体线上购物，指认识或不认识的消费者联合起来，加大与商家的谈判筹码，会取得最优价格的一种购物方式。根据薄利多销的原则，商家可以给出低于零售价格的团购折扣和单独购买得不到的优质服务。团购作为一种新兴的电子商务模式，通过消费者自行组团、专业团购网、商家组织团购等形式，提升用户与商家的议价能力，并极大程度地获得商品让利，引起消费者及业内厂商、甚至是资本市场关注。团购的商品价格更为优惠，尽管团购还不是主流消费模式，但它所具有的爆炸力已逐渐显露出来。现在团购的主要方式是网络团购。

第十三种：线上订购、线下消费模式。线上订购、线下消费是 O2O 的主要模式，是指消费者在线上订购商品，再到线下实体店进行消费的购物模式。这种商务模式能够吸引更多热衷于实体店购物的消费者，传统网购的以次充好、图片与实物不符等虚假信息的缺点在这里都将彻底消失。传统的 O2O 核心是在线支付，而爱邦客是将 O2O 经过改良，把在线支付变成线下体验后再付款，消除消费者对网购诸多方面不信任的心理。消费者可以在网上的众多商家提供的商品里面挑选最合适的商品，亲自体验购物过程，不仅放心、有保障，而且也是一种快乐享受购物的过程。

3. 盈利模式

1）网上目录盈利模式

这种网上销售商品和服务的盈利模式是基于网络出现之前就存在的邮寄目录的业务模式。在目录盈利模式下，商家建立一种品牌形象，并利用这种形象优势通过向潜在购买者邮寄商品目录来销售商品。购买者通过邮寄或拨打商家付费电话来下订单，这种模式通常称为邮购模式或商品目录模式。

2）数字内容盈利模式

拥有知识产权的企业认为网络是新兴的高效分销机制。许多专业的数据库都向用户提供联机服务。

LexisNexis：是世界著名的数据库，全球许多著名法学院、法律事务所、高科技公司的法务部门都在使用该数据库，可提供多种信息服务，包括法律界信息、公司信息、政府信息、新闻和学术图书馆资源。

ProQuest：销售正式出版物的数字版本。有很多出版物的复制权，同北美多所大学有合作协议，可出版这些大学的博士和硕士论文。

Factiva：道琼斯和英国的路透社在 2002 年合作建成。道琼斯在线(Dow Jones Interactive Dow Interactive)网站可提供定制的剪报服务，以电子邮件的形式向订阅者提供所感兴趣的专题新闻。

The ACM Digital Library："计算机协会数字化图书馆"向其会员、图书馆和机构订阅者提供其电子版期刊的订阅服务。

3）广告支持盈利模式

广告支持盈利模式是B2C电子商务模式的一种，是指在线服务商向消费者或用户提供带广告的免费信息或服务，而营业活动全部用广告收入来支持。有些网站可以提供带广告的免费节目，并用广告收入来支持系统的运营和内容制作。该模式在网络发展的初期曾是最成功的电子商务模式之一，被许多观察家认为潜力无穷，而且曾经一直是门户网站的主要收入来源。但是，从2000年以来，网络广告收入就一直没有增长甚至有所下降。

由于该模式需要依靠上网企业的广告收入来维持，因此该企业网页能否吸引大量的广告就成为该模式成功与否的关键。而能否吸引网上广告又主要靠网站的知名度，知名度又要看网站被访问数量、点击率、网站的用户黏度等。

可提供带广告免费信息或服务的媒介主要有：网络门户网站(Web Portals)、报纸出版商(Newspaper publishers)、分类广告网站(Target Classified Advertisers)。

4）广告—收费混合盈利模式

广告—收费混合模式已经被报纸和杂志应用了多年，订阅者支付一笔费用并接受一定程度的广告。大多数情况下，这种网站的订阅者比广告支持网站的订阅者受广告的骚扰要小得多。

纽约时报、华尔街日报都采用广告—收费混合模式，它们允许访问者查看分类广告和某些特定报告，但是大部分内容只有订阅者才能看到，订阅印刷版的访问者可以折扣价订阅在线版。越来越多的报纸和杂志都发现需要对印刷版和在线版采取不同的盈利模式。

5）交易费用盈利模式

交易费用模式是指企业提供收费服务，费用根据所处理交易的数量或规模来确定。有些服务非常适合在网上提供。公司可以在网上向访问者提供交易的相关信息，并为客户提供以前由业务人员提供的服务。客户在网站上填写交易信息，网站就以比传统方式更便宜的价格提供服务。从价值链上去除诸如业务人员等中介，称为免中介化；在价值链上加入诸如交易费用网站等新中介，称为在中介化。

采用这种模式的有：旅行社、汽车销售、证券经纪公司、保险经纪公司、票务、房地产与抵押贷款经济、在线银行与金融业等。

6）服务费用盈利模式

按照所提供的服务价值进行收费。例如：游戏、娱乐、投资指导、网络游戏、音乐会与电影以及一些专业服务(财务、律师、专业诊断与护理等)。

4. 全程电子商务模式的转变

一是应用模式的转变，将ERP与电子商务相融合，形成全程电子商务模式；全程电子商务，例如，B2B2C从供应商⟶销售商⟶客户。

二是消费模式的转变，消费由许可模式向SaaS模式(Software-as-a-Service软件即服务，即软件营运)过渡，降低总体拥有成本和使用门槛。

三是外包模式的转变，未来社会分工会越来越细，IT外包不单是软件外包，还包括人才外包、运行环境外包等，大外包是未来的趋势。全程电子商务模式在 SaaS 基础上已经产生出了这种大外包的形式。

5. 电子商务的新模式

1）移动电子商务

移动电子商务，不仅提供电子购物环境，还提供一种全新的销售和信息发布渠道。从信息流向的角度，移动电子商务提供的业务可分为以下三个方面：

(1)“推(Push)”业务：主要用于公共信息发布。应用领域包括时事新闻、天气预报、股票行情、彩票中奖公布、交通路况信息、招聘信息和广告等。

(2)“拉(Pull)”业务：主要用于信息的个人定制接收。应用领域包括服务账单、电话号码、旅游信息、航班信息、影院节目安排、列车时刻表、行业产品信息等。

(3)“交互式(Interactive)”业务：包括电子购物、博彩、游戏、证券交易、在线竞拍等。

2）BMC 电子商务

企业、中间监管与消费者之间的电子商务模式即指 BMC 模式，是一种全新的电子商务模式。BMC 是英文 Business-Medium-Consumer 的缩写，率先集量贩式经营、连锁经营、人际网络、金融、传统电子商(B2B、B2C、C2C、C2B)等传统电子商务模式优点于一身，解决了 B2B、B2C、C2C、C2B 等传统电子商务模式的发展瓶颈，是 B2M 和 M2C 的一种整合电子商务模式，即 B2M＋M2C＝BMC(M＝Medium)。

其中的 Medium 就是第三方监管平台，它指的是在企业与消费者之间搭建的一个空中的纽带与桥梁。它是一个多维的、可以无限转换的连接点，将网站与消费者、机构与终端、企业与渠道代理商，根据不同的需求有机、立体地结合，形成利益互动，打造共赢的一个大同的平台。就是通过第三方监管平台为企业提供第三方质量监控、多媒体整合推广、全民参与经营、保障企业/消费者权益、改变网络诚信危机、降低企业运营成本等的新型电子商务模式。

BMC 商业模式是由太平洋直购网独创。新型 BMC 模式致力于为人们提供一个“信息高度流通＋交易高度诚信＋交易范围高度广泛＋交易对象多样转换”的绝佳的电子商务平台，成功地把消费者、供货商、诚信渠道商的商品资源、服务资源、资金资源、人脉资源整合到一起，最大限度地保证消费者的消费权益，创造社会、商家和消费者的共赢局面。

1.4 电子商务的框架与流程

1.4.1 电子商务的框架

电子商务框架是描述电子商务的组成元素、影响要素、运作机理的总体性结构体系。电子商务的框架结构是实现电子商务从技术到一般服务层所应具备的完整的运作基础。

1. 电子商务总框架

经济活动的发展离不开五流：信息流、资金流、物流、人员流和信用流。电子商务的发展也是围绕这五流展开的。众多的对策和措施是为了顺利实现五流的运转而设计的。因此，从五流的角度，可以看出电子商务的总框架，如图 1.6 所示。

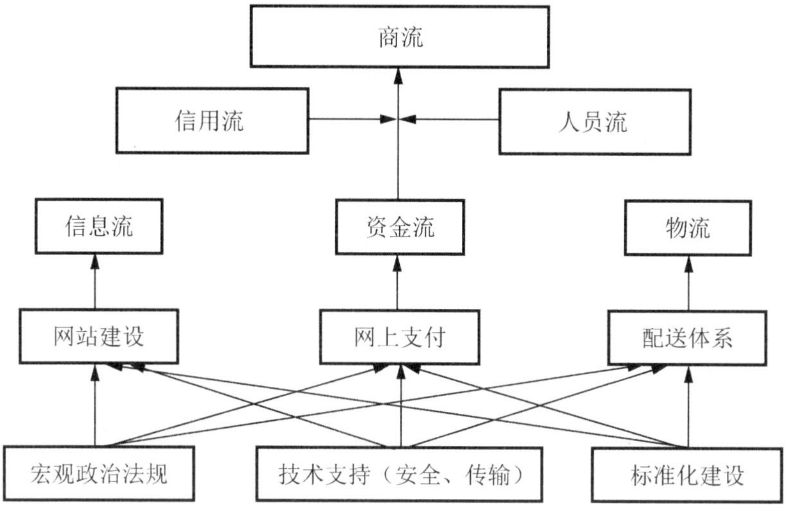

图 1.6 电子商务总框架

可以用"5F+2S+1P"来描述电子商务的总框架。其中商流是核心，是电子商务的最终目的，处于最高端。实施电子商务就是为了顺利实现 5F 畅通即信息流(Information Flow)、资金流(Capital Flow)和物流(Goods Flow)、信用流(Credit Flow)，最终实现商流。通过网站建设进行信息发布、传输和交流，沟通各相关市场主体，实现信息流；通过电子支付手段，实现资金流；通过配送体系等方式，实现物流。在整个电子商务的实施过程中，市场主体的参与(人员流)和市场主体之间相互提供信用(信用流)，则是有效完成交易的根本保障。

电子商务的应用是信息流、资金流、物流、人员流、信用流和商流的高度整合。物流和资金流分别代表使用价值和价值的转移，人员流反映出市场主体在电子商务活动中的必要角色。信息流对整个电子商务活动起着监控作用，信用流则是交易各环节得以实现的根本保证。

电子商务的开展需要具备现实的基础环境，包括安全(Safety)、标准化建设(Standardization)和政策法规(Policy)，它们作为电子商务的支持条件，构成电子商务完成交易的根本保障。

2. 电子商务的发展框架

电子商务的发展框架从宏观上指出要实现电子商务体系的各应用层面和众多支持条件。该框架从整体上可分为三个层次和两个支柱，如图 1.7 所示。自底向上，从最基础的技术层到电子商务的应用层依次分为：网络层、多媒体消息/信息发布层、一般业务服务层；两个支柱是各种技术标准和国家宏观的政策、法律。三个层次依次代表电子商务顺利实施的各级应用层次，而两边的支柱则是电子商务顺利应用的坚实基础。

3. 以 Web 为核心的电子商务架构

Web 是发展电子商务的软件基础，是一个全球性的信息架构。它快速、经济和易使用

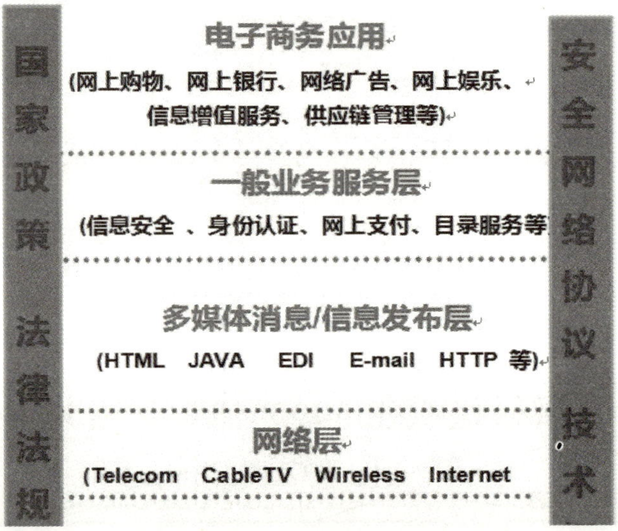

图 1.7 电子商务的发展框架

的方式整合了许多层面的在线内容和信息服务。Web 的架构可由三大部分组成：HTML（超文本置标语言）、HTTP（超文本传输协议）和 CGI（通用网关界面）。图 1.8 显示出 Web 架构的组件，它包括了 Web 客户端、Web 服务器、Web 客户端与服务器沟通的 HTTP 协议语言及应用。

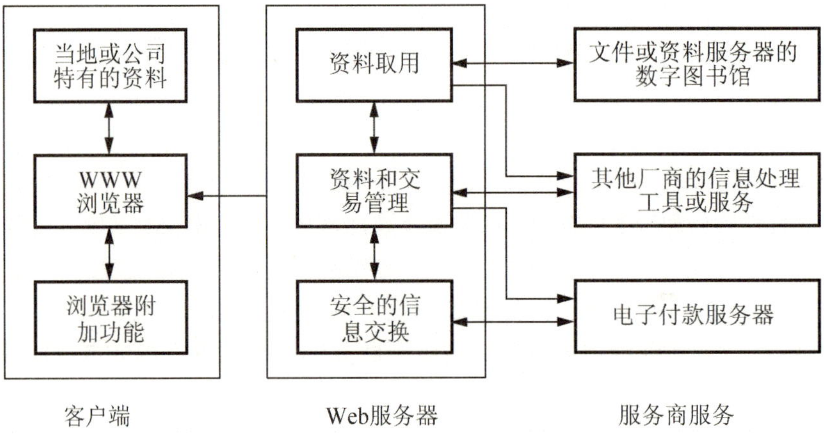

图 1.8 以 Web 为中心的电子商务架构

Web 是电子商务应用的基础，也是推动电子商务发展的主要原因之一。图 1.8 描述了构成以 Web 为主的电子商务架构的主要组件：客户端浏览、Web 服务器和其他厂商的服务。以 Web 为核心的电子商务架构更多是从一个微观的角度看电子商务的发展。并且在技术方面全面阐述电子商务活动实现需要环节。构成 Web 架构的组件主要包括下面几个方面：Web 客户端（Web client）、Web 服务器（Web server）、超文本传输协议（HTTP）、超文本置标语言（HTML）和通用网关界面（CGI）。依靠它们各自的特点，以 Web 为核心的电子商务构架得以实施。下面用表 1-2 来描述。

表 1－2　Web组件的特性

序号	组　件	特　性
1	Web客户端	为存取和显示内容提供一个图形使用界面，如微软的IE，网易的领航员(Navigator)
2	Web服务器	存储文件或其他内容的硬件和软件的组合。如微软的互联网信息服务器(Internet Information Server)，互联网的通信服务器(Communication Server)
3	超文本传输协议	HTTP提供了一种能够让服务器与浏览器之间沟通的语言
4	超文本置标语言	HTML是一种包含文字、窗体及图形信息的超文本文件的语言
5	通用网关界面	CGI是介于Web服务器和应用之间的一个标准界面，它可以用来整合数据库和Web

4. 以应用为主的电子商务整体架构

电子商务应用是由电子商务系统中的主要元素，如CA安全认证、支付网关、业务应用系统、客户终端等通过互联网来实现的。电子商务应用贵在能够全面渗透到各行各业。以狭义的电子商务概念为例，互联网的到来波及很多传统产业，迫使他们转变思想，重组业务流程，实施行业的电子商务。银行进行网上银行服务，证券业也积极从事证券网上交易，传统商家纷纷建立自己的网站，通过网上商场卖东西。与此同时，传统经济没有的新行业也应运而生。如内容服务商(ICP)、网络服务商(ISP)、数据中心(IDC)、CA等。所以，从应用角度来看电子商务整体架构如图1.9所示。

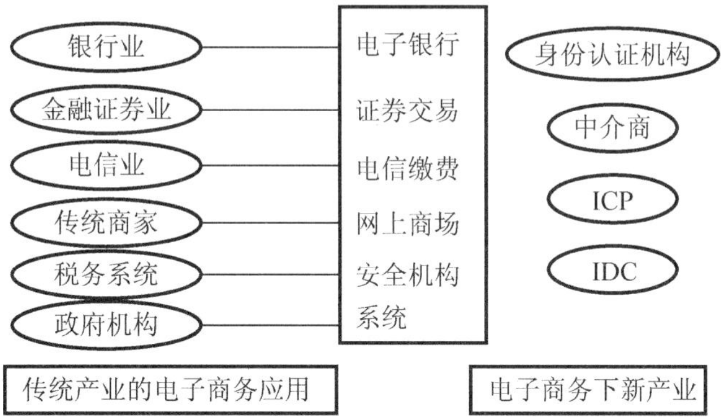

图1.9　以应用为主的电子商务总体框架

1.4.2　电子商务的流程

1. 电子商务流程的参与主体

电子商务流程(Electronic Business Process)是指通过计算机技术、网络技术和通信技术，发生在商务主体间，围绕有关商务活动而进行一系列活动的有序集合。在最基本的电子商务流程中通常包括五个主要角色：供应方、需求方、银行、物流和认证中心。各角色的功能分别如下：(1) 供应方提供商品并发布相关信息。供应方的主要业务：发布商品信息；回复客户询问、处理客户订单、通知物流发货、订单处理回执。

(2) 需求方查找商品信息并提交购物单。需求方的主要业务：检索商品信息、在线咨询、确认订单、在线付款、收货确认。

(3) 物流公司和银行完成商品和资金在交易双方的流动过程。物流服务主要接受商家的送货要求，组织运送无法从网上直接得到的商品，跟踪商品的流向，提供在途信息查询，直至货物到达消费者手中。网上银行主要是在网络上完成买卖双方的资金结算业务，包括网上转账、收款通知、账目查询和管理、电子现金等基本内容。

(4) 认证中心确认网上用户的真实身份，防治网络欺诈行为。CA 认证(Certificate Authority)：认证中心提供交易双方的信用保障，是被法律承认的权威机构，负责发放和管理电子证书，使网上交易各方能够互相确认身份。

2. 电子商务基本流程

电子商务的基本流程主要包括四个阶段：交易前的准备、交易中的交易磋商、签订合同和办理手续、交易后的履行合同和索赔，如图 1.10 所示。

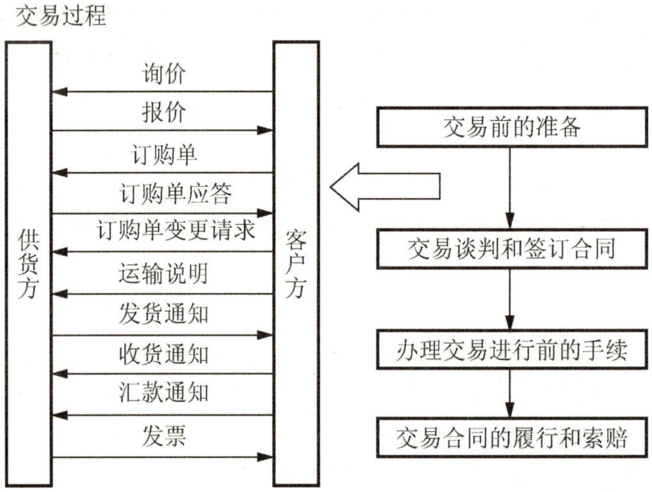

图 1.10　电子商务基本流程

1) 交易前的准备

这一阶段主要是指买卖双方和参加交易各方在签约前的准备活动。

买方根据自己要买的商品，准备购货款，制订购货计划，进行货源市场调查和市场分析，反复进行市场查询，了解各个卖方国家的贸易政策，反复修改购货计划和进货计划，确定和审批购货计划。再按计划确定购买商品的种类、数量、规格、价格、购货地点和交易方式等，尤其要利用 Internet 和各种电子商务网络寻找自己满意的商品和商家。

卖方根据自己所销售的商品，召开商品新闻发布会，制作广告进行宣传，全面进行市场调查和市场分析，制订各种销售策略和销售方式，了解各个买方国家的贸易政策，利用 Internet 和各种电子商务网络发布商品广告，寻找贸易伙伴和交易机会，扩大贸易范围和商品所占市场的份额。其他参加交易各方有中介方、银行金融机构、信用卡公司、海关系统、商检系统、保险公司、税务系统、运输公司也都为进行电子商务交易做好准备。

2）交易谈判和签订合同

这一阶段主要是指买卖双方对所有交易细节进行谈判，将双方磋商的结果以文件的形式确定下来，即以书面文件形式和电子文件形式签订贸易合同。电子商务的特点是可以签订电子商务贸易合同，交易双方可以利用现代电子通信设备和通信方法，经过认真谈判和磋商后，将双方在交易中的权利、所承担的义务、对所购买商品的种类、数量、价格、交货地点、交货期、交易方式和运输方式、违约和索赔等合同条款，全部以电子交易合同作出全面详细的规定，合同双方可以利用电子数据交换(EDI)进行签约，可以通过数字签名等方式签名。

3）办理交易进行前的手续

这一阶段主要是指买卖双方签订合同后到合同开始履行之前办理各种手续的过程，也是双方贸易前的交易准备过程。交易中要涉及有关各方，即可能要涉及中介方、银行金融机构、信用卡公司、海关系统、商检系统、保险公司、税务系统、运输公司等，买卖双方要利用 EDI 与有关各方进行各种电子票据和电子单证的交换，直到办理完可以将所购商品从卖方按合同规定开始向买方发货的一切手续为止。

4）交易合同的履行和索赔

这一阶段是从买卖双方办完所有各种手续之后开始，卖方要备货、组货，同时进行报关、保险、取证、信用等，卖方将所购商品交付给运输公司包装、起运、发货，买卖双方可以通过电子商务服务器跟踪发出的货物，银行和金融机构也按照合同，处理双方收付款、进行结算，出具相应的银行单据等，直到买方收到自己所购商品，完成了整个交易过程。索赔是在买卖双方交易过程中出现违约时，需要进行违约处理的工作，受损方要向违约方索赔。

3. 电子商务的具体流程

对于 Internet 上的电子商务交易来讲，大致可以归纳为网络商品直销和网络商品中介交易这两种常见的流程。不同类型的电子商务交易，其交易过程虽然都包括上述的四个阶段，但各自的流程是不同的。

1）网络商品直销的流程

网络商品直销是指消费者和生产者，或者是需求方和供应方直接利用网络形式所开展的买卖活动。这种在网上的买卖交易最大的特点是供需直接见面，环节少，速度快，费用低。这种形式常见于 B2C 型的电子商务模式。

(1) 消费者在 Internet 上查看企业和商家的主页(HomePage)。

(2) 消费者通过购物对话框填写姓名、地址、商品品种、规格、数量、价格。

(3) 消费者选择支付方式，如信用卡、借记卡、电子货币、电子支票、支付宝等。

(4) 企业或商家的客户服务器接到订单后检查支付方的服务器，确认汇款额是否被认可。

(5) 企业或商家的客户服务器确认消费者付款后，通知销售部门送货上门。

(6) 消费者的开户银行将支付款项传递到信用卡公司，并由信用卡公司负责发给消费者收费单。

上述过程中认证中心(CA)作为第三方，确认在网上经商者的真实身份，保证了交易的正常进行。

网络商品直销的诱人之处，在于它能够有效地减少交易环节，大幅度地降低交易成本，从而降低消费者所得到的商品的最终价格。消费者只需输入厂家的域名，访问厂家的主页，即可清楚地了解所需商品的品种、规格、价格等情况，而且主页上的价格最接近出厂价，这样就有可能达到出厂价格和最终价格的统一，从而使厂家的销售利润大幅度提高，竞争能力不断增强。

网络商品直销的不足之处主要表现在两个方面。第一，购买者只能从网络广告上判断商品的型号、性能、样式和质量，对实物没有直接的感知，在很多情况下可能产生错误的判断。而某些厂商也可能利用网络广告对自己的产品进行不实的宣传，甚至可能打出虚假广告欺骗顾客。第二，购买者利用信用卡进行网络交易，不可避免地要将自己的密码输入计算机，由于新技术的不断涌现，犯罪分子可能利用各种高新科技的作案手段窃取密码，进而盗窃用户的钱款。这种情况不论是在国外还是在国内，均有发生。

2) 网络商品中介交易的流程

网络商品中介交易是通过网络商品交易中心，即虚拟网络市场进行的商品交易。在这种交易过程中，网络商品交易中心以 Internet 为基础，利用先进的通信和计算机软件技术，将商品供应商、采购商和银行紧密地联系起来，为客户提供市场信息、商品交易、仓储配送、货款结算等全方位的服务。B2B 型的电子商务大多是基于第三方平台的模式。

(1) 买卖双方各自的供、需信息通过网络告诉网络商品交易中心，网络商品交易中心通过信息发布服务向交易的参与者提供大量的、详细准确的交易数据和市场信息。

(2) 买卖双方根据网络商品交易中心提供的信息，选择自己的贸易伙伴。网络商品交易中心从中撮合，促使买卖双方签订合同。

(3) 买方在网络商品交易中心指定的银行办理转账付款手续。

(4) 网络商品交易中心在各地的配送部门将卖方货物送交买方。

通过网络商品中介进行交易，具有许多突出的优点：首先，网络商品中介为买卖双方展现了一个巨大的世界市场，这个市场网络储存了全世界的几千万个品种的商品信息资料，可联系千万家企业和商贸单位。每一个参加者充分宣传自己的产品，及时沟通交易信息，最大限度地完成产品交易。网络商品中介机构还通过网络将彼此连接起来，进而形成全球性的大市场。其次，网络商品交易中心作为中介方可以监督交易合同的履行情况，有效解决在交易中买卖双方产生的各种纠纷和问题。最后，在交易的结算方式上，网络商品交易中心采用统一集中的结算模式，对结算资金实行统一管理，有效地避免了多形式、多层次的资金截留、占用和挪用，提高了资金风险防范能力。

3）C2C 电子商务流程

随着电子商务及其相关技术的快速发展，网上购物已经成为人们购物的主要方式之一。以“淘宝网”为代表的 C2C 电子商务形式也发展迅猛，据相关数据显示，“淘宝网”已占据我国 C2C 市场近八成的份额。C2C 电子商务最大的特点就是利用专业网站提供的大型电子商务平台，以免费或比较少的费用在网络平台上销售自己的商品，一般来说卖家可以选择网上开店或拍卖方式来销售自己的商品。

目前，各个电子商务网站广泛采用的交易流程有三种，或是这三种流程的综合。这三种交易流程是：货到付款交易流程、款到发货交易流程和以第三方支付平台为中介的交易流程。

(1) 货到付款交易流程。该交易流程中买方占有优势，买方首先在卖方的网站上浏览选择商品，待卖方确认订单后发货。当买方收到商品后支付货款。该流程保障了买方的利益。但无法保证卖方的利益，卖方没有绝对的把握收到买方支付的货款。

(2) 款到发货交易流程。款到发货交易流程是买方在卖方的网站上选择商品后，直接将货款支付到卖方，待卖方确认收到货款后才向买方发货。该流程显然无法保证买方的利益，买方很有可能支付了货款但无法收到卖方的商品。

(3) 以第三方支付平台为中介的交易流程。该交易流程是以第三方支付平台为交易中介，为买卖双方暂时保管货款，买方先将货款支付给第三方支付平台，待买方收货后，在第三方支付平台上确认，第三方支付平台才将货款划给卖方。其交易过程如下。

第一步：买方在卖方的网站上选择商品，并选择网上支付货款；

第二步：卖方确认订单后将买方网上支付的请求发送给第三方支付平台(“支付宝”)；

第三步：买方在线支付货款至第三方支付平台(“支付宝”)；

第四步：第三方支付平台(“支付宝”)向卖方发送支付结果，并通知其发货；

第五步：卖方根据反馈的支付结果，发送商品；

第六步：买方收到货物后，通知第三方支付平台(“支付宝”)付款给卖方；

第七步：卖方与第三方支付平台(“支付宝”)结算货款，卖方收款。

“淘宝网”网上交易流程也基本采用该种流程，但在交易细节上还有一些不同：买方在卖方的网站上浏览选择商品时可以通过“淘宝旺旺”与卖方沟通，买卖双方先对交易物品的特性、价格等进行沟通，再付货款；若买方不确定收货，一段时间后，支付宝将自动将货款汇至卖方账户；交易成功后，买卖双方进行信用互评。

采用第三方支付平台为中介的支付方式，相比于传统的货到付款和款到发货交易方式，平衡了买卖双方的利益。但是这种交易流程仍旧存在着一些缺陷和问题，比如，若买方收到货后不进行确认，将造成卖方资金积压；对于买方要求退货的情况，此交易流程未作考虑以及第三方支付平台的信用级别较低等。需建立一种以银行为中介、买卖保证金为保障的新型网上交易流程，如图 1.11 所示。

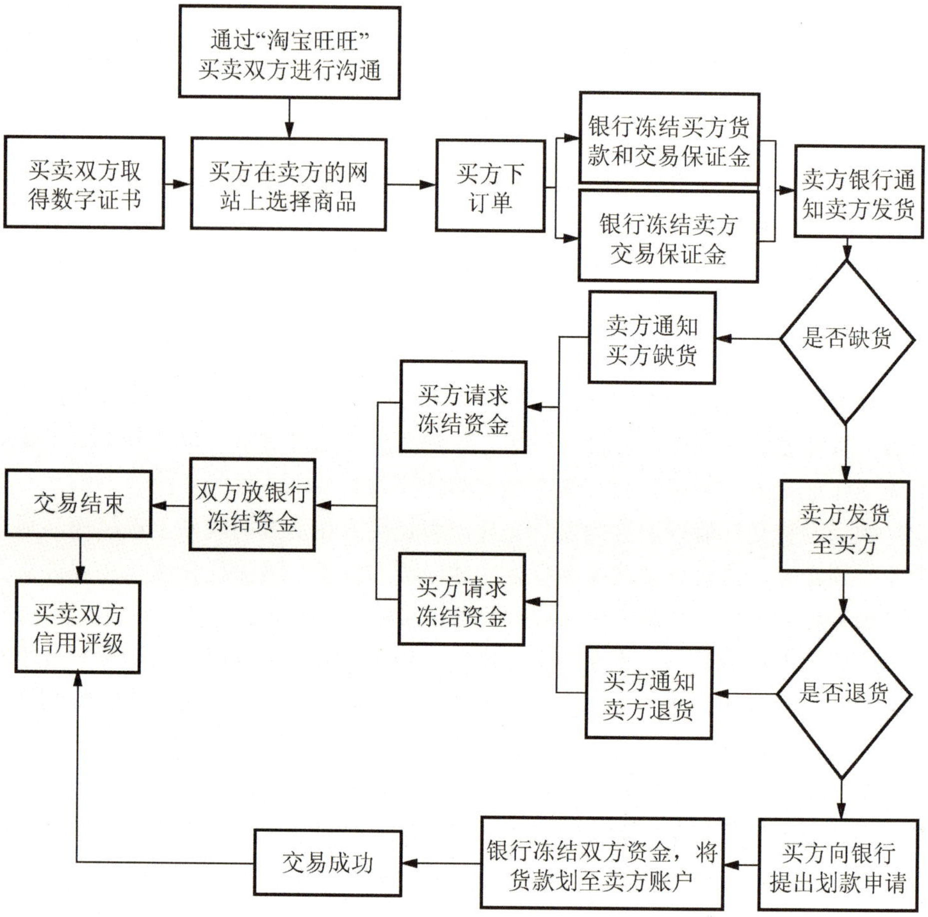

图 1.11　以银行为中介、买卖保证金为保障的新型网上交易流程

1.5　网络商务信息收集与处理

1.5.1　网络商务信息的采集

1. 网络商务信息

网络商务信息是指存储于网络并在网络上传播的与商务活动有关的各种信息的集合，是各种网上商务活动之间相互联系、相互作用的描述和反映，是对用户有用的网络信息。网络是其依附载体，在商务活动中，信息通常指的是商业消息、情报、数据、密码、知识等。网络商务信息限定了商务信息传递的媒体和途径。只有通过计算机网络传递的商务信息，包括文字、数据、表格、图形、影像、声音以及内容能够被人或计算机察知的符号系统，才属于网络商务信息的范畴。信息在网络空间的传递称为网络通信，在网络上停留时称为存储。

一个完整的企业网络商务信息收集系统，包括先进的网络检索设备、科学的信息收集方法和业务精通的网络信息检索员。网络商务信息检索是指在网络上对商务信息的寻找和调取工作。这是一种有目的、有步骤地从各个网络站点查找和获取信息的行为。网络营销离不开信息。有效的网络商务信息必须能够保证源源不断地提供适合于网络营销决策的信息。网络营销对网络商务信息收集的要求是：及时、准确、适度和经济。

(1) 所谓及时，就是迅速、灵敏地反映销售市场发展各方面的最新动态。信息都是有时效性的，其价值与时间成反比。及时性要求信息流与物流尽可能同步。由于信息的识别、记录、传递、反馈都要花费一定的时间，因此，信息流与物流之间一般会存在一个时滞。尽可能地减少信息流滞后于物流的时间，提高时效性，是网络商务信息收集的主要目标之一。

(2) 所谓准确，是指信息应真实地反映客观现实，失真度小。在网络营销中，由于买卖双方不直接见面，因而准确的信息就显得尤为重要。准确的信息才可能导致正确的市场决策。信息失真，轻则会贻误商机，重则会造成重大的损失。信息的失真通常有三个方面的原因：一是信源提供的信息不完全、不准确；二是信息在编码、译码和传递过程中受到干扰；三是信宿(信箱)接受信息出现偏差。为减少网络商务信息的失真，必须在上述三个环节上提高管理水平。

(3) 适度是指提供信息要有针对性和目的性，不要无的放矢。没有信息，企业的营销活动就会完全处于一种盲目的状态。信息过多、过滥，也会使得营销人员无所适从。在当今的信息时代，信息量越来越大，范围越来越广，不同的管理层次又对信息提出不同的要求。在这种情况下，网络商务信息的检索必须目标明确，方法恰当，信息收集的范围和数量要适度。

(4) 这里的“经济”是指如何以最低的费用获得必要的信息。追求经济效益是一切经济活动的中心，也是网络商务信息检索的原则。许多人上网后，看到网络上大量的可用信息，往往想把它们全部拷贝下来，浪费时间精力还可能有高昂的下载费用。应当明确，没有力量也不可能把网络上所有的信息全部收集起来，信息的及时性、准确性和适度性都要求建立在经济性基础之上。此外，提高经济性，还要注意使所获得的信息发挥最大的效用。

2. 网络商务信息的特点

1) 时效性强

传统的商务信息，由于传递速度慢、传递渠道不畅，因而经常导致“信息获得了但也失效了”的局面。网络商务信息则可有效地避免这种情况。由于网络信息更新及时，传递速度快，只要信息收集者及时发现信息，就可以保证信息的时效性。

2) 准确性高

网络信息的收集，绝大部分是通过搜索引擎找到信息发布源获得的。在这个过程中，减少了信息传递的中间环节，从而减少了信息的误传和更改，有效地保证了信息的准确性。

3) 便于存储

现代经济生活的信息量非常大，如果仍然使用传统的信息载体，存储起来难度相当大，而且不易查找。网络商务信息可以方便地从互联网下载到自己的计算机上，通过计算机进行信息的管理。而且，在原有的各个网站上，也有相应的信息存储系统。自己的信息资料遗失后，还可以到原有的信息源中再次查找。

4）检索难度大

虽然网络系统提供了许多检索方法，但全球范围的各行各业的海量信息，常常把企业营销人员淹没在信息海洋或者说信息垃圾之中。在浩瀚的网络信息资源中，迅速地找到自己所需要的信息，经过加工、筛选和整理，把反映商务活动本质的、有用的、适合本企业情况的信息提炼出来，需要相当一段时间的培训和经验。对于现代企业来说，如果把人才比作企业的支柱，信息则可看作是企业的生命。网络商务信息，不仅是企业进行网络营销决策和计划的基础，而且对于企业的战略管理、市场研究以及新产品开发都有着极为重要的作用。

3. 网络商务信息分级

不同的网络商务信息对不同用户的使用价值(效用)不同，从网络商务信息本身所具有的总体价格水平来看，可以将它粗略地分为四个等级。

第一级：免费商务信息。这些信息主要是社会公益性的信息。对社会和人们具有普遍服务意义的信息，大约只占信息库数据量的5%。这类信息主要是一些信息服务商为了扩大本身的影响，从产生的社会效益上得到回报，推出的一些方便用户的信息，如在线免费软件、实时股市信息等。

第二级：低收费信息。这些信息是属于一般性的普通类信息。由于这类信息的采集、加工、整理、更新比较容易，花费也较少，是较为大众化的信息。这类信息约占信息库数据量的10%～20%，只收取基本的服务费用，不追求利润，如一般性文章的全文检索信息。信息服务商推出这类信息一方面是体现社会普遍服务意义，另一方面是为了提高市场的竞争力和占有率。

第三级：收取标准信息费的信息。是属于知识、经济类的信息，收费采用成本加利润的资费标准。这类信息的采集、加工、整理、更新等比较复杂，要花费一定的费用。同时信息的使用价值较高，提供的服务层次较深。这类信息约占信息库数据量的60%左右，是信息服务商的主要服务范围。网络商务信息大部分属于这一范畴。

第四级：优质优价的信息。这类信息是有极高使用价值的专用信息，如重要的市场走向分析、网络畅销商品的情况调查、新产品新技术信息、专利技术以及其他独特的专门性的信息等，是信息库中成本费用最高的一类信息，可为用户提供更深层次的服务。一条高价值的信息一旦被用户采用，将会给企业带来较高的利润，给用户带来较大的收益。

1.5.2 网络商务信息的采集方法

1. 下载工具的使用

目前常用的下载工具有 Net Ants、Flash Get 断点续传等。

1）网络蚂蚁 Net Ants

因 Net Ants 下载软件用蚂蚁搬家来象征它从网络上下载数据，因此称为网络蚂蚁。网络蚂蚁是国人开发的下载工具软件，它利用了一切可以利用的技术手段，如多点连接、断点续传、计划下载等，大大地加快了下载的速度。

2）网际快车 Flash Get(Jet Car)

网际快车通过把一个文件分成几个部分同时下载，可以成倍地提高下载速度，下载速度可以提高100%～500%。网际快车可以创建不限数目的类别，每个类别指定单独的文件目录，不同的类别保存到不同的目录中去，强大的管理功能包括支持拖拽、更名、添加描述、查找、文件名重复时可自动重命名等，而且下载前后均可轻松自如地管理文件，支持MMS协议和RTSP协议。

3）断点续传

断点续传是许多下载工具所具有的一项很受欢迎的功能，是指信号中断后(掉线或关机等)，下次还能够从上次中断的地方接着传送(一般指下载或上传)，而不用从头再来。断点续传支持从文件上次中断的地方开始传送数据，面普通传送是从文件开头传送。

断点续传下载软件具有以下特点：断点续传功能；定时下载功能；多文件同时下载；支持拖放式操作；自动捕捉剪贴板上的URL并激活下载软件；致命错误发生时的关闭机制；预防病毒侵害的安全机制。

断点续传下载软件包括Net Ants、Flash Get、Net Vampire、Download Manager、Get Right、Go! Zilla、Win Download等。

2. 文件传输

1）文件传输的概念

文件传输协议FTP(File Transfer Protocol)通过客户端和服务器端的FTP应用程序在Internet上实现远程文件传送，是Internet上实现资源共享的基本手段之一。FTP服务基于客户机/服务器模式，可以使客户登录到服务器主机上，如同在本机上复制文件一样，通过网络从服务器主机上下载各种类型的文件。从服务器向客户主机传送，称为“下载”。反之，若文件从客户机向服务器传送，则称之为“上传”。只要两台计算机遵守相同的FTP协议，不受操作系统的限制，就可以进行文件传输。

2）FTP软件类型

FTP软件是用户使用文件传输服务的界面，按照界面风格的不同，FTP软件可分为字符界面和图形界面两类。

字符界面的FTP软件采用命令行方式进行人机对话。早期的各种操作系统下的FTP软件和Windows中内置的FTP应用程序都属于此类，而且使用上基本相同。

图形界面的FTP软件则提供了更直观、方便、灵活的窗口互联界面。这类软件发展迅速，功能更强劲的工具不断涌现。

3）FTP登录方式

FTP服务器提供大量的共享资源，用户可以从FTP服务器上下载所需要的文件到本地计算机上。由于FTP服务器有时接受的服务过大，为保证服务和基于安全的考虑，有的FTP服务器要求用户在输入合法的用户标识(ID)和口令(PASSWORD)后，才允许用户登录到FTP服务器。另一种FTP服务器可以提供匿名FTP服务，用户只需要以“A-NONYMOUS”(匿名)作为用户标识，可以不提供口令，就可直接登录FTP服务器进行各种操作。

3. FTP的使用

1）Windows 中带的 ftp. exe 程序

FTP 文件传输协议，它是通过客户端和服务器端的 FTP 应用程序在 Internet 上实现文件远程传输，共享 Internet 上的资源。客户机与服务器的连接称为“登录”；将文件上传到服务器上称为“上传”，反之称为“下载”。Windows 中自带的 ftp. exe 程序是字符界面 FTP 软件，具有简单、实用的特点。

2）Cute FTP 传输软件的使用

FTP 传输软件种类非常多，此处以目前使用较多的 Cute FTP 软件为例介绍文件的传输过程。操作步骤如下。

单击 Cute FTP 图标，进入程序的主界面。

Cute FTP 程序界面有 4 个区域：上窗口、中间的左窗口、中间的右窗口、下窗口。

上窗口：输入命令或执行命令显示区，所有 FTP 传输命令和执行结果都在此区域显示，可以直接输入 FTP 命令。

中间的左窗口：上传时是源文件(夹)位置，下载时是目标文件(夹)位置。

中间的右窗口：上传时是目标文件(夹)位置，下载时是源文件(夹)位置。

下窗口：为传输或下载的文件执行显示。

最下边一行是状态行，可以看到文件传输时的速率和已经传输的字节数。

连接主机：在 Cute FTP 程序界面中，单击工具栏中的“连接”按钮，在出现的连接设置行中输入主机名、用户名和密码，然后单击端口旁的“连接”按钮进行连接。

将本计算机中 d/9－1. htm 文件上传到远程主机 www. buueb. net 的根目录下。在 Cute FTP 程序中间的左窗口选中源文件使用鼠标左健将选中的文件向右窗口拖动，松手时会弹出提示框，单击“是”按钮即完成文件的上传。

浏览上传的文件。

启动 Internet Explorer 浏览器，在地址栏中输入 http://www. buueb. net/9－1. htm，按 Enter 键即可浏览上传的文件。

将远程主机根目录下的 index. html 文件下载到本地计算机 D 盘中。在 Cute FTP 程序中间的右窗口中选中根目录下的 index. html 文件，使用鼠标左键将选中的文件向右窗口拖动，松手时会弹出提示框，单击“是”按钮即完成文件下载。

4. 远程登录

远程登录 Telnet(Telecommunication Network)协议是 TCP/IP 协议的一部分，它定义了本地登录客户机与远程服务器之间的交互过程。Telnet 是一个独立的程序，文件名为 Telnet. exe。

远程登录有两种形式：第一种是使用自己的账号和口令访问远程主机；第二种是匿名登录。一般 Internet 上的主机都为公众提供了一个公共账号，此账号不设口令。大多数计算机仅需输入“guest”即可登录到远程计算机。但这种形式在使用权限上受到一定限制。Telnet 命令格式为：Telnet＜主机域名＞＜端口号＞。

5. Gopher 分类目录

Gopher 是 Internet 上提供的一种基于目录方法的信息检索查询工具。它出现于 1991 年，是由美国明尼苏达大学开发出来的一种 Internet 资源访问工具。Gopher 采用目录方式可以逐级地引导用户查找自己感兴趣的内容，从而使用户避免了毫无目的地网上漫游，提高了信息检索查询的效率。它已成为 Internet 上常用的信息传输方式，不仅用于传送文本，还可以进行检索查询、图像和声音文件的传送等操作。

6. 点对点通信

1) 超级终端

超级终端是 Windows 9x/NT/2000/XP 自带的串行通信辅助调试软件，利用它可以方便地完成 PC 计算机之间的串行通信。如果两台电脑都配置了 Modem，就可以通过电话(不用通过 Internet)互相传输文件。利用拨号网络，通过 Modem，用户可以轻而易举地实现两台计算机的直接连接，实现诸如对话、传送及接收文件等功能，特别适用于在一个城市，有单位内线电话的朋友、同事之间进行信息交流。

2) 点对点通信

计算机网络按传输技术分类，可分为广播式网络和点对点网络(对等网络)。

(1) 点对点通信的概念。点对点通信只能实现网内任意两个用户之间的信息交换。点对点通信时，只有一个用户可收到信息。作为一种计算机网络通信模式，点对点通信中的两台计算机处在同等地位，有时也称对等网络。它们共享网络资源，每台计算机都以同样的方式作用于对方。在对等网络中，所有计算机既是服务器，又是客户机。

(2) 点对点通信的特点。点对点通信中每个节点和其他节点之间都有线路连接。每个节点均可单独对外通信，不需要经过其他节点的传递。因此，点对点网络有很多优点，如造价低廉，它允许数据和计算机分布在一个大的范围内，允许用户动态地安排计算要求。缺点是文件的位置不确定，网络管理比较困难。虽然如此，对等网络在实际应用中还是很广泛的。

1.5.3 网络商务信息收集的途径

在互联网上可以利用搜索引擎、公告栏(BBS)、新闻组、E _ mail、邮件列表等方式进行商务信息的收集。

1. 搜索引擎

利用搜索引擎检索信息。只要企业建立了自己的网站，并在搜索引擎上进行登记，就可以找出该企业的网址，然后通过直接访问目标企业的网站查询相关信息，而有关该企业的新闻报道等通常也可以直接从网上找到。

2. 公告栏

主要是到相关主题的 BBS 网站，如电子商务指南网站的论坛，进行商务信息的搜集。大量的信息交流可通过 BBS 来完成，会员通过张贴消息或者回复信息达到互相沟通的目的。

3. 新闻组

可以从新闻组中获得信息，也可以发布信息。新闻组是公众进行讨论和信息分享的自由网站，公众可以自由加入，新闻组成员可以阅读大量公告，也可以发表自己的公告，或回复他人的公告。使用新闻组时要遵守网络礼仪，张贴消息时要非常小心。

4. 邮件列表

许多网站常常将一些有价值的信息以新闻邮件、电子刊物等形式免费向用户发送，通常只要进行简单的登记即可加入邮件列表。利用邮件列表可以实现邮件批量发送，即同时向许多拥有电子邮件地址的人发送预备好的邮件。邮件内可以携带你需要发布的各种信息，邮件列表在网络上是一种很好的信息发布工具。

通过邮件列表可以发行电子刊物，可以更新网站通知。对于企业来说，可以运用邮件列表进行新产品发布宣传，向客户提供更好的技术支持，并及时得到客户的意见反馈。

5. 电子邮件

目前许多ICP和传统媒体以及一些企业，为保持与用户的沟通，都利用E _ mail定期发布公司的最新动态和有关产品服务信息。通过E _ mail收集信息是最快捷、最有效的渠道。

1.5.4 网络商务信息的处理

1. 信息的分类存储

信息的存储就是把获得的大量信息用适当的方法保存起来。因为有些信息在收集、加工处理完毕后并不是马上就要利用，另外一些有价值的信息在使用一次过后还有第二次、甚至第三次使用的价值，因此需要将这些信息保存起来。信息存储为信息进一步的加工处理、正确地认识和利用这些信息打下基础。

随着信息量的增加，需要存储的信息越来越多，对信息存储的要求也越来越高。信息存储时需注意以下三个问题：

(1) 存储的资料要安全可靠。对各种自然、技术及社会因素可能造成的资料毁坏或丢失，都必须有相应的处理和防范措施。

(2) 要节约存储空间。计算机存储要采用科学的编码体系，缩短相同信息所需的代码，从而节约空间。

(3) 信息存储必须满足存取方便、迅速的需要，否则就会给信息的利用带来不便。计算机存储应对数据进行科学、合理的组织，要按照信息本身和它们之间的逻辑关系进行存储。

2. 数据整理和分析

数据库是在电子计算机的外存储器上，按一定组织方式存储在一起的，相互有关具有最小冗余度和可共享的、具有较高独立性的、能确保安全和完整的数据集合。

数据库系统是用于组织和存取大宗数据的管理系统，它是有关电子计算机系统(硬件与基本软件)、数据库及其描述机构、数据库管理、用户及其应用程序、数据库管理员等几方面组成的总体。

数据库管理系统是一组软件，它具有数据库定义功能、数据库管理功能、通信功能，通常由数据描述语言及其编译程序、数据操纵语言及其编译程序、数据库管理例行程序等三部分组成。数据库是大量信息存放的场所，在使用时一般要根据需要分类别进行整理。对整理后的数据进行分析，就可以得出一定的结论。

3. 对数据进行操作

1）查询信息

操作步骤如下：

打开数据表，单击数据表工具栏中的“SQL”按钮，打开窗口，上部分为SQL命令输入窗口，下部分为结果集显示窗口。输入Select语句，查询信息，然后单击工具栏中的“运行”按钮，则在结果集窗口显示符合条件的记录。

2）更改信息

操作步骤如下：

打开数据表，单击数据表工具栏中的“SQL”按钮，打开窗口。再单击工具栏中的“更改查询类型”按钮，在右下角弹出的操作选项中选择“更新”选项，此时SQL命令输入窗口变为Update语句。输入SQL语句实现修改功能，将信息更改后单击工具栏中的“运行”按钮，则弹出记录“已修改”提示框。

3）添加信息

操作步骤如下：

打开数据表，单击数据表工具栏中的“SQL”按钮，打开窗口，单击工具栏中的“更改查询信息类型”按钮，在右下角弹出的操作选项中选择“插入到”选项，此时SQL命令输入窗口变为Insert into语句。输入SQL语句实现添加记录的功能，添加信息后单击工具栏的“运行”按钮，则弹出记录“已添加”提示框。

4）删除信息

操作步骤如下：

打开数据表，单击数据表工具栏中的“SQL”按钮，打开窗口。再单击工具栏中的“更改查询类型”按钮，在右下角弹出的操作选项中选择“删除”选项，此时SQL命令输入窗口变为Delete语句。输入SQL语句实现删除记录的功能，将新添加的信息删除，单击工具栏的“运行”按钮，则弹出记录“已删除”提示框。

4. 网络商务信息的发布计划

1）网络商务信息的发布工具与方法

(1) 邮件列表。在Internet上，有许多对某个问题感兴趣的组，每个组少则几十人，多则几百上千人，这些人散布于Internet的各个地方。每个组都有一个别名，即一个公共的电子邮件地址。任何发送到别名中的邮件都会自动地邮寄到组中的每一个人，而无须知道每个人的E_mail地址。这些公共电子邮件地址的集合或各组别名的集合称为邮件列表，Internet上的这项服务称为邮件列表服务。

邮件列表服务和 E-mall 营销在很多方面类似，但 E-mall 直接向用户发送促销信息，而邮件列表是通过为用户提供有价值的信息，在邮件内容中加入适量促销信息，实现营销目的。

(2) 邮件群发。通过邮件群发可在几秒钟内将商业推广信及商业广告发送到数千万客户电子信箱中，只需对方打开信箱便可看到商业信件。它的广告宣传效果可以与花费几十甚至上百万资金的广告相媲美，而成本非常低廉，并且简单易用，无需专业知识。

(3) 企业网站。利用企业自己的网站发布商务信息其优势表现在：成本低、自主性大、不利影响小、宣传效果直接。但是这种方式可以发挥作用的前提是企业网站在消费者和客户群中具有一定的知名度。

(4) 专业信息发布网站。专业发布供求信息的网站知名度较高，在此类网站上发布商务信息的企业较多，而且这类网站整合了相关领域的多数企业，为相关企业提供有关领域的供求信息，具有一定的针对性和高效性。

(5) 网络博客。博客(Blog)是一种特殊的网络个人出版形式。一个 Blog 就是一个网页，通常由简短、经常更新的帖子构成。这些帖子按照年份和日期倒序排列所以也称为"网络日志"。现在博客不仅被用于发布个人的网络日志，也成为一种企业发布信息的工具。除此之外，可以用来进行网络商务信息发布的工具还有新闻组、BBS 等。

2) 网络商务信息发布的主要事项

在选择了合适的网络信息发布的工具和途径之后，要对信息的格式、内容以及信息的显示效果进行处理，主要包括以下几个方面。

(1) 信息标题设计。信息标题是否有足够的吸引力是浏览者能否关注的关键。一般而言在信息标题中要有足够的信息元素，如时间、地点、品牌、特性、对象等。同时标题不要太长，也不要太短，大多是根据网站显示信息标题的规定确定。如在阿里巴巴网站发布销售信息，标题一般在 15～25 个字之间。

(2) 信息内容设计。信息内容也是网络商务信息发布时要注意的一个重要环节。设计信息内容时要考虑信息长度是否合适，信息是否有层次感，重点是否突出，主题是否明确，不能太长。

(3) 产品图片设计。当信息标题和信息内容优化的条件下，还要考虑产品的图片设计问题，如是否清晰、是否美观、是否能有效反映本次信息发布的目标等。

(4) 信息发布时间。对信息发布时间的控制也很重要。要了解目标客户大多在什么时间段上网、发布需要多少时间、信息发布后显示需要多少时间，只有有效地规划这几个方面才能收到信息发布的最大效益。

(5) 信息多栏目发布。如果要提高曝光率，被更多的目标客户看到，需要巧妙地借用网站的产品信息分类栏目进行多栏目发布。要尽量找那些跟产品有关联的分类栏目进行发布，这样曝光率才会高。

(6) 信息发布频率和更新频率。信息发布后，还需对信息进行管理，要控制好信息发布频率和信息更新频率。同时要及时与目标客户沟通，不要消极地等待目标客户上门咨询。在发布信息后，需要积极地给目标客户发宣传信息和咨询信笺，引导目标客户看到信息。每个星期、每个月都要进行信息更新和发布新信息，不要让信息处于休眠状态。多发信息才能找到更多的发展机会。

1.6 EDI与电子商务

1.6.1 EDI的发展概况

EDI是Electronic Data Interchange的缩写，译为电子数据交换，也叫无纸贸易。它是一种在公司之间传输订单、发票等作业文件的电子化手段。当代世界，科学技术突飞猛进，社会经济日新月异。特别是自20世纪80年代以来，在新技术革命浪潮的猛烈冲击下，一场高技术竞争席卷世界，使人类社会的一切领域正在飞速地改变着面貌。国际贸易也空前活跃，市场竞争愈演愈烈。在国际贸易中，由于买卖双方地处不同的国家和地区，因此在大多数情况下，不是简单地、直接地面对面地买卖，而必须以银行进行担保，以各种纸面单证为凭证，方能达到商品与货币交换的目的。这时，纸面单证就代表了货物所有权的转移，因此从某种意义上讲“纸面单证就是外汇”。全球贸易额的上升带来了各种贸易单证、文件数量的激增。虽然计算机及其他办公自动化设备的出现可以在一定范围内减轻人工处理纸面单证的劳动强度，但由于各种型号的计算机不能完全兼容，实际上又增加了对纸张的需求。美国森林及纸张协会曾经做过统计，得出了用纸量超速增长的规律：即年国民生产总值每增加10亿美元，用纸量就会增加8万吨。此处，在各类商业贸易单证中有相当大的一部分数据是重复出现的，需要反复地键入。有人对此也做过统计，计算机的输入平均70%来自另一台计算机的输出，且重复输入也使出差错的概率增高，据美国一家大型分销中心统计，有5%的单证中存在着错误。同时重复录入浪费人力、浪费时间、降低效率。因此，纸面贸易文件成了阻碍贸易发展的一个比较突出的因素。

另外，市场竞争也出现了新的特征。价格因素在竞争中所占的比重逐渐减小，而服务性因素所占比重增大。销售商为了减少风险，要求小批量、多品种、供货快，以适应瞬息万变的市场行情。而在整个贸易链中，绝大多数的企业既是供货商又是销售商，因此提高商业文件传递速度和处理速度成了所有贸易链中成员的共同需求。同样，现代计算机的大量普及和应用以及功能的不断提高，已使计算机应用从单机应用走向系统应用；同时通信条件和技术的完善，网络的普及又为EDI的应用提供了坚实的基础。

正是在这样的背景下，以计算机应用、通信网络和数据标准化为基础的EDI应运而生。EDI一经出现便显示出了强大的生命力，迅速地在世界各主要工业发达国家和地区得到广泛的应用。正如香港TRADELINK公司的宣传资料所指出的那样：“当EDI于20世纪60年代末期在美国首次被采用时，只属于当时经商的途径之一；时至今日，不但美国和欧洲大部分国家，以致越来越多的亚太地区国家，均已认定EDI是经商的唯一途径。”

由于EDI具有高速、精确、远程和巨量的技术性能，因此EDI的兴起标志着一场全新的、全球性的商业革命的开始。国外专家深刻地指出：“能否开发和推动EDI计划，将决定对外贸易方面的兴衰和存亡。如果跟随世界贸易潮流，积极推行EDI就会成为巨龙而腾飞，否则就会成为恐龙而绝种。”

20世纪60年代末，欧洲和美国几乎同时提出了EDI的概念。早期的EDI只是在两个商业伙伴之间，依靠计算机与计算机直接通信完成。20世纪70年代，数字通信技术的发展大大加快了EDI技术的成熟和应用范围的扩大，也带动了跨行业EDI系统的出现。20世纪80年代EDI标准的国际化又使EDI的应用跃入了一个新的里程。时至今日，EDI历经萌芽期、发展期已步入成熟期。英国的EDI专家明确指出："以现有的信息技术水平，实现EDI已不是技术问题，而仅仅是一个商业问题。"早在20世纪60年代以前，人们就已经在用电报报文发送商务文件；20世纪70年代又普遍采用方便、快捷的传真机来替代电报，但由于传真文件是通过纸面打印来传递和管理信息的，不能将信息直接转入到计算机信息管理系统中，数据的重复录入量较大。20世纪70年代末应用于企业间的电子数据交换(Electronic Data Interchange，EDI)技术和银行间的电子资金转账(Electronic Fund Transfer，EFT)技术作为电子商务应用系统的雏形出现了。有关EDI的最初想法来自美国运输业，原因是运输业流通量大，货物和单证的交接次数多，而单证的交接速度常常赶不上货物的运输速度。当时的贸易商们在使用计算机处理各类商务文件的时候还发现，由人工输入到一台计算机中的数据70%是来源于另一台计算机输出的文件，过多的人为因素也影响了数据的准确性和工作效率的提高。这就促成了1975年第一个EDI标准的发表。

实用的EDI电子商务在20世纪80年代得到了较快的发展，在国际贸易、金融、海关业务、航空公司、连锁店及制造业等领域得到了大量的应用。1997年美国开始采用EDI方式进行政府采购。在1997年，英国大约有1万家公司应用EDI，全球EDI用户已达5万家。

1.6.2 EDI概述

1. EDI概念

EDI是指将标准、协议规范化和格式规范化的经济信息通过电子数据网络，在贸易伙伴企业的计算机系统之间进行自动交换和处理的数据传输方法，俗称"无纸贸易"。

国际标准化组织将EDI定义为一种电子传输方法，用这种方法，首先将商业或行政事务处理中的报文数据按照一个公认的标准，形成结构化的事务处理的报文数据格式，进而将这些结构化的报文数据经由网络，从计算机传输到计算机。

应用EDI可以使交易双方将交易过程中产生的各种单据以规定的标准格式在双方的计算机系统上进行端对端的数据传送和自动处理，减少了文字工作并提高了自动化水平，从而使企业实现"无纸贸易"，简化业务流程，减少由于人工操作失误带来的损失，能够大大地提高工作效率，降低交易成本，加强贸易伙伴之间的合作关系。一笔生意做成，可能纸面需要55美元，而EDI只需27美元。

EDI最初是电子商务的初级形式。EDI是电子商业贸易的一种工具，能将商业文件如日常咨询、计划、询价、进出口许可证、合同、订单、发票、货运单、报关单、收货通知单和提单等信息，按统一的标准编制成计算机能识别和处理的数据格式，在计算机之间进行传输。目前正在开发用于政府、广告、教育、司法、保险等领域的EDI标准。

可以从以下三个方面理解EDI：

第一，EDI面对的是"商业文件"。

第二，信息传递的路径是计算机到数据通信网络，再到商业伙伴的计算机，中间不需要人工的干预。

第三，EDI 信息的最终用户是计算机应用软件系统，它自动地处理传递过来的数据，在传递前后对单据的内容进行核对准确性与是否符合标准。

EDI 具有降低成本、减少错误、减少库存、改善客户服务等优势。

EDI 应当包括以下三个基本方面：

(1) 需要进行信息交换的某一应用领域，即 EDI 的环境。例如：国际贸易，国内贸易，医院工作，图书馆工作，项目管理等。它限定了有哪些信息需要传递，在哪些地点之间进行传递。EDI 的通信环境是由一个 EDI 通信系统和多个 EDI 用户组成的。

(2) 信息交换的流程及规则，即 EDI 的过程。它反映了实际领域中的业务过程，以及与之相伴的信息流程。例如在贸易过程中，从询价、报价开始，直到付款、交货。中间涉及供应者，购买者、银行、运输公司、保险公司等多种企业(或称角色)，先后几十种信息交换业务需要执行。在实际工作中，这种流程体现为一系列规则与标准。

(3) 信息交流的手段，包括硬件设备、通信设备以及软件，即 EDI 的技术实现。从目前来看，计算机设备、通信设备已经比较普遍，EDI 的应用也没有什么特殊的要求，一般来说不需要特殊的开发。例如，通信线路可以使用已有的各种方式解决，从最简单的电话线到租用卫星专线。需要的是软件的开发。针对某一领域的应用，遵从某一特定的标准，就要有一套专门的软件。解决这一领域的问题是技术方面的任务。

总之，对于 EDI，应当全面地去认识和理解，而不要只从技术，甚至只从硬件的角度去看待与处理 EDI 的工作。

2. 我国的三种 EDI 应用模式

1) 行业应用模式

如“海关 EDI 通关系统”“国际集装箱运输 EDI 示范工程”等。

2) EDI 中心模式

如广东 EDI 中心、上海港航 EDI 中心等。

3) China EDI 模式

由邮电通信网为支撑提供 EDI 增值服务。

图 1.12 所示是手工条件下贸易单证的传递方式，图 1.13 所示是 EDI 条件下贸易单证的传递方式。

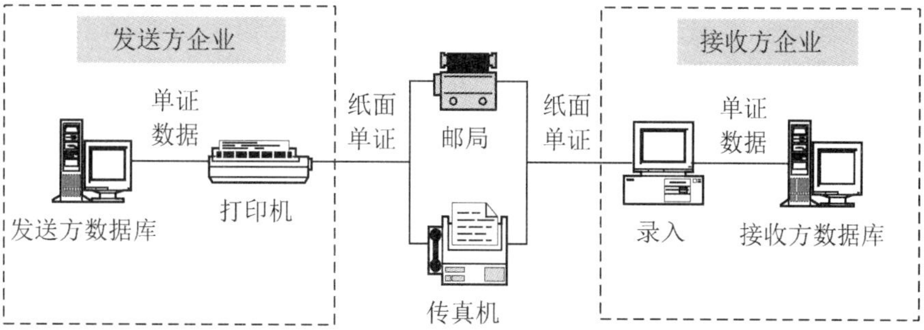

图 1.12　手工条件下贸易单证的传递方式

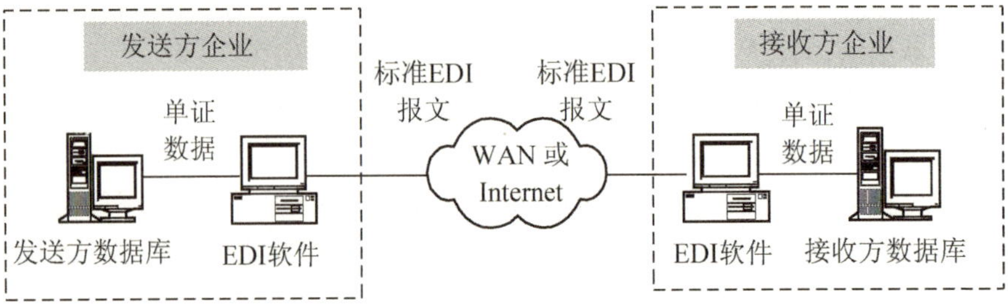

图 1.13 EDI 条件下贸易单证的传递方式

1.6.3 EDI 应用系统

1. EDI 的组成

EDI 是由计算机硬件及专用软件组成的计算机应用系统、通信网络和 EDI 的标准化三个基本要素组成的。这三个要素相互衔接、相互依存构成 EDI 的基本框架。计算机应用系统是实现 EDI 的前提条件，通信网络是实现 EDI 的基础，EDI 的标准化是实现 EDI 的关键。

1）通信网络

在传统的商务活动中，贸易单证票据的传递通常由邮政系统或专业传递公司完成。使用 EDI 技术使得我们在商务活动中能够用电子的手段来生成、处理和传递各类贸易单证。电子通信网络是 EDI 系统必不可少的组成部分之一。从 EDI 所依托的计算机网络通信技术的发展演变看，最初是点到点方式，随后是增值网络(VAN)的方式，进而是电子邮件(E _ mail)方式，当今则演变为 Internet 模式。这一变化趋势使得 EDI 的推广应用范围变得更加广阔。传统的 EDI 系统是基于系统 VAN 技术的 EDI。在这一模式下，通常需要建立一个区域性的 EDI 中心，同时建立一个 VAN 网络。用户首先以会员方式加入 EDI 中心，并按通用标准格式编制报文才能通过网络传送信息。由此可见，传统的 EDI 对用户的要求较高，推广应用较难。为此，逐步改变传统 EDI 系统单纯依靠增值专用网的封闭系统的封闭式传输模式，向基于 Internet 和 Web 技术的开放式技术的开放式 EDI 应用模式发展将是 EDI 发展信息增值服务的关键。

Internet 模式 EDI 是指利用先进的国际互联网、服务器等电子系统和电子商业软件运作的全部商业活动子系统，包括利用电子邮件提供的通信手段在网上进行的交易。Internet 模式的 EDI 大大方便了那些中小型企业，不用购买和维护 EDI 软件，不用进行 EDI 单证和应用程序接口 APl(Application Programming Interface)开发，只需利用浏览软件即可应用，而有关表格制作和单证翻译等工作由 EDI 中心或商业伙伴完成。

2）EDI 的标准

在 EDI 技术构成中，标准起着核心的作用。

EDI 技术标准可分成两大类。一类是表示信息含义的语言，称为 EDI 标准语言，主要用于描述结构化信息。另一类是载运信息语言的规则，称为通信标准。它的作用是负责将数据从一台计算机传输到另一台计算机。一般来说，EDI 语言对其载体所使用的通信标准并无限制，但对语言标准却有严格的限定。

EDI 语言标准是国际社会共同制定的一种用于在电子函件中书写商务报文的规范和国际标准。目前国际上存在的标准体系三个：

（1）流行于欧洲、亚洲，联合国欧洲经济委员会制定的 UN/EDI-FACT 标准。

（2）流行于北美，由美国制定的 ANSIX. 12 标准。

（3）国际标准组织研究的 ISO/IEC 标准。

目前，EDI FACT 标准作为联合国与国际标准化组织联合制定的国际标准正在为越来越多的国家所接受。

EDI 标准主要包括以下内容：语法规则；数据结构定义；编辑规则与转换；公共文件规范；通信协议；计算机语言。

EDI 的标准有四种：企业专用标准、行业标准、国家标准和国际标准。

（1）企业专用标准。当某一公司采用计算机进行管理时，就需要使输入计算机的数据或文件具有一定的格式。这种标准专门适用于某个公司的情况，并将该公司的数据都纳入这个标准中去。

（2）行业标准。企业各自维持互不相通的数据标准，在 EDI 应用于商务领域的初期是难免的。但随着 EDI 应用的发展，各个企业都认识到，如果能把各个不同的企业专用标准统一成一个标准，就会给大家都带来好处。在此共同的认识下，大家克服在建立统一标准问题上的分歧，从而形成该行业企业共同采用的行业标准。

（3）国家标准。行业标准的出现和企业专有标准相比，是一个巨大的进步，但它还不是最终解决问题的方法。当一个公司的业务不限于本行业，还需要和其他行业做生意时，行业标准就有局限性了，这个公司可能被迫维持多种标准。于是，正如不同的企业专用标准最终会产生一个统一的行业标准那样，不同的行业标准又会促使大家去开发一种适用于各个行业的国家标准。它具有足够的灵活性，以满足各个行业的需要。

（4）国际标准。20 世纪 90 年代是各国寻求实现一个世界范围内的 EDI 标准的时代。

如果能有一种全球范围内的标准，其好处是十分明显的。EDI 用户用不着支持多种标准，便能进行国际的电子数据交换。

EDI 实现了商业文件、单证的互通和自动处理，由计算机之间进行自动应答和自动处理。因此文件结构、格式和语法规则等方面的标准化是实现 EDI 的关键。

在这些标准中，最首要的是实现单证标准化，包括单证格式的标准化。目前国际上流行的 EDI 标准是由联合国欧洲经济委员会(UN/ECE)制订颁布的《行政、商业和运输用电子数据交换规则》(简称 UN/EDI FACT)。EDI FACT 标准于 1987 年获得国际认可后，已经有许多使用者在国际贸易数据交换中使用该标准。1990 年联合国正式推出 EDI 标准——UN/EDI FACT。UN/EDI FACT 的活动由两个国际组织负责：国际标准组织(ISO)负责研制语法规则和数据手册；联合国欧洲经济委员会(UN/ECE)负责研制单证标准。

我国 EDI 标准化组织建设工作主要是针对 UN/ECE 和 ISO/IEC 两大组织的情况并结合我国国情开展的。通过开展 UN/EDI FACT 和 ISO/IEC 相关标准的引进、本地化、EDI 标准的维护机制建设，结合我国国情开发出自己的报文标准。

3）EDI 软件及硬件

实现 EDI，需要配备相应的 EDI 软件和硬件。EDI 软件具有将用户数据库系统中的信息译成 EDI 的标准格式以供传输交换的能力。

（1）转换软件。它可以帮助用户将计算机系统文件转换成翻译软件能够理解的平面文件，或是将从翻译软件接收来的平面文件转换成计算机系统中的文件。

（2）翻译软件。将平面文件翻译成 EDI 标准格式，或将接收到 EDI 标准格式翻译成平面文件。

（3）通信软件。将 EDI 标准格式的文件外层加上通信信封再送到 EDI 系统交换中心的邮箱，或由 EDI 系统交换中心内将接收到的文件取回。

EDI 所需的硬件设备有：计算机、调制解调器及电话线。由于使用 EDI 进行电子数据交换需通过通信网络，目前采用电话网络进行通信是很普遍的方法，因此 Modem 是必备硬件设备。此外，如果传输时效及资料传输量上有较高要求，可以考虑租用专线。

4）EDI 的应用系统

如图 1.14 所示，具体使用过程如图 1.15 所示。

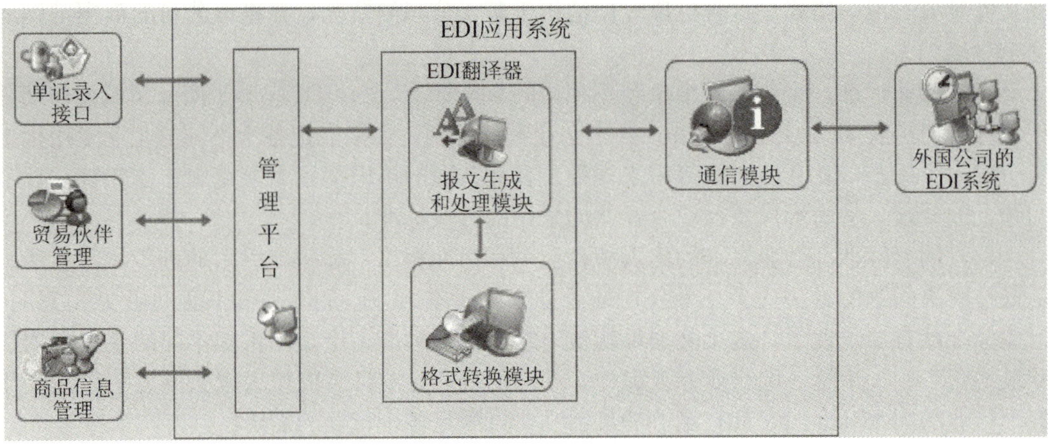

图 1.14　EDI 应用系统

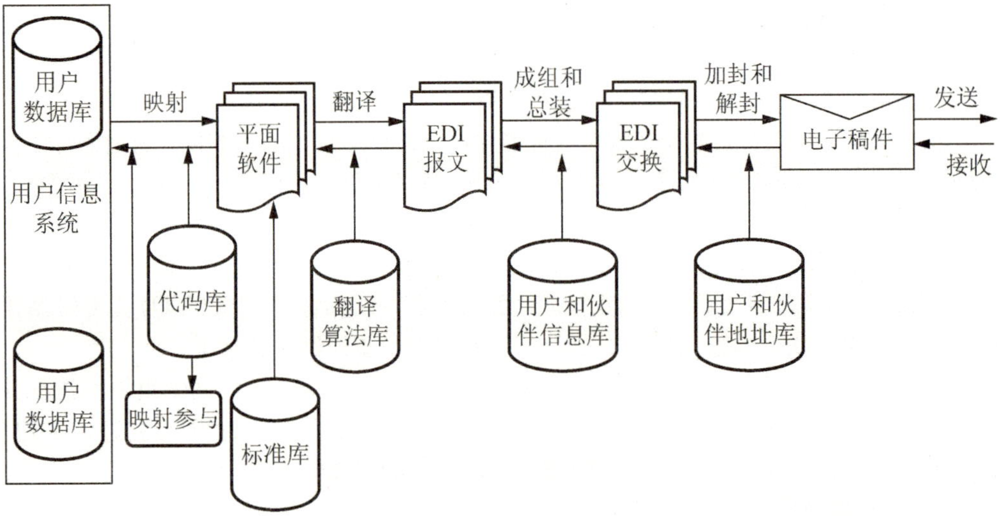

图 1.15　EDI 的使用过程

2. EDI 应用方式

EDI 的开发与应用就是通过计算机网络组成实现的，它主要有三种方式：点对点的方式、增值网方式、信息处理方式。

1）点对点(PTP)方式

点对点方式即 EDI 按照约定的格式，通过通信网络进行信息的传递和终端处理，完成相互的业务交往。早期的 EDI 通信一般都采用此方式，但它有许多缺点，如当 EDI 用户的贸易伙伴不再是几个而是几十个甚至几百个时，这种方式很费时间，需要许多次重复发送。同时这种通信方式是同步的，不适于跨国家、跨行业之间的应用。近年来，随着技术进步，这种点对点的方式在某些领域中仍旧有用，但会有所改进。新方法采用的是远程非集中化控制的对等结构，利用基于终端开放型网络系统的远程信息业务终端，用特定的应用程序将数据转换成 EDI 报文，实现国际的 EDI 报文互通。

2）增值网(VAN)方式

它是那些增值数据业务(VADS)公司，利用已有的计算机与通信网络设备，除完成一般的通信任务外，增加 EDI 的服务功能。VADS 公司提供给 EDI 用户的服务主要是租用信箱及协议转换，后者对用户是透明的。信箱的引入，实现了 EDI 通信的异步性，提高了效率，降低了通信费用。另外，EDI 报文在 VADS 公司自己的系统(即 VAN 中)中传递也是异步的，即存储转发的。

VAN 方式尽管有许多优点，但因为各增值网的 EDI 服务功能不尽相同，VAN 系统并不能互通，从而限制了跨地区、跨行业的全球性应用。同时，此方法还有一个致命的缺点，即 VAN 只实现了计算机网络的下层，相当于 OSI 参考模型的下三层。而 EDI 通信往往发生在各种计算机的应用进程之间，这就决定了 EDI 应用进程与 VAN 的联系相当松散，效率很低。

3）信息处理方式

信息处理系统 MHS 是 ISO 和 ITU－T 联合提出的有关国际电子邮件服务系统的功能模型。它是建立 OSI 开放系统的网络平台上，适应多样化的信息类型，并通过网络连接，具有快速、准确、安全、可靠等特点。它是以存储转发为基础的、非实时的电子通信系统，非常适合作为 EDI 的传输系统。MHS 为 EDI 创造一个完善的应用软件平台，减少了 EDI 设计开发上的技术难度和工作量。ITU-T X. 435/F. 435 规定了 EDI 信息处理系统和通信服务，把 EDI 和 MHS 作为 OSI 应用层的正式业务。EDI 与 MHS 互连，可将 EDI 报文直接放入 MHS 的电子信箱中，利用 MHS 的地址功能和文件传输服务功能，实现 EDI 报文的完善传送。

3. EDI 的实现

EDI 的实现过程就是用户将相关数据从自己的计算机信息系统传送到有关交易方的计算机信息系统的过程，该过程因用户应用系统以及外部通信环境的差异而不同。在有 EDI 增值服务的条件下，该过程可分为以下四个步骤：

(1) 发送方将要发送的数据从信息系统数据库提出，转换成平面文件(亦称中间文件)。

(2) 将平面文件翻译为标准 EDI 报文，并组成 EDI 信件发往接收方信箱。接收方从 EDI 信箱收取信件。

(3) 将 EDI 信件拆开并翻译成为平面文件。

(4) 将平面文件转换并送到接收方信息系统中进行处理。

EDI 的工作方式如图 1.16 所示。

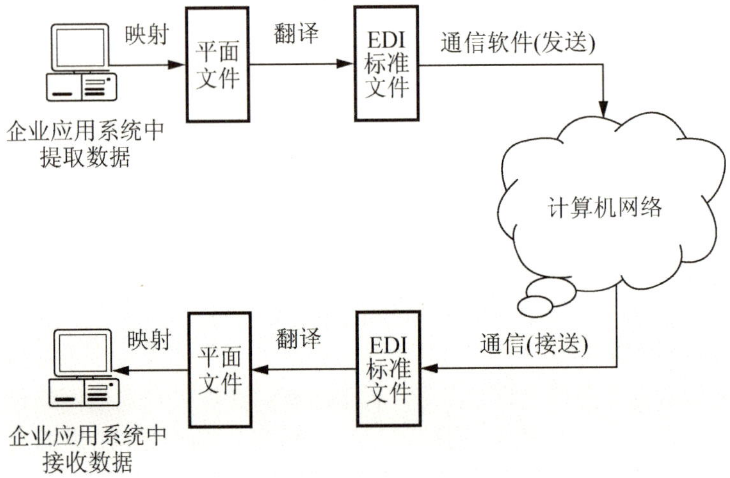

图 1.16 EDI 工作方式

1.6.4 EDI 的业务流程

1. EDI 类型

一般来说，EDI 较多地应用于有大量表单式数据处理的部门和单位，而且要求有一定的规范性。从应用领域看，通常可以分为四种类型：

(1) 贸易数据交换系统(Trade Data Interchange)：用 EDI 来传送订单、供应单等。

(2) 金融汇兑系统(Electronic Fund Transfer)：用 EDI 进行费用汇兑。

(3) 公用事业系统(Public Sectors)：主要用于商检、海关以及税务等部门。

(4) 交互式应答系统(Interactive Query Response)：如机票预订、饭店预订等。

2. EDI 的业务流程

下面以采购业务为例，说明在采用 EDI 进行商务处理的情况下，买卖双方是如何处理业务的。

(1) 当买方的库存管理系统提出购买某种物资的数据时，EDI 的翻译软件据此编制一份 EDI 订单。

(2) 通信软件将订单通过网络送至网络中心指定的卖方邮箱内。同时利用公司内部计算机应用程序之间的搭桥软件，将这些数据传送给应付账部门和收货部门，进行有关的登记。

(3) 卖方定时经通信网络到网络中心的邮箱内取回订单，EDI 的翻译软件把这份订单翻译成卖方数据格式。

(4) 如果确认可以售给买方指定的物资，则送出供应单经相反方向返回给买方。若只有部分满足买方要求或不能满足要求，则以相同的方向返回相应信息。卖方收到订单时，卖方的搭桥软件把有关的数据传送给仓库或工厂以及开票部门，并对计算机发票文件的内容进行相应的更新。

(5) 买方收到供应单后，在订单基础上产生一份商品情况询问表，传送给卖方。双方就商品价格等问题进行讨论，直到达成一致。

(6) 达成一致后，卖方的仓库或工厂填制装运单，编制船期通知，并将其传送给买方。同时，通过搭桥软件将船期通知传送给开票部门，生成电子发票，传送给买方。卖方在开立发票时，有关数据就进入应收账部门，对应收账的有关数据进行更新。

(7) 买方接到船期通知后，有关数据自动进入收货部门文件，产生收货通知。收货部门的收货通知通过搭桥软件传送给应付账部门。

(8) 买方收到电子发票以后，产生一份支付核准书，传送给应付账部门。

(9) 买方应付账部门开具付款单据通知自己的开户银行付款，同时通知卖方付款信息。

(10) 卖方收到汇款通知后，有关数据经过翻译进入应收账户，买方则因支付而记入贷方项目。

由此可见，当买方提出购买的要求后，EDI 就可以自动进行转换操作，生成不同用途的数据，送至各相关伙伴，直至该事务处理结束。

1.6.5 EDI 产生的影响

EDI 极大地改变了传统的商贸手段和管理手段，不仅使商务业务的操作方式根本改观，而且影响了企业的行为和效率，在市场结构、国民经济的运行方式等方面都引起了根本性的变化，所以“无纸化贸易”被誉为一场“结构性的商业革命”。

以往世界每年花在制作文件的费用达 3000 亿美元；而使用 EDI，一旦数据被输入 EDI 系统，数据就可以在贸易伙伴之间及内部电子流通，这样可以节约文件的制作成本，减少差错率，提高效率。

使用 EDI 的间接效益能达到其全部贸易价值的 3%～5%。这些间接效益主要是通过各 EDI 伙伴间业务环节更加密切的协调一致，而促使了资金流动、库存、成本和服务等方面的改善而获得的。

海关的报关资料不必自行建档，减少了报、理单储存空间，简化作业程序，防止人为弊端，加速货物通关，提高对外服务能力；航运业的进出口舱单直接由电脑向海关申报，出口放行由海关直接通知货载及相关部门，提高了装载效率；仓储业可加速货物提取及周转率，减缓仓储空间紧张的矛盾，提高利用率；银行业可扩大服务面，简化核对手续，降低作业成本；进出口商则省时省力，减少风险，加速货物通关，缩短库存期，从而降低成本，提高竞争力。报关业连线作业后，海关可以 24 小时受理报关，报关行可随时在自己办公室申报，对于免验报单可于放行后补送海关，出口报关因海关与仓储业连线，而可直接检查货物是否进仓，可节省人力和制单费用等。

EDI 产生的影响具体表现为以下四点。

1. EDI 取代纸面贸易

英国每年国际贸易总额约为 700 亿英镑，其中纸张消费就近 10 亿英镑。

韩国政府做过统计，在使用 EDI 之前，每次国际贸易需 300 多份文件单证。

美国国际贸易单证委员会的调查也表明，美国过去出口一批货物要打印编制 46 种单证，连同正副本一共要 360 份，制单需要 36 小时之多，单证费用一般占货物价值的 7.5%左右。因此，采用 EDI 不仅能节约纸张成本消耗，也可取得可观的收益。

2. 信息传递快、可靠性强

EDI 可大大提高单证的传递速度，减少单证的传递环节，减少单证的交换手续，从而使各种单证数据可瞬间在不同的地区和国家完成全部传递过程，同时提高了结汇的安全性，缩短和减少结汇清算的时间，加速贸易资金的周转，进而促进国际贸易的发展。

3. 提高工作效率和竞争能力

采用 EDI 后，在各种不同处理阶段不再需要重新输入信息(数据存储在直接读取的数据库中)；降低或减少了与书面相关联的任务、文档的发递和检验等行政管理工作。近年的实践证明，凡是采用 EDI 的国家和地区，都获得了可观的经济和社会效益。

据有关专家分析，使用 EDI 业务，可提高商业文件传递速度 81%，降低文件成本 44%，减少由于错漏造成的商业损失 40%，提高竞争能力 34%。

美国通用汽车公司采用 EDI 后，每生产一辆汽车的成本可减少 250 美元，以每年生产 500 万辆汽车计算，便可节省 12.5 亿美元。美国通用电气的统计表明，应用 EDI 使其产品零售额上升 60%，库存由 30 天降到 6 天。每年仅连锁店的文件处理费用一项就节约 60 万美元，节省运输时间 80%。

北美零售业 1989 年应用 EDI，使其季节性商品的降价销售率减少 30%，时装降价销售率减少 40%，零售额上升 20%～30%。日本东芝公司在使用 EDI 之前，每笔交易的文件处理费用是 1500 日元，实施 EDI 后则降到 375 日元，仅为原来的 1/4。新加坡为了成为亚洲最大的经济、金融和转口贸易中心，花两年多的时间建成了全国性的贸易信息网 TRADENET，它把贸发局、海关、船运公司等单位联结在一起，从而实现了无纸贸易环境，TRADENET 每年可为新加坡节省 10 亿新元(约合 6 亿美元)的文件处理费用。台湾省海关采用 EDI 后，清关时间从原来的 2 天降至 15 分钟左右，大大缩短了贸易周期，提高了效率。自 1993 年元旦起，欧共体的所有成员国海关都已采用 EDI 技术，仅此一项，每年可带来 20 亿马克的效益。

4. 在贸易伙伴间建立更好、更密切的关系

由于 EDI 可以使企业内部运作过程更加合理化，增加了贸易机会，提高了服务质量，因此它增强了企业之间的合作关系，使贸易过程中的每个企业均可从中获利，极大地增强了企业自身的发展能力。

1.6.6 EDI 的新发展——Internet EDI

20 世纪 90 年代中期随着“EDI 中心”增值服务的出现和行业标准逐步发展成通用标准，加快了 EDI 的应用和跨行业 EDI 的发展。EDI 在贸易伙伴间长期、稳定的供求链中发挥着重要的作用，即时订货均体现了 EDI 的功效。

但是传统的 EDI 也存在明显的弱点：初期投资成本较高，专网连接使得大多数中小企业难以承受的运作费用。

随着互联网的发展与普及，给 EDI 带来了新一轮发展机遇，因而 WWW/EDI、

OPEN EDI、Internet EDI 成为当今电子商务的焦点之一，互联网在环境、技术、经济上都为 EDI 创造了良好的条件。

1. 互联网为 EDI 创造了条件

(1) 互联网将 EDI 从专用网扩大到公共数据网，以互联网作为互联手段，可以为 EDI 提供一个较为廉价的服务环境，以满足大量中小企业使用 EDI 的需求。

(2) XML(可扩展标记语言)的逐渐成熟将改变 Web 页面的数据质量，也为 Web 数据与 EDI 数据接口提供较好的解决办法。

(3) 互联网上进行商业数据交换的安全性要求实现技术已经成熟，随着互联网的发展，电子商务相应的商业化进程正在加快，这为互联网 EDI 早日投入商业运作奠定了基础。

(4) “EDI 中心”在原有软硬件网络通信平台的基础，增加 WWW 三层结构(浏览器、WWW 服务器、Web 数据库)，可组成综合电子商务平台。

2. EDI 与电子商务相结合

当今世界，信息技术正以其强大的渗透力，深入社会经济生活的各个方面。在商业金融等领域，EDI 作为一种新的商务手段正在被广泛使用，以取代传统的商务交易方式。EDI 与电子商务有着密切的联系，EDI 的发展对电子商务及其贸易有着极其重要的作用。

在正常商务的交易中，买方向卖方提出订单，卖方得到订单后，就进行其内部的纸张文字票据处理，准备发货，纸张票据中包括发货票等。买方在收到货和发货票之后，开出支票，寄给卖方，卖方持支票到银行兑现。银行再开出一个票据，确认这笔款项的汇兑。一个生产企业的 EDI 系统就是要把上述买卖双方在贸易处理过程中的所有纸面单证由 EDI 通信网来传送，并由计算机自动完成全部(或大部分)处理过程。具体为：企业收到一份 EDI 订单，则系统自动处理该订单，检查订单是否符合要求；然后通知企业内部管理系统安排生产；向零配件供销商订购零配件等；有关部门申请进出口许可证；通知银行并给订货方开出 EDI 发票；向保险公司申请保险单等，从而使整个商贸活动过程在最短时间内准确地完成。一个真正的 EDI 系统是将订单、发货、报关、商检和银行结算合成一体，从而大大加速了贸易的全过程。因此，EDI 对企业文化、业务流程和组织机构的影响是巨大的，这就符合了电子商务的发展需求，直接作用于网络化、无纸化、简洁化、快捷化的发展，方便交易双方的贸易往来，同时也使电子商务成为今后商务贸易发展的一个重要趋势。

EDI 在电子商务中的应用对在线贸易更广泛地被使用起到推动作用，EDI 的快速发展也对电子商务的发展起到关键以及决定性的作用，同时使更多的国际和国内的大型制造商、零售企业、进出口公司等对于贸易伙伴都提出要使用 EDI 技术的需求。EDI 与电子商务相结合，这是现代信息技术和经济管理相结合的一个例子。它极大地改变了传统的商贸手段和管理手段，不仅使商务业务的操作方式根本改观，而且影响了企业的行为和效率，在市场结构、国民经济的运行方式等方面都引起了根本性的变化，因而被认为是一次影响深远的结构性商业革命。

本章小结

本章主要介绍了关于电子商务的基本原理和内容。由于社会网络化、经济全球化，相应地计算机以及网络技术发展迅速，促进了电子商务产生。电子商务经历了几个阶段的发展，为全球经济发展做出了极大贡献。

电子商务是一个不断发展的概念，中外专家对不同发展阶段的电子商务做了不同的描述。电子商务通常是指在全球各地广泛的商业贸易活动中，在互联网开放的网络环境下，基于浏览器/服务器应用方式，买卖双方不谋面地进行各种商贸活动，实现消费者的网上购物、商户之间的网上交易和在线电子支付以及各种商务活动、交易活动、金融活动和相关的综合服务活动的一种新型的商业运营模式。

电子商务有多种分类方法，最主要的是 B2B、B2C、C2C 等形式。电子商务具有普遍性、方便性、整体性、安全性、协调性、集成性、互动性等特点。电子商务具有广告宣传、咨询洽谈、网上定购、网上支付、电子账户、服务传递、意见征询、交易管理等各项功能。

一个完整的电子商务系统组成包括：网络平台、电子商务网站、客户服务中心、支付中心、认证中心、物流中心、用户。电子商务应用硬件要素由信息网络、金融网络、物流网络三个关键网络构成。电子商务主要有业务模式、运营模式到全程电子商务模式的转变。

电子商务总框架可以表述为“5F＋2S＋1P”；电子商务的发展框架有网络层、多媒体消息/信息发布层、一般业务服务层三个层次以及各种技术标准和国家宏观的政策、法律两个支柱；电子商务有以 Web 为核心的电子商务架构、以应用为主的电子商务架构。

电子商务的基本流程主要包括四个阶段：交易前的准备；交易中的交易磋商、签订合同和办理手续；交易后的履行合同和索赔。具体介绍了网络商品直销流程、网络商品中介交易流程以及 C2C 流程等。

网络商务信息的采集要及时、准确、适度、经济。网络商务信息具有时效性强、准确性高、便于存储、检索难度大等特点。网络商务信息有多种采集方法和采集途径，在互联网上可以利用搜索引擎、公告栏(BBS)、新闻组、E _ mail、邮件列表等方式进行商务信息的收集。网络商务信息要进行处理：信息的分类储存、数据整理和分析、对数据进行操作等。

电子数据交换 EDI 是将商业或行政事务处理中的报文数据按照一个公认的标准，形成结构化的事务处理的报文数据格式，进而将这些结构化的报文数据经由网络，从计算机传输到计算机。实用的 EDI 电子商务得到了较快的发展，在国际贸易、金融、海关业务、航空公司、连锁店及制造业等领域得到了大量的应用。EDI 由计算机硬件及专用软件组成的计算机应用系统、通信网络和 EDI 的标准化三个基本要素组成的。EDI 的开发与应用是通过计算机网络组成实现的，它主要有三种方式：点对点的方式、增值网方式、信息处理方式。EDI 应用有具体的业务流程，EDI 对全球经济产生了深远的影响。

本章习题

一、单项选择题

1. 以下选项中不属于网上商店用户注册的必要用户信息的是(　　)。

A. 个人描述　　B. 姓名　　C. 地址　　D. 联系方式

2. 收费采用成本加利润的资费标准的商务信息属于哪一等级的商务信息？(　　)

A. 免费商务信息　　B. 收取较低费用的信息

C. 收取标准信息费用的信息　　D. 优质优价的信息

3. 企业间网络交易是(　　)。

A. B2C　电子商务的一种基本形式　　B. B2B 电子商务的一种基本形式

C. B2C　电子商务的一种基本形式　　D. C2C 电子商务的一种基本形式

4. 相对于传统商务信息，网络商务信息具有(　　)、准确性高、便于存储等显著特点。

A. 使用价值大　　B. 价值大　　C. 时效性强　　D. 实效性强

5. 网络商品直销的最大特点是(　　)。

A. 交货快捷　　B. 速度快、费用低

C. 产品质量好　　D. 信誉

6. 消费者在网络商店购物，当想要了解某一商品的进一步的介绍资料时，应该采取的操作是(　　)。

A. 打电话向网络商店咨询　　B. E_mail 向生产商咨询

C. 点击网页上的商品名称和商品照片　　D. 以上都不对

7. EDI 网络传输的数据是(　　)。

A. EDI 标准报文　　B. 自由文件

C. 用户端格式　　D. 平面文件

8. 按照界面风格的不同，FTP 软件可分为两类：(　　)和图形界面。

A. 字形界面　　B. 文件界面　　C. 声音界面　　D. 字符界面

9. 网络商务信息收集的困难为 Internet 检索信息的困难，网络资源缺乏有效的管理，(　　)，各种检索软件检索方法不统一。

A. 网络信息鱼目混珠　　B. 安全性不能提高

C. 用户资料不能提供的困难　　D. 网络用户质量不能保证

二、判断题

1. 电子商务 B2C 形式基本上等同于电子化的零售，它随着 Internet 的出现迅速地发展起来。(　　)

2. EDI 是通过计算机通信网络进行的数据交换，因此，必须使用计算机专用的网线来建立双方的数据交换通信。(　　)

3. 邮件列表在网络上是一种很好的信息发布工具。(　　)

4. 消费者必须对商店的用户注册单证上所有列出的项进行填写输入。 （ ）

5. 影响一个电子商务项目绩效的首要因素是它的盈利模式。 （ ）

6. 电子商务的起源可以追溯到20世纪70年代电子数据交换(EDI)技术在欧美一些国家的开发和应用。 （ ）

7. 电子商务的实现必须由两个重要环节组成，一是交易环节，二是支付环节。前者在客户与销售商之间完成，后者需要通过银行网络来完成。 （ ）

8. 网络交易中心可以是买方的卖方，或是卖方的买方，也可以是交易的居间人。 （ ）

9. 直接电子商务，是指有形货物的电子订货，它仍然需要利用传统渠道如邮政服务和商业快递车送货。 （ ）

三、填空题

1. 电子商务按照交易对象划分，有__________、__________、__________三种。

2. 电子商务具有普遍性、__________、__________、__________、__________、__________、__________等特点。

3. 一个完整的电子商务系统组成包括以下一些内容：网络平台、电子商务网站、__________、__________、__________、__________、用户。

4. 电子商务应用硬件要素由三个关键网络构成：__________、__________、__________。

5. 电子商务的基本流程主要包括四个阶段：交易前的准备；交易中的__________、__________和__________；交易后的履行合同和索赔。

6. 我国的EDI应用模式有三种：__________、__________、__________。

7. EDI产生的影响具体表现在：__________、__________、__________。

四、简答题

1. 电子商务得以形成和发展的主要原因是什么？试述电子商务发展的重要里程。
2. 什么是电子商务？电子商务按照参与的主体可以分为哪些类型？
3. 简述网络商品直销的流程。
4. 简述电子商务的框架。
5. 电子商务的模式包含哪些内容？
6. 什么是EDI？简述EDI的业务流程。
7. 学完本章，请归纳总结下电子商务对社会经济带来了哪些影响？

第2章 电子商务法律法规基本知识

教学目标

通过本章的学习，了解电子商务的立法范围，包括电子商务法的调整对象和电子商务法所涉及的技术和商务范围，电子商务参与各方的法律关系；熟知电子商务的相关法律问题；理解电子商务市场环境和诚信环境。

教学要求

知识要点	能力要求	相关知识
电子商务立法范围	(1) 了解电子商务法的调整对象、技术范围、商务范围 (2) 了解电子商务立法的目的 (3) 熟知我国涉及交易安全的法律法规	(1)《中华人民共和国合同法》的基本内容 (2)《中华人民共和国计算机信息系统安全保护条例》的基本内容 (3)《中华人民共和国电子签名法》《中华人民共和国侵权责任法》的基本内容
电子商务参与各方的法律关系	(1) 了解电子商务交易中买卖双方当事人的权利和义务、网络交易中心的法律权利和义务 (2) 了解网络交易客户与虚拟银行间以及认证机构的法律关系	(1) 对买卖双方不履行合同义务的救济方法 (2) 网络交易中心设立必须具备的条件 (3) 电子商务系统对文件进行加密传输的过程
电子商务的相关法律问题	(1) 了解电子商务运作平台建设及其法律地位问题、网上交易主体及市场准入问题、电子合同问题 (2) 了解电子商务中产品交付、电子支付、特殊形态的电子商务规范问题、网上不正当竞争与无形财产保护、个人隐私保护 (3) 了解电子商务物流、电子签名、知识产权、税收问题	(1) 电子合同的特点 (2) 信息产品交付的特点 (3) 网络隐私权特点及法律规范 (4) 电子签名特点及相关法律 (5) 域名的法律特征 (6) 电子商务税收管辖权概念

续表

知识要点	能力要求	相关知识
电子商务市场环境和诚信环境	(1) 了解电子商务市场环境 (2) 了解电子商务诚信环境	(1) 商业欺诈与陷阱的表现 (2) 我国商业信用出现的问题及原因 (3) 诚信体系建设的内容

导入案例

一刚上小学二年级的男童，在某购物网站用他父亲李某的身份证号码注册了客户信息，并且订购了一台价值1000元的小型打印机。但是当该网站将货物送到李某家中时，曾经学过一些法律知识的李某却以“其子未满10周岁，是无民事行为能力人”为由，拒绝签收打印机并拒付货款。由此交易双方产生了纠纷。请问：当事人是否具有行为能力？电子合同是否有效？李某应该如何解决这个问题？

Internet技术的迅猛发展，带动了电子商务的飞速发展，同时也带来了一系列新的法律问题。如窃取商业秘密、非法入侵他人网络等。与传统产业一样，推动电子商务Internet相关产业健康有序发展同样需要创造一个良好的法律环境。目前，已经定制了多个与计算机网络及电子商务相关的法律条例，虽然电子商务法具有中立、自治、安全的原则，但相对于Internet与电子商务的飞速发展仍然滞后很多。Internet及电子商务的法律建设是一项非常复杂的系统工程，它包括立法、司法和行政多个方面，涵盖了电子商务法所调整的对象以及技术与商务范围、信息安全、网上交易主体及市场准入、电子支付、个人隐私保护、电子签名等诸多法律问题。

2.1 电子商务立法范围

2.1.1 电子商务法的调整对象

调整对象是立法的核心问题，它揭示了立法调整因特定主体所产生的特定社会关系，也是一法区别于另一法的基本标准。根据电子商务的内在本质和特点，电子商务法的调整对象应当是电子商务交易活动中发生的各种社会关系，而这类社会关系是在广泛采用新型信息技术并将这些技术应用商业领域后才形成的特殊的社会关系，它交叉存在于虚拟社会和实体社会之间，有别于实体社会中的各种社会关系，且完全独立于现行法律的调整范围。

2.1.2 电子商务法所涉及的技术范围

电子商务是一新生事物，在起草电子商务法时，应注意处理当前这一主题的广泛含义。对电子商务立法范围的理解，应从“商务”和“电子商务所包含的通信手段”两个方面考虑。一方面，应深入了解商务的含义。另一方面，电子商务概念所包括的通信手段有各种以使用电子技术为基础的传递方式：通过电子手段，例如通过互联网进行的自由格式的文本的传递，以电子数据交换方式进行的通信，计算机之间以标准格式进行的数据传递；利用公开标准或专有标准进行的电文传递。在某些情况下电子商务概念还可包括电报和传真复印等技术的使用。如果说“商务”是一个子集，“电子商务所包含的通信手段”为另一子集，电子商务立法所覆盖的范围应当是这两个子集所形成的交集，即“电子商务”标题之下可能广泛涉及的互联网、内部网和电子数据交换在贸易方面的各种用途。

应当注意的是，虽然拟定电子商务法时经常提及比较先进的通信技术，如电子数据交换和电子邮件，但电子商务法所依据的原则及其条款也应适用于不大先进的通信技术，如电传、传真等。可能存在这种情况，即最初以标准化电子数据交换形式发出的数字化信息，后来在发信人和收信人之间传递过程中某一环节上改为采用电子计算机生成的电传形式或电子计算机打印的传真复印形式来传送。一个数据电文可能最初是口头传递的，最后改用传真复印，或者最初采用传真复印形式，最后变成了电子数据交换电文。电子商务的一个特点是它包括可编程序电文，后者的电脑程序制作是此种电文与传统书面文件之间的根本差别。这种情况也应包括在电子商务法的范围内，因为考虑到各用户需要一套连贯的规则来规范可能交互使用的多种不同通信技术。应当注意到，作为更普遍的原则，任何通信技术均不应排除在电子商务法范围之外，因此未来技术发展也必须顾及。

2.1.3 电子商务法所涉及的商务范围

联合国《电子商务示范法》对“电子商务”中的“商务”一词应作了广义解释：使其包括不论是契约型或非契约型的一切商务性质的关系所引起的种种事项。商务性质的关系包括但不限于下列交易：供应或交换货物或服务的任何贸易交易；分销协议；商务代表或代理；客账代理；租赁；工厂建造；咨询；工程设计；许可贸易；投资；融资；银行业务；保险；开发协议或特许；合营或其他形式的工业或商务合作；空中、海上、铁路或公路的客、货运输。

从本质上讲，电子商务仍然是一种商务活动。因此，电子商务法需要涵盖电子商务环境下的合同、支付、商品配送的演变形式和操作规则；需要涵盖交易双方、居间商和政府的地位、作用和运行规范；也需要涵盖涉及交易安全的大量问题；同时，还需要涵盖某些现有民商法尚未涉及的特定领域的法律规范。

2.1.4 电子商务立法目的

电子商务立法目的就是立法者制定法律的方针和目标。法律、法规制定后要实施，并在实践中得到检验，并把立法目的作为评价立法好坏的标准。电子商务的立法目的应从以下三个方面考虑。

1. 创造一个良好的法律环境

随着信息高速公路和 Internet 技术的迅速普及，电子邮件和电子数据交换等现代化通信手段在商务交易中的使用正在急剧增多，且渴望得到进一步的发展。然而，以非书面电文形式来传递具有法律意义的信息可能会因为使用这种电文所遇到的法律障碍或这种电文法律效力或有效性的不确定性而受到影响。起草电子商务法的目的，是要向电子商务的各类参与者提供一套虚拟环境下进行交易的规则，说明怎样去消除此类法律障碍，如何为电子商务创造可靠的法律环境，克服进一步使用电子商务所遇到的法律障碍。

2. 弥补现有法律的缺陷与不足

电子商务单独立法，是因为国家有关传递和存储信息的现行法规不够完备或已经过时。因为那些文件起草时，还没有预见到电子商务的使用。在某些情况下，现行法规通过规定要使用“书面”“经签字的”或“原始”文件等，对现代通信手段的使用施加了某些限制或包含有限制的含义。尽管国家就信息的某些方面颁布了具体规定，但仍然没有全面涉及电子商务的立法，这种情况可能使人们无法准确地把握并非传统的书面文件形式提供的信息的法律性质和有效性，也无法完全相信电子支付的安全性。此外，在日益广泛地使用电子邮件和电子数据交换邮件的同时，也有必要对传真和电传等通信技术制定相应的法律和规范。电子商务法还有助于补救现有法律的缺陷。因为国家一级立法的不完备会对商务贸易造成障碍，特别是在国际贸易中，相当大的一部分是与使用现代信息技术有关的。如果我国对使用现代信息技术的法规与国际规范有较大差异和不明确性，将会限制企业界进入国际市场的机会。

3. 鼓励利用现代信息技术促进交易活动

电子商务法的目标包括使电子商务的使用成为可能或为此创造方便条件，平等对待基于书面文件的用户和基于数据电文的用户，充分发挥高科技手段在商务活动中的作用。这些目标都是促进经济增长和提高国际、国内贸易效率的关键所在。从这一点讲，电子商务立法的目的不是要从技术角度来处理电子商务关系，而是创立尽可能安全的法律环境，以便有助于通信各方之间高效率地使用电子商务。

2.1.5 我国涉及交易安全的法律法规

在现代社会的各个环节中，商品的交换扮演了非常重要的角色。相对于生产、分配及消费而言，交换体现了动态的效益价值。而交换秩序则是实现交换价值的基本前提。这种基本前提在法律上就表现为对交易安全的保护。交易安全较之静态的财产安全，在法律上亦体现了更丰富的自由、争议、效益与秩序的价值元素。

1. 我国现行的四类涉及交易安全的法律法规

(1) 综合性法律。主要是民法通则和刑法中有关保护交易安全的条文。

(2) 规范交易主体的有关法律。如公司法、国有企业法、集体企业法、合伙企业法、私营企业法、外资企业法等。

(3) 规范交易行为的有关法律。包括经济合同法、产品质量法、财产保险法、价格法、消费者权益保护法、广告法、反不正当竞争法等。

(4) 监督交易行为的有关法律。如会计法、审计法、票据法、银行法等。

2. 我国主要的电子商务法律法规

(1)《中华人民共和国合同法》，简称《合同法》。由中华人民共和国第九届全国人民代表大会第二次会议于1999年3月15日通过，自1999年10月1日起施行。合同法将取代现行并存的经济合同法、涉外经济合同法、技术合同法等。合同法与人们的日常生活密切相关，也与审计机关的审计工作有一定关系。我国《合同法》第二条规定："合同是平等主体的自然人、法人、其他组织之间设立、变更、终止民事权利义务关系的协议。"电子合同是合同的一种，只是电子合同是通过电子手段订立的合同。换言之，电子合同是平等主体的自然人、法人及其他组织之间通过电子手段设立、变更、终止民事权利义务关系的协议。我国《合同法》第十条规定：当事人订立合同，有书面形式、口头形式和其他形式。第十一条规定：书面形式是指合同书、信件和数据电文(包括电报、电传、传真、电子数据交换和电子邮件)等可以有形地表现所载内容的形式。这种规定虽很简单，对于我国电子商务的发展却是意义深远。因为这样实际上已经承认了电子合同，并且赋予其与传统合同形式相同的法律效力。

(2)《中华人民共和国民法通则》，简称《民法通则》。1986 年 4 月 12 日第六届全国人民代表大会第四次会议通过并于当日在中华人民共和国主席令第三十七号公布，自 1987 年 1 月 1 日起施行，它共分 9 章 156 条。我国《民法通则》的制订和颁布是我国法制建设中的一件大事。它对于我国立法体系的确定，对经济体制改革的促进，对公民合法权利的保护以及对国际经济交往的发展，都将产生重要的作用。我国的民法通则，是我国对民事活动中一些共同性问题所作的法律规定。

(3)《中华人民共和国计算机信息系统安全保护条例》，简称《计算机信息系统安全保护条例》，中华人民共和国国务院令(147 号)，1994 年 2 月 18 日发布，并且自发布之日起施行。该条例的颁布是为了保护计算机信息系统的安全，促进计算机的应用和发展，保障社会主义现代化建设的顺利进行。条例中第三条：计算机信息系统的安全保护，应当保障计算机及其相关的和配套的设备、设施(含网络)的安全，运行环境的安全，保障信息的安全，保障计算机功能的正常发挥，以维护计算机信息系统的安全运行。第七条：任何组织或个人，不得利用计算机信息系统从事危害国家利益、集体利益和公民合法利益的活动，不得危害计算机信息系统的安全等。在维护计算机信息安全的同时，也在维护着电子商务的市场秩序，使电子商务可以在较为安全的计算机网络上生存。

(4)《中华人民共和国电子签名法》，简称《电子签名法》。是由中华人民共和国第十届全国人民代表大会常务委员会第十一次会议于 2004 年 8 月 28 日通过，自 2005 年 4 月 1 日起施行。本法的制定是为了规范电子签名行为，确立电子签名的法律效力，维护有关各方的合法权益。本法所称电子签名，是指数据电文中以电子形式所含、所附用于识别签名人身份并表明签名人认可其中内容的数据。本法所称数据电文，是指以电子、光学、磁或者类似手段生成、发送、接收或者储存的信息。电子签名在电子商务交易过程中起着不可缺少的重要作用。在本章第三节也有所涉及。

(5)《中华人民共和国侵权责任法》，简称《侵权责任法》。由中华人民共和国第十一届全国人民代表大会常务委员会第十二次会议于 2009 年 12 月 26 日通过，自 2010 年 7 月 1 日起施行。该法的制订是为了保护民事主体的合法权益，明确侵权责任，预防并制裁侵权行为，促进社会和谐稳定。本法所涉及电子商务的主要有名誉权、荣誉权、肖像权、隐私权、著作权、专利权、商标专用权益等。

2.2　电子商务参与各方的法律关系

2.2.1　电子商务交易中买卖双方当事人的权利和义务

买卖双方之间的法律关系实质上表现为双方当事人的权利和义务。买卖双方的权利和义务是对等的。卖方的义务就是买方的权利，反之亦然。

1. 卖方的义务

在电子商务条件下，卖方应当承担三项义务。

(1) 按照合同的规定提交标的物及单据。提交标的物和单据是电子商务中卖方的一项主要义务。为划清双方的责任，标的物交付的时间、地点和方法应当明确规定。如果合同中对标的物的交付时间、地点和方法未做明确规定的，应按照有关合同法或国际公约的规定办理。

(2) 对标的物的权利承担担保义务。与传统的买卖交易相同，卖方仍然应当是标的物的所有人或经营管理人，以保证将标的物的所有权或经营管理权转移给买方。卖方应保障对其所出售的标的物享有合法的权利，承担保障标的物的权力不被第三人追索的义务，以保护买方的权益。如果第三人提出对标的物的权利，并向买方提出收回该物时，卖方有义务证明第三人无权追索，必要时应当参加诉讼，出庭作证。

(3) 对标的物的质量承担担保义务。卖方应保证标的物质量符合规定。卖方交付的标的物的质量应符合国家规定的质量标准或双方约定的质量标准，不应存在不符合质量标准的瑕疵，也不应出现与网络广告相悖的情况。卖方在网络上出售有瑕疵的物品，应当向买方说明。卖方隐瞒标的物的瑕疵，应承担责任。买方明知标的物有瑕疵而购买的，卖方对瑕疵不负责任。

2. 买方的义务

在电子商务条件下，买方同样应当承担三项义务。

(1) 买方应承担按照网络交易规定方式支付价款的义务。由于电子商务的特殊性，网络购买一般没有时间、地点的限制，支付价款通常采用信用卡、智能卡、电子钱包或电子支付等方式，这与传统的支付方式也是有区别的。但在电子交易合同中，采用哪种支付方式应明确规定。

(2) 买方应承担按照合同规定的时间、地点和方式接受标的物的义务。由买方自提标的物的，买方应在卖方通知的时间内到预定的地点提取。由卖方代为托运的，买方应按照承运人通知的期限提取。由卖方运送的，买方应做好接受标的物的准备，及时接受标的物。买方迟延接受时，应负迟延责任。

(3) 买方应当承担对标的物验收的义务。买方接受标的物后，应及时进行验收。规定有验收期限的，对表面瑕疵应在规定的期限内提出。发现标的物的表面瑕疵时，应立即通知卖方，瑕疵由卖方负责。买方不及时进行验收，事后又提出表面瑕疵，卖方不负责任。对隐蔽瑕疵和卖方故意隐瞒的瑕疵，买方发现后，应立即通知卖方，追究卖方的责任。

3. 对买卖双方不履行合同义务的救济

1）卖方不履行合同义务时的救济

卖方不履行合同义务主要是指卖方不交付标准的物或单据或交付延迟；交付的标的物不符合合同规定以及第三者对交付的标的物存在权力或权利主张等。当发生上述违约行为时，买方可以选择以下救济方法。

（1）要求卖方实际履行合同义务，交付替代物或对标的物进行修理、补救。

（2）减少支付价款。

（3）对迟延或不履行合同要求损失赔偿。

（4）解除合同，并要求损害赔偿。

2）买方不履行合同义务时的救济

买方不履行合同义务主要包括买方不按合同规定支付货款和不按规定收取货物等，在这种情况下，卖方可选择以下救济方法。

（1）要求买方支付价款、收取货物或履行其他义务，并为此可以规定一段合理额外的延长期限，以便买方履行义务。

（2）损害赔偿，要求买方支付合同价格与转售价之间的差额。

（3）解除合同。

2.2.2 网络交易中心的法律地位

网络交易中心在电子商务中介交易中扮演着介绍、促成和组织者的角色，这一角色决定了交易中心既不是买方的卖方，也不是卖方的买方，而是交易的居间人，它是按照法律的规定、买卖双方委托业务的范围和具体要求进行业务活动的。

1. 网络交易中心设立必须具备的条件

网络交易中心的设立，根据《中华人民共和国计算机信息网络国际联网管理暂行规定》第八条，必须具备以下条件：

（1）是依法设立的企业法人或者事业法人。

（2）具有相应的计算机信息网络、装备以及相应的技术人员和管理人员。

（3）具有健全的安全保密管理制度和技术保护措施。

（4）符合法律和国务院规定的其他条件。

2. 网络交易中心的法律权利和义务

应当认真负责地执行买卖双方委托的任务，并积极协助双方当事人成交。在进行介绍、联系活动时要诚实、公正、守信用，不得弄虚作假，招摇撞骗，否则须承担赔偿损失等法律责任。买卖双方之间各自因违约而产生的违约责任风险应由违约方承担，而不应由网络交易中心承担。因买卖双方的责任而产生的对社会第三人(包括广大消费者)的产品质量责任和其他经济(民事)、行政、刑事责任也概不应由网络交易中心承担。

网络交易中心必须在法律许可的范围内进行活动。网络交易中心经营的业务范围、物品的价格、收费标准等都应严格遵守国家的规定。法律规定禁止流通物不得作为合同标的物。对显然无支付能力的当事人或尚不确知具有合法地位的法人，不得为其进行居间活动。

在国际互联网上从事居间活动的网络交易中心还有一个对口管理的问题。按照《中华人民共和国计算机信息系统安全保护条例》规定，进行国际联网的计算机信息系统，有计算机信息系统的使用单位报省级以上的人民政府公安机关备案。拟建立接入网络的单位，应当报经互联单位的主管单位或者主管单位审批；办理审批手续时，应当提供其计算机新系网络的性质、应用范围和所需主机地址等资料。联网机构必须申请到经过国务院批准的互联网络的接入许可证，并且持有邮电部门核发的放开电信许可证，才可以面向社会提供网络连入服务。由于网络交易中心提供的服务性质上属于电信加值网络业（Value-added Network），其所提供的服务不是单纯的交易撮合，而是同时提供许多经过特殊处理的信息于网络之上，故而增加了单纯网络传输的价值。所以，在业务上，网络交易中心还应接受各级网络管理中心的归口管理。

2.2.3 网络交易客户与虚拟银行间的法律关系

1. 在电子商务中，银行变为虚拟银行

网络交易客户与虚拟银行的关系变得十分密切，除少数邮局汇款外，大多数交易要通过虚拟银行的电子资金划拨来完成的。电子资金的划拨依据的是虚拟银行与网络交易客户所订立的协议。这种协议属于标准合同，通常是由虚拟银行起草并作为开立账户的条件递交给网络交易客户的。所以，网络交易客户与虚拟银行之间的关系仍然是以合同为基础的。

在电子商务中，虚拟银行同时扮演发送银行和接收银行的角色。其基本义务是依照客户的指示，准确、及时地完成电子资金划拨。作为发送银行，在整个资金划拨的传送链中，承担着如约执行资金划拨指示的责任。一旦资金划拨失误或失败，发送银行应向客户进行赔付，除非在免责范围内。如果能够查出是哪个环节的过失，则由过失单位向发送银行进行赔付，如不能查出差错的来源，则整个划拨系统分担损失。作为接收银行，其法律地位似乎较为模糊。一方面，接收银行与其客户的合同要求它妥当地接收所划拨来的资金，也就是说，它一接到发送银行传送来的资金划拨指示便应立即履行其义务。如有延误或失误，则应依接收银行自身与客户的合同处理。另一方面，资金划拨中发送银行与接收银行一般都是某一电子资金划拨系统的成员，相互负有合同义务，如果接收银行未能妥当执行资金划拨指示，则应同时对发送银行和受让人负责。

在实践中，电子资金划拨中常常出现因过失或欺诈而致使资金划拨失误或迟延的现象。如系过失，自然适用于过错归责原则。如系欺诈所致，且虚拟银行安全程序在电子商务上是合理可靠的，则名义发送人需对支付命令承担责任。

2. 银行承担责任的三种形式

（1）返回资金，支付利息。如果资金划拨未能及时完成，或者到位资金未能及时通知网络交易客户，虚拟银行有义务返还客户资金，并支付从原定支付日到返还当日的利息。

（2）补足差额，偿还余额。如果接受银行到位的资金金额大于支付所指示所载数量，则接收银行有权依照法律提供的其他方式从收益人处得到偿还。

(3) 偿还汇率波动导致的损失。对于在国际贸易中，由于虚拟银行的失误造成的汇率损失，网络交易客户有权就此向虚拟银行提出索赔，而且可以在本应进行汇兑之日和实际汇兑之日之间选择对自己有利的汇率。

2.2.4 认证机构在电子商务中的法律地位

认证中心扮演着一个买卖双方签约、履约的监督管理的角色，买卖双方有义务接受认证中心的监督管理。在整个电子商务交易过程中，包括电子支付过程中，认证机构都有着不可替代的地位和作用。

在网络交易的撮合过程中，认证机构(Certificate Authority，CA)是提供身份验证的第三方机构，由一个或多个用户信任的、具有权威性质的组织实体。它不仅要对进行网络交易的买卖双方负责，还要对整个电子商务的交易秩序负责。因此，这是一个十分重要的机构，往往带有半官方的性质。

1. 电子商务系统对文件进行加密传输的过程

在采用公开密钥的电子商务系统中，对文件进行加密传输的过程包括六个步骤：

(1) 买方从虚拟市场上寻找到欲购的商品，确定需要联系的卖方，并从认证机构获得卖方的公开密钥。

(2) 买方生成一个自己的私有密钥并用从认证机构得到的卖方的公开密钥对自己的私有密钥进行加密，然后通过网络传输给卖方。

(3) 卖方用自己的公开密钥进行解密后得到买方的私有密钥。

(4) 买方对需要传输的文件用自己的私有密钥进行加密，然后通过网络把加密后的文件传输到卖方。

(5) 卖方用买方的私有密钥对文件进行解密得到文件的明文形式。

(6) 卖方重复上述步骤向买方传输文件，实现相互沟通。

在上述过程中，只有卖方和认证中心才拥有卖方的公开密钥，或者说，只有买方和认证中心才拥有买方的公开密钥，所以，即使其他人得到了经过加密的买卖双方的私有密钥，也因为无法进行解密而保证了私有密钥的安全性，从而也保证了传输文件的安全性。

公开密钥系统在电子商务文件的传输中实现了两次加密解密过程：私有密钥的加密和解密与文件本身的加密和解密。买卖双方的相互认证是通过认证中心提供的公开密钥来实现的。在实际交易时，认证中心需要向咨询方提交一个由CA签发的包括个人身份的证书，持卡人证书、商家证书、账户认证、支付网关证书、发卡机构证书等多项内容的电子证书，使交易双方彼此相信对方的身份。顾客向CA申请证书时，可提交自己的驾驶执照、身份证或护照，经验证后，颁发证书，证书包含了顾客的名字和他的公钥。以此作为网上证明自己身份的依据。

这种认证过程同样可以运用在电子支付过程中。持卡人要付款给商家，但持卡人无法确定商家是有信誉的而不是冒充的，于是持卡人请求CA对商家认证。CA对商家进行调查、验证和鉴别后，将包含商家Public Key(公钥)的证书传给持卡人。同样，商家也可对持卡人进行验证。证书一般包含拥有者的标识名称和公钥，并且由CA进行过数字签名。

电子商务认证机构的法律地位，现行的法律中尚无涉及。许多部门都想设立这样一个机构，毕竟，这样一个机构对于买卖双方来说都是非常重要的。

工商行政管理部门是一个综合性的经济管理部门，在日常管理工作中所直接掌握的各类企业和个体工商户的登记档案及商标注册信息、交易行为信息、合同仲裁、动产抵押、案件查处、广告经营、消费者权益保护等信息，可以从多个方面反映电子商务参与者的信用情况。工商行政管理部门拥有全国最权威的经济主体数据库、覆盖面最广的市场信息数据库、最准确的商标数据库、最广泛的消费者保护网络。依靠这些数据库，可以很好地完成电子商务认证机构的各项任务。

隶属于国家工商局的电子商务认证机构的功能主要有：接收个人或法人的登记请求，审查、批准或拒绝请求，保存登记者登记档案信息和公开密钥，颁发电子证书等。

2. 电子商务认证机构对登记者履行下列监督管理职责

（1）监督登记者按照规定办理登记、变更、注销手续。

（2）监督登记者按照电子商务的有关法律法规合法从事经营活动。

（3）制止和查处登记人的违法交易活动，保护交易人的合法权益。

3. 撤销登记的处罚

登记者有下列情况之一的，认证机构可以根据情况分别给予警告、报告国家工商管理局、撤销登记的处罚：

（1）登记中隐瞒真实情况，弄虚作假的。

（2）登记后非法侵入机构的计算机系统，擅自改变主要登记事项的。

（3）不按照规定办理注销登记或不按照规定保送年检报告书，办理年检的。

（4）利用认证机构提供的电子证书从事非法经营活动的。

2.3 电子商务的相关法律问题

电子商务的突出特征是利用互联网构成的虚拟市场完成各种商业活动，这个虚拟市场构成了一个区别于传统商务环境的新环境。交易环境和交易手段的改变，产生了大量传统法律难以调整的法律新问题。针对电子商务出现的各种相关法律问题，我国法律亟待完善。

2.3.1 电子商务运作平台建设及其法律地位问题

在电子商务环境下，交易双方的身份信息、产品信息、意思表示(合同内容)、资金信息等均通过交易当事人自己设立的或其他人设立的网站上传递和储存，世界上不特定的人均可借助电脑发出和接受网络上的信息，并通过一定程序与其他人达成交易。在通过中介服务商提供平台进行交易的情形下，服务商的地位和法律责任问题就成为一个复杂的问题。网站与在网站上设立虚拟企业进行交易的人之间、网站与进入站点进行交易的消费者之间是什么法律关系，在网站传输信息不真实、无效或其他情形下引起的损失，网站承担什么责任，受损失的交易相对人如何救济就是电子商务法要解决的问题。

2.3.2 网上交易主体及市场准入问题

在现行法律体制下，任何长期固定从事营利性事业的主体都必须进行工商登记。在电子商务环境下，任何人不登记就可以借助计算机网络发出或接收网络信息，并通过一定程序与其他人达成交易。虚拟主体的存在使电子商务交易安全性受到严重威胁。

电子商务法首先要解决的问题就是确保网上交易主体的真实存在，并且确定哪些主体可以进入虚拟市场从事在线业务。目前，在线交易主体的确认只是一个网上商业的政府管制问题，主要依赖工商管理部门的网上商事主体公示制度和认证中心的认证制度加以解决。

2.3.3 电子合同的问题

由于电子合同的载体与传统书面文件大不相同，这使现行法律规范的某些规定对作为电子合同载体的电子数据讯息的法律效力及有效性产生影响。从定义来看，传统合同和电子合同存在着密切相关的联系。事实上，电子合同是合同的一种特殊形式，是合同在电子商务中的一种存在形式。电子合同订立双方或多方大多是互不见面的，所有的买方和卖方都是在虚拟市场上运作，其信用则依赖于密码技术和认证机构的认证。而传统合同则相反，传统合同的口头形式常表现为店堂交易，并将商家所开具的发票作为合同的依据。而电子商务中关系简单、金额较小的交易也没有具体的合同形式，表现为直接利用网络进行订购、付款，如网上订票、网上购买软件等。电子合同与电报、电传和传真相比，虽然也是通过电子脉冲来传递信息，但不再以纸张为原始凭证，而只是一组电子信息。电子合同的订立过程、合同内容等信息均记录在计算机或磁盘等中介载体中，其修改、流转、储存等过程均在计算机中进行，目前还不存在电子发票，电子合同、电子票据的有效性通过电子签名实现，传统签字盖章方式为电子签字所替代。关于合同生效地，传统合同生效地点一般为合同成立地点，而采用电子合同的，收件人的主营业地一般为合同成立地点，没有主营业地的，以其经常居住地为合同成立地点。

根据我国《民法通则》第五十五条和《合同法》的有关规定，作为合同特殊形式的电子合同的生效需具备以下几个法定要件：行为人具有相应的民事行为能力，行为人必须具备正确理解自己行为性质和后果，独立地表达自己的意思的能力；电子意思表示真实，即利用资讯处理系统或者计算机为真实意思表示的情形，电子意思表示的形式是多种多样的，包括电话、电报、电传、传真、电邮、EDI、互联网数据等，具体通过封闭型的EDI网络、局域网与互联网连接开放型的互联网或传统的电信进行电子交易信息的传输；不违反法律和社会公共利益，不违反法律和社会公共利益，是指电子合同的内容合法。合同有效不仅要符合法律的规定，而且在合同的内容上不得违反社会公共利益。在我国，凡属于严重违反公共道德和善良风俗的合同，应当认定其无效；合同必须具备法律所要求的形式，我国现行的法律规定还无法确认电子合同的形式属于哪一种类型，尽管电子合同与传统合同有着许多差别，但是在形式要件方面不能阻挡新科技转化为生产力的步伐，立法已经在形式方面为合同的无纸化打开了绿灯。法律对数据电文合同应给予书面合同的地位，无论意思表示方式是采用电子的、光学的还是未来可能出现的其他新方式，一旦满足了功能上的要求，就应等同于法律上的“书面合同”文件，承认其效力。

总体而言，在传统商业模式下，除即时清结的或数额小的交易无须记录外，一般都要签订书面合同，以免在对方失信不履约时作为证据，追究对方的责任。而在在线交易情形下，所有当事人的意思表示均以电子化的形式存储于计算机硬盘或其他存贮介质中。这些记录方式不仅容易被删除、更改、复制、遗失，而且不能脱离其记录工具(计算机)而作为证据独立存在。电子商务法需要解决由于电子合同的差别而引起的诸多问题，突出表现在书面形式，如签名有效性、合同收讫、合同成立地点、合同证据等方面。

2.3.4 电子商务中产品交付的特殊问题

在线交易的标的物分两种，一种是有形货物，另一种是信息产品。应当说，有形货物的交付仍然可以沿用传统合同法的基本原理，而对于物流配送中引起的一些特殊问题，也要作一些探讨。而信息产品的交付则具有不同于货物交付的特征，对于产品权利的转移、交付和退货等需要作详细的探讨。

2.3.5 特殊形态的电子商务规范问题

在电子商务领域存在一些特殊的商务形式，如网络广告、网上拍卖、网上证券交易等，这些在传统法律领域受特殊规范的商业形式，转移至网上进行后，如何规范和管制，便是电子商务法必须探讨的问题。

2.3.6 网上电子支付问题

在电子商务简易形式下，支付往往采用汇款或直接付款方式，而典型的电子商务则在网上完成支付。网上支付是通过虚拟银行的电子资金划拨来完成的，而实现这一过程涉及网络银行与网络交易客户之间的协议、网络银行与网站之间的合作协议法律关系以及安全保障问题。因此，需要制定相应的法律，明确电子支付的当事人(包括付款人、收款人和银行)之间的法律关系，制定相关的电子支付制度，认可电子签名的合法性。同时还应出台对于电子支付数据的伪造、变造、更改、涂销问题的处理办法。

2.3.7 网上不正当竞争与网上无形财产保护问题

互联网为企业带来了新的经营环境和经营方式，在这个特殊的经营环境中，同样会产生许多不正当的竞争行为。这些不正当竞争行为有的与传统经济模式下的不正当竞争行为相似，这些则是网络环境下产生的新的特殊的不正当竞争行为。这些不正当竞争行为大多与网上新形态的知识产权或无形财产权的保护有关，特别是因为域名、网页、数据库等引起一些传统法律体系中没有的不正当竞争行为，更需要探讨新的法律规则。这便是网上不正当竞争行为的规制问题。实际上，保护网上无形财产是维持一个有序的电子商务运营环境的重要措施。

2.3.8 网上个人隐私保护问题

网络空间的个人隐私权主要是指“在未经本人同意或授权的情况下，他人不得在网上收集、取得、利用和传输本人个人资料与信息的权利。”在网络环境下，个人隐私权主要涉及个人数据、私人信息和个人领域三个方面。其中个人数据最重要，个人数据是“有关一个被识别或可识别的自然人(数据主体)的任何信息；可以识别的自然人是指一个可以被证明，即可以直接或间接地，特别是通过对其身体的、生理的、经济的、文化的或生活身份的一项或多项识别”。

网络隐私权通常是指公民在网络中享有的私人生活安宁与私人信息依法受到保护，不被他人非法侵犯、知悉、搜集、复制、公开和利用的一种人格权；也指禁止在网上泄露某些与个人有关的敏感信息，包括事实、图像和毁损的意见等。

网络隐私权主要包括三个方面：涉及个人资料的隐私权；涉及通信秘密与通信自由的个人隐私权；个人生活安宁权。

我国网络隐私权保护现状，我国《宪法》第三十八条、第三十九条和第四十条分别从公民的人格尊严、住宅、通信自由和通信秘密权等方面作出了规定。这些条文没有明确提出公民的隐私权，但却从不同角度保护了公民的人格尊严和私人空间、活动不受侵害，并且为其他部门法及司法解释保护公民个人隐私留下了广阔的空间。

我国于 2010 年 7 月 1 日起施行的《侵权责任法》第 2 条将隐私权明确规定为一项独立的民事权益。同时，第三十六条规定：“网络用户、网络服务提供者利用网络侵害他人民事权益的，应当承担侵权责任。网络用户利用网络服务实施侵权行为的，被侵权人有权通知网络服务提供者采取删除、屏蔽、断开链接等必要措施。网络服务提供者接到通知后未及时采取必要措施的，对损害的扩大部分与该网络用户承担连带责任。网络服务提供者知道网络用户利用其网络服务侵害他人民事权益，未采取必要措施的，与该网络用户承担连带责任。”《侵权责任法》的第二条是我国法律首次明确提出隐私权，同时第一次明确规定了网络服务提供者的侵权责任，并把网络侵权单独列出，放置在责任主体的特殊规定这一章中，凸显了网络侵权问题急需规范的迫切性。

除此之外，还有《民法通则》、司法解释、《计算机信息系统安全保护条例》《全国人大常委会关于维护互联网安全的决定》《互联网电子公告服务管理规定》等都有规定，但也存在不足。首先，《侵权责任法》第三十六条的网络侵权中隐含着对网络空间隐私权的保护，但是对于隐私权的内容、对于网络空间隐私权的具体法律保护在该法中都没有体现；其次，有关隐私权的立法过于空泛，可操作性弱。因此，在司法实践中缺乏可操作性，根本无法为网络隐私权提供足够的保护；最后，我国的隐私权立法分散、简单、没有形成专门的保护体系。导致在实践中上述法律对隐私权的保护力度不够，保护条件苛刻。

2.3.9 电子商务中的物流问题

电子商务中的物流分两种，一种是有形物流，另一种是无形物流。应当说，有形物流的交付仍然可以沿用传统合同法的基本原理，当然，对于物流配送中引起的一些特殊问题，也要作一些探讨。而无形物流则具有不同于有形物流交付的特征，对于其权利的转移、退货、交付的完成等需要作详细的探讨。

2.3.10 电子签名问题

在电子商务中，交易双方(或多方)可能远隔万里而互不相识，甚至在整个交易中自始至终不见面，传统的签字方式很难应用于这种交易。因此，人们需要用一种电子签字机制来相互证明各自的身份。电子签名实质是电子形式的数据，是与数据电文(电子文件、电子信息)相关联的用于识别签字人的身份和表明签名人认可该数据电文内容的数据。电子签名是基于国际PKI标准的网上身份认证系统，数字证书相当于网上的身份证，它以电子签名的方式通过第三方权威认证有效地进行网上身份认证，帮助各个主体识别对方身份和表明自身的身份，具有真实性和防抵赖功能。与物理身份证不同的是，数字证书还具有安全、保密、防篡改的特性，可以对网上传输的信息进行有效保护和安全的传递。将数字签名技术应用于电子商务中，可以解决非法者对数据的否认、伪造、篡改及冒充等问题。我国于2005年4月1日正式施行了《中华人民共和国电子签名法》。对广受关注的电子签名认证问题，法律规定，在电子商务交易中，双方使用电子签名时，往往需要第三方对电子签名人的身份进行认证，向交易对方提供信誉保证，这个第三方一般称之为电子认证服务机构。为保护电子签名人的合法权益，法律规定，伪造、冒用、盗用他人的电子签名，构成犯罪的，依法追究刑事责任；给他人造成损失的，依法承担相应的民事责任。

这部法律还规定，电子签名人或者电子签名依赖方如果因依据电子认证服务提供者提供的电子签名认证服务从民事活动遭受损失，电子认证服务提供者不能证明自己无过错的，承担赔偿责任。《电子签名法》遵循“最少干预、必要立法”的原则，制定《电子签名法》的主要目的是为数据电文、电子签名的法律有效性消除法律障碍。如此看来，签名由于其所具有的权威性、合法性及认证功能而成为传统商务中交易成立的一个必不可少的要件。而电子签名虽然与传统签名在形式上大相径庭，但其在电子商务中的功能及性质却是完全相同的。但它毕竟只是从技术手段上对签名人身份做出辨认及能对签署文件的发件人与发出电子文件所属关系做出确认的方式。但电子签名技术本身却无法解决判定公共密钥的确定性以及私人密钥持有者否认签发文件的可能性等问题。因此，电子签名的安全使用必须配合安全认证机关体系的建立，也就是电子认证体系的建立。

2.3.11 电子商务领域知识产权问题

1. 网络著作权的法律保护

1）网络著作权的内容和形式

著作权是指公民、法人和其他组织对其创作的文学、艺术和科学领域中的作品所享有的财产权利和人身权利。

根据《著作权法》第十条，这些权利包括发表权、署名权、修改权、保护作品完整权、复制权、发行权、出租权、展览权、表演权、放映权、广播权、信息网络传播权、摄制权、改编权、翻译权、汇编权以及应当由著作权人享有的其他权利。

2）信息网络传播权的保护

《信息网络传播权保护条例》第二条规定：“除法律、行政法规另有规定的外，任何组织或者个人将他人的作品、表演、录音录像制品通过信息网络向公众提供，应当取得权利人许可，并支付报酬。”

未取得权利人许可，或者未按权利人要求支付报酬而在网络上将著作权人的作品、表演、录音录像制品向公众提供的，构成对信息网络传播权的侵权，须承担相应的侵权责任。

2. 域名的法律保护

1）域名的法律特征

域名作为一种字符的创意和构思组合，与著作权有类似之处。域名的法律特征包括：标识性；唯一性；排他性。

2）域名保护

域名具有绝对专用性和排他性，一个域名只能有一个用户使用。由于域名不能重复，当有限的供给与无限的需求发生矛盾时，产生域名抢注问题。

（1）抢注行为主要有：一种是只抢注域名而不使用，通过转让来牟利；另一种是抢注域名后使用它从事不正当竞争活动的行为。

（2）被动的补救措施：改变单位名称拼写；调换顶级域名；对被抢注域名进行外围反注；用法律手段。

2.3.12 电子商务发展中的税收问题

1. 国际上对税收问题的主张

对电子商务是否征税，各国意见不一。美国作为世界上电子商务最为发达的国家，坚持对电子商务免税。

与美国的免税主张相反，许多国家和组织认为应该对电子商务征税，只是它们在是否开征新税的问题上存在分歧。1994年，加拿大税收专家阿瑟·科德尔构思了一种被称为“比特税”的方案，后经荷兰教授卢·苏特正式提出，其主要作法是对全球信息传输的每一数字单位——比特征税，如对数据、通话、图像或声音传输等征税。但该方案受到大多数人的反对，原因在于比特税对所有数字信息不加区别地征税不符合税收公平原则。

包括欧盟、OECD在内的反对者均认为不需开征新的税种，而只要在原有税种的基础上修改相应的税收条款并实行税收中性原则，就可适应电子商务的要求。

2. “常设机构”概念受到挑战

1）纳税人身份及企业性质的判定问题

网上的任何一种产品都是触摸不到的，通过互联网进行交易的双方，可以隐匿姓名、居住地等，企业可以轻而易举地改变经营地点，从一个高税率国家移至低税率国家。

大多数从事电子商务的企业注册地位于各地的高新技术园区，拥有高新技术企业证书，且其营业执照上限定的营业范围并没有明确提及电子商务业务。性质不同将导致企业享受的税收待遇有所不同。

2）客户身份难以确定

按照现行税制，判断一种商业行为是否应课税及课税数量与客户身份密切相关(出口退税和对进口商品征收关税的政策)。

3. 国际税收管辖权概念的冲突

1）双重征税问题

一个极端的例子是：如果你是一个中国公民，在马来西亚的电子商务网站上订购货物，并且要求将货物发往泰国，这样做的结果可能是，你将同时得到三个国家的税单。首先，按照居民税收管辖权征税办法，中国政府将有权向你征收所得税；按照收入来源地管辖权征税的话，泰国政府也有权向你征收流转税；而马来西亚政府有可能以交易操作发生地为依据，也可根据来源地，有权向你征税。对同一笔税源，由于税收管辖权的重叠，而导致重复征税。

2）纳税人避税问题

电子商务的便捷性与高流动性为跨国公司操纵利润、规避税收提供了便利。跨国公司通过互联网，只要按几下鼠标就可以轻松地将其在高税区的利润转到低税区或避税港。

4. 难以确定课税对象的性质

对于数字产品性质的认定，电子商务将原先以有形财产提供的商品转变为以数字形式提供，使得网上商品购销和服务的界限变得模糊。对这种以数字形式提供的数据和信息应视为提供服务所得还是销售商品所得，目前税法还没有明确的规定。

5. 对税收征管带来了困难

电子商务以其方便、快捷的电子化，导致电子商务的飞速发展和日趋成熟，越来越多的企业搬到网上经营，其结果是一方面带来传统贸易方式的交易数量的减少，使现行税基受到侵蚀，另一方面由于电子商务是一个新生事物，税务部门的征管及其信息化建设还跟不上电子商务的进展，造成了网上贸易的“征税盲区”，网上贸易的税收流失问题十分严重。在电子商务税收征与不征及如何征的问题上，发达国家与发展中国家在理论与实践上都存在着较大差异，也缺乏现有的征管模式和征管办法。电子商务的发展为税收征管带来了困难，各税种在电子商务中难以确定。传统的税收制度是建立在税务登记，查账征收和定额征收基础之上的，这种面对面的操作模式在电子商务时代显然不能适应实际需要，电子商务的虚拟化、无形化、随意化、隐匿化给税收征管带来前所未有的困难。电子商务的蓬勃发展给税收征管带来了系列难题，有必要尽快制定出有利于电子商务税收征收、管理、稽查对策，规范经济秩序，促进我国电子商务的顺利发展。

2.4 电子商务市场环境和诚信环境

2.4.1 电子商务市场环境

1. 电子商务市场发展

目前国内内贸市场发展平稳。随着电子商务化对传统批发市场的渗透，批发市场开始大规模向互联网迁移，不同地域的在线批发市场的迅速崛起，同时《非金融机构支付服务管理办法》及其细则的出台，为第三方支付厂商的合法化奠定了基础。B2B 市场在线交易服务的核心环节——支付，已得到法律的保障，支付厂商进军在线 B2B 市场已成可能。内贸市场开始由交易前服务阶段向交易中阶段挺进。

内贸市场发展迅速。随着市场的不断发展，已经在产业链不同环节形成多元化的发展格局，在产业链上游的大宗原材料市场形成了以金银岛、兰格钢铁网等具有特色服务形式的厂商，而在产业链下游则形成了以 1688 批发平台等为代表的在线交易服务商。

外贸市场上，随着传统贸易的复苏，以工业品为主的市场获得了强劲的增长，推动了整体外贸市场的发展；而小额外贸市场由于山寨产品众多涉及第三方知识产权，以速买通为代表的厂商开始频频整顿平台供应商。因此小额外贸市场在增长的同时还将面临较大的风险，因此还将有待加强规范。

未来几年，中国 B2B 电子商务市场将进入竞争更加激烈的阶段，多样化发展趋势明显。在已有的综合类平台下，新模式、专注于新行业的 B2B 电子商务企业大量涌现，随着大量新兴企业的出现，中国 B2B 电子商务市场将呈多样化发展态势。B2B 电子商务服务商应尽力改善单一的盈利模式，介入到更为复杂的领域中，在中高端市场服务领域还有很大的深入空间，而低端市场可向更细更专业方向发展，从而获取进一步的盈利提升空间。在线交易平台的快速发展，中国 B2B 电子商务也将逐渐向服务纵深化方向发展。

2. 网络零售环境

根据第三方电商研究机构中国电子商务研究中心发布的《2012 年度中国网络零售市场数据监测报告》显示：截至 2012 年 12 月中国网络零售市场交易规模达 13205 亿元。截至 2012 年中国网络零售市场交易规模，已经占到了当年社会消费品零售总额的 6.3%。而这个比例数据在 2011 年仅为 4.4%。这也或许意味着电商改变零售业格局的开始。中国电子商务研究中心还预计，这一比例还将保持扩大态势，到 2013 年达到 7.4%。2012 年中国网购用户规模达 2.47 亿人，较而 2011 年数据 2.03 亿人，同比增长 21.7%。预计 2015 年年底中国网络购物用户规模将超过 5.2 亿人。

中国电子商务投诉与维权公共服务平台接到的投诉主要集中在以下领域：网络购物、网络团购、网络贸易、移动电子商务和网络传销。其中网购领域为消费者投诉最多的领域，占 70%。其次分别为网络团购、网络贸易及其移动电子商务。

淘宝网(包括淘宝、天猫)、京东商城、苏宁易购、国美商城、亚马逊中国、库巴网、买特网、当当网、易迅网、1 号店等成为 2012 年度央视网 315 在线投诉平台上榜的十大网络购物热点被投诉企业。排名前三位的淘宝网(包括淘宝、天猫)、京东商城和苏宁易购的投诉总量占整体投诉量的近 3/4。

3. 商业欺诈与陷阱

与传统的商业欺诈相比，Internet 上商业信息快速的传播速度、广泛地影响范围，使电子商务活动中的商业欺诈更加严重，商业陷阱的形式更加多样，表现在如下 4 个方面。

(1) 虚假信息泛滥。在网络中发布信息，不会像传统媒体那样受到众多约束，加之网络的虚拟性特点，一般消费者即使在发现虚假信息后，也难以追究虚假信息的发布者。这使得一些网络企业肆无忌惮地在网上发表各种各样的信息，或是制造出各种各样的新闻，来吸引消费者、创造点击率、扩大自己的商业影响，谋求经济效益，以致造成了网络上虚假信息泛滥问题。

(2) 假冒网上银行和从事网上交易的网站，骗取用户的真实账号和密码。

(3) 违法提供有奖销售服务，以巨额奖金、奖品或低价吸引消费者浏览器网站。

(4) 网络服务商将先前承诺的免费服务单方面地改为收费服务，或缩小服务范围，或设定免费服务期限，期满后，如果用户不声明，则自动视为同意接受收费服务。

4. 商业诽谤

由于网络言论自由性大、约束力弱，一些企业或个人会利用 Internet 来贬低竞争对手的产品，损害其他企业或个人的商业声誉及商业形象，还有一些商务网站随意发布一些对于他人或其他企业产品与事实不相符的负面评价。

2.4.2 电子商务的诚信环境

随着网络信息化发展脚步的加快，电子商务各方面技术也日趋成熟，而电子商务简单、快捷、低成本的电子通信方式也成为企业追捧的对象；目前，虽然网络已经覆盖我国千家万户，但电子商务的普及脚步却始终不见大进，其中诚信是从电子商务登陆中国以来，一直都是电子商务在中国快速发展的瓶颈。

我国电子商务的基础环境不断改善。但当问及“用户认为目前网上交易存在的最大问题”时，“安全性得不到保障”“产品质量、售后服务及厂商信用得不到保障”仍然排在了最前面，其被选率占70%左右。由此可见，诚信问题成为电子商务必须要解决的主要问题。

1. 我国商业的信用问题

(1) 商品品质信用。由于电子商务的虚拟性，使交易过程虚拟化，消费者在交易完成前无法看到商品的实样，不能当面交易，暴露出来的问题日益严重。一些企业不讲信誉，出售假冒伪劣产品，消费者对商品的信任度很差，缺乏网上购物的信心。

(2) 卡支付手段中的信用。电子商务的“无纸化”和“无址化”对参加交易的各方提出了更高的信用要求，而处于转型期的中国社会，传统的价值体系正逐渐被削弱，基于法律基础上的“契约社会”观念远未形成，人们信用观念的淡漠对电子商务活动中作为核心环节的支付手段问题带来了极大的负面影响，信用卡、借记卡、储蓄卡、邮局汇款和货到付款等多种支付形式结合的中国电子商务支付手段远未转变为合格的电子商务支付。

(3) 物理配送中的信用。物流配送是电子商务的一个重要环节，令用户满意的物流配送是使消费者信任电子商务这种先进的商业运作方式的信心保证。技术因素是保证物流配送中的信用的一个方面，而是否具有良好的商业伦理，对消费者实行一种真正负责的态度，也是其中非常重要的一个方面。

(4) 售后服务的信用。售后服务是商品品质的保证和延伸，是消费者能够正常、长期、稳定使用商品的保障，在目前我国电子商务活动中，还没有树立售后服务意识，没有建立起系统的售后服务体系。

2. 我国商业信用问题出现的原因

(1) 我国诚信基础薄弱，导致电子商务的社会信任度不高。在我国信用评价和监管机制尚不健全的环境下，人们在交易过程中诚实守信的意识还很淡薄，因为人们的失信成本很低，或者说有时还不存在失信成本，这使得一部分人越来越不诚实、不守信。企业与企业、企业与消费者、人与人之间防范多于信任，势必会干扰电子商务的正常交易，成为制约电子商务发展的心理障碍。

(2) 电子商务的虚拟性和不确定性。在虚拟的社会中，网络主体表现不完整、不充分，人的自然的、社会的特性都被剥离了，剩下的只是代表交往对象的一个符号，甚至连这个符号也是不确定、不统一的。这给处在这种虚拟环境中的网络主体提供了不诚信的条件，从而导致网络相互之间缺乏足够的信任。

(3) 电子商务秩序尚未形成。作为一个新型的商务活动空间，网络市场所具有的特征决定了一些传统的经营准则在网络市场中缺乏网民的认同，而一种能够被网民普遍认同的具有广泛约束力的网络经济秩序尚未形成，在此情况下，网络市场中的商务交往必将处于缺乏规则约束的无序状态，从而在不知不觉中违背了商务运作的诚信原则。

(4) 电子商务法律法规有待完善。目前，我国虽然已经颁布了部分网络法律法规，但有关电子商务的市场准入、认证体系、支付结算、电子发票、交易主体的行为规则以及电子支付安全、隐私权保护、商业合同认证、纠纷调解、网上打假等问题的解决还缺乏相应的游戏规则和制度参照坐标。

(5) 利益驱动。透过扑朔迷离的网络社会现象不难发现，诚信缺失背后隐藏着深刻的经济根源。一些企业的经营者仅仅注重短期效益，抱着“捞一把就走”的心态从事电子商务经营，结果在商品质量、物流配送和服务承诺等方面很难让人满意。

电子商务活动中之所以出现了如此多的不诚信问题，甚至信任危机，究其原因主要有以下几个因素：一是诚信意识缺乏，诚信教育不普及和不正当利益的驱动；二是网络诈骗成本低廉使得不诚信行为屡禁不止；三是监督机制和惩治不及时、更不得力；四是对诚信的立法不够，制度政策漏洞和盲区多，社会诚信机制缺乏，为诚信缺失者提供了可乘之机；五是政府部门监管不严，网上经营门槛太低。

综上所述，目前我国企业进行电子商务在诚信方面存在的众多问题，强烈制约着企业电子商务方面的发展。电子商务发展技术上的差距，可以通过购买引进或独立开发来弥补，但是良好的诚信环境建设和诚信意识的培养，需要人们长期的努力才能培育出来，这是电子商务诚信机制建设中的难题。

3. 加强对电子商务与企业的诚信体系建设

(1) 树立现代商业诚信资本理念培养网络诚信文化，首先在认识上要与时俱进，牢固树立两种观念：一是现代商业诚信理念，强化电子商务主体的信用观念和信用意识；二是信用资本观念。

(2) 完善电子商务的法律法规，做到有法可依，通过制定具有前瞻性的电子商务经济政策和法规，确立新型的电子商务的市场规则。同时针对网络违法行为具有易实施、成本低廉、隐蔽性强和危害性广等特点。在强化立法和执法的同时，尝试建立一套如网上法院、网上仲裁、网络公证等法律服务与保障体系，以更加方便和快捷的方式防止和打击电子商务领域的非法经营和网络违法违规行为。

(3) 建立健全中介服务机构，中介机构作为交易双方的纽带，主要具备分担和降低信用风险，促进诚信经营的功能。为了增强电子商务的诚信经营，应专门针对电子商务的交易特点发展一些特定的中介服务机构。电子商务交易双方都希望对产品质量、资金等交易内容进行有效控制，目前通行的电子商务模式也都在积极寻找各种途径，但还不能达到预期的目标。应引入第三方监管和保证，使第三方可有效地帮助消费者去进行专业化的监管，检验商品的质量和服务的质量。消费者通过第三方平台购买审核通过的放心商品，由第三方收取货款来保障消费资金、商品质量。如果渠道被严格掌控，诚信缺失的弊端也将得以弥补。

(4) 建立电子商务征信评信制度。征信评信制度的重要作用，一方面表现为它最大限度地降低了电子商务交易双方的信息不对称性，为建立公平交易的网络市场环境提供保障；另一方面表现为它所特有的外部效应和社会效应，对电子商务主体形成了一种远远胜出伦理道德约束的刚性约束机制，促进电子商务的诚信经营。电子商务平台开展企业注册信息诚信认证服务，可以建立服务于交易双方的信息对称机制，降低交易风险；提升电子商务网站品牌形象以及市场影响力，可以充分利用非价格因素提高竞争能力；杜绝传播虚假信息所带来的法律风险。能够帮助企业解决交易中信用形象的建立，增加交易机会。

(5) 强化电子商务行业协会功能，加强行业自律，在我国目前整体网络信用环境尚不具备完全市场化运作的条件下，充分发挥电子商务行业协会的功能是加强行业诚信自律的一个重要举措。

4. 对于电子商务的美好愿景

通过对电子商务目前状况的了解与分析，电子商务在技术创新和应用水平上的提升，电子商务与企业诚信体系的建设也会同步进行，不然有技术而没有客户的局面是无法托起电子商务发展的明天，也会使企业失去核心竞争力。站在电子商务行业发展、诚信与支付健全的角度，无论诚信体系设计还是支付服务的定位上，要放远未来，不要忽视中小企业、传统行业的市场，无论是国内贸易、国外贸易、资金结算，还是其他增值服务，都能支撑支付服务企业的发展。

“十二五”规划提出，促进电子商务发展上升为国家战略。到 2015 年，我国将基本完成电子商务法规标准体系建设，规范、诚信的电子商务交易环境逐步完善，电子商务将成为我国现代商贸流通体系建设的重要组成部分。电子商务诚信体系建设是一项复杂的社会系统工程，它不仅需要提高公民的法律素质，增强公民的诚信观念，以营造社会诚信大环境，而且必须从法制高度着手，完善立法、强化司法、加强政府监管和行业自律。

希望大家共同努力，共同推广电子商务发展的成功经验，携手改善电子商务发展环境，促进电子商务和谐、健康、持续、快速发展，共同建设中国电子商务和电子支付的美好明天。

本章小结

本章主要介绍了关于电子商务法律法规的基本知识。

电子商务的立法范围，包括调整对象和电子商务法所涉及的技术和商务范围。电子商务的立法目的是要创造良好的法律环境、弥补现有法律的缺陷与不足、鼓励利用现代信息技术促进交易活动。

我国主要的电子商务法律法规：《中华人民共和国合同法》《中华人民共和国民法通则》《中华人民共和国计算机信息系统安全保护条例》《中华人民共和国电子签名法》《中华人民共和国侵权责任法》。

买卖双方之间的法律关系实质上表现为双方当事人的权利和义务。买卖双方的权利和义务是对等的。认识到电子商务参与各方的法律关系，明确电子商务交易中买卖双方的权利与义务以及网络交易中心和认证机构的法律地位。

电子商务的相关法律问题主要有：电子商务运作平台建设及其法律地位问题；网上交易主体及市场准入问题；电子合同问题；电子商务中产品交付特殊问题；特殊形态的电子商务规范问题；网上电子支付问题；网上不正当竞争与网上无形财产保护问题；网上个人隐私保护问题；电子商务中物流问题；电子签名问题；知识产权保护问题；税收问题等。

电子商务的市场环境和诚信环境则是目前最迫切需要解决的问题，因此明确诚信出现问题的原因以及怎样解决诚信问题是关键。所以必须加强对电子商务与企业的诚信体系建设。

本章习题

一、单项选择题

1. 我国《合同法》第二条规定："书面形式是指合同书、信件和数据电文(包括电报、电传、传真、电子数据交换和电子邮件)等可以有形表现所载内容的形式。"这一规定说明我国对数据电文形式问题的解决方案采取的途径是(　　)。

A. 合同解决途径　B. 法律解释途径　C. 功能等同法　D. 技术中立原则

2. 根据我国《电子签名法》第 2 条的规定，电子签名，是指数据电文中以电子形式所含、所附用于(　　)并标明签名人认可其中内容的数据。

A. 识别签名人　B. 识别签名人行为能力

C. 识别签名人权利能力　D. 识别签名人的具体身份

3. 在网络交易中，为保护消费者的权益，许多国家的法律赋予消费者在一定期限内试用商品，并无条件解除合同的权利。这无条件退货解除合同的期间被称为(　　)。

A. 解除期　B. 试用期　C. 退货期　D. 冷却期

4. 电子商务中的认证，是指特定认证机构对(　　)所作的认证。

A. 传输方式的可靠性　B. 电子签名的真实性

C. 信息生成、储存方法的可靠性　D. 签署文件的合法性

5. 我国现行的涉及交易安全的法律法规主要有四类，不包括以下(　　)。

A. 综合性法律　B. 规范交易主体的有关法律

C. 保护交易安全的有关法律　D. 监督交易行为的有关法律

6. 在交易过程中，买方有可能故意拖延付款的风险属于(　　)。

A. 信用风险　B. 信息风险　C. 法律风险　D. 管理风险

7. 下列各项不属于数据电文形式问题的解决方案的是(　　)。

A. 合同解决途径　B. 协商解决途径

C. 法律解释途径　D. 功能等同法

8. 信息技术的发展不断推出应用于电子签名的新的技术手段，呈现出(　　)的特点。

A. 虚拟化　B. 多样化　C. 产业化　D. 结构化

9. 下列不能作为数据电文的法定合同成立地点的是(　　)。

A. 收件人的主营业地　　B. 收件人的经常居住地

C. 收件人的经常工作地　　D. 当事人的约定地点

10. 1997 年 7 月由美国制定的有关电子商务法律法规是(　　)。

A.《统一电子商务法(草案)》　　B.《电子签名指令》

C.《全球电子商务纲要》　　D.《电子商务指令》

二、判断题

1. 未经明确同意而收集和使用用户的个人资料，是违反隐私权保护法律的行为。(　　)

2. 数字签名的确认是一个参照原信息何给定的公共密码来查验数字签名的过程，进而决定为同一信息使用。(　　)

3. 把信息和其载体在法律上分开来成为可能，信息成为法律上独立的物，意味着信息可以作为交易的标的物。(　　)

4. 传统著作权法中，既要追究盗版作品的阅读者，又要追究盗版作品提供者的责任。(　　)

5. 狭义的电子商务法包括所有调整以数据电文方式进行的商事活动的法律规范。(　　)

6. 在法律上，如何将数据电文的无形与书面形式的有形结合起来，是赋予其法律地位的关键。(　　)

7. 数字签名是一种基于非对称加密技术的技术签名，不属于电子签名。(　　)

8. 如果通过电子邮件方式订立的合同，在一般情况下，要约是不可以撤销的。(　　)

三、填空题

1. 电子商务法基本原则的是__________、__________、__________。

2. 我国现行的涉及交易安全的法律法规主要包括__________、__________、__________、__________法律。

3. 电子商务交易中卖方当事人的义务有__________、__________、__________。

4. 电子支付的当事人包括__________、__________、__________。

5. 在电子信息交易中的一些参与者，虽然不是交易的当事人，但是他们却是电子信息交易所必不可少的参与者。这些主体包括__________、__________、__________。

6. 根据我国《电子签名法》的规定，数据电文是以电子、光学、磁或者类似手段__________、__________、__________、__________信息的。

四、简答题

1. 电子商务交易中买卖双方当事人的权利和义务是什么？

2. 电子签名实质问题是什么？

3. 目前我国的商业信用问题有哪些方面？简述产生的原因。

4. 在电子商务环境下，如何加强诚信体系建设？

第3章 网络营销

教学目标

通过本章的学习，了解网络营销的产生和发展，我国网络营销的发展概况，网络营销的应用和发展阶段；理解网络营销的职能，网络营销产品策略、网络营销产品组合策略，网络营销品牌策略，网络营销价格策略，网络信息中介商的作用，选择网络信息中介商的原则，网络信息中介商的优势和发展前景。掌握网上市场调查的基本方法。掌握网络广告应用与网络促销方法。

教学要求

知识要点	能力要求	相关知识
网络营销概述	(1) 了解网络营销的产生和发展 (2) 了解我国网络营销的发展概况，网络营销的应用和发展阶段 (3) 了解网络营销的职能	(1) 网络营销的概念 (2) 中国网络营销发展的重要事件 (3) 中国网络营销面临的主要问题
网络营销策略	(1) 了解网络营销产品策略、网络营销产品组合策略 (2) 了解网络营销品牌策略 (3) 了解网络营销价格策略	(1) 网络营销产品的整体概念和特点 (2) 网络品牌概念及特征 (3) 网络营销定价策略
网络信息的中介商	(1) 了解网络信息中介商的作用 (2) 了解选择网络信息中介商的原则 (3) 了解网络信息中介商的优势和发展前景	(1) 网络信息中介商的定义 (2) 网络营销的分销渠道 (3) 网络信息中介商的作用 (4) 选择网络中介商的原则 (5) 网络信息中介商的优势 (6) 网络信息中介商发展前景
网上市场调查	(1) 掌握网上市场调查的方法 (2) 掌握调查数据的分析和总结	(1) 网上市场调查问卷的设计 (2) 数据分析及撰写总结报告

续表

知识要点	能力要求	相关知识
网络广告与促销	(1) 理解建立网上商店的三大模块内容 (2) 掌握网络广告设计及网络广告策略 (3) 掌握制订网站推广计划及网络促销方法	(1) 网络广告的定义和特点 (2) 网络广告设计的一般流程 (3) 网络促销定义

导入案例

星巴克：爱情公寓虚拟旗舰店

星巴克一直以来采用的都不是传统的营销手法，而是采取颇具创意的新媒体形式。星巴克联手 SNS 网站爱情公寓再次尝试虚拟营销，将星巴克徽标做成爱情公寓里“虚拟指路牌”广告，是星巴克首次尝试 SNS 营销。

iPart 爱情公寓(www. ipart. cn)是一个以白领女性和大学女生为主轴设计的交友社区网站(Female Social Networking)，尽全力帮网友打造一个女生喜爱的温馨交友网站。品牌形象以及中心思想关键词为：清新、幸福、温馨、恋爱、时尚、艺文、流行。

2008 年 12 月 12 日是星巴克滨江店举办“璀璨星礼盒”活动的特别日子，因此从 12 月 1 日开始，星巴克不仅将滨江店封装到巨大的礼盒中，更在爱情公寓网站上做成了颇具创意的“虚拟指路牌”，并且还以倒计时的方式，等着好奇的你在线上或者去线下看看 12 月 12 日星巴克的“Open Red Day”到底是什么，保持第一次的神秘！这种做法吸引了爱情公寓众多住户的关注。

礼包展开前，采用神秘礼物与星巴克情缘分享的方式进行。

神秘礼包：线上活动结合了线下活动的概念，送给网友神秘礼物，便会出现在网友小屋当中，虚拟的神秘礼包与实体的上海星巴克滨江店同日开张，礼包和实体店面同样以大礼盒的形象出现。

星巴克情缘分享：网友上传自己生活当中与星巴克接触照片并写下感言，以口碑与体验的方式来塑造出星巴克式的生活态度是被大家认可、受欢迎的。

礼包展开后出现品牌旗舰店，打造一个品牌大街，与繁华的闹市区不同，STARBUCKS 小店另开崭新的公寓大街区域，提供极具质感的品牌大街。虚拟的星巴克店家设计中，延续实体店家的温馨舒适感，店家周围环境设计以享受生活的感觉为主，不过度热闹繁华，以高品质的生活感受来凸显品牌的层次感。另外，结合爱情公寓内的产品来提升曝光度与网友参与、互动，让网友更加了解品牌个性与特色所在。

据显示，星巴克店铺，15 天超过 12 万人的光顾度！参加“我的星巴克情缘”与“圣诞礼物乐分享”两个线上活动的人数已达 125553 人。无论是星巴克虚拟指路牌上的倒计时，还是线上和线下的星巴克圣诞大礼盒中究竟会揭晓什么？这些都给人们留下了新鲜的悬念与期待。并且就在等待的过程中，用户便已经能通过“和朋友分享圣诞礼物”和“分享我和星巴克的情缘”等等参与到创造一个网络世界的咖啡氛围新体验的互动游戏中。透过爱情公寓网络小屋的窗口，看着虚拟 ID 背后真实的你来我往，最后打开星巴克圣诞礼盒，轻轻啜饮一口香浓的咖啡，这非常符合网络“第三空间”的感觉体验，也成了 SNS 的魅力所在。

网站上还设有见面礼、活动专区、公布栏、咖啡小教室等。

见面礼：设计专属礼品，来到虚拟店家就可领取或送好友。

活动专区、公布栏：STARBUCKS 线上及线下活动报道，大量的曝光让参与程度提升，分享关于 STARBUCKS 的信息及新闻，引起各种话题讨论和增加网友的互动。

咖啡小教室：咖啡达人教室，固定的咖啡文化或相关教室消息，让网友了解更多关于咖啡的文化。

网友可以通过点击 Logo 链接到商店，并参与店内的一些促销活动，获奖之后拿到真实的咖啡券。此外，用户更可以将活动的消息传播给好友。星巴克在爱情公寓的虚拟店面植入性营销被众多业界人士称赞，甚至成为哈佛大学教授口中的案例。星巴克想让他们的消费者了解到他们的态度，因此他们做了一系列活动，包括从品牌形象到虚拟分店开幕、新产品推出，再到赠送消费者真实的优惠券等。这一系列营销非常符合星巴克的愿望——不让消费者觉得他们是在做广告。但是，如果星巴克每天发信息告诉你哪里有他们新开的店面，哪里有新出的产品，让你赶快来买他们的产品，短时间可能会起到销售的效果，但是这种不断的强迫行为会让消费者产生强烈的厌烦之感，反而会彻底毁灭星巴克在人们心中良好的形象。网络营销就是在不经意间的互动中实现了其效果。

（资料来源：中国广告网）

3.1 网络营销概述

网络营销是以互联网络为媒体，以新的方式、方法和理念，通过一系列营销策划，制定和实施营销活动，更有效地促成个人和组织交易活动实现的新型营销模式。它是企业整体营销战略的一个组成部分，是为实现企业总体或者部分经营目标所进行的、以互联网为基本手段营造网上经营环境的各种活动。

网络营销概念的同义词包括：网上营销、互联网营销、在线营销、网络行销、口碑营销、视频营销、网络事件营销、社会化媒体营销、微博营销等。笼统地说，网络营销就是以互联网为主要手段开展的营销活动。网络营销是使用“声、色、图、文、影视”等体裁通过有效媒介(微博、百度、微信、阿里、BBS 等)把相关产品信息(功能、价值、信用等)运送到消费者大脑里(听到、看到、想到、爱到、记到、念到)的一门学科。

3.1.1 网络营销的产生和发展状况

网络营销产生于 20 世纪 90 年代，发展于 20 世纪末至今。网络营销产生和发展的背景主要有三个方面：网络信息技术发展、消费者价值观改变、激烈的商业竞争。

网络营销是随着互联网进入商业应用而逐渐诞生的，尤其是万维网(WWW)、电子邮件(E _ mail)、搜索引擎等得到广泛应用之后。E _ mail 虽然早在 1971 年就已经诞生，但在互联网普及应用之前，并没有被应用于营销领域；到了 1993 年，才出现基于互联网的搜索引擎；1994 年 10 月网络广告诞生；1994 年对于网络营销的发展被认为是重要的一年，因为网络广告诞生的同时，基于互联网的知名搜索引擎 Yahoo!、Webcrawler、Infoseek、Lycos等也相继于1994年诞生。1995年7月，目前全球最大的网上商店亚马逊成立。

在E_mail和WWW得到普遍应用之前，新闻组(Newsgroup)是人们获取信息和互相交流的主要方式之一，新闻组也是早期网络营销的主要场所，是E_mail营销得以诞生的摇篮。1994年4月12日，美国亚利桑那州一对从事移民签证咨询服务的律师夫妇Laurence Canter和Martha Siegel把一封“绿卡抽奖”的广告信发到他们可以发现的每个新闻组，这在当时引起了轩然大波，他们的“邮件炸弹”让许多服务商的服务处于瘫痪状态。有趣的是，两位律师在1996年还合作写了一本书——《网络赚钱术》(*How to Make a Fortune on the Internet Superhighway*)。书中介绍了他们的这次辉煌经历：通过互联网发布广告信息，只花费了20美元的上网通信费用就吸引来25000个客户，赚了10万美元。他们认为，通过互联网进行E_mail营销是前所未有而且几乎无需任何成本的营销方式。当然他们并没有考虑别人的感受，也没有计算别人因此而遭受的损失。直到现在，很多垃圾邮件发送者还在声称通过定向收集的电子邮件地址开展E_mail营销可以让产品一夜之间家喻户晓。由此可见，“律师事件”对于后来网络营销所产生的影响是多么深远。当然，现在的网络营销环境已经发生了很大变化，无论发送多少垃圾邮件，也无法产生任何神奇效果了。

尽管这种未经许可的电子邮件与正规的网络营销思想相去甚远，但由于这次事件所产生的影响，人们才开始认真思考和研究网络营销的有关问题，网络营销的概念也逐渐开始形成。此后，随着企业网站数量和上网人数的日益增加，各种网络营销方法也开始陆续出现，网络营销进入快速发展时期。

3.1.2 我国网络营销发展概况

相对于互联网发达国家，我国的网络营销起步较晚。1997—2003年间，我国的网络营销大致可分为两个发展阶段：萌芽阶段、应用和发展阶段。进入2004年之后的中国网络营销获得了多方位快速发展，并且表现出新的特征。

1. 中国网络营销的萌芽阶段(1997—2000年)

根据中国互联网络信息中心(CNNIC)发布的《第一次中国互联网络发展状况调查统计报告(1997年10月)》的调查结果，到1997年10月底，我国上网人数为62万人，WWW站点数约1500个。无论上网人数还是网站数量均微不足道，但发生于1997年前后的部分事件标志着中国网络营销进入萌芽阶段，如网络广告和E_mail营销在中国的诞生、电子商务的促进、网络服务如域名注册和搜索引擎的涌现等。到2000年底，多种形式的网络营销被应用，网络营销呈现出快速发展的势头并且逐步走向实用的趋势。

与我国网络营销密切相关的事件如下所述。

1) 网络广告和E_mail营销的诞生

发生于1997年的几项事件为网络营销从概念进入实用发挥了一定的启蒙作用，这也是国内早期网络营销的萌芽。这些事件如下所述。

(1) 1997年2月，专业IT资讯网站ChinaByte正式开通免费新闻邮件服务，到同年12月，新闻邮件订户数接近3万户。

(2) 1997年3月，在ChinaByte网站(www.ChinaByte.com)上出现了第一个商业性网络广告(广告采用468像素×60像素的标准Banner)。

(3) 1997年11月，国内首家专业的网络杂志发行商“索易”开始提供第一份免费网络杂志，到1998年12月，索易获得第一个邮件赞助商，这标志着我国专业E_mail营销服务的诞生。

还有一些外资E_mail营销专业服务商如“现在网”(http://www.xianzai.com)等，也在1997年相继诞生，为E_mail营销服务的规范操作发挥了积极作用。

2) 电子商务网站对网络营销的推动

1995年4月，第一家网上中文商业信息站点“中国黄页”(www.Chinapages.com)开通，这是国内最早的企业信息发布平台，也让上网的企业了解了最基本的网络营销手段发布供求信息，这种简易的网络营销方法直到现在仍然为许多企业所采用。在随后的几年中，不断出现各种专业的商贸信息网，既有各个行业的专业门户网站，也有综合性的商业信息供求平台。到1999年，以阿里巴巴为代表的一批B2B网站不仅让企业间电子商务的概念热火朝天，也为中小企业开展网络营销提供了广阔的空间。电子商务的另一个重要分支——网上零售(B2C、C2C)的发展也为网络营销概念的推广发挥了积极的推动作用。进入1999年之后，中国电子商务开始迅速发展。以网上零售为例，其标志是诞生了以“8848”为代表的一批电子商务网站，风险投资大量投向B2C网站，媒体将电子商务吹捧上了天，虽然这并不表明网上零售业当时的真实情况，不过在客观上为网络营销概念的传播发挥了一定的作用。

3) 企业网站建设从神话走向现实

在1997年前后，不仅网站建设是一项技术性非常强的工作，非一般企业计算机操作人员所能掌握，即使作为企业建立网站必不可少的域名注册也曾经是国内企业感到困难的事情，不仅费用昂贵而且注册非常麻烦，建立网站服务器的价格更是让一般企业难以承受，同时还存在着网络访问速度慢且接入通信费用高昂的问题。这些客观因素严重制约着网络营销从神话走入现实的步伐。一些企业尝试利用网络服务商提供的免费个人主页空间和免费电子邮箱作为网络营销的基本工具，开展网络营销的方法也无非是到一些免费信息发布平台和网络社区张贴商品信息。这种游击战方式的网络营销很难为企业带来实际的效果，也使得一些企业对早期的网络营销失去了兴趣。随着中国频道、新网、万网等一批域名注册和虚拟主机服务商的诞生及其销售服务体系的建立，企业建站的域名注册和空间租用问题变得简单了。因此，基于企业网站的网络营销才逐渐成为网络营销的基本策略。

4) 搜索引擎对网络营销的贡献

在1998年之前，一些网络营销从业人员和研究人员将网络营销主要理解为网址推广，其核心内容是将网站提交到搜索引擎上。当时的一些观点甚至认为，只要可以将网址登录到雅虎网站(www.yahoo.com)并保持排名比较靠前，网络营销的任务就算基本完成了，如果可以排名在第一屏幕甚至前五名，就意味着网络营销已经取得了成功。在当时网上信息还不很丰富的情况下，雅虎作为第一门户网站，是大多数上网者查找信息的必用工具。企业如果能够在雅虎上占据一席之地，被用户发现的机会的确很大。这种主要依赖搜索引擎来进行网站推广的时代可称之为传统网络营销阶段。

5）互联网泡沫破裂刺激网络营销的应用

到2000年年底，中国的网络营销应用已经具备了基本的外部环境，一些新的网络营销方法如网络会员制营销等也开始在国内的网站出现，但总体来说网络营销仍处于萌芽阶段。网络营销应用的戏剧性变化开始于2000年4月，这应该感谢互联网泡沫的破裂。在纳斯达克股票市场剧烈震荡之后，投资人逐渐对新兴的网络公司失去信心。在融资越来越艰难的情况下，"烧钱"的网络公司也不得不考虑赢利之道，从此走上了与传统企业相结合到服务传统企业的道路，各类网络营销服务商相继出现，这也在很大程度上促进了网络营销的应用。而且，包括网络公司在内的企业也开始注重网络营销了。而在此之前，多数网络公司，包括提供网络营销服务的网络公司并不重视网络营销，更多是采用广告、新闻、公关、免费服务等方式来吸引用户注意力。经过2000年互联网泡沫的破裂，人们对网络公司和网络营销的概念也多了一些理性的认识。

2. 中国网络营销的应用和发展阶段(2001—2003年年底)

进入2001年之后，网络营销已不再是空洞的概念，而是进入了实质性的应用和发展时期，主要特征表现在六个方面：网络营销服务市场初步形成、企业网站建设发展迅速、网络广告形式和应用不断发展、E_mail营销市场环境亟待改善、搜索引擎营销向深层次发展、网上销售环境日趋完善。

1）网络营销服务市场初步形成

尽管网络营销服务市场至今仍不完善，但2001年之后，以"企业上网"为主要业务的一批专业服务商开始快速发展，一些公司已经形成了在该领域的优势地位，这种状况也标志着国内的网络营销服务领域逐渐开始走向清晰化。域名注册、虚拟主机和企业网站建设已经比较成熟，成为网络营销服务的基本业务内容。其他比较有代表性的网络营销服务包括大型门户网站的分类目录登录、专业搜索引擎的关键词广告和竞价排名、供求信息发布等，另外一些比较重要的领域，如专业E_mail营销、电子商务平台等也取得了明显的发展，并出现了一批具有较高知名度的规范的服务商。

2）网站建设已成为企业网络营销的基础

根据中国互联网信息中心的统计报告，2001年、2002年、2003年年底我国的WWW网站数量分别为242739个、293213个、473900个，其中绝大多数为企业网站。企业网站数量的快速增长，也反映了网站建设已经成为企业网络营销的基础。

3）网络广告形式和应用不断发展

由于费用相对较高，网络广告目前主要还是为一些知名IT公司和大型企业所采用。美国网络广告市场经过一段超高速发展之后，随着互联网泡沫的破裂，自2000年后开始下滑，到2003年才开始缓慢回升。2002年以后，中国最大的两家网络广告媒体新浪和搜狐均取得了令人瞩目的业绩。另外，从2001年开始，网络广告从表现形式、媒体技术等多方面开始发生变革，如广告规格尺寸不断加大、表现方式更加丰富多样、通过网络广告可以展示更多的信息等。

4）E_mail营销在困境中期待曙光

E_mail营销是国内较早诞生的一项网络营销专业服务，但从1997年至今，仍然没有在网络营销服务市场占据重要地位。不过，尽管面对市场不成熟，以及受到垃圾邮件的冲击、服务商的屏蔽等问题的困扰，E _ mail 营销的重要性依然存在。无论从理论上还是操作方法上，国内的 E _ mail 营销都还处于启蒙阶段。

5）搜索引擎营销向深层次发展

搜索引擎注册一直是网站推广的基本手段，甚至曾经一度被认为是网络营销的核心内容。搜索引擎营销之所以得以广泛应用，其中一个重要原因就是登录网站是免费的。但从 2001 年后半年开始，国内的主要搜索引擎服务收费商陆续开始了收费登录服务，登录搜狐分类目录首先开收费之先河，引领国内搜索引擎营销进入付费阶段。收费服务自然会影响部分网站登录的积极性，不过也为网站提供了更多专业服务，从功能上为网络营销提供了更为广阔的发展空间，从而提高了营销的效果。

6）网上销售环境日趋完善

建设和维护一个完善电子商务功能的网站并非易事，不仅投资大，还要涉及网上支付、网络安全、商品配送等一系列复杂问题。随着一些网上商店平台的成功运营，网上销售产品不再那么复杂了，电子商务不再是网络公司和大型企业的特权，而逐渐成为中小企业销售产品的常规渠道。

3. 中国网络营销

2004 年之后的中国网络营销，目前还很难将其简单地归入哪个发展阶段，因为这个时期的网络营销表现出一系列新的特征，并且仍然处于持续快速发展之中。2004—2006 年的中国网络营销不仅体现在网络营销服务市场规模的扩大，同时也体现在企业网络营销的专业水平提高、企业对网络营销的认识程度和需求层次提升，以及更多的网络营销资源和网络营销方法不断出现等方面，不过与此同时也存在一些发展中的问题。

2004—2006 年中国网络营销发展的阶段特征可归纳如下。

（1）企业网站数量缓慢增长，网站建设专业水平有待提高。根据中国互联网络信息中心的统计，到 2005 年年底中国 WWW 网站数量为 69.4 万个，其中企业网站所占比例为 60.4%(419176 个)，与 2004 年年底的 406022 个企业网站相比，年增长率仅 3.2%。与我国 2000 万个左右的企业相比，企业拥有独立网站的比例还较低。从增长率方面来看，企业网站数量的增长不仅低于 WWW 网站总量的增长率(3.8%)，而且明显低于域名数量、上网人口等指标的增长率。企业网站增长相对比较缓慢反映了前几年企业网站建设发展速度较快，只重视数量而忽视质量的问题，因为网站专业水平等因素的制约，使得企业网站未能为企业带来明显的效益，从而影响了更多企业建设网站的积极性。

（2）网络营销服务市场继续快速增长，新型网络营销服务不断出现。网络营销服务市场规模不断扩大的同时，网络营销服务产品类别也在不断增加。尽管其市场规模还比较小，但显示出较好的发展前景。其中值得关注的领域包括网络营销管理工具(例如网站访问统计分析系统、实时在线服务工具等)、专业的网络营销顾问咨询服务、网络营销培训等。

（3）企业对网络营销的认识程度和需求层次提升。企业对网络营销的需求层次是一个难以量化的指标，不过通过一些事例分析可以发现，企业对网络营销的认识和需求产生了明显的转变。至少有两个信号表明企业的网络营销需求层次在不断提升：第一，企业更希望获得完整的网站推广整体方案而不仅仅是购买孤立的网站推广产品；第二，规范的网站优化思想获得越来越多的认可。

（4）搜索引擎营销呈现专业化、产业化趋势。搜索引擎营销是目前网络营销中最具活力的领域，经过几年的发展，传统的登录免费搜索引擎等简单初级的推广手段已经不适应网络营销环境，搜索引擎服务提供商适时地推出诸如关键词竞价广告、内容关联广告等产品(如百度的主题推广和搜狗的搜索联盟等)，进一步增加了搜索引擎营销的渠道，并且扩展了搜索引擎广告的投放空间。对于企业营销人员来说，也意味着开展搜索引擎营销需要掌握的专业知识更加复杂，例如对于网站优化设计、关键词策划、竞争状况分析、推广预算控制、用户转化率、搜索引擎营销效果的跟踪管理等，搜索引擎营销已经逐渐发展成为专业的网络营销知识体系。

（5）更多有价值的网络资源为企业网络营销提供了新的机会。随着互联网经济再度火热，出现了越来越多的网络营销资源，其中包括可用的免费推广资源以及网络营销管理服务，如免费网络分类广告、网上商店平台、免费网站流量统计系统等。网络营销资源的增加不仅表现在免费资源的数量，同时也表现在网络营销资源可以产生的实际价值方面，阿里巴巴已经取得了突破性进展。这些更有价值的网络推广资源扩展了网络营销信息传递渠道，增加了中小企业网络营销的成功机会。

（6）网络营销服务市场直销与代理渠道模式并存。网络营销服务市场目前主要的产品和服务包括以域名注册、网站建设、企业邮局等为代表的基础网络营销服务，以及竞价广告、网络实名/通用网址、B2B电子商务平台等网络推广产品。目前国内网络营销服务市场直销与代理渠道并存，部分基础网络营销服务已经形成了完善的电子商务模式，但传统代理渠道在网络推广产品市场仍是主流。

（7）新型网络营销概念和方法受到关注。随着Web 2.0思想逐渐被认识，随之出现了一些新的网络营销概念，如博客营销、RSS营销等，这些新型网络营销方法正逐步为企业所采用。自从2002年“博客”(BLOG)的概念在国内出现以来，它已经成为互联网上非常热门的词汇之一。国内不仅出现了一批有影响力的中文博客网站，而且利用博客来开展网络营销的实践尝试早已开始，部分博客网站开始提供企业博客服务，为企业网络营销增加了新的模式和新的机会，因而博客在网络营销中的应用也成为令人关注的研究领域。截至2012年12月底，新浪微博注册用户已超5亿个，同比大幅增长74%，日活跃用户数达到4620万个。微博正成为影响中国人的社交平台，微博营销也在发挥着巨大效应。

电商实践

中粮集团的微博矩阵营销

2012年11月20日到25日，中粮集团组织了一场以“品质生活·回味”为主题的微博活动。邀请微博用户与其旗下中国茶叶股份有限公司的高级品茶师一起聊茶。这次活动吸引了不少茶爱好者的兴趣，老字号中茶也成功在微博上博得不少博主的关注。中国茶叶股份有限公司是中粮集团的成员企业之一，是新中国成立后首家全国性专业总公司，2006年被商务部认定为首批中华老字号企业。虽然微博与老字号很难让人联系在一起，但最近已经开始有不少老字号企业发现微博营销对于企业的重要性。2012年，很多企业都已经将微博营销纳入宣传策略，短小精炼的微博，如何精准地活跃活动，老字号企业也正在摸索自己的步伐。

中粮集团的微博营销采用多个账号同时运作，各有特色，每个账号都积累了一批粉丝。2011 年，中粮集团推出“好食库新浪健康社区”——一个专注于饮食健康应用的平台由此诞生，成为中粮微博矩阵的重要补充，也让我们看到了微博营销的更多可能性。微博中用 14 款粮票对应 14 个不同的中粮子产品，“中粮大家庭”借这个形式进行了统一展示，建立了品牌矩阵。

集团作战分工明确：亲爱的朋友们大家好，@中粮美好生活与大家见面啦。本微博是作为“美好生活@中粮”活动的官方微博，活动刚刚上线，即将开放，还希望大家能够多多支持，多多参与@中粮生产队@中粮大家庭@中粮我买网。

渗透式的品牌营销：渐渐地明白了，为什么有那么多的人喜欢他，因为他是我们可以学习的榜样。并不仅仅是好看的外表，人格的魅力才能永久的吸引人。也许这样的明星才可以称之为偶像吧。

中粮微博中，具有感染力的话题“那些偶像”“自爆 Office”“今晚吃什么”等频频出击。转发粉丝发言，互动朴实真切；为微博内容设定“美好、健康、自然、生活”等特别关键词，无任何广告植入。从 2010 年“美好生活@中粮”微博战役至今，中粮不断尝试，敢于坚持；活动多样，话题一致，始终围绕“美好生活@中粮”主线。中粮集团利用微博进行精准营销起到了事半功倍的效果。

4. 中国网络营销面临的主要问题

中国网络营销面临的问题主要表现在四个方面：网络营销理论研究薄弱、企业网络营销效果不明显、网络营销专业服务水平较低，并且网络营销环境不规范造成的影响比较明显。

1）中国网络营销理论研究的问题

从网络营销理论方面来看，目前国外的网络营销理论研究也还不够系统，国内的研究更是比较欠缺。在现有的学术期刊、商业杂志、著作等出版物以及网络媒体中，网络营销相关的话题虽然不少，但真正对网络营销进行系统的理论研究，或者在某些方面有独到研究的内容非常少见，并且往往脱离网络营销的实践应用。造成这种现状是受作者的知识结构和实践经验的影响，编写网络营销教材的作者中有多种专业背景，如管理信息系统、市场营销学、管理学、经济学、计算机类等，真正对网络营销有系统研究并且有实践经验者较少，这在一定程度上影响了网络营销研究和教学与实践应用的结合。

2）企业网络营销效果不明显

从企业应用方面来看，尽管现在很少人会认为网络营销没有用，但是，在很多企业中网络营销并没有发挥多大作用却是不争的事实。由于缺乏系统的网络营销理论做指导，使得网络营销在实践中有一定的盲目性，这也是网络营销使用效果不够明显的重要原因之一。

3）网络营销专业服务水平有待提升

企业网络营销专业服务水平对企业网络营销的整体应用水平的发挥起着至关重要的作用，因此，企业网络营销水平的整体提高，有赖于网络营销服务商专业水平的提升。这个过程可能会比较缓慢。目前国内的网络营销服务主要集中于网站建设与网站推广的相关方面，尤其是分类目录登录、搜索引擎广告等，这些网络营销手段是网络营销服务的最基本内容，而且可能是不深入、不系统的。尽管国内也出现了一些深层次的网络营销服务，如市场研究、网络顾问咨询等，但其服务的对象往往只是大型企业和网络营销水平已经比较高的电子商务类网站，大多数中小企业还无法获得深度的专业顾问服务。

4）网络营销环境不规范的现象仍然比较突出

尽管上网人数、网络带宽以及人们对网络营销的认识等环境因素在不断改善，同时新的网络营销产品和服务也在不断出现，但是网络营销环境不规范的现象仍然比较突出，比如垃圾邮件问题、网站建设服务规范问题、搜索引擎营销中的法律问题(如越来越多的点击欺诈纠纷)等。

总之，现阶段中国网络营销的核心问题就是利用专业的网络营销知识提高企业网络营销的应用水平，其中既包括网络营销理论体系的研究，也包括对网络营销实践经验的总结，同时还需要网络营销宏观环境的进一步规范。

电商实践

换个角度看销售

拒绝是一种惯性，当顾客拒绝时，销售的工作才刚刚开始；销售不是卖，是帮助对方买；认同别人，更容易肯定自己，让顾客连续认同你你就成功了；热情是推销成功的最大要素；顾客买的不单是买产品，他更买你做事的态度、服务的态度和服务的精神。

3.1.3 网络营销的职能

网络营销的基本职能表现在八个方面：网络品牌、网站推广、信息发布、销售促进、网上销售、顾客服务、顾客关系、网上调研。

1. 网络品牌

网络营销的重要任务之一就是在互联网上建立并推广企业的品牌，以及让企业的网下品牌在网上得以延伸和拓展。网络营销为企业利用互联网建立品牌形象提供了有利的条件，无论是大型企业还是中小企业都可以用适合自己企业的方式展现品牌形象。网络品牌建设是以企业网站建设为基础，通过一系列的推广措施，达到顾客和公众对企业的认知和认可。网络品牌价值是网络营销效果的表现形式之一，通过网络品牌的价值转化实现持久的顾客忠诚和更多的直接收益。

电商实践

构成品牌核心价值的8项要素

① 个性；②一致性：指品牌的承诺与事实相符合；③文化；④象征：消费者选择某品牌产品可表达其思想或代表其形象；⑤使命：品牌可顾客及社会创造出价值；⑥信任；⑦习惯：为消费者创造一种生活方式；⑧一贯性：每一个品牌都有自己的品牌基因。

2. 网站推广

获得必要的访问量是网络营销取得成效的基础，尤其对于中小企业，由于经营资源的限制，发布新闻、投放广告、开展大规模促销活动等宣传机会比较少，因此通过互联网手段进行网站推广的意义显得更为重要，这也是中小企业对于网络营销更为热衷的主要原因。即使对于大型企业，网站推广也是非常必要的，事实上许多大型企业虽然有较高的知名度，但网站访问量并不高。因此，网站推广是网络营销最基本的职能之一，是网络营销的基础工作。

3. 信息发布

网络营销的基本思想就是通过各种互联网手段，将企业营销信息以高效的手段向目标用户、合作伙伴、公众等群体传递，因此信息发布就成为网络营销的基本职能之一。互联网为企业发布信息创造了优越的条件，不仅可以将信息发布在企业网站上，还可以利用各种网络营销工具和网络服务商的信息发布渠道向更大的范围传播信息。

4. 销售促进

市场营销的基本目的是为最终增加销售提供支持，网络营销也不例外，各种网络营销方法大都直接或间接具有促进销售的效果，同时还有许多针对性的网上促销手段。这些促销方法并不限于对网上销售的支持，事实上，网络营销对于促进网下销售同样很有价值，这也就是为什么一些没有开展网上销售业务的企业一样有必要开展网络营销的原因。

5. 网上销售

网上销售是企业销售渠道在网上的延伸。一个具备网上交易功能的企业网站本身就是一个网上交易场所，网上销售渠道建设并不限于企业网站本身，还包括建立在专业电子商务平台上的网上商店，以及与其他电子商务网站不同形式的合作等。因此网上销售并不仅仅是大型企业才能开展，不同规模的企业都有可能拥有适合自己需要的在线销售渠道。

6. 顾客服务

互联网提供了更加方便的在线顾客服务手段，从形式最简单的FAQ(常见问题解答)，到电子邮件、邮件列表，以及在线论坛和各种即时信息服务等。在线顾客服务具有成本低、效率高的优点，在提高顾客服务水平、降低顾客服务费用方面具有显著作用，同时也直接影响到网络营销的效果，因此在线顾客服务成为网络营销的基本组成内容。

7. 顾客关系

顾客关系对于开发顾客的长期价值具有至关重要的作用，以顾客关系为核心的营销方式成为企业创造和保持竞争优势的重要策略。网络营销为建立顾客关系、提高顾客满意度和顾客忠诚度提供了更为有效的手段，通过网络营销的交互性和良好的顾客服务手段，增进顾客关系成为网络营销取得长期效果的必要条件。

8. 网上调研

网上市场调研具有调查周期短、成本低的特点。网上调研不仅为制定网络营销策略提供支持，也是整个市场研究活动的辅助手段之一。合理利用网上市场调研手段对于市场营销策略具有重要价值。网上市场调研与网络营销的其他职能具有同等地位，既可以依靠其他职能的支持而开展，同时也可以相对独立进行，网上调研的结果反过来又可以为其他职能更好地发挥提供支持。

网络营销的各个职能之间并非相互独立的，而是相互联系、相互促进的，网络营销的最终效果是各项职能共同作用的结果。为了直观描述网络营销八项职能之间的关系，可以从其作用和效果方面来作出大致的区分：网站推广、信息发布、顾客关系、顾客服务和网上调研这五项职能属于基础，主要表现为网络营销资源的投入和建立，而网络品牌、销售促进、网上销售这三项职能则表现为网络营销的效果(包括直接效果和间接效果)。图 3.1 所示描述了网络营销八项职能之间的关系。

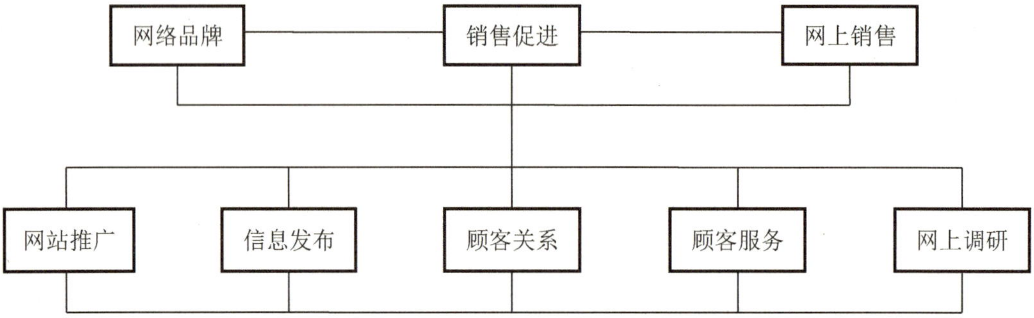

图 3.1　网络营销职能关系图

网络营销的职能是通过各种网络营销方法来实现的，同一个职能可能需要多种网络营销方法的共同作用，而同一种网络营销方法也可能适用于多个网络营销职能，因此完全将网络营销职能与方法之间建立一一对应的关系是不合适的。开展网络营销需要用全面的观点，充分协调和发挥各种职能的作用，让网络营销的整体效益最大化。

3.2　网络营销策略

开展网络营销必须采取切实可行的营销策略，这是开拓市场、竞争取胜的关键。作为信息时代市场营销的发展趋势，网上市场还处于发育阶段，网络营销无论从理论还是实践角度来看都在进行研究和探索，然而无论今后网络营销如何发展，它的相关理论仍属于市场营销理论的范畴。本节主要介绍网络营销中的产品和价格策略。

3.2.1　网络营销产品策略

1. 网络营销产品的整体概念

网络营销产品的概念可以概括为：网络营销活动中消费者所期望的、能满足自己需求的所有有形实物和无形服务的总称。传统营销中产品分成核心产品、形式产品、附加产品三个层次。而网络营销与传统的市场营销之间存在着差异，从事网络营销的企业主要通过互联网的虚拟市场进行营销活动，与传统营销方式下的市场相比，在网络虚拟市场中，企业与顾客之间的互动性大大增强了，顾客的多样化与个性化的需求得到了更好的满足。传统营销环境下的产品(Product)，在网络营销中对应的是顾客的需求与欲望(Customer's Needs and Wants)。因此，网络产品的层次需要在传统营销产品的基础上进行延伸，在保留了传统市场营销产品整体概念中已有的三个层次的前提下，扩展出期望产品与潜在产品两个层次，以满足顾客的个性化需求特征。可以把网络营销中的产品层次概括如图 3.2 所示。

1）核心产品

与传统产品整体概念中的核心产品的意义相同，网络营销中的核心产品是指企业借助某种实物产品形式向消费者提供的基本效用或核心利益，是产品整体的中心。如顾客购买

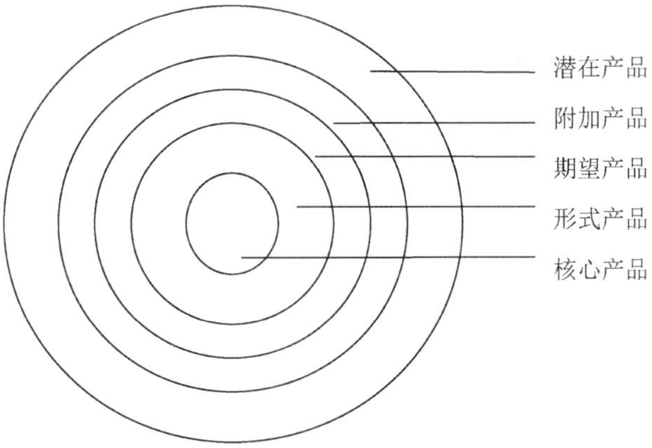

图 3.2　网络营销中的产品层次

书籍是为了获取信息和知识，购买游戏软件是为了娱乐，购买鲜花是为了追求赏心悦目的精神享受等。网络营销的突出特点是互动性，通过网络能充分地了解顾客的需求更好地为顾客服务。因此，从事网络营销的企业，在进行新产品的开发与设计时，要以顾客为中心，使自己产品提供的基本效用符合顾客的需求。同时，由于不同类型的顾客对同种产品的核心需求存在着差异，在营销过程中也应注意识别。这一层次的利益是目标市场消费者所追求的共同的无差别的利益。

2）形式产品

与传统产品整体概念中的形式产品的意义相同，网络营销中的形式产品是指核心产品赖以存在并传递给消费者的具体形式与内容。产品有实物产品与服务产品之分，对于实物产品，形式产品主要由产品的质量、材质、式样、品牌、包装等因素构成对于服务产品，形式产品则由服务的程序、服务人员、地点、时间、品牌等构成。形式产品是核心产品的物质载体，产品的基本效用通过形式产品的物质形态反映与体现出来。

3）期望产品

期望产品是网络营销产品的整体概念中特有的层次。随着时代的发展与生产力水平的提高，顾客的需求正在向个性化与多样化的发展，而网络营销增强了企业与顾客的互动联系。与传统的营销方式相比，网络营销能更好地满足顾客个性化与多样化的需求。因此，在网络营销产品的整体概念中，核心产品和形式产品之外增加了一个新的层次—期望产品。期望产品是指顾客在购买前对产品的质量、特点、使用方便程度等方面的期望值。这种期望值是对企业开发与设计核心产品和形式产品是具有指导作用的。作为开展网络营销的企业，为了能快速生产顾客提出的期望产品，要提高自身在设计、生产等环节的灵活性，并积极引导顾客参与上述环节。

4）附加产品

与传统产品整体概念中的附加产品的意义相同，网络营销中的附加产品是指顾客在购买产品时，从产品的生产者或经营者那里得到的附加服务，包括送货、服务、承诺、信贷等内容。产品的这一层次的主要作用是协助顾客更充分、更好地享受核心产品带来的基本效用。

5）潜在产品

潜在产品是网络营销产品的整体概念中另一个特有的层次。它位于附加产品之外，是指企业向顾客提供的能满足其潜在需求的一些产品，这些需求尚未被消费者意识到，或者已经被意识到，但尚未被消费者重视或消费者不敢奢望。与附加产品不同，潜在产品对顾客更好地使用核心产品而言，并不是必不可少的，它属于一种增值服务。如果顾客得到潜在产品，消费者的潜在需求会得到较好的、甚至超值的满足，消费者对产品的忠诚程度会大大强化。

电商实践

你所不知道的老干妈

①每天卖出130万瓶辣酱，一年销售额达25亿元；②创始人陶华碧目不识丁；③15年来陶从没改过规则：一手交钱，一手交货；④15年只贷过一次款；⑤遍布30多个国家和地区，“有华人的地方，就有老干妈”；⑥几乎从不做广告，最好的广告就是口头传播。

2. 网络营销产品的特点

选择适合网络营销的产品，是企业制定其营销策略的基本要素之一。但从目前的实际情况看，并不是所有的产品都可以利用网络营销这种新的经营方式。

网络营销的特点决定了其营销策略与传统市场营销策略的明显差别。与传统的市场营销要求相比，网络营销对企业提出了更高的要求，那就是其产品必须适合利用 Internet 进行推广和销售。从目前国内外的情况看在网络上销售的商品，可以分为两大类，即实体产品和虚体产品，其品种可分为普通产品、数字化产品和联机服务产品三种，见表 3-1。

表 3-1 网络营销产品分类及营销方式

产品形态	产品品种	营销方式	产品实例
实体商品	普通商品	网上产品目录浏览与订货，厂方送货上门	消费品(服装、食品等)
			工业品等实体商品
			计算机及周边设备
虚拟商品	数字化商品	提供信息	金融信息查询、数据库检索
			网上新闻、报刊
			研究报告、论文
		销售数字化服务产品	电脑软件、电子游戏下载
			视听产品、电子书籍下载
	联机服务	网上订购服务	航空、火车、影剧院入场券订票
			饭店、旅游服务、医院挂号
			电子彩票
		交互式服务	在线电脑游戏
			金融证券交易
			金融、法律、医疗咨询

一般而言，适合在互联网上销售的产品通常具有以下 6 种特点。

1）产品形式大多易于数字化、信息化

通过互联网可以营销任何形式的产品，但最适合网上营销的产品是那些易于数字化、信息化的产品，如音乐、电子图书、信息软件、信息服务、网上咨询、远程教育、远程医疗等。经营这类商品，商家投资小，消费者购买方便，消费者只需按几下鼠标就可以完成全部购物过程，商品可以直接通过网络实现配送。如果企业经营的产品是大型机械设备，网络营销的主要任务就是企业形象的宣传与产品品牌的推广，而非在线销售。

2）产品性质一般属于质量差异不大的同质产品或非选购品

网络的虚拟性使消费者在购买之前进行较充分的挑选与评估比较。因此，适合在网上营销的产品的一般属于质量差异不大的同质产品或非选购品，根据从网上获得的信息基本就能确定和评价产品的质量，如书籍、计算机、手机、预订机票、名牌产品等。而高档时装、首饰等需要消费者试穿合适才会购买的产品就不太适合在网上销售。

3）产品品牌一般是那些名牌企业的产品或名牌产品

一般那些名牌企业的产品，或知名网站经销的产品，或名牌产品，可能属于质量差异比较大的异质产品，这些企业或产品已经被众多的消费者购物实践证明货真价实、质量可靠，消费者在购物过程中只需认牌购物，不必再花费太多的精力和时间去比较选择。虽然在网上购买者可以面对很多选择，但是网上购物无法进行实物选择，为减少购物风险，消费者只能认牌购物。所以，在网络营销中，生产商与经销商的品牌同样重要。

4）产品的顾客群一般容量大、覆盖范围广且便于物流配送到达

适合在网上销售或能发挥网络营销优势的产品一般市场覆盖面、市场容量较大，如果产品的目标市场比较狭窄，就不能充分发挥网络营销的优势，且营销效益也不佳。当然，如果网络目标市场覆盖范围很广、市场容量很大，但网络营销的可到达性很差，或者物流配送体系跟不上，或者网络营销信息到达率很低，这种情况下，也不适合网络营销的开展。

5）产品一般具有低价优势

互联网的发展初期采用共享和免费策略，用户比较认同网上产品价格低廉的特性。实际上由于通过互联网进行销售的成本低于其他渠道，网上销售产品一般采用低价位策略。

6）产品具有不可替代的垄断性

网上营销企业一般应选择那些替代性不大的，具有较强垄断性的产品经营，或者选择那些不太容易在网下设店经营的特殊品。如果经营那些消费者随处可得或极易替代的产品，则很难形成网络营销优势。

电商实践

你的产品凭什么能卖高价?

品牌光环，人们愿意多花钱；稀有限量，奢侈品深谙其道；手工定制，富人热衷的消费；特殊产地，不同产地价值完全不同；核心科技，谁掌握核心科技谁拥有定价权；创新设计，设计能提升价值与价格；特色服务，独特服务增强产品溢价能力。

3. 网络营销产品策略

在网络营销的环境下，产品策略中信息因素所占的比重越来越大。传统的产品策略开始发生变化，逐渐演变为满足消费者需求的营销策略。

产品的概念已由传统的实体或物质的产品转变为现代的产品概念，即产品＝实物＋服务。就是说，企业售出的不仅仅是物质型的产品，而是一种综合服务的理念。

(1) 直接消费市场或生产资料市场中的各类产品(商品)。

(2) 产品的售后服务或纯服务类型(虚体或无形)产品。

(3) 产品形象、产品文化和后续产品的标准系列化。

(4) 围绕消费者需求的新产品开发策略。

4. 网络营销的产品组合策略

所谓产品组合，是指网络营销企业为网上目标市场所提供的全部产品或业务的组合或搭配。一个企业提供给目标市场的一般不会是单一的产品，而是产品组合，可能又包含若干不同的品牌、包装和服务等内容。网络营销活动中，企业不但要在产品的品牌、包装、服务和配送等方面作出决策，而且还要从整体上对产品组合、产品线和产品项目作出决策。

确定经营哪些产品或服务，明确产品之间的相互关系，是网络营销的企业产品组合策略的主要内容。企业在调整自己的产品组合时可选择以下策略。

1) 扩充产品组合策略

扩充产品组合策略也称全线全面型策略，主要是指扩大企业网上营销的产品范围，在原有产品线内增加新的产品项目，扩大经营范围，以满足市场需要。如 Amazon 书店在稳稳占领了图书这个主营商品市场后，开始增加新的经营品种，其业务范围已经从图书和音像制品成功地拓展到其他利润丰厚的商品中去。1998 年 11 月，Amazon 开通音像和礼品商店，商品从游戏盘、索尼随身听到手表和芭比娃娃，无所不有。同年年底，Amazon 又以 2.8 亿美元购并了加州和波士顿的两家拥有网络新技术的公司，以协助增加企业网络营销产品组合，扩大企业网上营销的范围，可充分发挥企业各项资源的潜力，降低经营成本，提高效益，减少风险，提高企业竞争能力。增加网络营销活动中所经营的产品项目内容，增加企业经营产品的某一大类，加大产品开发的深度等，可以迎合广大网上用户的不同需要和爱好，满足客户的多种需求，吸引更多的顾客，从而占领同类产品的更多细分市场。但扩大产品组合策略要求企业具有多条分销渠道，采用多种促销方式，对企业资源条件要求较高。

2) 缩减产品组合策略

缩减产品组合策略也称市场专业型策略，指减少一些产品系列或项目，集中力量经营一个系列的产品或少数产品项目，提高专业化水平，以求从经营较少的产品中获得较多的利润。该策略有利于企业减少资金占用，加速资金周转；有利于广告促销、分销渠道等的目标集中，提高营销效率。

3) 产品线延伸策略

产品线延伸策略是产品线加长的策略，指突破企业网络营销原有经营档次的范围，全部或部分地改变企业原有产品的市场定位。可供选择的产品线延伸策略主要有以下 3 种。

(1) 向上延伸。就是由原来经营低档产品改为增加经营高档产品。向上延伸可提高企业及现有产品的声望。消费者购买商品，不但取得了产品的所有权及其附加的当期收益，而且包括各种远期收益。如现在大多数软件商都承诺用户可以享受免费的软件升级服务，我国一些软件公司就是通过自己的网站向用户提供免费的升级软件。

(2) 向下延伸。就是由原来经营高档产品改为增加经营低档产品。向下延伸可吸引受经济条件限制的消费者，扩大企业的市场规模。如总资产和年销售额都曾创造过世界第一的美国通用汽车公司的网站(www.gm.com)上不仅销售新车，同时还提供旧车交易。想购买二手车的消费者可进入标有“经GM认可确保质量的二手车”字样的网页进行选择。这种做法后来被日本、新西兰、新加坡等国的汽车经销商或网络公司效仿，他们纷纷利用网站进行旧车交易。

(3) 双向延伸。就是指有些原本经营中档产品的企业，在一定条件下，逐渐向高档和低档两个方向延伸。原定位于中档产品市场的企业掌握了市场优势后，采取双向延伸策略，可使企业同时获得上述两种延伸所产生的效果。对于开展网络营销的企业来说，产品不但包括要出售的货物，还包括各种服务、各种商业过程以及信息，因此，双向延伸也不仅仅是增加传统意义上的高档或低档产品，而是要在产品的各个组成部分中进行延伸，如企业可以为每个产品的客户制定一种相应的服务方案，包括送货服务方式、安装和培训服务以及维修服务等，以增加服务的价值。通过这些延伸达到提高产品的附加值和市场占有率的目的。

电商实践

互联网产品常见的用户激励机制

① 功能性：特权上的差异，向高级用户放开一些普通用户不具备的功能，如：购物时的优惠，提供VIP特殊通道；②成长性：等级制、经验值，如：QQ等级；③虚荣心：虚拟勋章，竞争图谱，如：你的开机打败了多少人；④探秘、好奇、好色、运气等机制。

3.2.2 网络营销品牌策略

1. 网络品牌及其特性

根据美国市场营销协会(AMA)对品牌的定义，品牌(Brand)是一种名称、属性、标记、符号或设计，或是它们的组合运用，其目的是借之以辨认销售者的产品或服务，并使其同竞争对手的产品服务区别开来。在传统的中国商界，品牌的概念就类似于“金字招牌”。但在现代西方的营销领域，品牌是一种企业资产，涵盖的意义比表象的标记或是注册商标更加深刻。品牌是一种信誉，由产品品质、商标、企业标志、广告口号和公共关系等混合交织而形成。

网络品牌与传统品牌有着很大不同，传统优势品牌不一定是网上优势品牌，网上优势品牌的创立需要重新进行规划和投资。美国著名咨询公司Forrester Research公司在1999年11月份发表了题为《Branding for A Net Generation》的调查报告，该报告指出知名品牌与网站访问量之间没有必然的联系。调查报告中显示通过对年龄16至22岁的青年人的品牌选择倾向和他们的上网行为进行比较，研究人员发现了一个似是而非的现象。尽管可口可乐、耐克等品牌仍然受到广大青少年的青睐，但是这些公司网站的访问量却并不高。既然知名品牌与网站访问量之间没有必然的联系，那么公司到底要不要建设网站就是一个值得考虑的问题。从另一角度看，这个结果也意味着公司要在网上取得成功，绝不能指望依赖传统的品牌优势。

网络品牌的特性可以从以下几个方面来看。

1）网络品牌是传统品牌的延伸

传统营销是一对多的模式，企业只是借助媒体提供信息、传播信息，消费者只能凭借单向式的宣传和消费尝试建立对企业及品牌的形象；而在网络营销中，大众传播变成了个人传播，大众营销演变为一对一营销，Internet以其操作的简易性使网上传播更具操作性和可行性，更易建立品牌形象和加强与客户的沟通，增强品牌的知名度、美誉度和忠诚度。

2）网站使品牌的内涵得到扩充

网络品牌的内涵已经延伸到售后服务、产品分销以及与产品相关的信息与服务等方面，加拿大亨氏公司过去为了建设亨氏产品的品牌，设立了800免费客户服务热线，举办了支持赞助“宝贝俱乐部”等活动。而现在该公司通过站点(www.Heinzbaby.com)向用户提供丰富的婴幼儿营养学知识、营养配餐、父母须知等信息，展开传播与营销。通过这样的沟通方式，使用户在学习为人父母、照顾婴幼儿等常识的同时，建立起对亨氏品牌的忠诚度。这样，人们对亨氏品牌的理解就不再仅局限于婴儿的营养产品。

3）网站的交互能力是维系品牌忠诚度的基础

与客户间及时、有效的沟通是提高品牌生命力、维系品牌忠诚度的重要环节。网站的交互特性为营销中的交流和沟通提供了方便有效的手段。一方面，客户可以通过在线的方式直接将意见、建议反馈给经营者；另一方面，经营者可以通过及时答复客户的意见，赢得客户的好感和信任，从而增加客户对品牌的忠诚度。

4）良好的公共关系是创建网络品牌的关键

网上的公共关系涉及的对象包括网站的访问者、企业的合作伙伴、行业协会。如中国虹网(www.rainbow.com)就是由中国汽车工业总公司联合一汽集团、东风汽车公司、上海汽车总公司等兴建的中国汽车工业电子商务网，它所提供的商务、信息目录、媒体宣传、信息增值(动态价格指数、市场分析报告)和专家咨询等服务，不仅能实现汽车及配件在网上的调查和销售，而且还建立起以汽配及整车企业为核心的网上汽车虚拟社会团体，成为汽车行业商贸活动的重要工具和跨时空开展业务平台。通过这种信息资源共建的方式，企业间的良好合作关系将使彼此得到更多的利益，同时为客户提供了综合性的服务。

2. 品牌网站的建设

Internet的交互性、快捷性、全球性和媒体特性等优势，对于提高企业的知名度、树立企业的品牌形象、更好地为用户服务等方面提供了有利的条件，网络的这些特性对于每一个企业都是公平的。因此，企业应该根据自身的产品与服务的特点，利用网络创建自己的品牌网络。网络品牌的建设可以采取以下4种方式来进行。

1）借助专业的品牌管理策划人员

随着网络商业环境的形成，网络品牌将不再遥远。国内的知名企业纷纷建设站点以进一步创建和巩固自己的品牌资产，为用户提供更好的、更方便的服务。创建网络品牌的基础是建设企业的网站，但它的开发与运作却不应完全由技术人员来实施，因为品牌的创建、维护和管理等需要专业的商业知识。

2）借助原有的品牌优势

虽然网上市场可以让消费者更方便、更便宜地购买到相同品质与数量的商品，但消费者仍愿意花更高的价格购买日常生活中熟悉的品牌商品，而这些品牌往往是传统业者通过多年的广告投入和店铺印象建立起来的。因此，为了在网络中取得竞争优势，企业在进入网络这一新的经济环境后，除需制订一些特殊的品牌策略，让用户认识到网上市场的优越性外，还必须与既有品牌的传统业者合作，发挥原有品牌的优势，让用户通过网上市场获得与原有品牌相同的产品及服务。

3）借助传统媒体投放广告

在网络营销中，可以借鉴传统品牌的营销方式，向传统媒体投放广告，如阿里巴巴在电视上黄金时段播放网站信息。越来越多的企业开始利用电视、杂志、报纸、户外标牌广告等传统广告形式树立品牌形象。以使那些暂时还不是网民的消费者在上网前就接受其宣传的品牌，同时也增强网民在离线状态下对品牌的认知程度。如 Lycos 为其搜索引擎进行品牌宣传，为了达到最佳的宣传效果，“Get Lycos or get lost”的广告语曾在四个不同电视频道的黄金时间播出，并且持续了 12 周。除了 Lycos，其他如 AOL、Amazon 也在非网络媒体投入了大量的资金以塑造品牌。

4）以自己的经营特色创建品牌

Amazon 是电子商务的一面旗帜，其成功有多方面的因素，但其核心策略是以服务和广告迅速创出品牌，并产生品牌效应，进而占领市场，凭着这种品牌效应，Amazon 扩大售书之外的营业范围，销售礼品、CD 和录像带，并在 CD 的销售方面超过对手，成为网上最大的 CD 销售商。Amazon 的经验提示人们要注重培养品牌。在网站建设的初期规模宁可小些，但要有自己的经营特色，以形成品牌和品牌效应。

随着网络商业环境的形成，网络品牌将不再遥远。国内的知名企业纷纷建设站点，以进一步创建和巩固自己的品牌的资产，为用户提供更好的、更方便的服务。

电商实践

品牌、营销与传播

品牌重在给予产品以灵魂，并实现最大差异化和溢价；营销重在构建科学的体系，以最佳方式将产品送达消费者；传播重在公关，传递品牌相关资讯，从心理上获得消费者的信任。一句话：品牌是灵魂，营销是正面进攻市场，传播则要发挥出奇制胜之功效。

3. 网络营销品牌策略——域名策略

随着 Internet 网上市场的不断拓展网络品牌，越来越被人们所熟知，被称为“虚拟商标”的域名作为企业的标识作用日趋凸现，尤其是在有关域名保护网络实名等相关报道中，涉及非常多。如何发挥域名的商业价值，如何在网上电子市场环境下进行品牌的管理与建设，是提高企业市场竞争力的重要手段。

1）域名品牌的内涵

域名是由个人、企业或组织申请的独占使用的互联网上的标识，是一种用来实现计算机之间相互区分的系统。随着互联网在商务贸易中的应用，域名作为互联网数据交换时的唯一标志，越来越成为网络营销中重要的策略性资源。

传统营销借助各种媒体树立企业形象，提高品牌知名度，通过树立企业形象来促使消费者购买企业产品，企业的品牌就是顾客识别和选择的对象。企业进入互联网后进行商业活动，同样存在被识别和选择的问题。而商家能通过域名对提供的服务或产品的品质进行承诺，并提供信息交换或交易的虚拟地址。因此，域名可以说是企业形象在互联网上的化身，是在虚拟网上市场环境中商业活动的标识，是企业在网络环境中品牌的标志。提高域名的知名度，也就是提高企业站点的知名度，也就是提高企业的被识别和选择概率。许多企业已有意无意地借助各种手段向顾客宣传自己的域名，如在广告时顺便告之可联系的域名地址。

2）域名商标

根据美国市场营销协会定义，商标是名字、术语、标志、符号、设计或者它们的组合体，用来识别某一销售者或组织所营销的产品或服务，区别于其他竞争者。商标从本质上说是用来识别销售者或生产者的标志，它是企业形象的化身，是企业品质的保证和承诺。

域名不但具有商标的识别企业(组织)功能，还具有传递企业提供产品或服务的品质和属性功能，因此，域名从本质上说也是一种商标。此外，域名不但具有商标的一般功能，还提供互联网上进行信息交换和交易的虚拟地址。可以把域名理解为从以物质交换为基础的实体环境下的商标，延伸到以信息交换为基础的网上虚拟环境下的商标，是商标功能在虚拟交易环境中一种新的形式和变种，是企业商标外延的拓展和内涵的延伸。

域名与企业或产品名称、商标等无直接关系，而且 Internet 域名管理机构并没有赋予域名法律上的意义，但由于域名在 Internet 上是唯一的，任何一家企业注册在先，其他企业就无法再注册同样的域名。这样，域名实际上就与商标、企业标识物有了类似的意义，所以有人把域名地址称为“网络商标”。也正因为域名具有商标的特性，与商标一样具有“域名效应”，使得某些域名已具有潜在价值。如以 IBM 作为域名，使用者很自然联想到 IBM 公司，联想到该站点提供的服务或产品同样具有 IBM 公司一贯承诺的品质和价值。如被人抢先注册，注册者可以很自然地利用该域名所附带的属性和价值，无成本地获取不道德的巨额商业利润，这种注册主体可以是个人也可以是竞争对手，由于注册成本比较低廉，对于被伤害企业来说，不但丧失了商业利润，还面临品牌形象受到无形损害的风险。这就是域名抢注问题。

3）域名品牌发展策略

域名在某种意义上与商标有着同样重要的作用。企业在提高站点内容的丰富性和服务性的同时，必须重视域名及站点发展的问题，以尽快发挥域名的商标特性和站点的商业价值，避免出现因域名而影响企业形象的问题。创建网上域名品牌与建立传统品牌的手法大同小异，一般来说有以下五种方式。

（1）多方位宣传。企业应善用传统的平面与电子媒体，并投入资金做品牌广告，让网址利用机会多方曝光。如美国的求职网站 Monster.com 拨出将近一半的年度广告预算，花下数百万美元只求在全美收视率数一数二的超级杯足球年度大赛(Super Bowl)电视直播中露脸几十秒钟，Monster.com 的这支广告播出以后，前来网站求职的人数在一天之内增了四倍。互联网的另一特色就是站点之间的关联性，因此，企业要提高被访问率，应建立与不同站点和页面的链接，同时还应在搜索引擎登记(如 Yahoo)，提供多个转入点，提高域名站点的被访问率。

（2）高度重视用户的网站使用体验。通过产品本身的品质与顾客的使用经验来建立品牌，这一点对网站品牌格外重要。两大网上顾问公司 Jupiter Communications 和 Forrester 都指出：广告在顾客内心激发出的感觉固然有建立品牌的功效，但却比不上网友上网体会到的整体浏览或购买经验，如 DELL 电脑让顾客在线上根据个人需求定制电脑，Yahoo 和 AOL 都提供一系列的个人化工具。而 Amazon 更坚定地指出："Amazon.com 的品牌基石不是任何形式的广告或赞助活动，而是网站本身。"据调查，用户对 Amazon.com 的感觉有七八成是来自他们在这个网站的使用经验，如"一键购书"(One Click Shopping)的功能等。

（3）利用公关造势。利用公关造势建立网上品牌，这对新兴网站尤为重要。Yahoo 两位著名的年轻创办人杨致远与 David Filo 就极善于使用这种塑造品牌形象的方式。利用公关造势，必须注意树立良好形象。由于互联网传播的国际性和广泛性，企业必须审慎对待谣言和有损形象的信息，如 Inter 公司 Pentium 芯片的 Bug 被发现后，由于 Intel 公司的掩盖，一些发现者在网上到处传播，使 Intel 公司不得不花费巨资收回已售出芯片，来维护企业形象。

（4）遵守约定规则。互联网开始是非商用的，使其形成使用费用低廉、信息共享和相互尊重原则。商用后企业提供服务最好是免费或者费用非常低廉，并且注意发布信息的道德规范，未经允许不能随意向顾客发布消息，否则可能引起顾客反感。如美国联邦地方法院限制任何组织向素不相识的用户发送未经许可的促销广告宣传品，包括电子邮件。

（5）不断地塑造网上品牌形象。创建品牌其实就是一种"收购人心"的活动，市场的扩张应该是永无止境的，创建品牌也必是终身事业。对于一些年轻的网上企业，或许可以迅速地建立起品牌，但没有一家公司能够违背传统的营销金科玉律，永垂不朽的品牌不是一天造成的。想要成为网上的可口可乐或是迪士尼，需要长久不断地努力与投资。在瞬息万变的网上世界中，只有掌握住这个不变的定律，才能建立起持续经营的基石。

电商实践

用户体验九要素

①捕捉客户的期望；②可用性与盈利能力相结合；③良好的骨架要比良好的皮肤更重要：能力和可伸缩性架构；④确保首次使用顺利；⑤易用性贯穿整个体验过程；⑥执行；⑦修补受损的用户体验；⑧协调各种渠道和环境的品牌体验；⑨无形普适性和交易智能化。

3.2.3 网络营销价格策略

1. 网络营销定价方法

网络营销价格是指企业在网络营销过程中买卖双方成交的价格。从市场营销的基本理论来分析，传统市场营销定价的基本原理也同样适用于网络市场。但是，网络市场与传统市场相比存在着很大的差异，这就导致网络市场的定价方法不同于传统市场。下面结合传统营销定价方法分析网络环境下营销定价方法的变化。

1）成本导向定价法

以成本为导向进行定价是传统定价方法中最基本也是最常用的方法，但在网络环境下，这种方法将逐渐被淡化，因为在网络市场中，企业主要需要关心的是如何满足客户的需要，而不再以产品的成本为中心来定价。但是，从成本这个角度来看，由于网络独有的特点，它能够比传统营销降低成本，因此，传统的成本导向定价法会随着网络手段的引入而发生变化。

2）需求导向定价法

在传统的市场营销中，商品价格的高低主要是根据其质地、规格、样式的新颖程度、外观的漂亮程度等来确定的，而忽视了消费者的个性化需求和多样化需求；互联网的发展使需求由过去的被动转变为主动，顾客的需求引导着企业的生产，消费者可以根据市场信息来选择购买或定制自己满意的产品或服务。在网络营销中，企业可让消费者根据自己的需求，自行设计产品的外观、式样、花色、档次，并以此来确定商品的价格，使消费者的个性化和多样化需求得到更好的满足。以需求为导向来确定价格将成为企业确定价格的主要方法。

在网络环境下，传统定价方法中以需求为导向的价值法和需求差别法得到了充分的应用这可以从两个方面来分析：第一，价值法的关键问题，即如何准确地进行价值评估，在网络市场中得到很好的解决。因为企业可以利用网络的互动性和快捷性的特点，及时、准确地掌握和了解消费者或用户的预期价格，从而比较正确地确定商品的价格，避免估价过高或偏低现象发生。第二，在网络市场上，企业也可以通过网络互动性和快捷性的特点，比较准确地把握消费者需求的差异变化，使需求差别法得到更有效的发挥。

3）竞争导向定价法

在网络市场中，同样存在着竞争，而且这种竞争的激烈程度并不亚于传统市场，竞争导向定价法在网上很普遍，往往用在最流行的产品上，例如“最好的 25 种 CD”的定价。在网络市场中，目前以竞争为导向进行定价的方法主要有招投标定价法和拍卖定价法。下面分别对它们进行具体的说明。

（1）招投标定价法。是买方引导卖方通过竞争成交的一种方法，通常用于建筑包工、大型设备制造、政府大宗采购、劳务贸易等。一般由买方公开招标，卖方竞争投标，密封递价，买方按物美价廉的原则择优录取，到期公开开标，中标者与买方签约成交。这种定价法，扩大了招标单位对投标单位的选择范围，从而使企业能在较大范围内以较优的价格选择投标单位；对于投标单位来说，不仅增加了投标的营销机会，而且使企业能获得较为公平的竞争环境，为企业的发展创造了良机。

(2) 拍卖定价法。是卖方引导买方通过竞争成交的一种方法。目前许多拍卖行在网上进行有益的尝试，使拍卖定价法在网络营销中得到了较快的发展。例如，日本的 AUC 网在网上实施了旧车拍卖并取得明显效果。相信在不远的将来，拍卖法将会在网络市场中得到广泛的应用。拍卖价格与投标价格的形成有所不同，其区别在于前者是买方公开竞价，后者是卖方密封递价。

根据上述内容，无论是招投标定价法还是拍卖定价法，它们都需要聚集众多的卖方或者买方。其中，招投标定价法聚集众多的卖方，而拍卖定价法聚集了众多的买方。而由于网络的跨越时空等特点，使得这种聚集相比传统网下的环境更加方便，而且其聚集量也会远远大于网下的环境。可见，在网络环境下，招投标定价法和拍卖定价法将不断被强化。

2. 网络营销定价策略

所谓的价格策略是指制定价格的方法和技巧的总称，是企业重要的竞争手段。在进行网络营销时，企业应当特别重视网上价格策略的运用，以增强企业的竞争优势。网络营销中，常用的价格策略有以下七种。

1) 免费价格策略

免费价格策略是指企业为了实现某种特殊的目的，将产品和服务以零价格形式提供给顾客使用的价格手段。免费价格的形式有产品和服务完全免费、限制免费、部分免费、捆绑式免费等。免费价格策略之所以在互联网上流行，有其深刻的背景。一方面，由于互联网的发展得力于免费策略实施；另一方面，互联网作为 20 世纪末最伟大的发明，它的发展速度和增长潜力令人生畏，任何有眼光的人都不敢放弃这个发展成长的机会，免费策略是最有效的市场占领手段之一。

但俗话说，天下没有免费的午餐，免费策略只是企业实施价格策略的一种方式。目前，企业在网络营销中采用免费策略，主要有两个目的：一个目的是让用户免费使用习惯后，再开始收费，这种免费策略主要是一种促销策略，与传统营销策略类似；另一个目的是想发掘后续商业价值，它是从战略发展需要来制定定价策略的，主要目的是先占领市场，然后再从市场中获取收益。免费也能赚钱，尤其是先免费，后赚钱，正是网络营销独特的价格策略之一。

2) 低位定价策略

采用低位定价策略就是在公开价格时一定要比同类产品的价格低。借助互联网进行销售比传统销售渠道的费用低廉，因此，网上销售价格一般来说比传统的市场价格要低。低位定价策略又可分为以下几种：直接低位定价策略、折扣定价策略、促销定价策略。

并非所有产品都适合使用低价策略。需要注意的是：第一，在网上公布价格时要注意区分消费对象，一般要区分一般消费者、零售商、批发商、合作伙伴，分别提供不同的价格信息发布渠道，否则可能因低价策略混乱导致营销渠道混乱；第二，在网上不宜销售价格敏感而企业又难以降价的产品；第三，网上发布价格时要注意比较同类站点公布的价格。

3) 定制生产定价策略

定制生产定价策略是在企业能实行定制生产的基础上，利用网络技术和辅助设计软件，帮助消费者选择配置或者自行设计能满足自己需求的个性化产品，同时承担自己愿意付出的价格成本。传统市场上，消费者只能被动接受企业生产的产品，而很少会有主动提出需求。网络的互动性使个性化行销成为可能，这使个性化定价策略成为网络营销的一个重要策略。

4）使用定价策略

所谓使用定价，就是顾客通过互联网注册后可以直接使用某公司产品，顾客只需要根据使用次数进行付费，而不需要将产品完全购买。这一方面减少了企业为完全出售产品进行不必要的大量生产和包装浪费，同时还可以吸引原本对产品有顾虑的顾客使用产品，扩大市场份额。如影音产品，可以通过视频点播系统 VOD 来实现远程点播，无须购买影带。

5）拍卖竞价策略

网上拍卖是目前发展比较快的领域，经济学认为市场要形成最合理的价格，拍卖竞价是最合理的方式。互联网的应用，能比传统市场提供更有利于拍卖的环境，能够更有效地聚集大量的买家和卖家，这使得拍卖成为网络营销中的一个重要的营销方式。根据供需关系，网上拍卖竞价方式有：竞价拍卖、竞价拍买、集体议价。随着互联网市场的拓展，将有越来越多的产品通过互联网拍卖竞价。

6）捆绑定价策略

捆绑销售这一概念在很早以前就已经出现，但是引起人们关注的原因是由于 20 世纪 80 年代美国快餐业的广泛应用。麦当劳通过这种销售形式使顾客对所购买的产品价格感觉更满意，从而促进了食品的购买量。捆绑定价策略销售的是产品组合面而不是单个产品，也就是将不同的产品组合成一个“包裹”，以一个价格出售，比如，微软的 Office 套件就是对 Word、Excel、PowerPoint、Outlook、Access 和其他程序的捆绑。对于数字化产品而言，捆绑是一种重要的定价策略。当然，捆绑并不局限于数字化的产品。

7）动态定价策略

动态定价是指随渠道、产品、客户和时间变化而频繁调整价格的商业策略可以说，网络环境使得动态定价的可执行性比传统营销大大加强了。一方面，由于网络的交互性，使得全球的买主和卖主能够更加方便地进行交流并协商价格，从而使得动态定价较传统营销更加容易。另一方面，网络可以降低菜单成本，对于网络上宣传的商品，改变产品价格非常容易，而且几乎没有多大成本．在这种环境下，在供求状况的基础上改变商品价格对公司来说很有吸引力。

电商实践

顶级销售好习惯

①保持激情：只有激情，你才有动力，才能感染自己和其他人；②做事专注：抓准一个点，然后像一个钉子一下钻下去，做深、做透；③执行力：不仅知道，更要做到；④学习的习惯：学习是最便宜的投资；⑤反省的习惯：“事不过三”，经常反省自己的得失，会使自己成功得更快一些。

3.3 网络信息中介商

网络信息中介商是随着网络营销的出现而发展起来的一种新生事物，它在网络间接销售过程中扮演着重要角色，为经销商和消费者搭建了一个良性循环的平台，使得网络分销策略更加完美的实施，为建立“完美”的网络营销体系发挥了必不可少的作用。

网络营销作为电子商务的第一步，是信息时代企业营销的重要手段，甚至是主要手段。当前，随着网络应用环境的快速成熟，网络营销已引起企业界广泛注意，并已开始实际应用。传统的市场营销理念受到了巨大的冲击，最大的变化是“4C”理论的提出，即顾客的欲望和需求(Consumer's Wants and Needs)、满足欲望和需求的成本(Cost to Satisfy Want and Needs)、方便购买(Convenience to Buy)，以及与消费者的沟通(Communication)。它倡导真正意义的“买方市场”营销。其次是全方位营销和整合营销等理论的提出。它的主要思想是通过客户价值、企业核心能力和合作网络三大市场新要素的推动，重新调整企业组织结构和营销流程，在充分利用现代数字技术和提高价值链管理的基础上，满足消费者个性化的要求，建立“完美”的网络营销体系。

要建立一套成功的营销体系，就要制定合理的网络营销策略。影响企业网络营销目标实现的因素是多方面的，其中分销渠道是企业营销战略组合中的关键环节，也是最直接满足消费者需求的环节。

3.3.1 网络营销中的分销渠道

传统的分销渠道是指某种商品或劳务从生产者向消费者转移时所经过的流通途径。它的作用是单一的，这种营销渠道的畅通，一方面靠的是产品质量，另一方面主要依赖广告宣传和资金流动的情况。对于传统的分销渠道，除了生产者和消费者以外，往往还有许多独立的中间商和代理中间商存在。

而对于网络分销渠道，它的作用是多方面的。一方面，网络的分销渠道可以是发布企业的概况和产品相关信息的平台；另一方面，用户可以从网上直接选购商品，并支付款项，方便快捷。同时对企业自身来讲，也会得到实实在在的好处，利于扩大销售，加速资金和物资的流转速度，降低营销成本。

从以上的分析中可以看出，网络分销渠道体系结构与传统的分销渠道相比，有诸多优点，但也同样分为直接销售和间接销售。

1. 网络直接销售

网络直接销售，简称为网络直销，它是指生产商通过网络直接销售产品，属于零级销售渠道。目前通常做法有两种：一种是企业在互联网上建立自己的网站，申请域名，制作主页和销售网页；另一种是委托信息服务商在其网站发布信息。

2. 网络间接销售

为了克服网络直销的缺点，网络信息中介商应运而生。从网络分销渠道的体系结构中可以看到，在间接分销渠道中，网络分销渠道中只有一级分销商，即网络信息中介商，它可以通过互联网强大的信息传递功能，完全承担着信息中介机构的作用，从而使商品流通的费用降到最低。其实，它的作用还不只这点，它在整个网络营销体系中都发挥着重要作用。

3.3.2 网络信息中介商

在网络间接销售过程中，商品和服务的推销者不直接面对消费者，同样，消费者也不直接面对推销者，它们都直接面对网络信息中介商，由它来完成商品和服务向消费者转移。网络信息中介商的出现，大大简化了交易过程，节约了交易成本。利用网络信息中介商的网络间接分销渠道的流程图如图 3.3 所示。

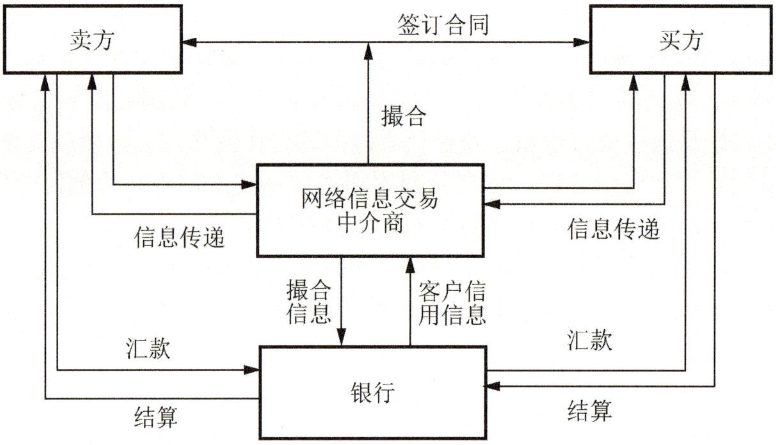

图 3.3 网络间接分销渠道的流程

3.3.3 网络信息中介商的作用

1. 网络信息中介商对消费者的作用

网络信息中介商只代表客户行使监管人或代理人的职能，以系统的方式获取每个消费者的详细资料，并根据每个成员的具体情况提供相应的购买帮助。它所提供的服务主要有三方面：第一，网络信息中介商可以过滤掉客户不想要的推销信息，当然需要这一服务的消费者应该提前向网络信息中介商指定哪些信息允许进入过滤器；第二，它可以帮助客户在众多繁杂的产品中以较低的交易成本找到称心如意的那件；第三，网络信息中介商可以定期对客户的网上交易情况做出分析报告，并且可以提供相关经销商的详细情况供消费者参考。总之，对消费者来讲，网络信息中介商主要有以下两个作用。

(1) 隐私保护。网络信息中介商可以防止经销商轻易地获取他们客户的数据资料，同时也正因如此，它为客户提供了一个可以讨价还价的机会，想获得客户信息的经销商将不得不为所获得的信息提供好处以作为回报。

(2) 信息获取。通过观察客户的网上活动收集他们需要的信息，为以后提供他们真正需要的经销商信息奠定基础。这个过程可通过在客户的计算机上安装一个软件来实现。当然，这些是事先征得客户同意的合法行为。

实际上，通过以上这些行为，网络信息中介商可以使客户档案价值最大化。通过掌握客户的资料来帮助客户在交易中占主动地位，当然要一系列的服务来实施，而且必须要符合客户保护隐私的原则。

2. 网络信息中介商对经销商的作用

网络信息中介商是以消费者代理的角色自居的，然而，它也不可否认的同时为经销商带来益处。首先，它会为经销商提供数量稳定的潜在客户，并且会在最佳时机“介绍”经销商和客户认识，促成双方交易。这一点对于那些经营特殊商品的经销商来讲尤为重要。因为，据有关统计资料显示，经销商通过网络信息中介商从消费者处获得的反应率要比采用直接推销的方式所获得的平均反应率提高 5～10 倍。其次，网络信息中介商可以帮助经销商进行有针对性地营销服务。在经销商提出了营销对象的具体信息后，网络信息中介商会据此有针对性地搜索其数据库，确定符合条件的客户，然后与经销商协商，将营销信息提供给表示愿意接受这类信息的客户。从而使经销商准确而高效地开展其营销活动。第三，网络信息中介商还可以帮助经销商提高他们的市场调查水平。因为网络信息中介商掌握完整的客户信息，并在交易过程中处于沟通双方的有力位置，能够提供真实的市场情况。这些正是经销商进行市场调研需要得到的信息。

3.3.4 选择网络信息中介商的原则

既然网络信息中介商事关网络营销效果大局的关键环节，那么必须谨慎地进行选择。优秀的网络信息中介商必须具备很高的信誉度和权威性，并且可以提供较为全面的服务，比如除了信息收集和网络谈判功能外，还应具备一定的网络促销、网络订货等功能。同时还要考虑付出的成本、网络信息中介商的站点覆盖率等一些问题。总之，选择网络信息中介商需要综合多方面因素，无论是经销商还是普通消费者都要慎重。选择网络信息中介商的原则如图 3.4 所示。

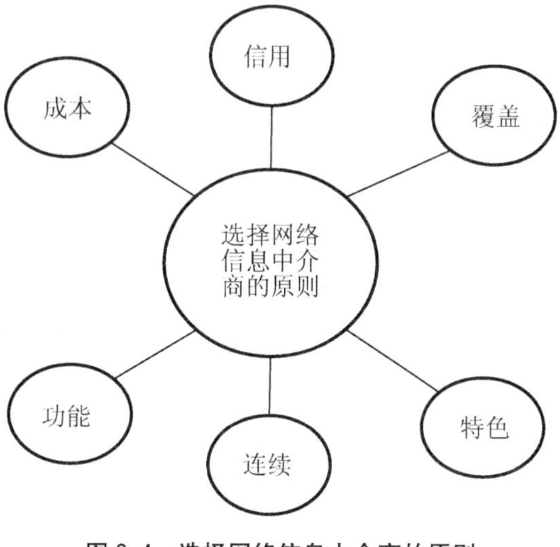

图 3.4 选择网络信息中介商的原则

3.3.5 网络信息中介商的优势和发展前景

网络信息中介商的存在，简化了市场交易过程，从整个社会的角度来看，网络信息中介商凭借自己的各种联系、经验、专业知识、活动规模以及掌握的大量信息，在把商品由经销商推向消费者方面将比生产企业自己推销关系更简化，也更经济。网络信息中介商的存在，不但为经销商而且也为消费者都带来益处，由此启动了一个效果非常好的良性循环：经销商为消费者带来的好处越多，网络信息中介商的客户，即消费者越愿意让他们获得信息；经销商获得了越多的消费者信息，他们就能为消费者带来越多的好处，依次往复循环。在这一循环中，网络信息中介商在经销商和消费者之间架起了一座桥梁，形成了一种新的信息供应链。没有网络信息中介商的交易关系如图 3.5 所示，存在网络信息中介商的交易关系如图 3.6 所示。

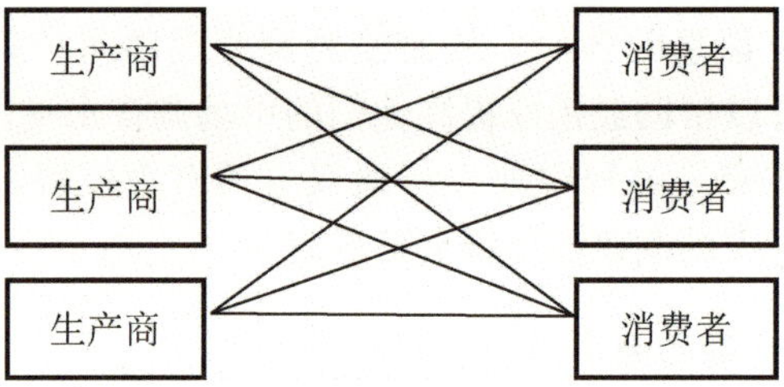

图 3.5　没有网络信息中介商的交易关系

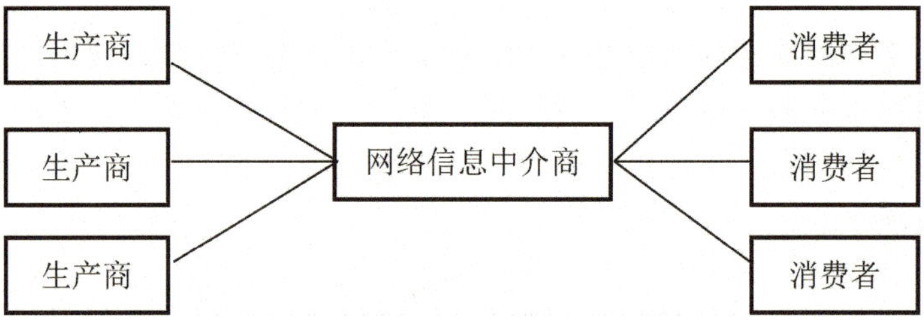

图 3.6　存在网络信息中介商的交易关系

网络信息中介商必将成为电子商务时代网络交易过程中必不可少的重要因素，成为信息技术蓬勃发展的催化剂。而忽略这种趋势的公司，将使得自己在网络营销的竞争中处于危险境地。

3.4 网上市场调查

3.4.1 网上市场调查问卷设计

1. 网上市场调查的主要方法

1）E _ mail 问卷

调查问卷就是一份简单的 E _ mail，按照许可邮件列表或已知的 E _ mail 地址发出。

被访者回答完毕将问卷回复给调查机构，有专门的程序进行问卷准备、收集 E_mail 地址和分析数据。E_mail 问卷制作方便，分发迅速。由于出现在被访者的私人信箱中，因此能够得到注意。但是，它只限于传输文本，虽然也能在 E_mail 中进行图形链接，但与问卷文本是分开的。

使用 E_mail 进行市场调查，应注意以下四点：

(1) 尽量使用 ASCII 码纯文本格式文章。邮件尽量使用纯文本格式，使用标题和副标题，尽量使电子邮件简单明了，易于浏览和阅读。

(2) 首先传递最重要的信息。主要的信息和重点内容应安排在第一屏可以看到的范围内。

(3) 邮件主题明确。一般可以把文件标题作为邮件主题。主题是收件人最先看到的，如果主题新颖富有吸引力，可以激发兴趣，才能促使他们打开电子邮件。

(4) 邮件越短越好。因为电子邮件信息的处理方法不同于印刷资料，为尽量节约收件人的上网时间，便于下载和浏览，一般文件不超过 10KB。

2) 在线调查

在线调查是一个了解顾客需求的很好渠道，只有设计正确的调查表，才能得到正确的反馈信息。

在线调查表设计中应注意如下七个问题：

(1) 问题设计力求简明扼要，可有可无的问题或者没有太多实际价值的资料无须出现在调查表中，一般所提问题不应超过 20 项。

(2) 所提问题不应有偏见或误导，避免使用晦涩、纯商业以及幽默等容易引起人们误解或有歧义的语言，同时，不要把两种及以上的问题放在一个问题中，例如，“你认为这个网站是否易于浏览且有吸引力?”这样的问题将使回答者在不完全肯定时无法选择，如果你想了解用户对该网站吸引力的评价，可以修改为单选题“您认为这个网站：非常有吸引力、有吸引力、一般、没有吸引力”提供 4～5 个选项让被调查者选择。

(3) 不要诱导人们回答。不要采用让人们按照提问者一开始就定下的思路回答的方法。比如，当听到“这种酱油很润口吧”的提问时，回答者往往会带着润口的想法而去尝尝，并回答说“是”，在此场合，不如问“这种酱油是润口还是很辛辣”为好。

(4) 问题应是能在记忆范围内回答的。当看到“你一年前购买的蛋黄酱(用蛋黄、橄榄油和柠檬汁等制成)是哪一家生产商的产品”的提问时，恐怕大多数人都不会记得。所以，必须尽力避免一般被认为超出回答者记忆范围的提问。

(5) 提问的意思和范围必须明确。当看到“最近你从这家电器商店购买了什么家电产品”的提问时，首先使回答者感到不明确的是“最近”是指什么时间段。在此场合，应明确时间段，如“3 个月之内”等。

(6) 避免引起人们反感或很偏的问题。必须避免提引起人们反感的问题，也不要提很偏的问题，只有回答者能够予以冷静的判断和回答的问题，才能得到有效的调查结果。

(7) 调查表中的所有问题都应设计得能够得到精确答案。要明确通过调查要达到什么目的，所有问题要围绕主题。

3）网上间接调查法

在很多调查活动中，如竞争对手的研究、营销因素的研究、宏观环境的研究，网上间接调查法发挥着重要的作用，而且网上间接调查法一般比问卷调查法的费用低。可以利用新闻组、专业网站、网上发布的调查报告等方式搜寻有关数据，辅助进行网上市场调查。如利用CNNIC每年两次发布的中国互联网络发展状况调查报告，可以分析网民的爱好、年龄组成等数据，可以从多渠道获取有关数据进行分析，保证网上市场调查工作的成功。

2. 调查问卷的一般格式

调查问卷一般包括卷首说明、调查内容、结束语三部分。

1）卷首说明

卷首说明包括称呼、调查目的、填写者受益情况、主办单位和感谢语等。如涉及个人资料，应该有隐私保护说明。

2）调查内容

调查内容是调查问卷的主体，主要包括根据调查目的所设计的调查问题与参考选择答案等，一般不超过20个问题。

3）结束语

一般再次向填写者表示感谢或致意。此外注明公司的标志性信息(如公司名称、网站、联系方式)，这是宣传公司形象的好机会。

3. 调查问卷设计要点

1）明确调查目的和内容

在问卷设计中，必须明确调查目的和内容，这是问卷设计的前提和基础。市场调查的总体目的是为决策部门提供参考依据，目的可能是为了制定长远性的战略性规划，也可能是为制定某阶段或针对某问题的具体政策或策略，在调查计划书中需要进行具体的细化和文字阐述并作为问卷设计的指导。调查的内容可以是涉及民众的意见、观念、习惯、行为和态度的任何问题；可以是抽象的观念，例如人们的理想、信念、价值观和人生观等；也可以是具体的习惯或行为，例如人们接触媒介的习惯，对商品品牌的喜好，购物的习惯和行为等。但是应该避免在调查内容上有使被调查人难以回答，或者需要长久回忆而导致模糊不清的问题。

2）分析被调查人群特点，问卷设计的语言措辞选择得当

问卷题目设计必须有针对性，对于不同层次的人群，应该在题目的选择上有的放矢，必须充分考虑受调人群的文化水平、年龄层次和合作可能性等问题。除了在题目的难度和题目性质的选择上考虑上述因素外，在语言措辞上同样需要注意这些因素，面对不同的受调人群的时候，结合他们的各方面综合素质和水平的差异，措辞上也应该进行相应的调整。细节有时决定成败，只有在这样的细节上综合考虑，调查才能够顺利进行。

3）协同工作，在问卷设计中，为数据统计和分析提供方便

由于做市场调查问卷设计的人员与数据统计处理人员一般是分离的，所以在整合和衔接上容易出现偏差。为了更好地进行调查工作，必须在问卷设计时充分考虑后续的数据统计和分析工作，可以方便地进行具体的数据编码和统计分析，便于操作。即使是主观性的

题目在进行文本规范的时候也要具有很强的总结性。

4）问题数量适当、结构合理、语言文明规范

问题的数量也是保证问卷调查成功的关键因素，一般人们往往不愿意接受一份繁杂冗长的问卷，所以一般问题不要超过 20 个，封闭问题给出备选答案，开放问题不要超过 3 个，并放在最后，让有时间和能配合的受调人员进行相应的文字说明。在问题设计的时候注意逻辑性，问题间不能产生矛盾的现象，尽量避免假设性问题，保证调查的真实性，为了使受调人员能够更容易回答问题，可以对封闭问题给出下拉列表或列出选择项，让受调人员一目了然，在填写的时候便于操作。

4. 在线调查表设计中要尽量避免的常见问题

尽量避免在线调查表设计中出现以下四个方面的问题。

1）调查内容过多

一般建议在 20 个问题以内，回答时间在 10～15 分钟以内，否则受调查人员会出现失去兴趣、注意力分散等情况，影响调查结果。

2）语言表达不清晰

如对调查的说明不够清晰或者调查问题描述不够专业，甚至出现错误等情况。

3）遗漏重要问题选项

为了保持调查表的简洁，当不能列出所有选项时，可以设置“其他”选项。如果最终的调查结果中选择“其他”的比例较高，说明本问题的选项设置有问题。

4）过多收集被调查者的个人信息

在调查中如果涉及个人的信息较多会引起被调查者的反感或者拒绝回答，因此在设计此类问题时要适当。

5. 网上问卷调查程序

网上市场调查是电子商务运作的一个重要环节，而网上问卷调查是网上市场调查中最有效并经常使用的一种方法。在网上问卷调查中，问卷设计是一个非常重要的环节，甚至决定着市场调查的成功与否。网上市场调查问卷设计是由一系列相关的工作过程所构成的。为使问卷具有科学性、规范性和可行性，一般可以参照以下工作程序进行。

1）明确网上市场调查目的、任务来源和限制条件

在接受网上问卷设计任务的时候首先要明确本次网上市场调查的目的，如是为新产品定价提供依据，还是为了解目前市场状况或者是分析调查对象的偏好情况；其次要了解任务的来源，是本单位的任务，还是客户委托的项目，了解他们的要求；再次要明确完成任务的时间限制、样本数量要求、资金限制、人员组成、合作伙伴等限制条件；最后要将上述资料用文本的方式记录下来。

如每年两次的中国互联网络发展状况调查，目的是获得我国互联网络上网计算机数、用户人数、用户分布、信息流量分布、域名注册等方面情况的统计信息，为国家和企业动态掌握互联网络在我国的发展情况提供决策依据。报告发布时间是每年的 1 月、7 月中旬，主要由中国互联网络信息中心(CNNIC)联合互联网络单位实施这项调查统计工作，采取网上调查和网下抽样调查相结合的方式。

2）确定数据收集方法

确定本次调查采用的方式是使用 E _ mail 方式，还是在线调查方式、网站访问者随机调查方式或网上数据搜索方式等。如每年两次的中国互联网络发展状况调查网上联机调查重在了解网民对网络的使用情况、行为习惯以及对热点问题的看法和倾向。具体方法是将问卷放置在 CNNIC 的网站上，同时在全国各省的信息港与较大 ICP/ISP 上设置问卷链接，由互联网用户主动参与填写问卷的方式来获取信息。

3）初步确定问卷的构成及编码方式

根据目的和要求初步确定调查问卷的问题数目范围（一般 20 题以内）、回答方式（单选、多选、开放回答）、问题叙述、问题排序等。问卷结构合理清晰，语言流畅，描述清楚，避免二义性。问题回答的储存编码方式也要同时初步确定，便于后面的数据处理。

4）修改完善定稿

调查问卷初步完成后请主管领导审查修改，同时进行试调查，请一些客户先行回答，再由数据处理部门提出意见。然后听取领导、调查对象和数据处理部门的修改意见，之后根据建议进行修改，最后定稿。大型调查活动的问卷可能要修改若干次。调查问卷的一般格式包括调查说明、问题陈述、问题回答、致谢等部分。

5）审批

将调查问卷上报领导审批，同时提交一份调查问卷设计说明报告，简要介绍调查问卷的设计思想、问卷组织结构、设计过程与修改情况等。在得到上报领导书面批准后，结束问卷设计工作，转入调查实施阶段。如果没有得到批准则根据领导批示进行修改直到得到批准，特殊情况下也可能终止或者延期。批准后可以将问卷以在线调查方式或者 E _ mail 方式进行网络调查，也可以结合传统方式进行综合调查。

3.4.2 撰写网络市场调查计划书

1. 网络市场调查知识

1）网络市场调查的特点

网络市场调查可以充分利用 Internet 的开放性、自由性、平等性、广泛性和直接性等特点开展。网络市场调查具有以下特点。

（1）及时性和共享性。网上调查是开放的，任何网民都可以进行投票和查看结果，而且在投票信息经过统计分析软件初步处理后，就可以马上查看到阶段性的调查结果。

（2）便捷性和低费用。在信息采集过程中不需要派出调查人员，不受天气和距离的限制，信息采集和录入工作在众多网上用户的终端上完成，无时空、地域限制，可以 24 小时不间断地接受调查填表，信息检验和信息处理工作大部分由计算机自动完成。

（3）可检验性和可控制性。利用 Internet 进行网上调查收集信息，可以有效地对采集信息的质量实施系统的检验和控制，可以通过对被调查者的身份验证技术有效地防止信息采集过程中的舞弊行为。依据设定的检验条件和控制措施编制程序，有效地保证对调查问卷的复核检验，保证调查结果的客观公正。

（4）交互性和充分性。在网上调查过程中，被调查对象可以及时就问卷相关的问题提出自己的看法和建议，可减少因问卷设计的不合理而导致的调查结论偏差等问题。同时被调查者还可以自由地发表自己的其他看法。

2）网络市场调查的主要内容

（1）市场需求研究。主要研究和分析市场需求情况，主要目的在于掌握市场需求量、市场规模、市场占有率，以及如何运用有效的经营策略和手段。

（2）用户及消费者购买行为的研究。主要研究和分析用户的年龄、性别、受教育程度、购买动机、消费习惯、消费偏好等，主要目的在于更好地了解消费者，为新产品开发、售后服务、营销策略。开发潜在用户等提供依据。

（3）营销因素研究。主要包括产品研究、价格研究、分销渠道研究、广告策略研究、促销策略研究，特别是网络营销研究，为企业的发展战略和策略提供依据和建议。

（4）竞争对手研究。主要研究和分析主要竞争对手的发展战略与策略、合作伙伴、市场占有率、产品技术特点、新产品研发、分销渠道、产品价格策略、广告策略、销售推广策略、服务水平等情况。努力做到知己知彼，为公司有关决策提供依据。

（5）宏观环境研究。主要研究和分析公司目标市场所处国家与地区的宏观环境，如人口、经济、自然地理、科学技术、政治法律、社会文化、政府、风俗、稳定与安全等方面因素的影响。特别是在国际合作、开拓新的国际市场时此项研究更加重要。

3）网络市场调查的主要步骤

网络市场调查主要有以下六个步骤：

（1）明确网络市场调查的主要目的、方式、方法及要求。

（2）组成团队，制订网上调查计划。

（3）设计网上调查问卷。

（4）实施网上市场调查。

（5）数据处理与分析。

（6）撰写网上市场调查报告。

2. 项目管理知识

项目的管理过程分为启动、计划、执行、控制、收尾5个过程。项目管理主要包括项目范围管理、项目时间管理、项目费用管理、项目质量管理、项目风险管理、项目沟通管理、项目采购管理、项目综合管理等几大知识领域。每个项目结束后都要有明确的交付成果，如建设完成通过验收的房屋、设计完成通过验收的网站、用户认可的调查报告或网络营销策划方案等。美国项目管理学会制定的项目管理知识体系(Project Management Body of Knowledge，PMBOK)已经成为世界公认的项目管理知识体系。目前，项目管理在电子商务有关工作和业务中得到普遍的应用，如建立电子商务网站、进行网上市场调查、进行网站推广策划与实施等工作都具有明显的项目特征，可以采用项目管理方式进行管理，提高工作的质量与效率。

3. 制订有关计划

需制定的计划主要有时间计划、成本计划、人力资源计划、风险计划和沟通计划等。

1）时间计划

时间计划是将工作的主要阶段按照阶段里程碑进行划分，如制订调查初步计划、设计网上调查问卷、完成网上调查实施、进行数据处理与分析、撰写网上市场调查报告、报告的修改审查、报告提交与发布等阶段，明确每个阶段应完成的任务内容及要求、提交成果的日历时间、负责人等内容。计算工作时间时要注意考虑节假休息日，符合劳动法规定。如果要加班完成工作必须考虑加班费用。建议在总时间计划内要留出5%～10%的时间余量，在出现意外情况发生时启用，保障项目按时完成。

2）成本计划

成本计划主要考虑资金的限制和来源，如果资金已经给定，必须将调查工作进行分解，将资金分解到各项工作中并进行资金控制，避免出现超支。在进行经费预算时，一般需要考虑调查设计、调查实施、数据处理分析、报告撰写、发布等几个方面的费用。具体包括总体方案策划费或设计费、抽样方案设计费、调查问卷设计费、测试费、调查实施费、数据统计分析费、调查报告撰写费、资料费、专家咨询费、劳务费、上交管理费或税金、鉴定费、新闻发布会及出版印刷费用等。

3）人力资源计划

人力资源计划主要按照工作分工，将工作落实到每一位项目组成员上，可以分组承担边界较为清晰的子项目。如制定网上调查问卷、完成网上调查实施、进行数据处理与分析、撰写网上市场调查报告等子项目。明确每个子项目的负责人和参与人员。工作前有明确的任务书，标明任务、时间、资金、工作质量要求等并签字承诺完成。工作结束后要有验收报告和工作鉴定。

4）风险计划

风险计划主要包括风险识别、风险分析和制定风险应急计划。首先要把任务团队内外部的主要风险列出，也可以按照管理风险、技术风险等不同种类分类，然后按照风险发生后损失的大小、风险发生的可能性的大小、是否容易发现等方面进行综合分析评价，按照从大到小方式排序，分别制订风险应急计划并指定专人负责。

5）沟通计划

沟通计划主要明确在工作进行中如何进行信息交换、多长时间、需要向谁汇报、谁负责、采用什么方式，避免因为沟通不畅造成工作失误。一般任务工作人员应每天向项目经理汇报工作进展情况，项目经理应定期向领导和客户等做书面汇报，建议每周一次。

4. 撰写项目计划书

网络市场调查项目计划书主要包括三个内容。

1）封面

封面主要包括项目名称、委托单位、承办单位、项目负责人、日期等。

2）计划书摘要

计划书的主要内容简介，300字左右。

3）计划书结构

第一部分：网络市场调查项目概述。主要说明网上市场调查项目的背景、目的、要求提交的成果、委托人、项目负责人、项目主要人员组成、时间限制、资金限制、质量要求、样本数量、主要方法等方面的要求。

第二部分：网络市场调查项目计划。分项列出项目最终提交的成果与阶段成果、时间计划、成本计划、质量计划、组织分工与责任、沟通计划、风险计划等主要计划。计划要明确，尽量满足可完成、可跟踪、可测量、可控制等要求。

第三部分：附件。将有关的报表、参考资料、合同等与项目关系密切的资料作为附件附在计划书的后面。

5. 通过审批，正式发布执行

计划书制定后要首先在项目组内进行讨论修改，然后与有关客户或部门进行沟通，最后提交给有关领导进行审查批准。批准后的计划作为工作验收基准。但一般在实际工作中由于各种情况的变化，计划允许进行修改，但修改必须得到相关方面的批准或认定，然后按照新的计划执行。

3.4.3 网上市场调查数据的分析工作程序及内容

1. 选择数据处理方法

首先根据网上市场调查的目的和方式，选择数据处理方法和工具，如时间序列分析、相关分析、聚类分析等方法，确定哪些数据直接采用计算机处理，哪些数据需要人工干预。根据要求可以采用成熟的计算机数据处理软件，也可以根据需要设计开发专用软件。

2. 进行数据处理

网上调查结果数据处理首先要排除不合格的问卷，然后对大量回收的问卷资料进行综合分析和论证。对从互联网上获取的大量信息和数据进行整理和分析。可以结合定性方法进行研究，力争全面准确地进行数据处理。还可以采用数据挖掘技术从大量的数据中挖掘出有用的信息。

3. 归纳分析处理结果

根据数据汇总统计分析处理的结果，采用定性与定量分析相结合的方法，对于数据结果进行深入分析，得出有规律性的结果，产生了相关的统计分析图表和初步分析结果。可以看到事物发展的趋势或者现状的情况，为网上市场调查分析报告的撰写提供基础资料，为企业决策提供依据。

3.4.4 撰写网络市场调查报告

1. 调查报告的主要格式与内容

1）封面

包括调查报告题目、委托单位、承担单位、项目负责人、时间等主要信息。

2）内容摘要与关键字

300～500 字的简要介绍，包括背景、目的、意义、主要方法、主要结果和结论建议等。关键字为 5～7 个可以表达主要内容的字词。一般还应该翻译成英文，便于检索和交流。

3）目录

一般包括三级目录，便于读者浏览。

4）调查报告正文

一般包括调查背景、调查内容、相关说明、调查结果、调查方法、数据分析和主要结论与建议。也可以挑选或合并其中部分内容撰写。

5）参考资料与附件

2. 撰写网络市场调查报告工作程序及内容

根据调查目的和数据统计分析结果，撰写网络市场调查报告，其主要工作程序有以下四个：

1）拟订调查报告大纲

撰写网络市场调查报告前，首先拟订调查报告大纲。包括报告的主要论点、论据、结论及报告的层次结构。请领导对于拟订的大纲进行审定或者进行讨论，修改通过后再进行初稿的撰写。

2）撰写网络市场调查报告初稿

根据报告大纲由一人或数人分工进行初稿的撰写，参与的人数不宜过多。报告要努力做到准确、集中、深刻、新颖。准确，是指根据调查的目的，如实反映客观事物的本质及其规律性，结论正确；集中，是指主题突出中心；深刻，是指报告能较深入地揭示事物的本质；新颖，是指报告要有新意。

3）讨论修改报告

在完成网络市场调查报告初稿的基础上组织讨论和修改，再次审查报告是否符合调查要求、分析方法是否得当、数据是否准确、结论是否正确、结构是否合理。具体注意各部分的写作格式、文字数量、图表和数据是否协调，各部分内容和主题是否连贯，顺序安排是否得当，然后根据意见进行修改。重要报告要反复进行修改，最后通过审查得到批准后再正式提交或发布。

4）正式提交或公布网络市场调查报告

调查报告经过批准后，可以正式提交或发布。

网络市场调查报告案例，可参照中国互联网络发展状况调查统计分析报告(2005年)。

3.5 网络广告与促销

3.5.1 建立网上商店

商店生成系统主要可分为三大模块，包括前台商务系统、商家店面管理系统、站点后台管理系统。

1. 前台商务系统

前台商务系统主要是为顾客提供一个友好的购物环境，包括用户注册、店面浏览、商品订购等部分。

2. 商家店面管理系统

商家店面管理系统为各商家提供管理自身信息、发布产品、对订单进行处理等功能。商家店面管理系统是核心，主要模块包含以下模块。

1）商家网上商店管理模块

（1）商家可随时控制网上商店的发布状态。

（2）商家可随时控制商品在网上的发布状态。

（3）独立的商店管理端口和账号。

（4）支持多个商店管理员参与商店管理。

（5）商店管理员可在线修改登录口令。

（6）即时的商品预览功能，了解商品的发布状况。

（7）商家订单统计分析系统（或按产品类、按用户、按时间）和成交信息查询功能，在线了解商店的销售情况。

（8）商家订单处理功能，可独立地、便捷地对网站上生成的商家订单进行验证。

（9）客户管理控制功能，系统可根据购物会员的购物情况对他们按照商家进行分组，每个商家都有属于自身的客户组，组中的成员是购买过相应商家商品的顾客（网站会员），并且依据客户的购物情况为客户设置相应的信用度，购物成交率越高的客户，信用度值越大，商家可以查询这些客户信息以加强商家与会员之间的沟通，并为商家是否给会员提供更多、更好的服务和商品提供决策。

（10）随时了解商店的信誉情况。

（11）商家可以根据情况选择合适的支付方式。

（12）个性化的商店管理员办公室，为管理员提供一个网上办公的空间。

（13）在线发布商家的商品专业知识信息、求购信息、公告信息，可查阅客户留言及投诉。

2）网上支付模块

（1）安全的网上支付平台。

（2）可与国内七家银行进行网上的在线支付。

（3）根据商家需求提供不同的网上支付方式。

3）会员注册模块

（1）权限控制。会员注册后仅允许购物。

（2）注册过程中的错误信息控制。

（3）会员注册信息自维护功能。

（4）会员通讯簿（地址本）管理功能。

4）会员购物模块

（1）会员购物车的自维护。

（2）订单填写向导。

（3）网上支付向导。

（4）原始订单查询工具。

5）商店、商品查询模块

（1）按关键字查询。

(2) 按所属企业查询。

(3) 按类别查询。

(4) 按行业所属区域查询。

3. 站点后台管理系统

站点后台管理系统是对整个站点进行管理的应用系统，网站管理员拥有网站的最高权限，通过站点管理系统对各个店面的相关信息进行管理，包括各商家的注册信息、店面信息、产品信息、统计各店面的销售情况、网站的营销状况、注册会员信息查询、站点分析等。上述每个系统又可分为若干子系统，它们构成了网站的主要内容，各模块及其层次关系如图 3.7 所示。

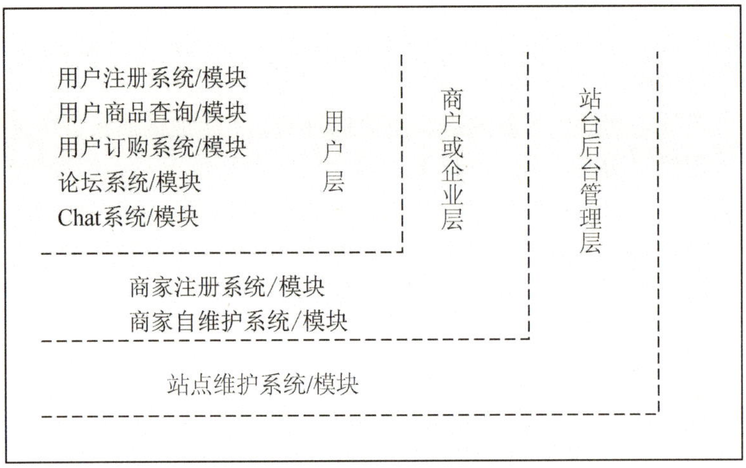

图 3.7　商店生成系统组成图

3.5.2　网络广告设计

1. 网络广告的概念、特点和缺点

1) 网络营销广告的概念

网络营销广告一般是指在 Internet 上发布、传播的广告信息。它是 Internet 作为市场营销媒体最先被开发和利用的营销技术。网络营销中的一整套营销战略、策略以及营销方法，正是从最初的网络广告出发，扩散到其他营销技术，并进一步渗透到整个市场营销理念层次，从而最终构建成一个较为完整的网络营销管理体系。自从 1994 年 10 月 14 日，Wired 杂志在其网络版首次发布网上广告以来，Internet 作为市场营销媒体就以其不可替代的独特性，成为继传统的广告媒体之后的一种新型传播媒体形式。网络广告的出现也就使整个广告业的发展进入了一个崭新的历史时期。

据国际上权威的 Internet 网络广告机构统计和预测，在全球最大的 500 家企业中已有 400 多家在万维网(WWW)上注册了网址，在网络中发布广告和企业的相关信息。

由于在 Internet 上传播信息有其特定的行为规则，因此不能将在传统的广告媒体上所用的方法简单地照搬到网络上来，必须遵循网络礼仪(Netiquette、Network etiquette)，采用符合网络特征的广告技术来发布企业广告。

2）网络广告的特点

(1) 成本低。企业做广告的目的是为了促销产品，而促销产品的最终目标是为了获取商业利益。商品广告的价格不断增长，已对很多企业构成一种负担，而网络广告的价格较其他形式广告价格要便宜很多。可以说，网络广告的出现为企业提供了一种新的宣传促销手段。

(2) 跨越地域和时空，宣传范围广泛。就目前而言，在 Internet 上发布网络广告，其所面对的客户对象是分布在 190 多个国家的 5000 多万个 Internet 用户，而且这个客户群正以每月超过 10%的速度增长。网络广告可以跨越地域和时空，进入世界各地的千家万户。网络广告可以不受电视广告的时间限制，也不受报纸广告的版面限制。电视广告大家都争夺所谓的黄金时间，由于这样的时段有限，商家不得不为竞争付出更高的广告费，而网络广告却没有时间之分。商家在传统媒介上做广告，篇幅有限，只能长话短说，或者就是观众只见到虎头蛇尾，网站广告则不然。网站上可以宣传公司简介、历史、职员情况、产品等相关信息，可以把这些信息放到广告的站点，也可以运用链接到商家站点，感兴趣的客户可以作深入和全面的了解，这样有利于树立公司的整体形象，提高品牌知名度。

(3) 表现形式灵活。交互界面用户喜爱运用计算机多媒体技术，电子广告以图、文、声、像等多种形式，将产品的形状、用途、使用方法、价格、购买方法等信息展示在用户面前。Java 语言的出现更使电子广告锦上添花。此外交互式界面可以使用户对电子广告的阅读层次化，除了产品的概况介绍之外，感兴趣的用户还可以有选择地阅读有关详细资料。而且借助于电子邮件等先进的技术手段，广告阅读者还可以很方便地向厂家请求特殊咨询服务。

(4) 便于检索，直接反馈。由于各种形式的广告信息充斥耳目，因此方便查找就变得极为重要。Internet 提供极方便的信息检索工具，比如用户通过使用网上的搜索引擎，可以方便、快捷地检索到所需网站及其广告产品，使得客户都能很容易地从网站获得相应数据。

在线广告由于能够提供庞大的用户跟踪信息库，商家可以从中找到很多有用的反馈信息，网络广告能够直接反馈。不论是销售产品还是推广企业形象，可以发现哪些广告备受关注，而哪些广告根本就没人注意，这些信息都有益于捕捉商机。当然，这些信息对于在线广告和传统媒体广告都有参考价值，并清楚计算自己的广告投入的效果。目前的技术，完全能够使得在线广告客户得知广告的效果。

(5) 目标准确，更改方便。网络世界，物以类聚，人以群分。所以，网络广告往往能够针对相关的群体更准确地投放。很多网民在网络上提供的个人资料，都有可能变成广告商推出不同广告的依据。运用相应的技术，网站可以追踪网民在网上的行踪，记录网民曾经点选了哪些广告，需要深入了解哪类信息。这为广告商制作广告提供了背景资料。将来的广告目标市场还将更加具体。一些广告网站已经在准备为广告目标市场提供非常细致的市场统计数据和消费心态统计，而这些是任何传统的广告媒体都无法提供的。比如，商家如果只想针对年龄在 25～40 岁之间、年收入超过 4 万美元的妇女做广告，广告商就能运用相关技术很快为商家做到。选择有明确定位的站点投放广告，虽然这种站点的受众数量可能较少，覆盖面也会比较窄。但网民往往正是客户所宣传的对象，效益也很好。

网络广告的内容可以随时更改，且花费很小，不会造成任何浪费。而传统广告的内容更改动辄一笔不小的费用，且更改的时间周期很长。

正是因为网络广告的这些优势为传统广告所不及，它的应用范围才越来越广。

3）网络广告的缺点

尽管网络具有许多传统媒体无法比拟的优势，但并不表明它是一个完美的媒体，在目前的情况下，它存在许多不足，这也是某些广告主和广告代理商不选择网络做广告的原因。

(1) 网络广告的覆盖率仍然偏低。统计资料表明，即使在北京、上海，网络广告的覆盖率也只是城市人口的8%，其覆盖率的增长将在相当长的一段时间里受制于计算机和宽带网的普及。

(2) 网络广告的效果评估困难。在中国至今尚未有一家公认的第三方机构可以提供量化的评估标准和方法。当一个媒体不具备可评估性的时候，我们从媒介作业的角度就完全有理由去质疑它的可选用性。目前对网络广告效果的评估主要是基于网站提供的数据，而这些数据的准确性、公证性一直受到某些广告主和代理商的质疑。

(3) 网页上可供选择的广告位有限。目前网络广告的形式主要还是旗帜广告(Banner)、按钮广告(Icon或Button)、漂移广告、跳出广告等，而每个网页上可以提供的广告位置是很有限的。

(4) 创意的局限性。现在网络广告最常用的尺寸是468像素×60(或80)像素(Pixel)，相当于15cm×2cm左右，要在这样小的广告空间里形成吸引目标消费者的广告创意，其难度可想而知。跳出广告的尺寸比较大，但网民对跳出广告比较反感，故使用起来受到一定的限制。

2. 网络广告策略

1）网络广告定位的策略

网络广告定位发展至今已进一步得到细分，从某一种意义上被划分为抢先定位、比附定位、空隙定位、品牌形象定位、企业形象定位和网络广告文化定位。

(1) 抢先定位。心理学研究证明，首先进入大脑的信息，常常有不易排挤的位置。抢先定位策略就是利用人们认知心理先入为主的特点，使网络广告所宣传的产品、服务或企业形象，率先占领消费者的心理位置，这被认为是最重要的定位策略，也是网络广告界最重视的策略。

这一策略最适宜于新产品上市，特别是那些标新立异能够引导消费的产品。采用高频率强刺激率先抢占消费者心理位置策略，往往能一举成名，使产品成为同类中第一品牌、领导者品牌。当然，一举成了名，并不等于永久占领，还需以持续不断的网络广告，沟通与消费者的情感，巩固这种地位。老产品进入一个新的市场，进入一个还没有竞争强手的市场也可以采取这种抢先定位建立领导者地位的策略。

(2) 比附定位。这是一种攀龙附凤的定位方法。第一品牌、领导者地位已被别人占领，跟进者要想正面抗争十分困难，于是聪明的网络广告主或网络广告人往往委曲求全以比照攀附领导者的方法，为自己的产品争得一席之地。

(3) 空隙定位。这也是跟进者重要的定位方法，它是一种钻空子的方法，即寻找消费者心中的空隙，网络广告宣传的重点是填补这种空隙。有一个空子就可能确立一种定位，没有空子还可以创造空子。

(4) 品牌形象定位。根据产品的个性和消费者的审美心理塑造一个产品形象，并把这个形象植入消费者心中。这个形象一旦被消费者所喜爱，就会在消费者心中形成牢固的品牌地位，消费者与其说是为了满足某种物质需要而购买这种品牌的产品而不买其他，倒不如说是因为喜欢这种品牌所表现的一种形象、满足一种精神追求而购买。

品牌形象定位可以和抢先策略、比附策略、空隙策略等结合运用。品牌形象策略多运用于高档消费。

(5) 企业形象定位。公共关系网络广告，直接间接推销的是组织自身形象，对于企业来说，就是企业自身的形象。企业的特点、企业的价值观、企业的文化、企业对公众对社会的责任等，常常是企业公关网络广告宣传的主题，也就是此类网络广告的定位。而企业的特点、价值观、文化以及对公众对社会的责任等，正是企业形象的重要表现。

(6) 网络广告文化定位。文化是人们对自然、社会及自身的认识的积淀。人类的认知是循序渐进、由浅入深的。因此，文化也就有不同的阶段，即具有不同的发展层次。不同国度、不同民族对于自然、社会和自身认知的基本方面一旦形成，往往具有较大的惯性，进而形成相对的特色，呈现出民族文化的多样性和发展的阶段性。

网络广告作为进行网络营销的手段之一，是以文化为基础的。从文化层次发展的非均衡性特点出发，网络广告与传统广告相比，最大的特点就是它所宣传的信息要涉及不同的国家、不同的民族和不同的文化。网络广告作为广告行业的“新贵”，在网上所发布的内容在进行制作时，不能循规蹈矩、千篇一律，而应该特别突出广告的文化风格。网络广告的文化定位离不开本土这一基本坐标点，因此必须先客观分析自身所处文化的优点和不足、合理定位，才能扬长避短、充分发挥优势，同时还要充分了解广告受众所处的文化背景，以其最容易接受的方式进行广告创意，以增强针对性，避免无的放矢。

2) 网络广告市场策略

认定目标市场的依据有两个：一是网络广告产品自身的功效，即网络广告产品能满足消费者某一种或某几种需要的功效；二是市场需求情报，即市场上哪个地区或哪个阶层的人需要这种产品。以下是四种常见划分目标市场的方法。

(1) 按经济地位划分。就是按消费者经济收入的不同，划分出不同的目标市场。比如，美国王安家用电脑问世伊始，认定的目标市场是具有一定文化素养的中等经济收入的家庭。根据这一目标市场而确定的网络广告活动策略以展示会为主，并配合以专业性媒体网络广告宣传，结果很快打开了局面。

(2) 按地理环境划分。不同的地理环境，会使居住在不同地区的人形成不同的生活需要。同一地理环境，则会使生活在同一地区的人形成某些共同的生活需要。比如生活在多雨地区的人，都需雨具，而居住在高寒地区的人，则需防寒用品。因此，雨衣雨伞雨鞋等，可把多雨地区居民作为主要的目标市场；而羽绒、裘皮服装和皮靴等则应以高寒地区居民为目标市场。

(3) 按人群素质划分。不同社会阶层的人，所受的教育、所从事的工作不同，他们的经济状况、需求水准、兴趣爱好、审美倾向乃至生活习惯都不尽相同。比如，消遣性读物的目标市场主要是文化层次较低的职工群体，而学术性刊物的读者群则必定在高文化素养的学者阶层。

(4) 按购买量划分。在广泛的市场调查基础上，把网络广告产品的所有消费者按照其购买频率、消费速度等，划分为重消费者、次消费者、轻消费者。重消费者是购买产品最多的人，也是网络广告宣传的主要目标市场。

其他还有按照性别、年龄、职业等划分的方法。

3) 网络广告心理策略

这里所说的心理策略，是指瞄准消费者购买过程中不同阶段的心理特征，进行网络广告诉求，引导消费者从认知产品直至实现购买。

国际上公认的网络广告心理策略五字经是 AIDAS。

(1) A(Attention)，引起消费者注意。

(2) I(Interest)，使消费者发生兴趣。

(3) D(Desire)，使消费者产生购买欲望。

(4) A(Action)，使购买欲望变成购买行动。

(5) S(Satisfaction)，使消费者购买后感到满意。

这五字经是根据消费者的购买心理过程提出来的。人们的购买心理大致可分为 6 个过程 3 个阶段，即知觉过程、了解过程、兴趣过程、偏爱过程、确信过程及购买过程。其中，知觉和了解过程是消费者对产品的认知阶段；兴趣及偏爱过程是消费者对产品的感情升值阶段；最后的确信和购买过程是消费者对产品由感情升值到占有的欲求阶段。

4) 利益导向策略

所谓利益导向，就是抓住消费者注重自身利益的心理特点，注重宣传网络广告产品能给他带来的好处。比如宣传产品的特殊功效，能满足消费者的特殊需要等。利益导向和网络广告定位密切相关，不同的定位，针对消费者不同的需要进行劝导。

5) 网络广告时段策略

为了实现 Web 广告实时传播，让更多的目标受众来点击或浏览你的 Web 页面，保证点击的较高有效性，这就要考虑网络广告的时段安排技巧了。同时，做好时段安排，还有利于费用的节约。显然，在深夜播放针对小孩的广告是不合适的，只有针对你的特定商业用户在较为固定的时间内做远程广告播放，这才会有效。例如，上班族习惯工作的时候上网，学生习惯节假日上网且时间不会很晚，大学老师习惯晚上上网，这些都是不同受众的不同生活习惯，他们的不同生活习惯对网络广告的传播效果会产生很大的影响。在网络广告时段安排时必须要意识到这一点，并根据具体的广告对象、广告预算、所期望广告效果的强弱等，参照竞争者的情况来做决定。网络广告的时段安排形式可分为持续式、间断式、实时式。到底该选择哪一种广告形式，还得在策划平台的基础上根据具体的情况来决定。

3. 网络广告中的感性诉求

现在乃至将来都是一个过剩的消费时代。在一个相对富裕的社会里，消费者的消费目的不只是为了需要而消费，更多的是为消费而消费，为感觉而消费。此时的消费者便不单单满足于量和质，而会寻求更高层次的感性满足。人的情感是最丰富的，也是最容易激发的。广告中的感性诉求便是基于此种缘由，通过挖掘或附加商品情感，来激发人们心中相同的情感，使人们对商品产生好感，从而导致购买行为。

横幅广告是通过网络媒体发布广告信息的一种新型广告形式，它通过在网上放置一定尺寸的广告条来告诉网友相关信息，进一步通过吸引网友点击广告进入商家指定的网页，从而达到全面介绍信息、展示产品和及时获得网友反馈等目的。

对于网络来说，感性诉求广告有以下三个优点。

1）通用性

几个国家或地区的语言、风俗可以相异，不同民族的审美观、价值观可以不同，但情感却可以相通。这一点非常适合网络广告国际性的特点。

2）互动性

正因为人类有着极为丰富的感情，并容易被激发，所以感性诉求广告具有很大的互动性，这正是情感诉求广告在网络上具有较高点击率的原因。

3）非商业性

对于具有鲜明意图的商业宣传，人们不免怀有防备之心。感性诉求广告正因为紧紧把握住人情味这个要素，才能在商业宣传中淡化其商业气息，使消费者自觉自愿地点击广告，接受所宣传的产品或服务。

4. 网络感性诉求广告的创意方法

网络感性诉求广告有以下八种创意方法。

1）感知效应——品质的冲击力

网络广告所显示的商品经常具有独特的品质和功能，让消费者真正感知到这一点，是网络广告设计最有效的手段和目的。但一般而言，网络广告由于其文件和幅面大小的限制，其表现方式有很大局限性，但如果找到合适的表现方法，则能取得事半功倍的效果。

2）情趣效应——情节的吸引力

网络广告可以制作成动画，这样它就可以像影视广告一样，表现一定的情节。具有情节的广告与众不同，容易吸引网友的注意力和好奇心，获得认同感，达到更好的广告效果。

3）情感效应——氛围的感染力

在网上，富有情感的广告更易激发人点击的欲望。设计师通过色彩、文字、图像、构图等手段营造出一种氛围，它使观看广告的人产生了一种情绪，正是这种情绪是人们接受并点击广告，从而接受了广告所推出的服务或产品。网络广告应该设法提高自己的情绪效应，善于认识、发挥甚至赋予商品所适合的情感，营造出使网友产生共鸣的氛围，使广告被接受。

4）理解效应——事实的说服力

运用理解效益的基本原理就是帮助消费者找出他们购买商品的动机，并将产品与此动机直接联系起来。有时消费者并不清楚该产品会给他们带来什么好处，我们可以强调商品某方面的功能的重要性。对于横幅广告来说，应注意选材的精炼。

5）记忆效应——品牌的亲和力

网络广告只是行销战略的一小部分。广告无法真正卖掉这个产品，而只能吸引潜在购买者的兴趣，以便向他们提供更详尽的产品介绍材料。广告可以在推销这个产品时将产品背后的公司一起推销出去，即利用树立公司的威信来让消费者对产品也产生信心。另外，从心理学效果看，知道的事物比陌生的事物更能博得人们的信任。而这正是强调品牌的原因之一。广告在不同的媒体上信息传达的统一性战略，就是为了建立这种熟悉感。

利用对企业形象的突出和强调能够唤起人们对已经认可的事物再度认可，也是一种提高广告效果的方法。但是，由于各种媒介之间的差异性，再传达同一信息时又必然各有特色。在网络广告中，对于品牌的过分宣传会降低网友的好奇心，从而影响点击率。这其中的利弊得失，需要权衡。

6）社会效益——文化的影响力

中国是一个历史悠久的国家，几千年的古老文化传统，塑造了中国人所特有的价值观和审美观。

关于家庭文化方面，中国人对于家庭观念比较特殊。西方人比较注重个人的满足，而中国人更注重天伦之乐。在家庭关系上，父母不仅仅是生育了子女，而且几乎把自己的全部心血都倾注到子女身上。这种父母与子女的骨肉之情很容易使人们在感情上产生共鸣。因此，广告越来越多地把父母与子女的情感运用于其中。中国人眼中的“家”是一个较完整的群体，一个由父母、兄弟、子女甚至于亲友组成的，更容易表现唯情主义。

此外，中国漫长的五千年历史中，形成了独特的文化特色，将这种特色应用在网络上，既熟悉又新鲜，总能起到很好效果。

7）机会效应——利益的诱惑力

机会效应是指在网络广告中告诉网友，点击这则广告可以获得除产品信息以外的其他的好处，而不点就会失去。因为点击网络广告需要网友付出时间和经济上的代价，所以给他们一种付出会有收获，而不付出就会有所丧失的感觉十分重要，通常表现为“奖”“礼”，或者“免费”等。

利用机会效应，提高广告的机会价值是提高广告点击率行之有效的办法。

8）行为效应——点击的召唤力

根据康斯托克的心理模式，对一个行为的特定描述可能导致学习那个行为，对个人来说，这种描述愈是显著(即这一行动在个人所看到的全部广告中越突出)，就越具有激发力。所以，网络广告可以通过对特定行为的描述来引导别人的点击。

横幅广告将广告、动画和网络结合在一起，是一种新兴的广告媒体。在网络高速发展的时代，商家也越来越重视这被称为“第四媒体”的沟通和营销的新载体。它的推出也反映出全球网络化营销的新趋势。将传统的设计原则、广告的经验与网络特色结合在一起，发展新的广告形式，让网络广告这支后起之秀早日焕发出它应有的光彩。

5. 网络广告制作的一般流程

1）图片和文字的输入

选择与广告有关的图片及文字进行输入。

2）图形绘制和图像处理

通过电脑绘制的矢量图形一般都要转为标准图像格式用于网页设计。

Photoshop以其强大的图像处理功能见长，且具有很强的兼容性，支持多种图像格式。最新版的Adobe Photoshop 5.5其中附带专为处理网页图形的ImageReady 2.0，弥补了网页设计的不足。

3）网页动画的制作

网络广告表现形式的发展速度令人吃惊，而且潜力无限，网页动画技术的引进，使网络广告变得异常生动。

制作动画网页的GIF动画，最简单的办法可以用Photoshop生成一个包含全部动画元素的文件，对于每一个独立的帧，先隐含不必要的对象再分别导出成单个的GIF文件，最后用GIF Animator这类网页动画软件将各帧组合成动画文件，也可以安装Photoshop的动画插件，直接在Photoshop文件上生成动画。当然，如果用Adobe Imageready和Macromedia Fireworks、Flash这样专门为网页图像设计的软件，可以直接制作动画GIF。

随着多媒体技术在Internet领域的发展，在Web上出现了很多新的多媒体技术。比如，视频非线性编辑软件Adobe Premiere通过自身的发展以及一些第三方厂商的努力，在Web开发上也成为一个首选的素材制作工具。“动画流”技术，也称为下载即播技术，这是为了让上网的用户不用等到多媒体文件完全下载完就开始播放的一种技术，可使用户免受等待的煎熬。

4）影像及声音的输入和编辑

数字影像输入的最好办法是用数字摄像机，然后直接存入电脑的硬盘备用。声音需通过声卡输入。当然，一些传统的影音资料都可以通过专门的硬件设备进行格式转换输入电脑。

随着互联网传输速度的不断提高，计算机处理速度不断加快，真正能体现网络多媒体优势的数字影音将被广泛采用。但目前网络广告中此类应用并不广泛，主要局限于传输速率。虽然几乎所有的数字影音格式都能在Web上广泛使用(如Mov、Aw、Qt等)，但用户是没有耐心等很长时间下载浏览“数字电影广告”的。影像能够正常播放的速度取决于网络传输速率、访问者自己的计算机硬件处理能力和视频显示卡系统的速度。一般采用一种或更多的文件压缩方法(如MP3、MP4、RM等高倍压缩格式)。

为了增加影像在可接受的速度下运行的机会，设计时一般采用小画面模式。例如，采用320像素×240像素显示，或者干脆采用160像素×120像素显示；最后制作一般采用了一种或更多的文件压缩方法。但是即便这样，在网上播放影像文件也需稳定的高传输速率。

5）完成各广告要素及不同文件、页面间的链接

最后的步骤就是完成各广告要素及不同文件和页面间的链接，为WWW提供HTML文档。HTML允许文档创建者在文档中嵌套指向其他任何文件的链接指令。当单击鼠标激活这些嵌套的链接时，就可以直接跳转到该链所指的文件。无论该文件存储在本地还是远程计算机里，都可以利用HTTP跨空间在网上的不同Web页面间自由切换。

大多数通用文本编辑器及文字处理软件都能编辑HTML文档，只要该编辑器或字处理软件能把文档以纯文本方式储存即可。一些专门的网页制作软件和多媒体制作软件也具备强大的链接编辑功能，常用的有FrontPage、Dreamweaver、Fireworks等。

3.5.3 制订网站推广计划

1. 网上消费者行为分析

现代市场营销理论认为，了解市场的需要和欲望，对消费者行为进行分析是企业市场营销的出发点，其最终目的便是开发适销对路的商品来满足消费者的需求；而一个策划完美的营销方案又必须建立在对市场细致周密的调查基础上，市场调查能促使公司及时地调整营销策略，引导营销人员制定出合理的产品推广和促销方案。网上销售商应该多加关注网上消费者行为。

1）网络消费者类型

进行网上购物的消费者可以分为以下五种类型：

(1) 简单型。简单型的顾客需要的是方便、直接的网上购物。他们每月只花少量时间上网，但他们进行的网上交易却占了一半。零售商们必须为这一类型的人提供真正的便利，让他们觉得在你的网站上购买商品将会节约更多的时间。

(2) 冲浪型。冲浪型的顾客占常用网民的8%，而他们在网上花费的时间却占了32%，并且他们访问的网页是其他网民的4倍。冲浪型网民对常更新、具有创新设计特征的网站很感兴趣。

(3) 接入型。接入型的顾客是刚触网的新手，占36%的比例，他们很少购物，而喜欢网上聊天和发送免费问候卡。那些有着著名传统品牌的公司应对这群人保持足够的重视，因为网络新手们更愿意相信生活中他们所熟悉的品牌。

(4) 议价型。议价型顾客占网民8%的比例，他们有一种趋向购买便宜商品的本能，著名的eBay网站一半以上的顾客属于这一类型，他们喜欢讨价还价，并有强烈的愿望在交易中获胜。

(5) 定期型和运动型。定期型和运动型的网络使用者通常都是被网站的内容所吸引。定期网民常常访问新闻和商务网站，而运动型的网民喜欢运动和娱乐网站。

目前，网上销售商面临的挑战是如何吸引更多的网民，并努力将网站访问者变为消费者。

2）消费者网上购物的活动过程

网上购物是指用户为完成购物或与之有关的任务而在网上虚拟的购物环境中浏览、搜索相关商品信息，从而为购买决策提供所需的必要信息，并实施决策和购买的过程。

心理学家将消费者的购物活动称作问题解决过程或购买决策的信息处理过程，它一般分为3个阶段：需求确定、购前信息搜索和备选商品的评价。消费者的购买决策过程实际上是一个搜集相关信息与分析评价的过程，它具有不同的行为程度和脑力负荷。

3）消费者网络信息空间的活动

消费者网络信息空间的认知和任务活动可分为以下三种方式：

(1) 浏览。非正式和机会性的，没有特定的目的，完成任务的效率低且较大程度地依赖外部的信息环境，但能较好地形成关于整个信息空间结构的概貌。此时，用户在网络信息空间的活动就像随意翻阅一份报纸，他能大概了解报纸信息包括了哪些内容，能否详细地阅读某一消息就依赖于该信息的版面位置、标题设计等因素。

(2) 搜索。在一定的领域内找到新信息。搜索中收集到的信息都有助于达到发现新信息的最终目的，搜索时用户要访问众多不同的信息源，搜索活动对路标的依赖性较高。用户在网络信息空间的搜索，就如根据目录查阅报纸，获取某一类特定信息。

(3) 寻找。是在大信息量信息集里寻找并定位于特定信息的过程。寻找的目的性较强，活动效率最高。例如，用户根据分类目录定位于寻找旅游信息之后，他就可在众多旅游信息中进行比较、挑选等活动。

2. 网站推广策略

1) 网上和网下推广相结合

按照用户所获取网站信息的来源，可分为网上途径和网下途径，因此网站推广手段相应地也有网上推广和网下推广两种基本类型。网站推广渠道的主要途径是网上获取信息，但这些并不是用户获取有关信息的唯一渠道，网络营销并不拒绝网下的营销方法，两者并不矛盾，可以互相配合发挥各自的优势，从而获得更好的网站推广效果。通常会有一些大型网站以路牌广告和电视广告等方式进行宣传，这是很好的宣传途径，但对于大多数中小企业网站来说，由于缺乏资金实力，一般是难以模仿的，因此这样往往造成一种错觉，好像只有大型网站才能利用传统渠道宣传，实际上，传统的方法也很多，并不一定都要投入大量的费用，有时只是在市场活动中顺便宣传，关键是从策略的层面将网站推广与市场营销结合起来，例如在产品包装物、宣传资料、平面广告、企业新闻、企业市场人员的名片等，只要可以用来印刷网址的地方，都不失时机地留下网站推广信息，这样在不知不觉中就发挥了网站推广的作用。

2) 主动与被动推广相结合

按照用户获取网站信息的主动性和被动性，可将获取信息的渠道分为主动渠道和被动渠道，网站推广手段也有主动和被动之分。用户的主动获取信息就意味着网站以被动的方式来推广，例如，通过电子邮件的方式向潜在用户推广新的网站是主动推广，而用户则是被动地接收信息；当用户通过搜索引擎发现并进入一个网站时，是用户主动获取信息，而网站则是被动地推广。电子商务时代通常被认为是用户制定营销规则的时代，因此，用户掌握了更多的主动权，但是用户的主动权并不完全取决于自己，因为他所获取的信息必定是企业事先已经设计好的，而信息的多少，以及对用户是否有价值，主动权仍然掌握在信息提供方——企业的手里。

3) 利用不同的推广方式

根据用户了解网站信息所利用的具体手段，可以罗列出许多方式，如搜索引擎、分类目录、分类排行榜、网站链接、电子邮件、即时信息、网络实名、通用网址、论坛、黄页、电子商务平台、网络广告、电子书、免费软件、网址大全书籍、报刊网站推荐等，每一种方式均可作为一种网站推广的手段。由于这种分类方式难以穷举所有的网站推广方法，因此通常将这些方法穿插在其他网站推广类别中。

4) 在不同的阶段采用不同推广方法

根据网站所处的阶段，可以分为网站发布前的推广策略。网站发布初期的推广策略、网站发展期和稳定期的推广策略等，每个阶段所采用的网站推广方法存在一定的差别，同样的网站推广手段在不同时期的应用也有所不同。从网站运营者的角度来考虑，根据网站的不同发展阶段来设计网站推广策略更有意义。

3. 网站推广计划

网站推广计划是网络营销计划的组成部分。制订网站推广计划本身也是一种网站推广策略，推广计划不仅是推广的行动指南，同时也是检验推广效果是否达到预期目标的衡量标准，所以，合理的网站推广计划也就成为网站推广策略中必不可少的内容。网络营销计划包含的内容比较多，如网站的功能、内容、商业模式和运营策略等，一份好的网络营销计划书应该在网站正式建设之前就完成，并且为实际操作提供总体指导。

与完整的网络营销计划相比，网站推广计划比较简单，然而更为具体。一般来说，网站推广计划至少应包含以下三个主要内容。

1）确定网站推广的阶段目标

如在发布后1年内实现每天独立访问用户数量、与竞争者相比的相对排名、在主要搜索引擎的表现、网站被链接的数量、注册用户数量等。

2）在网站发布运营的不同阶段所采取的网站推广方法

如果可能，最好详细列出各个阶段的具体网站推广方法，如登录搜索引擎的名称、网络广告的主要形式和媒体选择、需要投入的费用等。

3）网站推广策略的控制和效果评价

如阶段推广目标的控制、推广效果评价指标等。对网站推广计划的控制和评价是为了及时发现网络营销过程中的问题，保证网终营销活动的顺利进行。

3.5.4 网络促销

电商实践

如何发动一次成功的促销?

八大步骤：确定促销活动的目的、目标；进行资料收集和市场研究；进行促销创意；编写促销方案；试验促销方案；改进完善促销方案；推广实施促销方案；总结评估促销方案。

网络促销是指利用现代化的网络技术向虚拟市场传递有关商品或服务的信息，以刺激需求，引起消费者购买欲望进而采取购买行为的各种活动。由于网络消费者独特的需求和网络媒体的特点，商家必须在深入了解和准确把握的基础上，制定合适的促销策略。

1. 网络促销分类

传统营销的促销形式主要有四种：广告、销售促进、宣传推广和人员推销。网络营销是在网上市场开展的促销活动，相应的促销形式也有四种，分别是网络广告、销售促进、站点推广和关系营销。

1）网络广告

网络广告主要是借助网上知名站点（ISP或ICP）或者一些免费公开的交互站点（如新闻组，公告栏），或者通过提供免费电子邮件服务来发布企业的产品信息，对企业以及企业产品进行宣传推广。网络广告类型很多，有旗帜广告、按钮广告、电子邮件广告、电子杂志广告、关键词广告、对联广告、新闻组广告、公告栏广告等。作为有效可控制的促销手段，网络广告被许多企业用于网上促销，但花费的费用也不少。由于网络广告是最直接的网络促销手段，现在已经形成了一个很有影响力的产业市场，因而成为企业考虑的首选促销形式。

2）销售促进

销售促进就是企业在网上市场利用销售促进工具以刺激顾客对产品的购买。同时，还可以利用网络技术与顾客建立互动关系，了解顾客的需求和对产品的评价。常见的网上销售促进的主要形式有三种。

（1）有奖促销。选择适合的产品，在站点适时开展有奖销售活动，往往可以带来可观的访问量。开展网上有奖促销活动，一方面需考虑促销商品是否适合网上销售和推广，另一方面还应考虑消费者的喜好，在奖品设置方面，应当提供能够吸引促销目标市场的商品。图 3.8 是惠普中国在线商店在 2012 年国庆节即将到来之际推出的有奖促销活动。

图 3.8　惠普中国在线商店推出的有奖促销活动

（2）拍卖促销。网上拍卖是新兴的网上促销形式，许多电子商务网站纷纷提供拍卖服务，以一定的底价在网上拍卖，由买家竞争出价，最终达成交易。由于其快捷方便，吸引了大量用户参与。具体来说，拍卖的形式有很多种，如 eBay 易趣就提供了 1 元起拍、限时抢拍、二手/闲置拍卖、专柜品打折拍卖等不同的拍卖形式。

（3）免费试用促销。有些产品非常适合在网上进行免费试用促销，如许多软件厂商为吸引顾客购买软件产品，允许顾客通过互联网下载产品，在试用一段时间后再决定是否购买。

3）站点推广

网络营销站点推广就是通过对企业网络营销站点的宣传来吸引用户的访问，同时树立企业网上品牌形象，以宣传和推广企业以及企业产品，为企业营销目标的实现打下坚实的基础。站点推广是一项系统性工作，它与企业的营销目标是一致的。

常用的站点推广方法有：搜索引擎注册、建立站点链接、发送电子邮件、发布新闻、提供免费服务等。这些方法可以概括为两类：一是通过改进网站的内容和服务，吸引用户访问，达到推广的效果；二是利用网络广告宣传推广站点。前者费用较低，而且容易稳定顾客访问，但推广速度比较慢，后者可以在一段时间内扩大站点和知名度，但费用不菲。

4）关系营销

关系营销是通过借助互联网的交互功能吸引用户与企业保持密切关系，培养顾客忠诚度，提高顾客的收益率。用美国学者理查德•古德曼的话说，关系营销“不是创造购买”，而是“建立各种关系”。具体有三方面的含义：建立关系是指企业向顾客作出各种许诺；保持关系的前提是企业履行诺言；发展关系是指企业履行以前的诺言之后，向顾客做出一系列新的许诺。传统的营销是创造购买，是产品、价格、销售渠道和促销等营销因素的简单组合，而在当前激烈竞争的市场环境下，“建立各种关系”比“创造购买”更重要，因为企业追求的是长期利益，要保持长期盈利能力那就要与顾客保持长期的关系。

在上述四种网络促销的类别中，网络广告和站点推广是主要的网络营销促销形式。这两种不同的促销方法各有其特点和优势。网络广告促销的特点是宣传面广、影响力大，但其费用相对偏高。网络站点促销具有快捷、方便、费用较低的特点，供求双方可直接在网上洽谈，成交的概率较高，但由于 Internet 上的网站日益增多，检索起来比较困难。因此，合理地应用两种促销方法，是提高网络促销成功率的关键。

2. 网络促销的实施程序

对于任何企业来说，如何实施网络促销都是一个新问题。每一个营销人员都必须摆正自己的位置，深入了解产品信息在网络上传播的特点，分析网络信息的接收对象，设定合理的网络促销目标，通过科学的实施程序，打开网络促销的新局面。

根据国内外网络促销的大量实践，网络促销的实施程序可以由六个方面组成，确定网络促销对象、设计网络促销内容、决定网络促销组合、制订网络促销预算方案、衡量网络促销效果、网络促销过程的综合管理和协调。

1）确定网络促销对象

要使网络产品的销售真正得以实现，首先就必须分析市场，确定本企业产品的目标消费者，选择网络促销对象，所谓网络促销对象，就是在网络虚拟市场上能产生购买行为的消费者群体。这一群体主要包括以下三部分人员。

（1）产品的使用者。产品的使用者是指商品的实际使用者或消费者。这些顾客购买商品是为了满足实际需求，实际的需求构成了这些顾客购买的直接动因，他们是企业促销对象的重要组成部分，所以企业一定要抓住这部分消费者，抓住了这一部分消费者，网络销售就占据了稳定的市场。

（2）产品购买的决策者。产品购买的决策者是指实际决策购买产品的人。在许多情况下，商品的使用者与购买者是一致的，特别是在虚拟市场上更是如此，因为大部分的上网人员都有独立的决策能力，也有一定的经济收入。但在另外一些情况下，产品的购买决策者和使用者则是分离的。例如，中小学生在网络光盘市场上看到富有挑战性的游戏，非常希望购买，但是实际对购买行为作出决策的是学生的父母。婴幼儿的用品更是如此，所以，网络促销同样应当把购买决策者放在重要的位置上。

（3）产品购买的影响者。产品购买的影响者是指其看法或建议对最终购买决策可以产生一定影响的人。在低价、易耗日用品的购买决策中，产品购买的影响者的影响力较小，但在高价耐用消费品的购买决策中，产品购买的影响者的影响力较大。这是因为对高价耐用品的购买，购买者往往比较谨慎，希望广泛征求意见后再作决定。

2）设计网络促销内容

网络促销的最终目标是希望引起购买。这个最终目标是要通过设计具体的信息内容来实现的。消费者的购买过程是一个复杂的、多阶段的过程，促销内容应当根据购买者目前所处的购买决策过程的不同阶段和产品所处的经济寿命周期的不同阶段来决定。

一般来讲，一项产品完成试制定型后，从投入市场到退出市场，大体上要经历四个阶段：投入期、成长期、成熟期和衰退期。在新产品刚刚投入市场的开始阶段，促销活动的内容应侧重于宣传产品的特点，引起消费者的注意；当产品在市场上已有了一定的影响力，促销活动的内容则需要偏重于唤起消费者的购买欲望，同时还需要创造品牌的知名度；当产品进入成熟阶段后，市场竞争变得十分激烈，促销活动的内容除了针对产品本身的宣传外，还需要对企业形象做大量的宣传工作，树立消费者对企业产品的信心；在产品的衰退阶段，促销活动的重点在于加强与消费者之间的感情沟通，通过各种让利促销，延长产品的生命周期。

3）决定网络促销组合

促销组合是一个非常复杂的问题。网络促销活动主要是通过网络广告促销和站点推广两种促销方法展开的。一般来说，日用消费品如化妆品、食品饮料、医药制品、家用电器等，网络广告促销的效果比较好，而大型机械产品、专用品则采用网络站点促销的方法比较有效。在产品的成长期，应侧重于网络广告促销，宣传产品的新性能、新特点。在产品的成熟期，则应加强自身站点的建设，树立企业形象，巩固已有市场。

由于企业的产品种类不同、销售对象不同，促销方法与产品种类和销售对象之间将会产生多种网络促销的组合方式。企业应当根据网络广告促销和站点推广两种方法各自的特点和优势，根据自己自身网络促销的能力以及产品的市场情况、顾客情况，扬长避短、合理组合，从而确定两种网络促销方法配合使用的比例，以达到最佳的促销效果。

4）制订网络促销预算方案

在网络促销实施过程中，使企业感到最困难的是预算方案的制订。制订网络促销方案应处理好以下三个方面的问题。

（1）必须明确网上促销的方法及组合的办法。选择不同的信息服务商，宣传的价格可能悬殊极大。这就像在不同的电视台上做广告。在中央电视台做广告的价格远远高于地方电视台的价格。自己设立站点宣传价格最低，但宣传的覆盖面可能最小。所以，企业应当认真比较设放站点的服务质量和服务价格，从中筛选适合于本企业的、质量与价格匹配的信息服务站点。

（2）需要确定网络促销的目标。即企业进行网络促销的目的是为了宣传产品，还是宣传售后服务，或者是为了树立企业的形象。只有明确了网络促销目标后，才能据此策划投入内容的多少、投放时间的长短、频率和密度的高低、广告宣传的位置、内容更换的时间间隔以及效果检测的方法等。这些环节是预算整体投资数额的主要依据。

（3）需要明确希望影响的对象。就是需要明确该企业的产品信息希望传递给哪个群体、哪个阶层、哪个范围。因为不同的站点有不同的服务对象、不同的服务费用。对于访问者而言，有的站点侧重于中青年，有的站点侧重于学术界，有的站点则侧重于产品消费者。一般来讲，侧重于学术交流的站点的服务费用较低，专门从事产品推销的站点的服务费用较高。而某些综合性的网络站点费用最高。在宣传范围上，单纯使用中文促销的费用较低，使用中英文促销则费用较高，企业促销人员应当熟知自己产品的销售对象和销售范围，根据自己的产品选择适当的促销形式。

5）衡量网络促销效果

对促销效果的评价主要依赖于两个方面的数据：一方面，要充分利用互联网上的统计软件，及时对促销活动的好坏作出统计。这些数据包括主页访问人次(Impression)、点击次数(Click-Through)、千人广告成本(Cost Per-One-Thousand Impression，CPM)等。网络宣传不像报纸或电视那样难以确认实际阅读和观看的人数。在网上，可以很容易地统计出站点的访问人数，也可以很容易地统计广告的浏览人数，甚至可以告诉访问者，他是第几个访问者。利用这些统计数字，网上促销人员可以了解自己在网上的优势与不足，以及与其他促销者的差距。另一方面，可以通过销售量、利润、促销成本的变化，判断促销决策的正确性。同时，还应注意促销对象、促销内容、促销组合等方面与促销目标的因果关系的分析，从中对整个促销工作作出正确的判断。

6）网络促销过程的综合管理和协调

网络促销是一种新生事物，要在这个领域中取得成功，科学的管理起着极为重要的作用。在衡量网络促销效果的基础上，对偏离预期促销目标的活动进行调整是保证促销取得最佳效果的必不可少的程序。同时，在实施过程中，不断地进行信息沟通的协调，也是保证企业促销连续性、统一性的需要。

3. 旗帜广告促销

1）旗帜广告(Banner)的概念

网络广告是最直接的网络促销手段，而在各种类型的网络广告中，旗帜广告又是其中的一个典型。无论是全球第一个网络广告，还是我国大陆地区的第一个网络广告，均是以旗帜广告的形式出现的。1994年10月，美国著名的《Hotwired》杂志推出了网络版本的《Hotwired》(www. Hotwired. com)并首次推出网络旗帜广告，标志了网络广告的正式诞生。而我国大陆地区的第一个网络广告出现在1997年3月，当时，Chinabyte的网站(www. Chinabyte. com)上发布了Intel公司的一个标准大小(468像素×60像素)的全幅旗帜广告。

旗帜广告也叫横幅广告，是网络媒体者在自己网站的页面中分割出一定大小的一个画面(视各媒体的版面规划而定)发布的广告，因其形状像一面旗帜，故称为旗帜广告。旗帜广告的常用尺寸为468像素×60像素，使用的是静态或动画Gif图形。旗帜广告是一个表现商家广告内容的图片，它放置在广告商的页面上，允许客户用极简练的语言和图片介绍企业的产品或宣传企业形象。此种广告重在树立企业的形象。扩大企业的知名度。图3.9金典牛奶在搜狐主页的旗帜广告。

2）旗帜广告的特点

除了具有网络广告的一般特点外，旗帜广告还有以下5个突出特点。

图 3.9 金典牛奶在搜狐主页的旗帜广告

(1) 经济性。与其他传统广告媒体比较，旗帜广告投入成本极为低廉，因此，旗帜广告在价格上具有极强的竞争性。

(2) 可定向性。旗帜广告可以按照访问者的具体公司、代号、地理位置、国家等进行精确定向，亦可以按照时间、计算机平台或浏览器类型进行定向。

(3) 可跟踪性。通过旗帜广告(及其他在线广告)，广告主不仅能够检验访问者对广告的回复率，而且能够准确测量他们对产品兴趣的来源。

(4) 可操作性。广告主可以每天 24 小时、每周 7 天、每年 365 天操作其旗帜广告，使其无时不在地迎接全世界的访问者。并且可以随时发布、更新或者取消任何旗帜广告。所有广告人能够在广告发布的头一个星期以最短的时间了解广告的效果，并决定不同的广告策略。在其他传统的广告形式中，不可能有这样直观并且高效率的操作。

(5) 交互性。旗帜广告(在线广告)可以引导访问者来到产品或服务的介绍网站，提出意见，请求咨询、服务，在线提交申请表单。广告浏览者通过图形、文字、声音等方式，观看产品或服务的实例演示。对于软件产品，访问者可以立即下载有关的演示操作版，体验到真实的产品或服务。这在其他传统的广告形式中是根本无法实现的。

3) 旗帜广告的定价

网上广告收费最科学的办法是按照有多少人看到你的广告来收费。按访问人次收费已经成为网络广告的惯例。一般是按照每千人访问次数作为收费单位，即 CPM。比如说一个 Banner 的单价是＄1/CPM 的话，意味着每一千个人次看到这个 Banner 的话就收＄1，如此类推，10000 人次访问的主页就是＄10。

4) 旗帜广告的设计

要使旗帜广告达到好的广告效果，Banner 的吸引力最为重要。广告 Banner 必须在几秒钟之内抓住读者的注意力，否则读者很快就会进入其他页面。在 Banner 的制作中应注意以下几个问题。

(1) 创意正确。在创意概念的设想上，必须对 Banner 所链接的目标站点内容有通盘的了解，找出目标站点最吸引访问者的地方。

(2) 选好主题。客户目标网站可能同时提供很多内容的服务或产品，但可以选择一个最具有吸引性的内容作为 Banner 创作的主题。

(3) 找准“卖点”。在“卖点”的设计上，应该站在访问者的角度，注意与广告站点内容的相关性，使得点击率能够提高。

(4) 文字精练。Banner 的文字不能太多，一般都要能用一句话来表达，配合的图形也无须太繁杂。

(5) 色彩清晰。尽量不要使用晕边等复杂的特技图形效果，这样做会大大增加图形所占用的颜色数，除非存储为 JPG 静态图形，否则颜色最好不要超过 32 色。

(6) 用好动画。动画 Banner 比静态 Banner 更具优势。统计表明：动画图片的吸引力比静止画面高三倍。但是如果动画图片应用不当则会引起相反的效果，如太过花哨或文件过大影响了下载速度。一般来说，468 像素×60 像素横条的大小应该保持在 10 KB 以下。

5）旗帜广告的交换与发布

(1) 旗帜广告交换。旗帜广告交换就是两个不同的站点为相互扩大站点的知名度，协商同意互相交换旗帜广告位放置对方旗帜广告，以达到零费用的双方互惠互利，目前旗帜广告交换有两种方式：一种方式是通过一些广告联盟组织作为中介，对广告联盟内的组织成员进行相互交换，目前这种方式用得比较多；另一种方式是愿意交换旗帜广告的双方直接进行交换，该方式直接方便，但交换的面比较窄，对于一些小有知名的站点该方式采用较多。旗帜广告交换的目的主要是免费扩大站点的影响力。

(2) 旗帜广告媒体选择。首先要考虑广告费用；其次是考虑广告的收益，比如广告发布后访问量、销售收入等是否增加；再次是要考虑广告的效益，即广告接受者是否是你想接触到的；最后是媒体的形象是否与你推广形象吻合，另外，还要考虑媒体能否给出详细的广告效果统计分析数据。

(3) 旗帜广告的发布实施。旗帜广告的发布要注意两方面，一是广告的页面位置选择，二是要对广告内容经常更换。

即使有一个很好的条幅广告，也要经常更换图片，因为研究表明，当同一个图片放置一段时间以后，点击率开始下降。而更换图片以后，点击率又会增加。增加保持新鲜感是吸引访问者的一个好办法。据统计一般以 2 周左右更换一次 Banner 为好。

4. 网站促销

网络营销站点能否吸引大量访问者是企业开展网络营销成功的关键，也是网络营销的基础。从广义上来说，从网络营销网站规划、网站建设、网站优化到后期的站点推广都属于网站促销的范畴，早期在规划建设网站时，必须从营销的角度出发，站在用户需求的角度来构思，并不是内容越丰富，页面色彩越华丽的网站就越具有吸引力。

随着企业网站争夺顾客的竞争日趋激烈，许多网站开始考虑提供个性化的内容作为网站竞争的一种策略。研究表明，能够提供个性化服务的网站会吸引更多的消费者。但需要明确的是，并非所有网站都提供个性化的服务，而且个性化的程度究竟应该控制在什么范围也是一个需要考虑的问题，如果个性化不能做到恰到好处，就会适得其反。

本章小结

网络营销是以互联网络为媒体，以新的方式、方法和理念，通过一系列魅力网络营销策划，制定和实施营销活动，更有效地促成个人和组织交易活动实现的新型营销模式。

网络营销产生和发展的背景主要有三个方面，即网络信息技术发展、消费者价值观改变、激烈的商业竞争。

中国网络营销发展迅速，但也存在一定问题，主要表现在四个方面：网络营销理论研究薄弱、企业网络营销效果不明显、网络营销专业服务水平较低，并且网络营销环境不规范造成的影响比较明显。

网络营销的基本职能表现在八个方面：网络品牌、网站推广、信息发布、销售促进、网上销售、顾客服务、顾客关系、网上调研。网络营销产品包括：期望产品、潜在产品。由核心产品、形式产品、期望产品、附加产品、潜在产品组成的五个层次。网络营销的产品组合策略有：扩充产品组合策略、缩减产品组合策略、产品线延伸策略。

网络品牌的建设可以采用以下方式进行：借助专业的品牌管理策划人员、借助原有的品牌优势、借助传统媒体投放广告、以自己的经营特色创建品牌。而网络营销品牌策略主要是指域名策略。

网络营销定价策略主要有：免费价格策略、低价定价策略、定制生产定价策略、使用定价策略、拍卖竞价策略、捆绑定价策略、动态定价策略。

网络促销主要有网络广告、销售促进、站点推广和关系营销四大类，其中，网络广告是企业考虑的首选促销形式，而在各类网络广告中，旗帜广告是优势典型。

网络促销的实施程序有六步：确定网络营销对象，设计网络促销内容，决定网路促销组合，制定网络促销预算方案，衡量网络促销效果，网络促销过程的综合管理和协调。

网站促销是网络营销的基础，必须站在营销的角度，从客户的需求出发，考虑整个网站的规划、设计和优化。

本章习题

一、单项选择题

1. 企业在调整自己的产品组合是可以选择的策略有三种，以下哪项不满足？(　　)

A. 扩充产品组合策略　　B. 缩减产品组合策略

C. 产品线延伸策略　　D. 产品线缩减策略

2. 创建网络品牌的关键是(　　)。

A. 网站的交互能力　　B. 域名

C. 良好的公共关系　　D. 传统品牌

3. 经济学认为，市场要形成最合理的价格，(　　)是最合理的方式。

A. 低价定价　　B. 拍卖竞价　　C. 动态定价　　D. 以成本定价

4. 以下不属于网络促销对象的是(　　)。

A. 产品的使用者　　B. 产品购买的决策者

C. 产品的开发者　　D. 产品的购买影响

5. 网上广告收费最科学的办法是按照(　　)收费。

A. 访问人数　　B. 访问时间　　C. 访问频率　　D. 以上都不对

二、判断题

1. 消费者的购买动机是由购买需求产生的，而购买动机又导致购买行为。(　　)

2. 网上优势品牌就是传统优势品牌在网络上的表现。(　　)

3. 与传统营销相比，网络营销对消费者的吸引具有一定的难度。（　　）

4. “比较选择”是网上消费者购买活动中最主要的组成部分，它基本上反映了网上消费者的购买行为。（　　）

5. 在网络直接营销渠道中，传统意义上的中间商已经消失了。（　　）

6. 一般来说，企业建设网站的费用要大大低于传统的广告费用。（　　）

7. 扩充产品组合策略有利于广告促销、分销渠道等的目标集中，提高营销效率。（　　）

8. 域名是从以物质交换为基础的实体环境下的商标，延伸到以信息交换为基础的网上虚拟环境下的商标。（　　）

三、填空题

1. 虚拟环境下，人们希望满足的三种基本需求是：__________、__________、__________。

2. 网络营销的基本职能表现在八个方面：__________、__________、__________、__________、网上销售、顾客服务、顾客关系、网上调研。

3. 网络间接营销渠道只需要一个中间环节，那就是__________。

4. 同时使用网络直接分销渠道和网络间接分销渠道的是__________。

5. 对于产品的层次，网络营销在传统营销的基础上扩展出两个层次，以满足顾客的个性化需求特征，它们是__________、__________。

6. 目前以竞争为导向进行定价的主要方法有两种，它们是__________、__________。

7. 网络促销的主要种类有：__________、销售促进、站点推广和__________。

8. 关系营销的三方面含义是指：建立关系、__________、__________。

四、简答题

1. 开展网络营销可以选择哪些网络分销渠道？

2. 网络营销的产品组合策略包含哪些内容？

3. 如何让网站在Google上有比较好的排名？注册门户网站和加注搜索引擎哪个会给网站带来较大的收益？

4. 简述网络促销的实施程序。

5. 网上市场调查问卷设计的工作步骤有哪些？设计要点有哪些？

6. 撰写网络市场调查报告计划的步骤有哪些？调查报告计划的内容主要有哪些？

7. 如何评估网络广告的效果？在选择网站发布网络广告时需要注意什么？E _ mail广告的特点和优势是什么？

第4章 计算机网络技术

教学目标

通过本章的学习，了解计算机网络的基础知识；了解 WAP 技术、物联网、云计算等新技术；理解网络体系结构，Internet 的基本服务功能，通信技术；熟悉 IP 地址、域名、网络协议、Intranet 和 Extranet 等基本内容；掌握网页制作的基本方法。

教学要求

知识要点	能力要求	相关知识
计算机网络基础知识	(1) 计算机网络功能的实际运用 (2) 网络体系结构，OSI 七层模型的理解 (3) 网络协议的理解	(1) 计算机网络的概念与分类 (2) 计算机网络的拓扑结构 (3) 计算机网络系统的组成 (4) TCP/IP 协议概念
Internet 技术及应用	(1) 了解 Internet 的接入方式 (2) Internet 的基本服务功能的运用 (3) 了解 Internet、Intranet 和 Extranet 的关系 (4) 了解 WAP 技术、物联网、云计算	(1) IP 地址、域名的概念和内容 (2) Intranet 和 Extranet 的概念 (3) WAP 技术的定义与特点 (4) 物联网、云计算概念与应用
通信技术	(1) 了解通信系统的组成、通信方式 (2) 了解数据传输的方式、数据交换技术 (3) 网络中两台计算机的通信过程的应用	(1) 带宽、传输速率概念 (2) 基带传输与频带传输概念 (3) 传输介质定义及特点
网页制作	(1) 熟练运用 Dreamweaver 软件 (2) 掌握网页制作基本方法	(1) CSS 样式的基本概念 (2) 超级链接、目录链接、导航条

导入案例

摩尔定律说，一块半导体集成电路芯片上的晶体管数每隔1.5年到2年就要翻一番。这条规律过去40年来一直成立，而且业界普遍认为它会持续到2020年。除摩尔定律外，主导信息产业发展的另一个规律来自网络传输变化带来的影响。1996年以来，互联网飞速发展对信息传播带来深远影响，目前形成了有关网络传输的新规律，即信息传播网络带宽每9个月增长一倍，主干网业务量半年左右翻一番，网上的信息每100天翻一番，业界一般称其为新摩尔定律。可以说技术变化是主导电子信息行业发展的关键力量。

网络遵循一个规则，这就是梅特卡夫法则：如果一个网络中有 n 个人，那么网络对每个人的价值与网络中其他人的数量成正比，这样网络对所有人的总价值与 $n\times(n-1)$ 成正比，这是网络价值的体现，更是电子商务生存和发展的基石。

4.1 计算机网络基础知识

电子商务是基于计算机的软硬件、网络通信等技术基础上的经济活动，它以最新的Internet、Intranet(企业内部网)和Extranet(企业外部网)作为载体，使企业能够有效完成自身内部的各项经营管理活动，通过解决企业之间的商业贸易和合作关系，最终降低产、供、销的成本，增加企业利润，开辟新的市场。

4.1.1 计算机网络的基本概念

1. 计算机网络的定义

计算机网络是将分布在不同地理位置上的具有独立功能的计算机终端及其附属设备用通信手段连接起来以实现资源共享的系统。

2. 计算机网络的功能

由计算机网络的定义可知，建立计算机网络的主要目的是实现在计算机通信基础上的“资源共享”。计算机网络具有以下五个方面的功能。

1）实现资源共享

所谓资源共享是指所有网内的用户均能分享网上计算机系统中的全部或部分资源，这些资源包括硬件、软件、数据等。

2）进行数据信息的集中和综合处理

将地理上分散的生产单位或业务部门通过计算机网络实现联网，把分散在各地的计算机系统中的数据资料适时集中，综合处理。

3）能够提高计算机的可靠性及可用性

在单机使用的情况下，计算机或某一部件一旦有故障便引起停机，当计算机连成网络之后，各计算机可以通过网络互为后备，还可以在网络的一些结点上设置一定的备用设备，作为全网的公用后备。另外，当网中某一计算机的负担过重时，可将新的作业转给网中另一较空闲的计算机去处理，从而减少了用户的等待时间，均衡了各计算机的负担。

4）能够进行分布处理

在计算机网络中，用户可以根据问题的性质和要求选择网内最合适的资源来处理，以便能迅速而经济地处理问题。对于综合性的大型问题可以采用合适的算法，将任务分散到不同的计算机上进行分布处理。利用网络技术还可以将许多小型机或微型机连成具有高性能的计算机系统，使它具有解决复杂问题的能力。

5）节省软、硬设备的开销

因为每一个用户都可以共享网中任意位置上的资源，所以网络设计者可以全面统一地考虑各工作站上的具体配置，从而达到用最低的开销获得最佳的效果。如只为个别工作站配置某些昂贵的软、硬件资源，其他工作站可以通过网络调用，从而使整个建网费用和网络功能的选择控制在最佳状态。

3. 网络的分类与拓扑结构

1）网络的分类

计算机网络分类的标准很多，如果按照网络的拓扑结构分类，可以分为星型、环型、树型、总线型和混合型；按照使用范围可以分为公用网和专用网；按交换方式可以分为分组交换与报文交换；按传输技术可以分为点对点网络和广播式网络等。考虑到距离、速度、技术细节等要素，通常按照网络的范围分类，这也就是为什么有局域网的原因。

（1）局域网(Local Area Network，LAN)。联网范围一般为数百米，适合办公大楼或工厂内部的联网。局域网技术成熟，是整个计算机应用的基础。

（2）区域网(Metropolitan Area Network，MAN)。联网范围一般为一个城市，距离为数公里。

（3）广域网(Wide Area Network，WAN)。联网范围要大得多，它采用广域网互联技术，将位于不同城市甚至不同国家的计算机连接在一起。

广域网互联的形式主要有两种：一是局域网到局域网的连接，主要适合企业与企业之间或企业各分支机构之间的连接；二是单机到局域网的连接，适合分散用户访问企业的网络。常说的互联网是所有这些网络连接在一起的产物。从网络连接而言，它使用的也就是局域网和广域网技术(可以认为接入技术也是一种广域网技术)，并利用 TCP/IP 协议将各个物理网络连接成一个单一的逻辑网络。因此，可以认为局域网和广域网技术是互联网络的逻辑互联基础。

2）局域网的分类

局域网的分类要看采用什么样的分类方法。由于存在着多种分类方法，因此，一个局域网可能属于多种类型。对局域网进行分类经常采用以下四种方法：

（1）按访问传输介质的方法分类。可以把局域网分为以太网(Ethernet)、令牌环网(Token Ring)、ATM 网等。

（2）按拓扑结构分类。可以把局域网分为星型、环型、树型、总线型和混合型等，是最常用的分类方法。

（3）按传输介质分类。可以将局域网分为同轴电缆局域网、双绞线局域网和光纤局域网。若采用无线电波、微波，则可以称为无线局域网。

（4）按网络操作系统分类。可以分为 Novell 公司的 Netware 网，3COM 公司的 3＋OPEN 网，Microsoft 公司的 Windows 网，IBM 公司的 LAN Manager 网，BANYAN 公司的 VINES 网等。

3）计算机网络的拓扑结构

计算机网络设计的第一步就是要解决在给定计算机位置及保证一定的网络响应时间、吞吐量和可靠性的条件下，通过选择适当的线路、线路容量、连接方式，使整个网络的结构合理、成本低廉。为了应付复杂的网络结构设计，人们引入了网络拓扑的概念。常见网络的拓扑结构如图 4.1 所示。

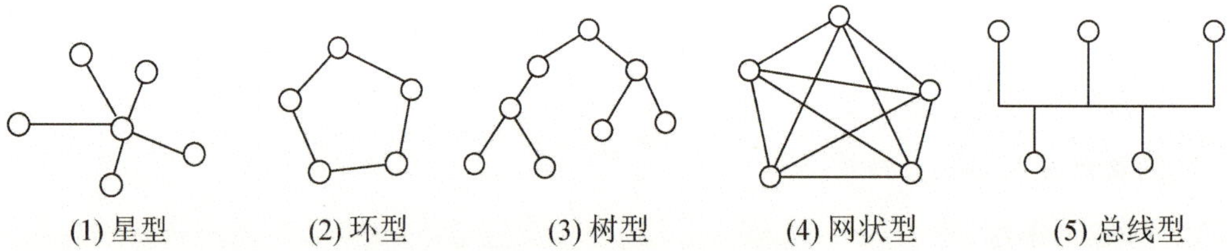

图 4.1 常见网络的拓扑结构

（1）星型拓扑。在星型拓扑构型中，节点通过点到点通信线路与中心节点连接。中心节点控制全网的通信，任何两节点之间的通信都要通过中心节点。星形拓扑构型结构简单、易于实现、便于管理与维护，但是网络的中心节点是全网可靠性的瓶颈，中心节点的故障可能造成全网瘫痪，另外消耗线缆较多，施工麻烦。

（2）环型拓扑。在环型拓扑构型中，节点通过点到点通信线路连接成闭合环路。环中数据将沿一个方向逐站传送。环型拓扑结构简单，传输延时确定，但是环中每个节点与连接节点之间的通信线路都会成为网络可靠性的瓶颈。环中任何一个节点出现线路故障，都可能造成网络瘫痪。为保证环的正常工作，需要较复杂的环维护处理，环节点的加入和撤出过程都比较复杂。

（3）树型拓扑。在树型拓扑构型中，节点按层次进行连接，信息交换主要在上下节点之间进行，相邻及同层节点之间一般不进行数据交换或数据交换量小。树型拓扑可以看成是星型拓扑的一种扩展，结构较星型复杂。

（4）网状型拓扑。网状拓扑的构型又称作无规则型。在网状拓扑结构中，节点之间的连接是任意的，没有规律。网状拓扑的主要优点是系统可靠性高，但是结构复杂，必须采用路由选择算法与流量控制方法。目前实际存在与使用的广域网，一般都采用这种拓扑结构，典型的是互联网。

（5）总线型拓扑。总线结构中各节点通过一个或多个通信线路与公共总线相连。总线型结构简单、扩展容易。网络中任何节点的故障都不会造成全网的故障，故可靠性较高，一般用于主干网。

（6）混合型拓扑。是上面几种拓扑结构的混合使用，一般网络多采用混合型结构。上述几种结构中，星型和树型均采用集中控制方式，它们的主要缺点是可靠性差，主节点的故障会导致全网瘫痪。环型和总线型主要采用分布式控制方式。网状结构一般用在远程网络中。如何确定网络的拓扑结构，这是网络设计中首先要考虑的问题，需根据应用场合、任务要求和经济承受能力等诸多因素综合分析确定。

4. 计算机网络系统的组成

计算机网络由硬件系统和软件系统组成。

1）网络硬件系统

组成局域网的网络硬件系统可分为五类：网络服务器、网络工作站、网络交换互联设备、防火墙及外部设备。

（1）网络服务器。它是可被网络用户访问的计算机系统，包括可为网络用户提供服务的各种资源，并负责对这些资源进行管理，协调网络用户对这些资源的访问。服务器是局域网的核心，它既是网络服务的提供者，又是保存数据的基地。网络中可共享的资源大多集中在服务器中，如大容量磁盘或光盘存储器、网络数据库等。局域网上的用户可以通过服务器共享文件、数据库和外部设备等。按照提供的服务不同，服务器可分为 WWW 服务器、域名解析服务器、邮件服务器、文件服务器、数据库服务器和视频服务器等。

服务器可以是个人计算机(PC)，也可以是工作站或小型计算机，由于服务器是为网络上的所有用户服务的，在同一时刻可能有多个用户同时访问服务器，因此，充当服务器的计算机应具有较高的性能，包括较快的速度、较大的内存、较大容量的硬盘等，所以许多计算机生产厂家干脆就把可作网络服务器的计算机称为网络服务器。

（2）网络工作站。它是指能使用户在网络环境下进行工作的计算机，网络工作站现在经常被称为客户机。在局域网上一般都是采用微型机作为网络工作站。

网络工作站的作用就是让用户在网络环境下工作，并运行由网络上文件服务器提供的各种应用软件。在局域网上服务器一般只存放共享数据或文件，而对这些信息或文件的运行和处理则是由工作站来完成的。

（3）网络交换互联设备。当要把两台或多台计算机连成局域网时，就需要交换互联设备，它包括网络适配器、调制解调器、网络传输介质、中继器、集线器、网桥、路由器和网关等。

（4）防火墙。它是在内联网和互联网之间构筑的一道屏障，是在内外有别及在需要区分处设置有条件的隔离设备，用以保护内联网中的信息、资源等不受来自互联网中非法用户的侵犯。需要指出的是，还有其他防火墙如病毒防火墙、邮件防火墙等与网络防火墙不是一回事。

（5）外部设备。外部设备是可被网络用户共享的、常用的硬件资源，通常情况下指一些大型的、昂贵的外部设备，如大型激光打印机、绘图设备、大容量存储系统等。

2）网络软件系统

计算机系统是在计算机软件的控制下进行工作的，网络软件是一种在网络环境下使用、运行或者控制和管理网络工作的计算机软件。一般来说，网络软件是一个软件包，它包括供服务器使用的网络软件和供工作站使用的网络软件两个部分，每一部分都包括多个程序。互相通信的计算机必须遵守共同的协议，因此，网络软件必须实现网络协议，并在协议的基础上提供网络功能。

根据网络软件的作用和功能，可把网络软件分为网络系统软件和网络应用软件。网络系统软件是控制及管理网络运行和网络资源使用的网络软件，它为用户提供了访问网络和操作网络的人机接口。网络应用软件是指为某一个应用目的而开发的网络软件。

在网络系统软件中最重要的是网络操作系统，网络操作系统往往决定了网络的性能、功能、类型等。局域网上有很多种网络操作系统，目前使用最为广泛的主要有 Novell 公司的 Netware、Microsoft 公司的 Windows、Banyan 公司的 VINES 以及 UNIX、Linux 等。

网络应用软件是利用应用软件开发平台开发出来的一些软件，如 Java、ASP、Perl/CGI、SQL 以及其他专业应用软件。

4.1.2 网络体系结构

1. 网络的层次结构

计算机网络系统是由各种各样的计算机和终端设备通过通信线路连接起来的复杂系统，为简化其复杂程度，通常把它的功能划分为若干个层次。每一层次完成一定的功能，较高层次的功能建立在它的下层之上，并为更高层次的功能提供服务。由于各层之间相互独立，某一层的变更不会影响整个系统的平衡，从而使网络具有良好的可扩充性。

层和协议的集合构成了网络体系结构。目前世界上存在着多种网络体系结构，不同类型的计算机网络同时存在。比较流行的网络协议有：国际标准化组织(International Organization for Standardization，ISO)提出的“开放系统互联参考模型(Open Systems Interconnection，OSI)”、美国国防部提出来的“TCP/IP 协议族”、原国际电报电话咨询委员会(CCITT)就公用分组交换网制定的“X.25 协议”、IEEE 提出的“IEEE802 标准组”等。

2. OSI 网络体系结构

为了解决不同系统的互联问题，1984 年国际标准化组织提出了一个网络体系结构模型——OSI 参考模型作为国际标准。该网络体系结构是一种不基于特定网络设备、操作系统的网络体系结构，将网络通信分成七层，如图 4.2 所示。每层包含了不同的网络活动、设备或协议。

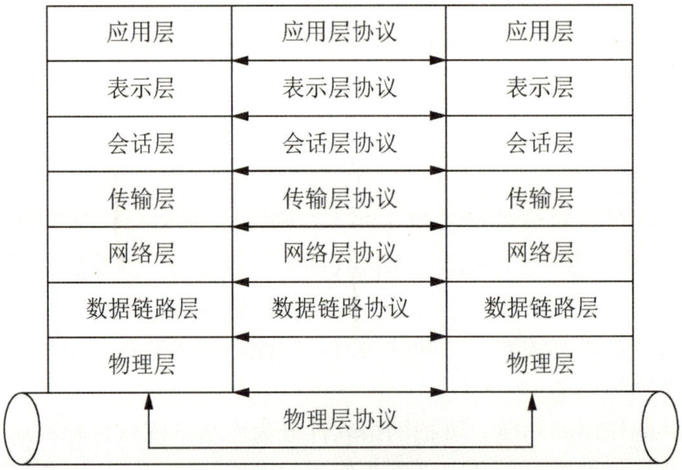

图 4.2 OSI 参考模型

1）物理层

传送信息要利用物理媒体，如双绞线、同轴电缆、光纤等，但具体的物理媒体并不在OSI的七层之内。有人把物理媒体当作第0层，因为它的位置处在物理层的下面。物理层的任务就是为其上一层(即数据链路层)提供一个物理连接。在物理层上所传数据的单位是比特。

物理层要考虑多高的电压代表“1”和“0”，以及当发送端发出比特时，在接收端如何识别出这是比特“1”而不是比特“0”。物理层还要确定连接电缆的插头应当有多少根脚，以及各个脚应如何连接。

2）数据链路层

数据链路层负责在两个相邻节点间的线路上无差错地传送以帧为单位的数据。帧是数据的逻辑单位，每一帧包括一定数量的数据和一些必要的控制信息。和物理层相似，数据链路层要负责建立、维持和释放数据链路的连接。在传送数据时，若接受节点检测到所传数据中有差错，就要通知发送方重发这一帧，直到这一帧正确无误地到达接受节点为止。在每帧所包括的控制信息中，有同步信息、地址信息、差错控制以及流量控制信息等。这样，链路层就把一条有可能出差错的实际链路转变成让网络层向下看起来是一条不出差错的链路。

3）网络层

在计算机网络中进行通信的两个计算机之间可能要经过许多个节点和链路，也可能还要经过好几个通信子网。在网络层，数据的传送单位是分组或称作包。网络层的任务就是要选择合适的路由，使发送站的传输层所传下来的分组能够正确无误地按照地址找到目的站，并交付给目的站的传输层，这就是网络层的寻址功能。

4）传输层

在传输层，信息的传送单位是报文。当报文较长时，先要把它分割成好几个分组，然后交给下一层(网络层)进行传输。

传输层的任务是根据通信子网的特性最佳地利用网络资源，并以可靠和经济的方式，为两个端系统(即源站和目的站)的会话层之间建立一条运输连接，透明地传送报文。或者说，传输层向上一层(会话层)提供一个可靠的端到端的服务。它屏蔽了会话层，使它看不见传输层以下的数据通信的细节。在通信子网中没有传输层，传输层只能存在于端系统(即主机)之中。传输层以上的各层就不再管信息传输的问题了，正因为如此，传输层就成为计算机网络体系结构中最关键的一层。

5）会话层

这一层也被称为对话层。在会话层及以上的更高层次中，数据传送的单位没有另外再取名字，一般都可以称为报文。

会话层虽然不参与具体的数据传输，但它却对数据传输进行管理。会话层在两个互相通信的应用进程之间建立、组织并协调其交互。例如，确定是双工工作(每一方同时发送和接收)，还是半双工工作(各方交替发送和接收)。当发生意外时，要确定在重新恢复会话时应从何处开始。

6）表示层

表示层主要解决用户信息的语法表示问题。表示层将欲交换的数据从适合于某一用户的抽象语法变换为适合于OSI系统内部使用的传送语法。有了这样的表示层，用户就可以把精力集中在他们所要交谈的问题本身，而不必更多地考虑对方的某些特性，如对方使用什么样的语言。此外，对传送信息进行加密和解密也是表示层的任务之一。

7）应用层

应用层是OSI参考模型中的最高层。它确定进程之间通信的性质，以满足用户的需要，负责用户信息的语义表示，并在两个通信者之间进行语义匹配，也即应用层不仅要提供应用进程所需要的信息交换和远地操作，而且还要作为互相作用的应用进程的用户代理，来完成一些为进行语义上有意义的信息交换所必需的功能。

在OSI的七层中，应用层是最复杂的，所包含的应用层协议也最多，有些还正在研究和开发之中。

上述各层最主要的功能可归纳如下：

（1）应用层：与用户应用进程的接口，即相当于做什么。

（2）表示层：数据格式的转换，即相当于对方看起来像什么。

（3）会话层：会话的管理与数据的传输同步，即相当于轮到谁讲话和从何处讲。

（4）传输层：从端到端经网络透明地传送报文，即相当于寻找对方在何处。

（5）网络层：分组传送和路由选择，即相当于走哪条路可到达该处。

（6）数据链路层：在链路上无差错地传送帧，即相当于每一步应该怎样走。

（7）物理层：将比特流送到物理媒体上传送，即相当于对上一层的每一步应怎样利用物理媒体。

OSI七层模型在网络技术发展中起着主导作用，为规范网络协议提供了标准，它对于研究和开发在不同层的网络互联提供了方便。

4.1.3 网络协议

在计算机网络中，为使各计算机之间或计算机与终端之间能正确地传送信息，必须在有关信息传输顺序、信息格式和信息内容等方面有一组约定或规则，这组约定或规则即所谓的网络协议。它是一种用于网络之间相互通信的技术标准，也是一种大家公认并必须遵照执行的“共同语言”。在层次式结构中，每一层都可能有若干个协议。

1. TCP/IP协议的定义

TCP/IP协议是一系列通信协议的总称，它实际上包括上百个各种功能的协议，如远程登录、文件传输和电子邮件等。通常所说的TCP/IP是Internet协议族，而TCP和IP是保证数据完整传输的两个最基本的重要协议。TCP是传输控制协议(Transmission Control Protocol)的英文缩写，而IP是互联网协议(Internet Protocol)的英文缩写。TCP/IP协议是Internet国际互联网络的基础，是网络中使用的基本的通信协议。

2. TCP/IP的体系结构

TCP和IP协议都不是ISO标准，但它们是目前最流行的商业化的协议，并被公认为当前的工业标准或“事实上的标准”。

TCP/IP协议与OSI协议一样，也是一个分层模型。在TCP/IP协议族中，没有会话层和表示层，TCP/IP 的高层相当于 OSI 的应用层。

TCP/IP 的传输层对应 OSI 七层模型的传输层，有两个协议：一个是面向连接可靠字符流传输协议——传输控制协议 TCP；另一个是不可靠的无连接协议——用户数据协议 UDP，它几乎是 IP 协议的直接映射。

TCP/IP 的网络层协议被称为网际网协议(Intemet 协议)即 IP 协议，对应于 OSI 的网络层，它的主要功能有路由选择等，它提供无连接的不可靠服务。

网络接口层则对应于物理层和数据链路层，包括以太网协议、FDDI 和 802.X 协议等，网络接口层称为物理网。TCP/IP 的体系结构如图 4.3 所示。

<table>
<tr><th>OSI</th><th colspan="5">TCP/IP</th></tr>
<tr><td>应用层</td><td colspan="4" rowspan="3">各种应用协议：
SNMP，Telnet，FTP，
SMTP，HTTP等服务</td><td rowspan="3">应用层</td></tr>
<tr><td>表示层</td></tr>
<tr><td>会话层</td></tr>
<tr><td>传输层</td><td colspan="2">TCP</td><td colspan="2">UDP</td><td>传输（TCP）层</td></tr>
<tr><td>网络层</td><td colspan="4">IP</td><td>互联（IP）层</td></tr>
<tr><td>链接层</td><td rowspan="2">以太网</td><td rowspan="2">令牌网</td><td rowspan="2">FDDI</td><td rowspan="2">…</td><td rowspan="2">网络接口层
（主机网络层）</td></tr>
<tr><td>物理层</td></tr>
</table>

图 4.3 TCP/IP 体系结构

3. TCP/IP 协议族

TCP/IP 是一个协议族，见表 4-1。

表 4-1 TCP/IP 协议族

协 议	作 用
网际协议(IP)	负责在主机和网络之间寻址和路由数据包
地址解析协议(ARP)	获得同一物理网络中的硬件主机地址
逆向地址解析协议(RARP)	ARP 的反向协议
网际控制消息协议(ICMP)	发送消息，并报告有关数据包的传送错误
互联网管理协议(IGMP)	被 IP 主机拿来向本地多路广播路由器报告主机组成员
传输控制协议(TCP)	为应用程序提供可靠的通信连接，适合于一次传输大批数据的情况，并适应于要求得到相应的应用程序
用户数据报协议(UDP)	提供了无连接通信，且不对传送包进行可靠的保证。适合于一次传输少量数据，可靠性则由应用层来负责

续表

协　议	作　用
远程登录协议(Telnet)	登录到远程服务器上并进行信息访问，访问所有的数据库、联机游戏、对话服务以及电子公告牌等
文件传输协议(FTP)	除了完成文件的传输之外，还允许用户建立与远程计算机的连接，登录到远程主机上，并可在远程主机上的目录间移动
简单邮件传输协议(SMTP)	负责传输电子邮件

4. 常用的网络协议标准

OSI标准目前已普遍被世界各国所接受，成为各种网络协议的标准结构模型。但是在不同的网络之间，由于网络条件、设备、环境、用途的不同，协议的内容又是不同的。迄今为止，常见的通信协议标准主要有以下三类。

第一类，公用数据通信网协议——X. 系列协议。

X. 系列通信协议是由原国际电报电话咨询委员会(CCITT)组织推荐，广泛用于WAN、MAN上的协议标准。

部分X. 系列协议标准的命名及主要内容有：

X. 10～X. 15——业务和设施；

X. 20～X. 32——接口协议；

X. 40～X. 80——传输、信号和开关；

X. 92～X. 141——网络有关方面；

X. 300～X. 310——网络互联；

X. 350～X. 353——移动数据传输系统；

X. 400～X. 430——电文处理系统。

第二类，局域数字通信网802. X系列协议。

802. X系列通信协议是国际电子电气工程师协会(IEEE)下属的802委员会推出的一系列针对LAN的协议标准。部分IEEE802委员会制定的LAN协议及主要内容如下。

802. 1——资料、文档、术语参考模型；

802. 2——逻辑链路控制标准；

802. 3——竞争总线标准；

802. 4——Token Bus Standard；

802. 5——Token Ring Standard；

802. 6、802. 7——MAN标准。

第三类，专用的报文数据交换协议。

报文数据交换协议是在前者的基础上为了适应一类特殊行业的报文数据交换而制定的网络通信协议标准。它是对报文数据交换双方数据传递代码规则和格式的详细约定。目前常用的这类协议如下。

联合国国际贸易程序工作组于1990年3月确定的UN/EDIFACT协议标准；

IBM、VISA以及美国一些大银行于1996年共同推出的安全电子交换和支付协议标准；

WWW的超文本传输协议(HTTP)标准；

X.12，X.25，X.400，X.436等公用数据通信网协议。

专用报文数据交换协议是电子商贸和网络营销的基础，也是商贸数据和金额信息在网络环境下准确安全传递的技术保证。

4.2 Internet技术及应用

Internet是由分布在全世界的成千上万的计算机网络遵循一定的通信协议相互连接而组成的国际互联网。广义地说，Internet是建立和使用这些网络的人群、机构及各种网络资源的集合。Internet是一个合成词，由“Interconnect”和“Network”两个词合成的。Internet的意思就是“互相连接的网络”，通常把它叫作“互联网”或“国际互联网”。

4.2.1 IP地址

Internet上的每一台计算机都会分配一个唯一的地址，即IP地址，它类似上网的全球通用户都有一个唯一的电话号码一样，IP地址由32位二进制组成，通常用四组三位的十进制数表示，中间用小数点分开，每组十进制代表8位二进制数，其范围为1～254，因为0和255有特殊的用途，如202.115.114.198。完整的地址分为两个部分，一个是网络号，另一个是主机号，其中网络号标识一个网络，而主机号标识这个网络的一台主机。它们分类见表4-2。

表4-2 IP地址的分类

网络号		主机号	地址分类
0	7位网络	24位主机	A类地址
10	14位网络	16位主机	B类地址
110	21位网络	8位主机	C类地址
1110	28位多点广播组标号		D类地址
1111	保留使用		E类地址

从表中可以看出，A类IP地址用于大型网络，B类地址用于中型网络，C类地址用于小型网络，D类和E类用于特殊的网络和保留使用，网络与主机数量的分配见表4-3。

网络号是由Internet权力机构分配的，目的是为了保证网络地址的全球唯一性。主机地址是由各个网络的系统管理员统一分配的。因此，网络地址的唯一性与网络内主机地址的唯一性，就确保了IP地址的全球唯一性。

表 4-3 Internet 的 IP 空间

	第一组数字	网络地址数	网络主机数	主机数
A 类地址	1～127	126	16387064	2064770064
B 类地址	128～191	16256	64512	1048872096
C 类地址	192～223	2064512	254	524366048
总计		2080894		3638028208

1992 年，互联网工作任务组(IETF)提出了要制定下一代的 IP，即 IPNGC(IP Next Generation)，由于 IP 版本的改变涉及整个互联网，因此，在新标准的制定上引起了激烈的争论。IETF 在 1995 年采用了 IPv6 作为 IPNG，IPNG 现称为 IPv6。IETF 于 1995 年后陆续公布了一系列有关 IPv6 的协议、编址方法、路由选择及安全方面的 RFC 文档(如 RFC732、1809、1883、1884、1886、1887 等)。

IPv6 具有长达 128 位的地址空间，除此之外，IPv6 还采用了分级地址模式、传输速度、高效 IP 包头、服务质量、主机地址自动配置、认证和加密等许多技术。

4.2.2 域名

如果人们只能用数字型的 IP 地址来进行网络和主机标识，显然存在难以记忆的问题，为了解决这一问题，Internet 的研究人员研制出一种字符型标识方法，即为每一个接入 Internet 的主机起一个字符型的名字，称之为域名，用它来作为主机的标识，如用 www.google.com 代替 64.233.189.104，这样方便记忆。

域名的一般形式：<主机名>.<机构名>.<网络名>.<顶级域名>。

例如，www.hep.edu.cn 是高等教育出版社 WWW 服务器的域名，其中 cn 表示中国，edu 表示教育机构，hep 表示高等教育出版社，www 则表示该台主机是一台 WWW 服务器。

在 TCP/IP 中，域名由域名管理系统(Domain Management System，DMS)管理。域名可以分为两大类：机构性域名和地理性域名。

机构性域名有：com(盈利性的商业实体)、edu(教育机构)、gov(非军事性政府或组织)、int(国际性机构)、mil(军事机构或设施)、net(网络资源或组织)、org(非营利性组织或机构)、firm(商业或公司)、store(商场)、web(和 WWW 有关的实体)、arts(文化娱乐)、arc(消遣性娱乐)、info(信息服务)和 nom(个人)。

地理性域名指明了该域名源自的国家或地区，如上面提到的 cn 代表中国、jp 代表日本、hk 代表中国香港、tw 代表中国台湾等。没有地理性域名的域名一般是在美国注册了的域名。

域名地址是比 IP 地址更高级、更直观的形式，实际使用时人们通常采用域名地址。由于域名在互联网上是唯一的，一个域名注册后，其他任何企业就不能再注册相同的域名，这就使域名与商标、企业标识物有了相类似的意义，因此，有人也把域名称为“网络商标”。

事实上，企业在互联网上注册了域名、设立了网站，就可以被全球 6.5 亿用户随时访问和查询，从而建立起广泛的业务联系，为自己赢得更多的商业机会。域名在商业竞争中不只是一个网络地址，还包含着企业的信誉。

4.2.3 Internet的接入方式

提到互联网的接入方式，不能不提到ISP(Internet Service Provider)，它们是互联网服务提供商的简称，指为互联网用户提供互联网接入服务及相关技术支持的公司，是广大用户进入互联网的入口和桥梁。它们一般都具有和互联网的快速连接的计算机系统和良好的服务配套系统。目前我国最大的ISP是中国电信，此外还有一些较大的ISP，比如联通、网通、吉通、铁通等。

互联网服务提供商(ISP)包括互联网内容提供商(ICP)和互联网接入服务商(IAP)。互联网内容提供商提供内容服务，如网页制作、门户网站等。互联网接入提供商专门从事互联网接入服务及有限的信息服务，国内IAP有新网(dns.com.cn)、东方网景(east.net)、北京电信(bta.net.cn)等。互联网的接入技术很多，从用户的角度出发，大致有以下几种接入方式。

1. 普通电话拨号上网

用户只要有一部普通电话，再加上一个调制解调器，就可以实现拨号上网。其基本原理是，将数字信息通过调制解调器转为模拟信号，然后通过电话线进行传输，接收方再通过调制解调器将模拟信号转为数字信号，从而完成数据通信的过程。上网速度理论上可以达到33.6(上传)～56(下载)KBps，但实际上达不到这个速度。拨号上网具有设备简单、覆盖面广的特点，但最主要的缺点就是上网速度较慢，而且易受电话线路通信质量的影响。

2. ADSL上网

ADSL(Asymmetric Digital Subscriber Line)是不对称数字用户环路的简称，是目前电信系统所称的宽带网。它是利用现有的市话铜线进行数据信号传输的一种技术，下行速率在2～9MBps之间，上行速率在640KBps～1MBps之间，终端设备主要是一个ADSL调制解调器。ADSL的基本原理是将传统电话线没有充分利用的双绞线的带宽充分利用起来，传统电话线仅使用4K的带宽，而双绞线的带宽至少可以达到10M，可以同时实现网络连接与语音通讯，即使ADSL出现设备故障也不影响普通电话业务。目前我国电信系统基本都开通了这项服务，ADSL适用于人口密度大、高层建筑多、网络节点密集的地段，具有系统结构简单、使用维护方便、性能价格比高的特点。

3. ISDN上网

ISDN(Integrated Services Digital Network)是综合业务数字网的简称，又称一线通，它是由电话综合数字网演变而来的。ISDN有两个信道，可以全部用于接入互联网，也可以仅用一个信道接入。如果两个信道同时使用，则数据传输速率为128KBps，一个信道使用时数据传输速率为64 KBps，此时另一个信道作为普通电话使用。ISDN与拨号上网方式相比，大大提高了上网速度，并且除了终端设备外，不需要改变电话线路，所以不需要大规模的投资。

4. DDN上网

DDN(Digital Data Network)就是数字数据网，是利用数字信道来传输数据信号的数字数据网。目前全国各地的电信系统都普遍开通了这项服务。DDN 利用数字信道提供半永久性连接线路以接入互联网，是一种全透明、全数字、优质的传输介质，其传输速率范围从 64KBps～2MBps。缺点是目前费用略贵，除了基本费以外，还根据上网流量计费，所以 DDN 目前主要是一些单位使用。

5. 局域网共享上网

局域网接入互联网的方式非常普遍，基本原理是通过局域网上的服务器共享上网，也就是说局域网上的任何一台计算机经过授权后都可以经由服务器共享上网，当然服务器必须安装相应的代理服务器软件。比如校园网通过光纤接入互联网，而学校内部的电脑可以共享这根光纤上网，光纤局域网内的传输速率范围是 10～100MBps。

共享上网的速度取决于服务器的带宽和局域网内同时上网电脑的数据流量大小等诸多因素。共享上网是一种间接上网方式，对于服务器的上网方式并没有严格的限制，比如 ADSL、DDN 专线、光纤上网等都可以。共享上网的最大的优越性是充分利用了服务器的网络带宽，容易管理，而且比较经济，特别适合于广大企事业单位、政府部门、高校等使用。

6. 有线电视电缆上网

传统的有线电视网只能实现单向传输，经过改造后可以实现双向传输。终端设备是一个电缆调制解调器，它是利用有线电视网作为接入网的接入设备。有线电视电缆传输速率下行最高可达 36MBps，上行最高可达 10MBps。目前我国有许多地区的有线电视网开通了这项服务，但是目前有线电视电缆上网技术尚缺少统一的标准。有线电视电缆上网在我国具有广阔的前景，因为我国有线电视网十分普及，而且上网可以不占用电话线路，并且可以和数字式家电紧密集成。

7. 光纤上网

光纤是一种直径为 50～100μm 的特殊传输介质，一般由石英玻璃或塑料制成，外裹一层折射率较低的材料，多根光纤连在一起，就组成了光缆。光纤通信网才是真正意义上的宽带网，传输速度最快，单根光纤的传输速度可以达到 100MBps～10GBps，而且相当稳定，唯一缺点就是价格较高。

8. 无线接入

无线接入是利用微波、卫星等无线传输技术将用户终端接入到业务节点，为用户提供各种业务的通信方式。无线接入网是指通过无线介质将用户终端与网络节点连接起来，以实现用户与网络间的信息传递。无线信道传输的信号应遵循一定的协议，这些协议即构成无线接入技术的主要内容。无线接入技术与有线接入技术的一个重要区别在于可以向用户提供移动接入业务。无线接入技术分为两种：一种是固定接入方式，如微波、卫星和短波等。微波接入的典型方式是建立卫星地面站，租用通信卫星的信道与上级 ISP 通信，其单路最高速率为 27KBps，可多路复用，其优点是不受地域的限制。卫星通信传输技术是利用卫星通信的多址传输方式，为全球用户提供大跨度、大范围、远距离的数据通信。与微波接入技术类似，利用专用的短波设备也可以接入互联网，且接入速率和距离都较理想。

由于短波有绕射力，因此，这种技术适用于在城市及市郊做中远距离联网。另一种是移动接入方式，利用手机上网除了可以进行网页浏览、收发电子邮件等常规互联网服务外，还可以发送短信息、下载铃声、下载屏保等。

目前移动通信技术发展很快，从最早的 GSM 发展到 GPRS 和 CDMA，并且向 3G、4G 方向过渡，目前手机移动上网正在普及。现今的无线接入网络已经发展到能适应从个域到广域不同覆盖范围的应用。无线局域网(Wireless Local Area Network，WLAN)覆盖半径从几米至上百米，主要为特定区域内的无线终端用户提供共享的无线接入业务，使用 IEEE802. 11a/b/g/n 技术(Wi-Fi)。WLAN 经过十多年的发展，标准制定、技术完善、产品普及等多方面已经愈发成熟。随着全球快速兴起的无线城市浪潮，更加大了用户需求面，手持终端、笔记本电脑等消费电子产品加入 Wi-Fi 功能已经司空见惯。无线接入网的意义远远不止让大家能够随时随地连上 Internet 而已，基于无线网络的高级应用才是无线网络真正“无限”精彩之处。

4.2.4 Internet 的基本服务

为了实现相互沟通和资源共享，Internet 提供了许多服务功能，而且随着 Internet 的发展，这些服务功能还会不断增加。目前使用最多和最基本的服务功能主要有以下 6 种。

1. WWW 信息浏览

WWW 是 World Wide Web 的缩写，意思是“布满世界的蜘蛛网”，可译为“全球信息网”或“万维网”，通常简称为 Web。它是当前最流行、最受欢迎的信息浏览工具，许多人正是通过它来认识 Internet 的。今天对于大多数计算机用户来说，WWW 已成为 Internet 的代名词。

WWW 是以 HTML 语言和 HTTP 协议为基础，建立在客户机/服务器(Client/Server)模型之上，能够提供面向各种 Internet 服务的、用户界面统一的信息浏览系统。它采用了超媒体(Hyper media)、超文本(Hyper text)和超链接技术(Hyper link)，将全世界 Internet 上不同网址的各种类型的信息(文本、图像、声音、影像等)有机地集成起来，用户可以通过浏览器(Browser)方便地查询这些信息。浏览器提供了一种友好的信息查询界面，用户可以用 URL(Unite Resource Location，统一资源定位标志)直接连接到主页，或者从已启动的主页出发通过超链接逐级浏览下去，从而漫游整个 WWW 资源。

最为常用的两种浏览器软件是 Internet Explorer 和 Netscape Communicator。

2. 电子邮件服务

电子邮件是用户或用户组之间通过 Internet 发送和接收电子信函的服务，具有快捷、简便、可靠、价廉等优点，用户能在短到几分钟甚至是几秒钟的时间内把信发送到地球另一端的接收用户的服务器上。

用户使用电子邮件的前提是要拥有自己的电子信箱，即电子邮件地址，可以向邮件服务管理机构申请，它实际上是在与 Internet 联网的计算机上分配给用户一个专门用于存放电子邮件的磁盘区域。电子邮件地址由两部分组成，其形式为：用户名@主机域名，例如 ec@sohu. com，符号“@”的含义是“在”(at)的意思，表示名为 ec 的电子邮箱存在一个名叫 sohu. com 的 Internet 电子邮件服务器上。电子邮件系统采用“存储—转发”方式为用户传递电子邮件。

收发电子邮件的常用软件有：Outlook Express 和 Foxmail 等。

3. 文件传输服务

文件传输服务(File Transfer Protocol，FTP)是 Internet 提供的一种实时的联机服务，其功能是与远地的计算机进行交互，并将文件从一台计算机传送到另一台计算机，而不受这两台计算机的地理位置、连接方式和所使用的操作系统的限制。

FTP 服务为计算机之间双向文件传输提供了一种有效的手段。FTP 采用 C/S 结构的方式，即客户端需要安装 FTP 客户程序。它允许用户将本地计算机(客户机)上的文件上传(Upload)到远端的计算机(服务器)中，或远端计算机中的文件下载(Download)到本地计算机中。

FTP 是传输文件的最主要的工具。它可以传输任何格式的文件：二进制文件、文本文件、图像文件、声音文件、数据压缩文件等。

常使用的 FTP 客户程序有 CuteFTP 等。对文件进行压缩与还原的软件常用的有：Winzip、Winrar 等。网络下载工具有迅雷(Thunder)、网际快车(Flash Get)等。

4. 新闻讨论组服务和 BBS

新闻讨论组(Usenet)提供多对多的信息交换服务。Usenet 本义是 User's Net-Work，即用户的网络，但它不是一个网络。虽然其通信协议使用的不是 TCP/IP 协议，但仍然把它看作 Internet 上的一种服务。

Usenet 是世界范围的新闻组网络系统，由成千上万个新闻组组成。通过 Usenet，人们可以张贴个人信息、回答他人的问题等。

目前，国内 Usenet 最广泛的应用就是电子公告牌(Bulletin Board System，BBS)。BBS 在 Internet 的发展中起了重要作用。BBS 允许每个人张贴自己的见解供其他人阅读，你可以把疑难问题发布到 BBS 上，总有一些热心的网友会给你回复。BBS 也有自己的管理人员，负责对讨论区中的文章进行管理的称为“版主”。每个讨论区都有一个“版主”，一般由热心的网友担任。每一个 BBS 网站都有一个站长，是 BBS 上的最高管理人员。

5. 远程登录

远程登录(Remote Login)是 Internet 提供的最基本的信息服务之一，Internet 的远程登录就称为 Telnet。所谓远程登录是指在网络通信协议 Telnet 的支持下使本地计算机暂时成为远程计算机的仿真终端的过程。用户从一台计算机连接到远程的另一台计算机时，能在自己(本地)的计算机上直接操作和使用远程计算机，获取自身存储所没有、而远方计算机拥有的信息资源。目前，许多大学图书馆、研究机构以及政府部门等都提供 Telnet 联机检索服务，使得远程用户能够共享其信息。

6. 网上聊天

网上聊天是目前相当受欢迎的一项网络服务。人们可以安装聊天工具软件，并通过网络以一定的协议连接到一台或多台专用服务器上进行聊天。在网上，人们利用网上聊天室发送文字等消息与别人进行实时的“对话”。目前，网上聊天除了能传送文本消息外，而且还能传送语音、视频等信息。正是由于聊天室具有相当好的消息实时传送功能，用户甚至可以在几秒钟内就能看到对方发送过来的消息，同时还可以选择许多个性化的图像和语言动作。另外，在聊天时人人都可以用网上匿名的方式进行聊天，谈话的自由度更大。网上聊天给人们的生活带来许多便利，方便人们之间的交流。但也带来了许多负面影响，如有些人整天泡在聊天室忘却了学习和休息，还有的人利用聊天行骗犯罪，也有的人在聊天时发布一些不太健康的信息等。当然，我们应当努力利用聊天技术来改善学习、生活和工作质量，如在课堂上有的老师组织学生在聊天室上针对学习内容进行讨论，或者开展一些专题研讨活动等。

4.2.5 Intranet 和 Extranet

1. 企业内部网(Intranet)

Intranet 一词来源于 Intra 和 Network，因此，把 Intranet 理解为企业内部的 Internet，也称为企业内部网。它是在一个组织机构(如企业)内部采用互联网技术进行信息存取、交换、传输与管理的系统。

从技术上看，Intranet 是连接一系列使用标准互联网协议(如 TCP/IP、HTTP 等)的用户网络，存在于一个企业内部，是在“防火墙”之后的一些基于 IP 节点组成的网络，它以信息处理和信息集成为运行机制，是一种协作信息网络。

从功能上来看，除了具有 Internet 已有的各种功能外，Intranet 最重要的特点是网络安全功能和企业多种应用信息系统的功能。与 Internet 的开放性和学术性不同，企业信息的共享和交换往往具有多种安全控制的需要，Intranet 应当满足这些需求。

Intranet 除了能够提供 Internet 上提供的基本服务(如 DNS、E _ mail、WWW、FTP 等)外，还应增添企业计算机应用需要的一些功能，例如数据库管理系统、事务处理、CAD(计算机辅助设计)、GIS(通用信息系统)等应用。

1) Intranet 的特点

企业内部网是企业内部构筑的信息网，是一种既具有集成性又具有外向性的解决方案。

(1) 集成性。Intranet 集成了互联网技术、TCP/IP 和 HTTP 通信协议、Web 技术、防火墙技术、代理技术以及管理信息系统技术等，并将其组织成为一个整体。企业内的职工通过统一的界面，联机确定各自的目标、过程、关系、计划与预算，共同实现企业的总体目标。

(2) 外向性。Intranet 通过 Extranet 以及 Internet 实现企业与外部的联系，从而改变了传统的 MIS 系统相当封闭的状态。

(3) 成熟、稳定、风险小。Intranet 是在 Internet 长期发展的基础上采用其成熟技术而发展起来的。由于 Internet 的技术已被广泛使用，并得到多方的验证及认可，Intranet 具有成熟、稳定、风险小的特点。

(4) 建设周期短，开发工作量小。借助 Internet 中各种模块化技术和近年来迅速发展的开发工具(Rapid Application Development，RAD)，用 Internet 技术建设企业网络，便于从小到大、从少到多地逐步发展，并能随着 Internet 的技术而不断升级。因此，Intranet 建设周期短，开发工作量小。

2）Intranet 的应用

企业内部网的应用主要包括企业内部的信息发布、协同工作、业务处理和客户服务等。

（1）信息发布。建立员工信息中心并提供管理者与员工进行信息交流的手段；提供访问和提交企业表格的功能；访问企业人事政策、计划细节等信息。Intranet 是一个使用非常方便的信息发布平台，真正实现企业管理的电子化、科学化和自动化，提高企业的竞争力。

（2）协同工作。Intranet 将组织定义为一个实体，以提高企业的整体性。在这个实体中，人们通过电子邮件、新闻组和工作流程的应用，改进企业内部各群组之间的通信方式，提高生产力水平。同时，分布在不同地点的项目成员能够方便地进行通信，共享信息和专家知识，交流项目进度，协同工作，提高工作效率，从而从根本上改变了企业的工作模式。

（3）业务处理。Intranet 可为企业管理人员提供远程事务处理、多媒体信息发布、自动供应链管理、财务管理、市场和营销管理、虚拟商店、历史数据保存、模拟培训、决策支持等功能。

（4）客户服务。Intranet 对外可全面展示企业形象，宣传和发布产品信息，保持与客户及合作伙伴的密切联系，为客户提供查询、订单、联机帮助等功能。快速响应客户请求，为客户提供个性化服务，提高服务质量和客户满意程度。

2. 企业外部网(Extranet)

Extranet 一词来源于 Extra 和 Network，是对 Intranet 的扩展和外延，可理解为企业外部网。Extranet 是为了实现各个相关企业之间的信息交换，遵循相同的网络协议和技术标准而建立起来的广域网，是将内部网的构建技术应用于多个企业间的一种网络系统。它的主要功能是将企业与其客户和其他相关企业连接起来，实现共同的目标，以提高企业的协同生产能力和水平。

Extranet 可以作为公用的 Internet 和专用的 Intranet 之间的桥梁，也可以被看作是一个能被企业成员访问或与其他企业合作的 Intranet 的一部分。Extranet 通常与 Intranet 一样位于防火墙之后，但不像 Internet 为大众提供公共的通信服务，也不像 Intranet 只为企业内部服务而不对公众公开，而是对一些有选择的合作者开放或向公众提供有选择的服务。Extranet 访问是半私有的，用户是由关系紧密的企业结成的小组，信息在信任的圈内共享。Extranet 非常适合于具有时效性的信息共享和企业间完成共同利益目的的活动。

1）Extranet 的特点

Extranet 的基本思想是让企业的合作伙伴共享企业的有关信息，充分地交流信息，相互之间能更好地保持密切的协作关系。

（1）Extranet 不限于组织的成员，它可超出组织之外，特别是包括那些组织期望与之建立联系的供应商和客户。

（2）Extranet 并不是真正意义上的开放，它可以提供充分的访问控制使得外部用户远离内部资料。

(3) Extranet 是一种思想而不是一种技术，它使用标准的 Web 和 Internet 技术，与其他网络不同的是对建立 Extranet 应用的看法和策略。

(4) Extranet 的实质就是应用，它只是集成扩展(并非系统设计)现有的技术应用。

2) Extranet 的应用

企业外部网上的应用系统是以 Web 服务器为中心的，其开发技术包括：Web 服务器访问权限控制、事务处理、站点管理、动态网页制作、名录管理和平台的兼容性等。

(1) Web 服务器访问权限控制。访问权限确定了用户对服务器中的信息进行浏览、更新、删除等操作的范围。在 Extranet 中，除了可利用互联网和局域网提供的访问权限控制机制外，还应根据用户所属的不同企业、不同部门以及不同职责，确定其相应的访问权限。

(2) 事务管理。在 Extranet 中，企业内部的事务处理由各自的 Intranet 实现。Extranet 主要是提供 Intranet 之间的事务管理功能，包括事务的请求、提交、传递以及出错处理等。

(3) 站点管理。在 Extranet 中存在有多个密切相关的站点，为了控制各站点的信息发布、浏览和更新等，需要配置相应的站点管理工具。远程的 Web 站点可以利用 Web 浏览器来进行操作和维护。系统还可以配置具有事件监视、错误日志、系统报告等功能的实用工具，对站点进行管理，并保持系统中信息的一致性。

(4) 动态网页管理。Extranet 应具有根据用户的权限和请求，动态地生成 Web 网页内容和应用接口的功能。系统可按照用户的查询请求或站点管理员定义的模式，自动地从数据库中抽取有关的信息和其他邮件，以 Web 网页的形式供用户浏览。

(5) 名录管理。Extranet 应提供一个高度透明的名录管理机制，使用户能够方便地定位到系统中已注册的对象。

(6) 平台的兼容性。Extranet 是多个 Intranet 的集成，各自使用的局域网、服务器、数据库系统、编程语言等可能不同，需要根据实际情况使系统具有多平台的兼容性。

3. Extranet 与 Intranet 及 Internet 的关系

Extranet、Intranet、Internet 三者之间既有联系、又有区别。它们之间的联系是明显的，Extranet 是 Intranet 的延伸，而两者又都是基于 Internet 的。

1) 从连接的角度看

Intranet 强调的是企业内部各个部分之间的连接，Extranet 强调的是企业与企业之间的连接，Internet 强调的是网站之间以及网络之间的连接。

2) 从业务范围的角度看

Intranet 的业务范围最小，Extranet 次之，Internet 的业务范围最大。

3) 从网络的开放性角度看

Intranet 是一种专用的相对封闭的网络，Extranet 是一种受控制的外联网络，Internet 是一种开放性的网络。

人们把 WWW 的诞生看作是 Internet 发展的第一次浪潮，正是 WWW 的兴起，使广大公众能方便使用 Internet，带动了世界性的发展。而 Intranet 的出现则是第二次浪潮，使企业能安全地与 Internet 连接。随之而来的是 Extranet 的出现，成为 Internet 发展的第三次浪潮，同时也成为在 Internet 上发展电子商务的保证。

4）互联网、内联网、外联网三者的区别

EB＝Internet＋Extranet＋Intranet

（1）在操作权限上，互联网提供的服务基本上对用户没有权限控制或很少控制，而内联网提供的控制是很严的。

（2）在内容上，互联网提供信息的页面是静态与动态页面相结合，而内联网提供的信息内容几乎全部与数据库有关，即内联网提供的信息内容是动态的，随着底层数据库的变化而变化。

（3）在服务对象方面，互联网服务的对象是全世界用户，而内联网服务的对象是企业员工。

（4）在联结方式上，互联网强调各个组织网站之间的连接，无交易的企业、消费者都是它的业务范围；外联网强调各个企业间的联结，业务范围包括交易伙伴、合作对象、相关公司、销售商店以及主要客户；内联网强调企业内部各部门的连接，业务范围仅限于企业内。

4.2.6 WAP 技术

1. WAP 的定义

WAP（Wireless Application Protocol，无线应用协议）由一系列协议组成，用来标准化无线通信设备，例如蜂窝电话、无线电收发机等。它负责将 Internet 和移动通信网连接到一起，客观上已成为移动终端上网的标准。WAP 将移动网络和 Internet 以及 Intranet 紧密地联系起来，提供一种与网络种类、承运商和终端设备都无关的移动增值业务。移动用户可以像使用他们的台式计算机访问信息一样，用他们的袖珍移动设备（如 WAP 手机——支持 WAP 协议的手机）访问 Internet，从而在移动中随时随地在手机屏幕上浏览 Internet 上的内容，诸如收发电子邮件、查询数据、浏览信息等。

简单来说，WAP 的目标就是将 Internet 的海量信息及先进的业务引入移动电话等无线终端之中。WAP 只要求移动电话和 WAP 代理服务器的支持，而不要求现有的移动通信网络协议作任何的改动，因而适用于 CDMA、GSM、IMT-2000 等不同的移动通信系统。此外，WAP 尽可能少地占用手持设备资源（如 ROM、RAM、CPU 等），它通过加强网络的功能来弥补手持设备本身的缺陷。就像 Web 对 Internet 的作用一样，WAP 在应用层上隐藏了 GSM 的复杂性，留给用户友好亲切的界面。

电商实践

移动设备的十大发展趋势

云服务：离开办公室也可访问重要文件；可伸展屏幕：弯曲，扭动屏幕让人兴奋；手机投影仪：未来不需要带笔记本了；4G 和 5G：更快的速度；NFC；取代数码相机：已在发生；无线充电：革命变化；感官：接电话可以闻到气味；地理位置；环保节能：永远重要。

2. WAP的特点

无线应用协议的产生，是为了使移动设备能够直接地访问国际互联网上的资源，目前WAP已经成为移动通信业中的一大热点，它具有以下4个特点。

(1) WAP是公开的、基于Internet的全球无线协议标准。WAP的关键部分是建立在Internet的基础之上。因此，可以非常简便地将这两部分相互比拟。符合WAP标准的电话所配备的微型浏览器，可与标准Web浏览器相媲美。用户可通过微型浏览器浏览运营商规定的Web业务。其他层如无线对话层基于超文本传送协议(HTTP)，无线事务处理协议层基于TCP/IP。在安全性上，无线传输层(WTLS)将保证数据的完整性、保密性，提供数据认证和业务拒绝保护功能。

(2) WAP提供了一套开放、统一的技术平台。它使用Web服务器来提供Internet或Intranet的内容服务，因此，保持了现有的拥有各种开发经验的技术人员的平衡。例如CGI、ASP、NSAPI、ISAPI、Java和Servlets。用户使用移动设备可以很容易地访问和获取以统一的内容格式表示的Internet或Intranet信息及各种服务。

(3) WAP定义了WML。WAP定义了一种XML语法，WML(Wireless Markup Language)是XML的一种应用，WML被用来创建可显示在WAP浏览器中的页面，显示各种文字、图像等数据。

(4) WAP协议广泛性。WAP协议不依赖于某种网络而存在。今天的WAP服务在3G时代到来以后将继续存在，不过传输速率会更快，协议标准也会随之升级。它被广泛地运用于GSM、CDMA、TDMA、PHS、3G等多种网络。WAP支持目前常用的绝大多数无线电设备，包括移动电话、FLEX寻呼机、双向无线电通信设备等。

3. WAP与电子商务

WAP与电子商务相结合，实现移动电子商务(M-business)。例如手机银行、手机炒股、手机期货交易、手机炒外汇等。用户不再受时间和地点的限制，可以方便、快捷地适应市场的变化。另外，利用定制的SIM卡可以为特殊的用户制定特别的WAP服务菜单，用户不再需要繁琐的拨号过程，而是通过快捷的SIM卡菜单直接访问增值服务，而且这种服务定制还可以通过无线方式进行。因此，WAP将有助于增加收入，赢得新客户，同时也能减少混乱并降低成本。

电商实践

2012年中国移动电商用户行为调查

① 2012年年底移动电商用户规模达1.49亿人，较上年增长62% 华南用户最多，占31.1%。智能手机普及度、经济、交通是影响中国移动电商区域分布的三大因素。

② 安卓系统占62.5%，IOS占32.7%。

③ 上下班时间成为移动购物高峰期，支付方式：第三方支付占32.6%，货到付款占33.2%。

4.2.7 物联网

1. 物联网基本概念

物联网(Internet of Things，“IOT”)，顾名思义就是“物物相连的互联网”，它是通过射频识别(RFID)、红外感应器、全球定位系统、激光扫描器等信息传感设备，按约定的协议，把任何物品与互联网连接起来，进行信息交换和通信，以实现智能化识别、定位、跟踪、监控和管理的一种网络。这其中包含两层含义：第一，物联网的核心和基础仍然是互联网，是在互联网基础上的延伸和扩展的网络；第二，其用户端延伸和扩展到了任何物品与物品之间，进行信息交换和通信。

物联网主要实现物品到物品(Thing to Thing，“T2T”)，人到物品(Human to Thing，“H2T”)，人到人(Human to Human，“H2H”)之间的互联。

物联网的实质是利用射频自动识别(RFID)技术，通过计算机互联网实现物品(商品)的自动识别和信息的互联与共享。在物联网中，RFID标签中存储着规范而具有互用性的信息，通过无线数据通信网络把它们自动采集到中央信息系统，实现物品(商品)的识别，进而通过开放性的计算机网络实现信息交换和共享，实现对物品的“透明”管理。

其主要工作过程可由以下三个步骤构成：

(1) 对物体属性进行标识，属性包括静态和动态的属性，静态属性可以直接存储在标签中，动态属性需要先由传感器实时探测；

(2) 识别设备完成对物体属性的读取，并将信息转换为适合网络传输的数据格式；

(3) 将物体的信息通过网络传输到信息处理中心(处理中心可能是分布式的，如家里的电脑或者手机，也可能是集中式的)，由处理中心完成物体通信的相关计算。

自2005年国际电信联盟(ITU)正式提出了物联网的概念以来，物联网引起了各国政府、企业的高度重视。通过在物体上植入各种微型感应芯片使其智能化，然后借助无线网络，实现人和物体“对话”，物体和物体之间“交流”。物联网为我们展示了生活中任何物品都可以变得“有感觉、有思想”这样一幅智能图景，智能城市、感知中国、智慧地球，由物联网带来的这一切美好前景将展现在我们面前。据美国权威咨询机构FORRESTER预测，到2020年，世界上物物互联的业务，跟人与人通信的业务相比，将达到30∶1，因此，“物联网”被称为是下一个万亿级的通信业务。

2. 物联网的应用

物联网用途广泛，遍及智能交通、环境保护、政府工作、公共安全管理、平安家居、智能消防、工业监测、溯源管理、老人护理、个人健康等领域，在人类生产、生活的方方面面几乎都能应用。

1) 智能交通(Smart Transportation)

基于现代电子信息技术面向交通运输的服务系统。它以信息的收集、处理、发布、交换、分析、利用为基础，为交通参与者提供多样性的服务。主要应用有：智能导航、交通监控、移动票务、自动化仓库、物流跟踪、食品安全等。

2）智能电网(Smart Power Grids)

将先进的传感测量技术、信息通信技术、分析决策技术、自动控制技术和能源电力技术相结合，并与电网基础设施高度集成而形成的新型现代化电网。借助发电设备与网络、输变配电设备与网络、用电设备与网络等的信息共享，实现电网的可靠、安全、经济、高效、环境友好和用户使用安全的目标。

3）智能家居(Smart Home)

以住宅为平台，利用综合布线技术、网络通信技术、安全防范技术、自动控制技术、音视频技术将家居生活有关的设施集成，构建高效的住宅设施与家庭日程事务的管理系统，提升家居安全性、便利性、舒适性、艺术性，并实现环保节能的居住环境。

实现智能家居⟶智能城市⟶感知中国⟶智慧地球，如图 4.4 所示。

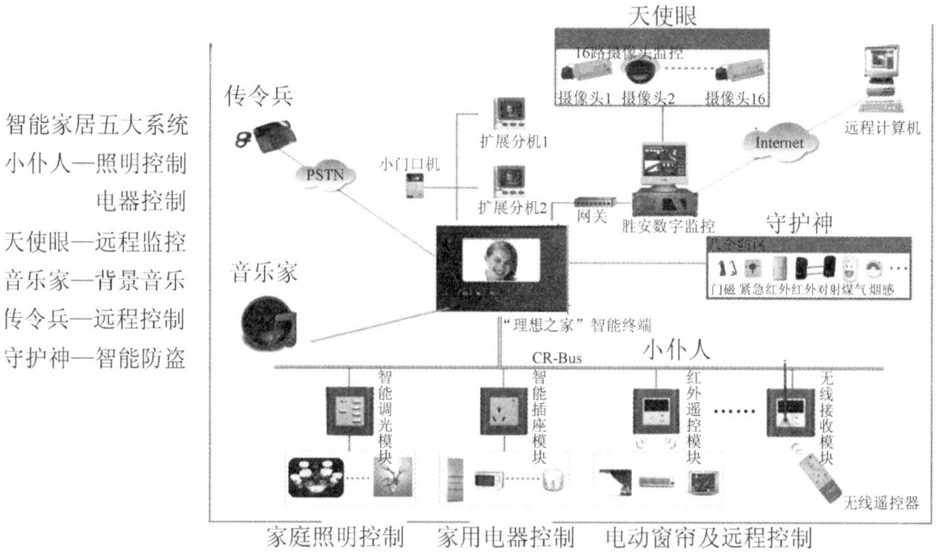

图 4.4 智能家居

4）智慧地球(Smart Planet)

智慧地球也称为智能地球，就是把感应器嵌入和装备到电网、铁路、桥梁、隧道、公路、建筑、供水系统、大坝、油气管道等各种物体中，并且被普遍连接，形成“物联网”，然后将“物联网”与现有的互联网整合起来，实现人类社会与物理系统的整合。这一概念由 IBM 首席执行官彭明盛首次提出。图 4.5 是 IBM 的智慧地球。

物联网的应用广泛，图 4.6 列举了物联网的十大应用。

3. 物联网在电子商务中的应用

物联网在电子商务中的应用中，对电子商务企业经营管理、消费者购物等方面将具有十分重要的作用。以下具体从改善供应链管理、提高支付售后服务水平、改善物流质量、优化环境质量四方面阐述。

1）改善电子商务供应链管理

通过物联网电子商务企业可以实现对每一件产品的实时监控。对物流体系进行管理，不仅可对产品在供应链中的流通过程进行监督和信息共享，还可对产品在供应链各阶段的

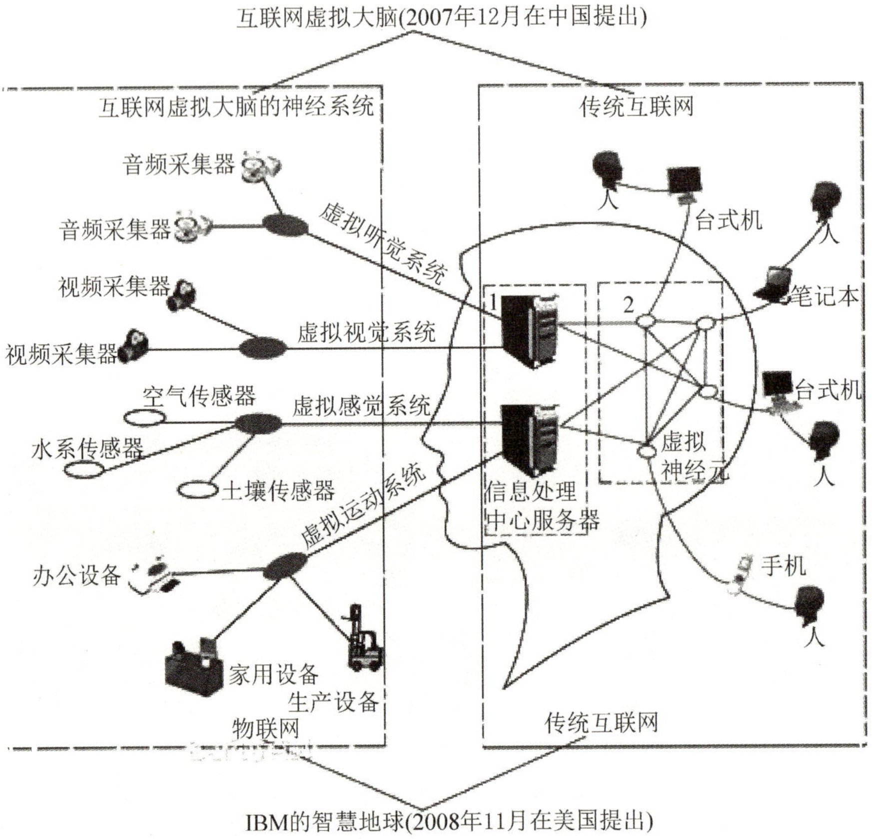

图 4.5　IBM 的智慧地球

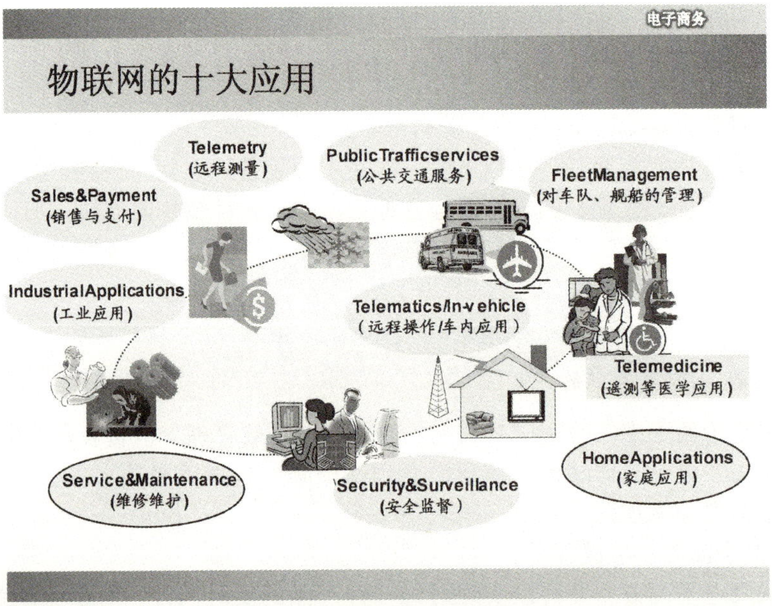

图 4.6　物联网的十大应用

信息进行分析和预测。通过对产品当前所处阶段的信息进行预测，估计出未来的趋势或意外发生的概率，从而及时采取补救措施或预警，极大提高电子商务企业对市场的反应能力。加快企业的反应速度。

2）提高电子商务支付售后服务水平

在电子商务过程中，顾客和商家互不见面，所有行为都是在网络上进行按国务院颁发的《互联网信息服务管理办法》的规定，商务网站的开办无须经工商局注册登记并公告，商务网站的关停也无须经过业务清理和清算程序。个人在网上开店几乎没有门槛，固然能吸引大量的网民在网上销售商品，在一定程度上能促进电子商务的繁荣，但同时也带来了一个不容忽视的问题，就是网上的这些个人商家的主体资格难以把握，尤其是当发生产品支付纠纷或消费者要求售后服务时，这些个人网站一旦关闭消费者就只能“自吞苦果”。据调查统计，相当一部分的网民就是因为担心电子商务的售后服务，而放弃在网上购物。物联网的应用有效地解决了这一问题。在产品生产出来之后，厂商即为产品贴上“身份证”——RFID芯片。芯片上记录了产品的生产厂商、生产日期等相关信息，商家只要将RFID芯片上的信息传输到互联网，消费者就可以查询到相关信息。物联网使网上零售商加强与电信运营商之间的合作，探索比较合理的新商业模式，发展多样化的支付业务，借助电信运营商分布极广的充值渠道，增加支付操作的便捷性与安全性。厂商无论采用什么方式销售产品，消费者都能很容易地和厂商取得联系，要求合理的提供售后服务。同时厂商也可以通过读取商品上的RFID芯片来辨别商品是否为该厂生产。以此来决定是否要承担售后服务的责任，双方权责的明确，有利于消费者与商家之间的和谐相处，大大地提高了电子商务售后服务水平。

3）改善物流质量

物流问题一直是制约电子商务发展的主要因素。在网络营销过程中，客户投诉很多就集中物流配送服务的质量上。虽然和前几年相比，现在的物流网络已经有很大的改善，但在物流服务质量上还有很多不尽人意的地方。如送错目的地、物流状态网络上查询不到、送货不及时等现象时有发生。这其中主要是由于企业和消费者对物流过程不能实时监控所造成的。物联网通过对包裹进行统一的EPC编码并在包裹中嵌入EPC标签，在物流途中通过RFID技术读取EPC编码信息，并传输到处理中心供企业和消费者查询，实现对物流过程的实时监控。这样企业或消费者就能实现对包裹的实时跟踪，以便及时发现物流过程中出现的问题，有效提高物流服务的质量，切实增强消费者网络购物的满意程度。

4）优化环境质量

在网络购物逐渐被人们接受的今天，仍有许多消费者对这种“看不见、摸不着”的购物方式望而却步。究其原因，除了对网络安全的担忧、购买习惯等因素外，对产品质量的不放心是一个主要的原因。网店上的商品离消费者更远，消费者既看不见、也摸不着。消费者对商品信息的获取全凭商家的文字描述和图片展示。一些不法商家便利用这一点，对其商品进行大量的、不真实的广告宣传甚至“挂羊头卖狗肉”欺骗消费者使广大网上消费者蒙受损失。消费者与商家之间的极度信息不对称，使消费者对网上购物望而却步严重束缚的电子商务的发展。相比而言消费者觉得在实体店那种“看得见、摸得着”的购物比较踏实。而消费者的这种对网络购物商品质量的疑问在物联网中将得到有效地解决。从产品生产甚至是原材料生产，开始就在产品中嵌入 EPC 标签记录产品生产、流通的整个过程。消费者在网上购物时，只要根据卖家所提供的产品 EPC 标签，就可以查询到产品从原材料到成品，再到销售的整个过程以及相关的信息从而决定是否购买。彻底解决了目前网上购物中商品信息仅来自于卖家介绍的问题。消费者可以主动了解产品信息，而这些信息是不以卖家的意志而改变的。并且消费者也可在网上查到商品的 RFID 芯片，即可明白无误地了解到商品的型号、材质、颜色、大小、配料等相关信息。这样消除了商家与消费者之间的信息不对称，避免了消费者受虚假广告的误导，消除了消费者对产品质量的顾虑。营造了一个诚信的网络营销环境。有力地推动了电子商务的发展。

4.2.8 云计算

云计算是基于互联网的相关服务的增加、使用和交付模式，通常涉及通过互联网来提供动态易扩展且经常是虚拟化的资源。云是网络、互联网的一种比喻说法。过去在图中往往用云来表示电信网，后来也用来表示互联网和底层基础设施的抽象。狭义云计算指 IT 基础设施的交付和使用模式，指通过网络以按需、易扩展的方式获得所需资源；广义云计算指服务的交付和使用模式，指通过网络以按需、易扩展的方式获得所需服务。这种服务可以是 IT 和软件、互联网相关，也可是其他服务。它意味着计算能力也可作为一种商品通过互联网进行流通。

对于电子商务来讲，云计算最有用的特点，就是其覆盖广和自动化。而对云计算来讲，面临的最大的问题就信息安全的问题。以著名的电子商务网站 eBay 为例，它按照自己的需求和云计算的特性，将公有云、私有云和混合云灵活的掌握和应用，为自身商务的发展提供了很大的空间，并且保障了其交易和信息的安全性。对于云的灵活应用，使得 eBay 可以更为灵活的掌握自己的用户，并且随时随地提供容量需求，促进自身数据系统的安全和商业的进一步发展。

4.3 通信技术

4.3.1 通信系统的组成

通信的目的是信息传输。为了实现这一目的，通信必须具备三个必要条件：信源、载体和信宿。信源、载体和信宿也称为通信的三要素。信源是发出信息的信息源，信息源可以是人，也可以是机器，例如，人通过麦克风讲话、计算机输出的信息等都可以看成是信息源。载体是传送信息的媒体，如空气、电缆等；信宿是信息的接收者。在数据通信中，计算机(或终端设备)起着信源和信宿的作用，通信线路和各种通信转接、中继设备构成了信息载体。

信息的传递是通过通信系统来实现的。数据通信系统是指以计算机为中心，用通信线路与数据终端设备连接起来，执行数据通信的系统。图 4.7 所示是最基本的数据通信系统。它由计算机(信源)、终端设备(信宿)、通信线路和信号变换器及反变换器组成。

信源是信息的发送端，信宿就是信息的接收端。它们是计算机或数据终端设备或人。

图 4.7 通信系统的基本组成

变换器的作用是将信源发出的信息变换成适合在信道上传输的信号，对于不同的信源和信道，变换器有着不同的组成和功能。反变换器的功能与变换器的功能相反。反变换器将从信道上接收的信号变换成信宿可以接收的信号。对应不同的信源和信道，信号变换器有不同的组成和变换功能。如编码器、调制解调器等。编码器的功能是把信源或其他设备输入的二进制数字序列作相应的变换，使之成为其他形式的数字信号或不同形式的模拟信号。译码器是在接收端完成编码的反过程。调制器把信源或编码器输出的二进制脉冲信号变换成模拟信号，以便在模拟信道上进行远距离传输。解调器的作用是反调制，还原成原来的信号。

信道是通信双方以传输介质为基础的传输信息的通道，是建立在通信线路和其附属设备(如收、发设备)上的。信道的传输媒体有电话线、双绞线、电缆、光缆等。有时传输媒体两端的设备也包括在信道中。一条实际的传输介质，如双绞线可包含多个道。

信道分为：以传输模拟信号的信道叫模拟信道；以传输数字信号的信道叫数字信道。根据信号的不同，通信系统可分为数字通信系统和模拟通信系统。数字通信系统是数据通信子系统的子集，它主要提供数字数据服务，传输的是离散的二进制数字信号序列。模拟通道主要传输语音(如电台广播)、视频(如电视网)等模拟数据信号。

在拨号上网时，通常用电话线传输信号。由于电话线只能传输模拟信号，而计算机只能传输或接收数字信号。故计算机需通过调制解调器与电话线相连，调制解调器起着变换器与反变换器的作用。

4.3.2 带宽、传输速率

1. 带宽

在信道中可传输信号的最高频率与最低频率之差称为带宽。例如，某一传输介质可接收从 5～8kHz 的频率，那么，这一传输介质的带宽为 3kHz。

带宽是通信系统中用来衡量信息传输容量的指标。信道的容量、传输速率都与带宽有关。一般来说带宽越大，信道的容量越大，传输速率也越高。

2. 传输速率

数据传输速率是数据通信系统的重要技术指标，用于表示单位时间内传输的信息量。在使用模拟信道进行数据传输时，要采用调制解调技术。这样，在调制器的入口和出口就分别存在两种速率术语：即数据传输速率(也称信号传输率或位率)和调制速率(也称波特率或码元速率)，如图 4.8 所示。

数据传输速率是在数据信源的出口与调制器的入口、解调器的出口与数据信宿入口间的一种速率术语，指单位时间内传输的信息量，有时又称为信号传输速率或位率。单位为比特/秒(bit/s)或 b/s(Bit per Second)。

图 4.8　数据传输速率和调制速率的关系

4.3.3　通信方式

1. 单工、半双工、全双工

根据数据信息在传输线上的传送方向，数据通信方式分为单工通信、半双工通信和全双工通信 3 种。

1）单工通信

数据信息在通信线上始终向一个方向传输。如图 4.9(a)所示，数据信息永远从发送端传输到接收端。例如，广播、电视就是单工传输方式，收音机、电视机只能分别接收来自电台、电视台的信号，不能进行相反方向的信息传输。

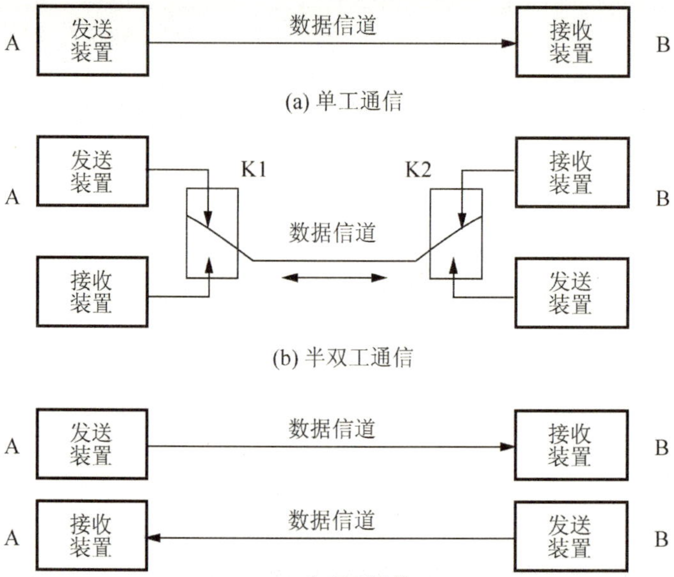

(a) 单工通信

(b) 半双工通信

(c) 全双工通信

图 4.9　通信方式

2）半双工通信

数据信息可以双向传输，但必须交替进行。同一时刻一个信道只允许单方向传送，半双工通信要求 A、B 端都有发送装置和接收装置。如图 4.9(b)所示。若想改变信息的传输方向，由开关 K1、K2 进行切换，在任意时刻保证 A 端发送装置与 B 端接收装置或 A 端接收装置与 B 端发送装置接入信道。半双工通信由于通信中要频繁地调换信道的方向，所以效率较低。如对讲机通信就是典型的半双工通信方式，在一方进行通话的时候另一方则不能进行通话，但通过开关切换可以改变通话方向。

3）全双工通信

全双工通信能同时进行两个方向的通信，即两个信道，可同时进行双向的数据传输。

如图 4.9(c)所示，它相当于把两个相反方向的单工通信方式组合起来。全双工通信效率高，控制容易，适用于计算机之间的通信。普通电话是一种典型的全双工通信。

2. 串行传输与并行传输

数据通信的目的是实现计算机设备之间的信息传输。计算机中是用“0”和“1”比特的特定组合来表示字符的，根据组成字符的各比特在信道上是否同时传输这一特点，可将数据传输分为串行传输和并行传输两种方式。

1）串行传输

串行传输是将组成字符的各个比特按顺序逐位地在信道上传输。其特点是传输速度低，通信成本较低。串行传输适用于远程通信，目前计算机网络中所用的传输方式均为串行传输。

2）并行传输

组成字符的各比特各占用一个信道，同时发往通信线路进行传输。并行传输速度快，一次可传输一个或多个字符，但通信成本高，每个比特需要一个单独的信道支持。目前正在研究的超高速计算机将采用并行传输的方式。

3. 基带传输与频带传输

数据传输根据数据在传输线上原样不变地传输还是调制变样后再传输，可分为基带传输和频带传输两种方式。

1）基带传输

在数字传输系统中，传输的对象通常是用“0”“1”表示的数字信息。一般用一组电脉冲来表示数字信息。这些脉冲可以未经调制原封不变地在信道中传送。由于未经调制的电脉冲信号所占据的频带通常从直流和低频开始，因而称为数字基带信号。在某些有线信道中，特别是在传输距离不太远的情况下，数字基带信号可以直接传送，利用基带信号直接传输的方式称为基带传输。基带传输时，传输信号的频率可以从 0(相当于直流)到几百MHz，甚至更高，要求信道有较宽的频率特性。一般的电话通信线不能满足这个要求，基带传输时应根据传输信号的频率范围选择专用的传输介质。

2）频带传输

远距离通信时，一般采用电话线作传输介质，而电话线只适于传输音频范围(300～3400Hz)的模拟信号，不适合直接传输基带信号，故需先将数字基带信号转换为模拟信号，利用高频载波才能在信道中传输。为此，选取音频范围某一频率的正(余)弦模拟信号为载波，用它运载要传送的数字信号，在传输线上传送至另一端后，再将数字信号从载波上取出恢复为原来的信号，这种经调制以后的传输方式称为频带传输。

4. 传输介质

传输介质是通信网络中发送方和接收方之间的物理通路，即通信线路。信息从发送方传输到接收方，其传输的质量与通信线路的特性有关。这些特性包括以下四种。

1）物理特性

传输信号的调制技术、传输容量及传输频带范围。

2）地理范围

在不用中间设备的情况下，无失真传送所能达到的最大距离。

3）抗干扰性

防止噪声对传输信息影响的能力。

4）价格

线路安装、维护等费用。

网络通信中的传输介质分有线介质和无线介质两大类。用于网络通信的有线介质主要有同轴电缆、双绞线和光纤等。无线介质是指以辽阔的自由空间作为通信介质。在无线介质中，可通过微波通信、卫星通信、蜂窝无线通信等进行信息的传输。

5. 数据交换技术

数据在通信线路上传输的最简单形式，是在两个用传输介质直接连接的设备之间进行数据通信，例如点对点的通信。如果有多个点之间进行相互通信，直接连接两个设备很不经济，也不现实，常常是通过有中间结点的网络来把数据从源地发送到目的地，以此实现通信。这些中间结点并不使用数据，其作用是提供一个交换设备，用这些设备把数据从一个结点传到另一个结点直至到达目的地。

常用的数据交换技术有线路交换、报文交换和分组交换三种。

1）线路交换

线路交换(Circuit Switching)是通过网络结点在两个站之间建1条专用的通信通道。线路一旦接通，相连接的两个站便可以直接通信，交换装置对通信双方的通信内容不进行任何干预。电话系统就是最普通的线路交换的例子。

2）报文交换

在报文交换(Message Switching)中不需要在两个站之间建立一条专用通路。如果一个站想要发送一个报文，就把一个目的地址和源地址附加在报文上，然后把报文经网络传送到目的地。在每个结点中，接收整个报文，若下一个线路忙，则暂存这个报文，等到线路空闲时再发送到下一个结点。报文交换的主要缺点是它不能满足实时通信要求。

3）分组交换

分组交换(Packets Switching)结合了报文交换和线路交换的优点，尽可能地克服两者的缺点。分组交换表面上看非常像报文交换，其主要区别在于：在分组交换中，要限制所传输的数据单位的长度，而在报文交换中数据是以整体为单位发送的。为了区分这两种技术，分组交换系统中的数据单位通常称为分组。

6. 网络中两台计算机的通信过程

计算机网络中两台计算机之间的通信过程如图4.10所示。

如果资源子网中的主机HA要与主机HB通信，必须要应用通信子网在HA与HB之间建立一条信息通道。

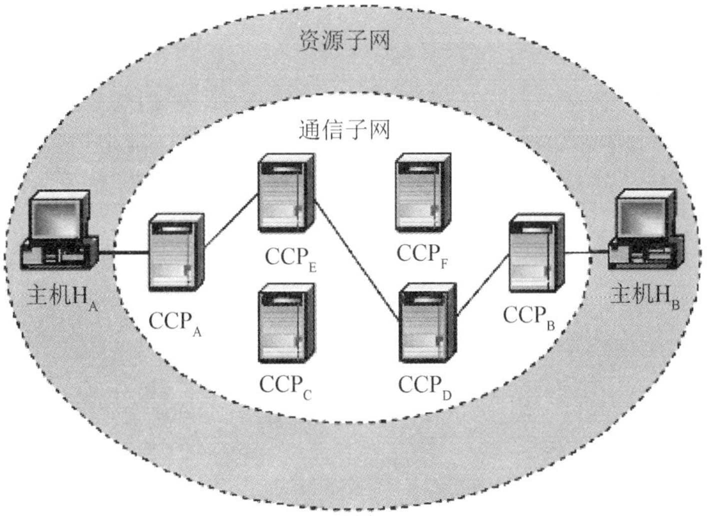

图 4.10 网络中两台计算机的通信过程

4.4 网页制作

在经济全球化发展的进程中，计算机网络和通信技术迅猛发展，商务处理的方式发生了重大变化，利用计算机网络技术全面实现在线交易电子化，电子商务的应用逐步普及。开展电子商务的企业主要靠电子商务服务平台、电子商务网站得到商务运用。网站是企业向用户和网民提供信息(包括产品和服务)的一种方式，网页制作是企业开展电子商务的基础设施和信息平台，离开网站(或者只是利用第三方网站)去谈电子商务是不可能的。企业的网址被称为“网络商标”，也是企业无形资产的组成部分，而网站是 Internet 上宣传和反映企业形象和文化的重要窗口。网页制作是使用标识语言(Markup Language)，通过一系列设计、建模和执行的过程将电子格式的信息通过互联网传输，最终以图形用户界面(GUI)的形式被用户所浏览。本书具体介绍网页制作的基本方法，以常用软件 Dreamweaver 为例。

4.4.1 初识 Dreamweaver 软件

Dreamweaver 是一套专业的 Web 站点开发程序。它广泛用于网页制作和网站管理。它使用所见即所得的接口，是一款专业的 HTML 编辑器，用于对 Web 站点、Web 页和 Web 应用程序进行设计、编码和开发。Dreamweaver 一向以“所见即所得”著称，用户无须懂得 HTML 代码，就可以创作出非常专业的网页。

1. Dreamweaver 中各个控制面板的作用

下面以 Dreamweaver 8 来说明 Dreamweaver 的基本应用。

1) Dreamweaver 8 的操作

启动 Dreamweaver 8 之后，进入其界面，如图 4.11 所示。在此界面上，可以选择各种操作。

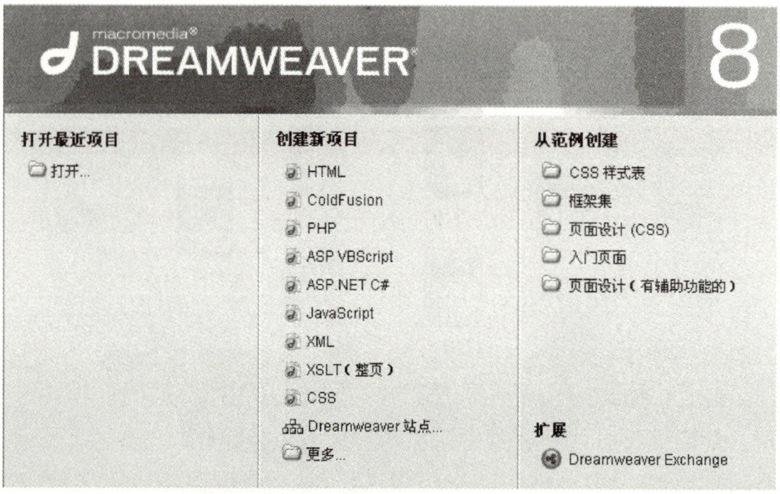

图 4.11　启动 Dreamweaver 8

2）Dreamweaver 8 的工作环境

Dreamweaver 8 的工作环境界面如图 4.12 所示。

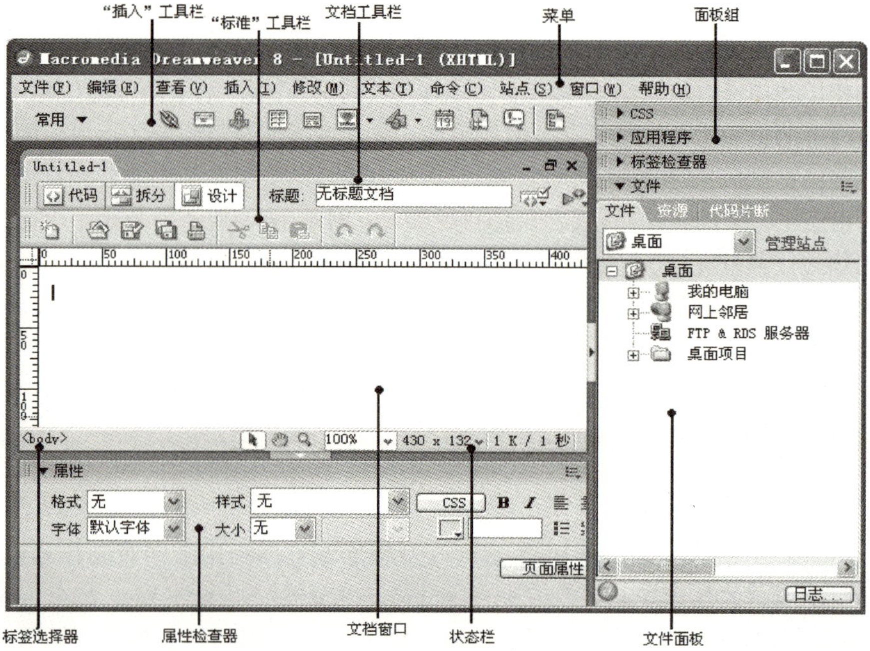

图 4.12　Dreamweaver 8 的工作环境

（1）插入工具栏：插入栏包含用于将各种类型的“对象”（如图像、表格和层）插入到文档中的按钮。

（2）标准工具栏：标准工具栏包含对文档的一些基本操作命令，例如“新建”“保存”“剪切”“复制”“粘帖”“撤销”“重做”命令等等。

(3) 文档工具栏：文档工具栏中包含视图切换按钮，这些按钮可以在“代码”视图、“设计”视图、同时显示“代码”和“设计”视图的拆分视图之间快速切换。

(4)“文档”窗口：“文档”窗口显示当前创建和编辑的网页文档。

(5) 属性检查器：属性检查器是一个很有用的面板，用于查看和更改当前所选对象或文本的各种属性。

(6)“文件”面板：“文件”面板用于管理当前站点的文件和文件夹。

(7) 状态栏：状态栏提供与您正创建的文档有关的其他信息。

(8) 面板组：“面板组”是在某个标题下面的相关面板的集合。

(9) 菜单概述：“文件”菜单、“编辑”菜单、“查看”菜单、“插入”菜单、“修改”菜单、“文本”菜单、“命令”菜单、“站点”菜单、“窗口”菜单、“帮助”菜单。

2. 站点的创建与管理

1) 创建本地站点

Web 站点是一组具有如相关主题、类似的设计、链接文档和资源。Dreamweaver 8 是一个站点创建和管理工具，因此使用它不仅可以创建单独的文档，还可以创建完整的 Web 站点。

建立一个网站，首先要在本地机器上做好网站，再传到网上的虚拟空间上。下面主要介绍本地站点的建立，站点文件命名。

在此以建立一个“校园生活网站”为例，介绍以下具体的操作步骤。

(1) 启动 Dreamweaver 8。

(2) 从“站点”菜单中选择“新建站点”选项，出现“站点定义”对话框，如图 4.13 所示。

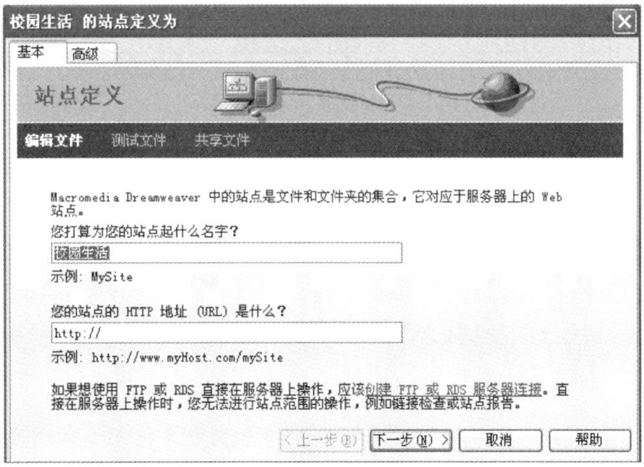

图 4.13 站点定义对话框 1

(3) 在“站点定义”对话框中单击“基本”选项卡，出现“站点定义向导”的第一个界面，为站点输入一个名称，例如输入“校园生活网站”，然后单击“下一步”按钮。

(4) 出现向导的下一个界面，询问是否要使用服务器技术，如图 4.14 所示。

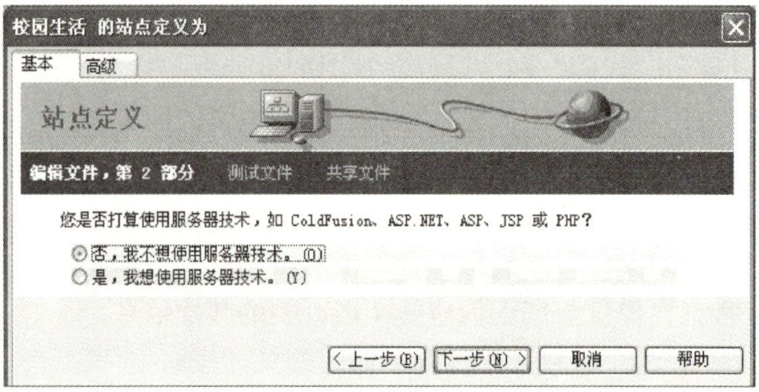

图 4.14 “站点定义”对话框 2

因为实例建立的是一个静态站点，就选择“否，我不想使用服务器技术”单选按钮，指示目前该站点是一个静态站点，没有动态页。单击“下一步”按钮。

(5) 出现向导的下一个界面，询问要如何使用您的文件，选择标有“编辑我的计算机上的本地副本，完成后再上传到服务器(推荐)”选项，如图 4.15 所示。

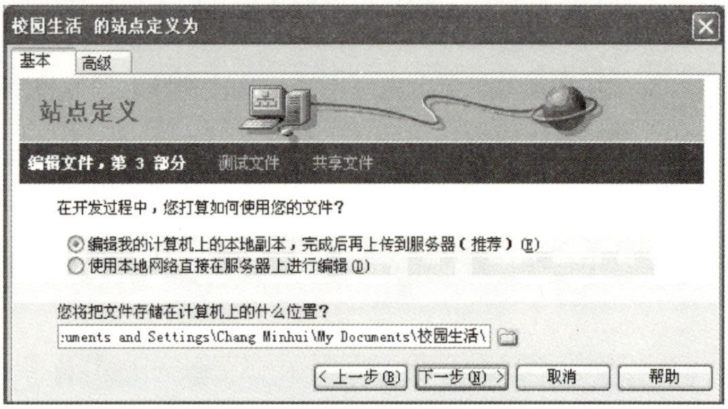

图 4.15 站点定义对话框 3

(6) 对于其下方询问“您将把文件存储在计算机的什么位置”?

单击该文本框旁边的文件夹图标。随即会出现“选择站点校园生活的本地根文件夹”对话框。

单击“创建新文件夹”按钮，在 D 盘上建立一个名为“myweb”的站点文件夹，并以此作为“校园生活网站”的本地根文件夹。单击“打开”按钮，在下一个出现的对话框中单击“选择”按钮。回到“站点定义”界面。文本框中显示的“D：\ myweb \ ”即为站点文件夹所在的位置。单击“下一步”按钮。

(7) 出现向导的下一个界面，询问如何连接到远程服务器。从弹出式菜单中选择“无”选项。

(8) 单击“下一步”按钮，该向导的下一个屏幕将出现的是以上所有设置的概要，如图 4.16 所示。

2) 管理本地站点

如果对所创建的站点有不满意的地方，还可以随时对其进行修改、编辑。具体操作步

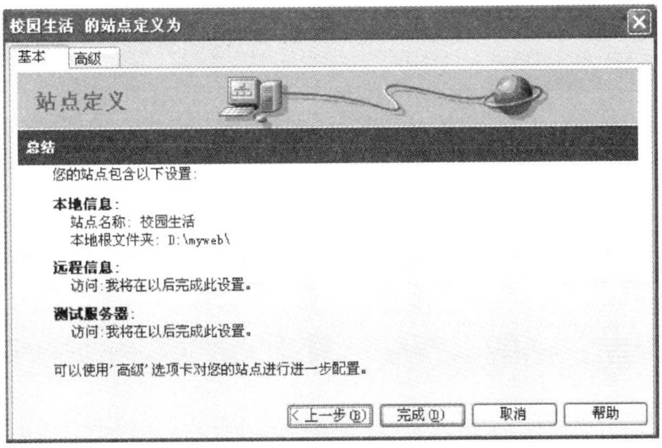

图 4.16 “站点定义”完成画面

骤如下：

(1) 选择“站点”菜单中的“管理站点”命令，出现“管理站点”对话框。

(2) 单击“新建”按钮，可以创建一个新的站点。

(3) 在左侧的站点列表中选择一个站点，可以对其进行下列操作。

① 单击“编辑”按钮，可以对选中的站点重新编辑。

② 单击“复制”按钮，可以复制选中的站点。

③ 单击“删除”按钮，可以删除选中的站点。

(4) 单击“完成”按钮，关闭管理站点对话框。

3. 页面的各个属性及其设置方法

1) 创建网页

有两个方法创建新文档：

(1) 在“文件”菜单下单击“新建”命令，便建立了一个新的空文档。

(2) 在文件面板中右击，在弹出的快捷菜单中选择“新建文件”选项，便可在当前的站点中建立一个未命名的 HTML 文档。

在工作区右击，在弹出的快捷菜单中选择“页面属性”选项，打开“页面属性”对话框，如图 4.17 所示。

在该对话框的左侧，是分类列表，将页面的属性设置分为“外观”“链接”“标题”“标题/编码”和“跟踪图像”五类。

2) 保存网页文档

单击“文件”菜单中的“保存”命令，弹出一个“另存为”对话框，选择要保存的位置，再确定要保存的文件名，例如设置为“index.html”，再单击“保存”按钮就可以了。如果同时打开了多个文档，可以通过“文件”菜单里的“全部保存”选项，将这些文档一次性地全部保存。

3) 浏览网页的运行效果

在文档工具栏中的“标题”栏目中的文本框中输入网页的标题，例如“校园生活网站主页”。这些内容，在浏览器运行时将显示在网页的标题栏上。

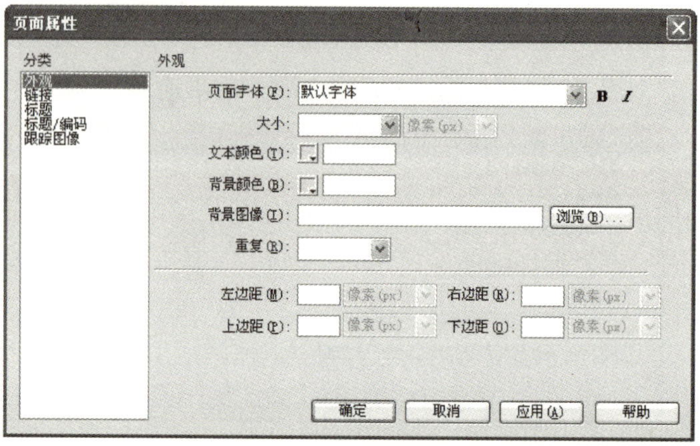

图 4.17　页面属性

在文档工具栏中，找到一个球体的预览图标，单击出来一个下拉列表，选择所使用的浏览器，如“IExplore 6.0”，便可以启动浏览器，查看所制作的网页在浏览器中运行的效果。

4.4.2　网页中文本的格式化方法

1. 利用属性检查器

在文档窗口中输入文字，通过属性检查器可以对文字的各个属性给予设置，如字体的样式和大小等，如图 4.18 所示。

图 4.18　文本的属性设置

2. 利用 CSS 样式

1）CSS 样式的基本概念

CSS 是英文“Cascading Style Sheet”（层叠样式表）的缩写，它用于控制网页内容的外观。CSS 样式可以控制许多仅使用 HTML 无法控制的属性，而且可以节省网页制作人员的大量的重复性劳动，明显地提高工作效率。

2）创建 CSS 样式

创建 CSS 样式的步骤如下。

（1）单击“文本”→“CSS 样式”→“新建”命令，打开“新建 CSS 规则”对话框。

（2）在“选择器类型”处，选择“类(可用于任何标签)”按钮。

（3）为所创建的 CSS 样式命名为“CSS－1”。

（4）在“定义在”栏目中有两个选项：新建样式表文件，仅对该文档。

① 新建样式表文件：将所创建的样式保存为一个.css 文件。该文件所定义的规则还允许被其他的页面文档所使用。

② 仅对该文档：所创建的样式仅仅能在当前文档中使用。

在此选择“新建样式表文件”，单击“确定”按钮，打开“保存样式表文件”对话框。

(5) 在文件名处为所建立的样式表文件命名为“mycss-1”，单击“保存”按钮。

(6) 在打开的“CSS 规则定义”对话框中，设置各个选项为所需的样式。在此可见允许设置行高，而在 HTML 中是无法设置行高的。

(7) 在分类列表中，还可以选择“背景”选项，设置关于页面背景的各个属性；选择“边框”选项，为对象添加各种边框效果。

(8) 单击“确定”按钮，完成 CSS-1 的设置。这时在“CSS 样式”面板上可以看到所设置的样式各个属性列表。

3) 应用 CSS 样式

(1) 应用于当前文档。选择要使用该样式的对象，如某些文字。

展开属性面板中的“样式列表”，其中可见当前文档中所有可用的样式。

单击所要应用的样式名称，这里是“css-1”，即可将所选中的样式应用于所选择的对象。

(2) 应用于其他文档。在此之前建立的 mycss-1.css 文件所定义的样式，还允许应用于其他文档，操作步骤如下。

打开本地站点的另外一个网页文档，展开属性面板中的“样式列表”选项，选择其中的“附加样式表”命令。

打开链接外部样式表对话框，单击其中的“浏览”按钮，选择欲导入的样式表文件。这里是刚刚创建的 mycss-1.css 文件，单击“确定”按钮。

由 mycss-1.css 所规定的样式 CSS-1 就被导入至当前文档。展开属性面板的样式列表，就添加进了样式 CSS-1。

应用它时如同在 (1) 中应用于当前文档所述的完全相同。

4.4.3 超级链接与导航栏

1. 超级链接

超级链接的就是把一个网站的网页连接起来，单击链接时从一个网页跳转到另一个网页，或者跳转到页面指定的位置。

在 Dreamweaver 中，可以为页面内任何地方的任何文本或图像创建链接，包括标题、列表、表格、层或框架中的任何文本或图像。

创建超级链接的方法也有多种。

1) 使用属性面板中的链接文本框

选中要建立超级链接的对象，例如这里的文字“文艺生活”，浏览者单击这里应该打开的网页文件是本地站点中的“1.html”，那么在属性面板右侧的“链接”文本框中输入其文件名“1.html”，如图 4.19 所示。

2) 使用属性面板中的文件夹图标

选中要建立超级链接的文本，单击属性面板中的“链接”文本框右边的文件夹图标，

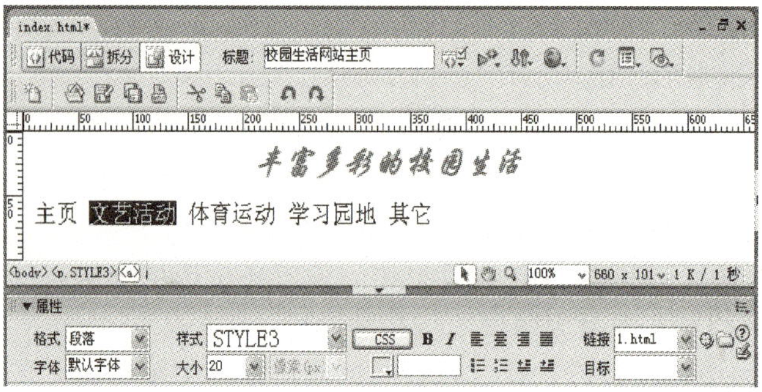

图 4.19 链接文本框

便打开“选择文件”对话框，选中要链接的文件，再单击“确定”按钮，即完成建立了超级链接。

3）使用属性面板中的“指向文件”图标

在属性面板的“链接”文本框与文件夹图标之间，有一个圆形的指针图标，用鼠标拖拽着将其指向文件面板中所要链接的文件，可以非常快捷地建立超级链接。

4）不使用属性面板直接拖拽

选中要建立超级链接的文本，按住 Shift 键的同时，从选定的文本拖拽鼠标到文件面板里要链接的文件上，也可以非常快捷地建立超级链接。

5）选择被链接文档要打开的位置

若要使被链接文档不出现在当前窗口或框架中，从属性面板的“目标”弹出式菜单选取一个选项。其中：

_ blank：在新的未命名的浏览器窗口中加载链接文档。_ parent：在父框架页或包含该链接的框架窗口中加载链接文档。如果包含链接的框架不是嵌套的，则链接文档将加载到整个浏览器窗口中。

_ self：将链接文档加载到与链接相同的框架或窗口中，该目标是默认值，所以通常您不需要指定它。

_ top：将在整个浏览器窗口中加载链接文件，同时移除所有框架。

2. 目录链接(又称锚记链接)

对于一个比较长的文档，为了方便浏览者选择不同的位置进行浏览，应该建立目录链接(也称为锚记链接)。具体的操作为以下 3 步。

1）插入锚标记

在目标文档处单击插入栏里的图标，插入锚标记。

2）命名锚记“a1”

在打开的“命名锚记”对话框中为锚标记命名“a1”，如图 4.20 所示。

图 4.20 锚记名称

3）创建锚记链接

选中链接文本，将属性面板中的“指向文件”图标拖拽到锚记上。此时在属性面板中的链接框中出现“＃a1”，一个锚记链接便创建完成，如图 4.21 所示。

图 4.21 创建锚记链接

3. 制作导航条

许多网页中，都会有一个导航栏目，这里集中了当前页面可以跳转到的各个页面的超级链接。

Dreamweaver 中提供了一个导航条工具，利用这个工具，可以非常快捷地建立起一组导航栏目。

制作导航条的步骤为以下四步。

1）插入导航条

将插入点放在将要放置导航条的位置，单击插入栏中“插入图像”旁边的下拉按钮，展开一个下拉菜单，单击其中的“导航条”，如图 4.22 所示，打开“插入导航条”对话框，如图 4.23 所示。

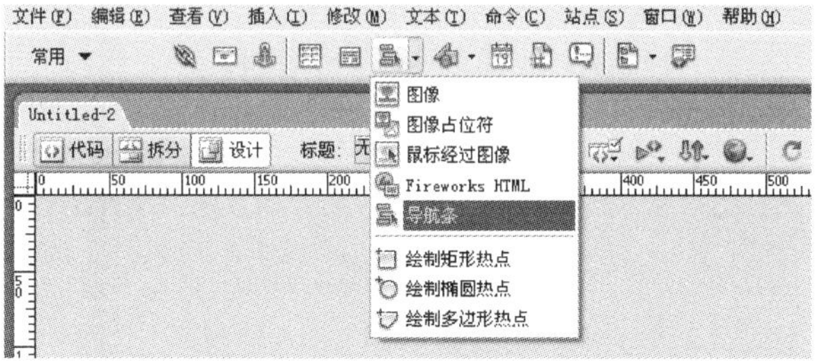

图 4.22 插入导航条的界面

2）在插入导航条的对话框中

“状态图像”为页面上导航元件的自然状态图像，单击其右侧的“浏览”按钮，选择一个图像。例如“img/a1. jpg”。

“鼠标经过图像”是当浏览者的鼠标划过这一导航元件时显示出的另一个图像，例如“img/a2. jpg”。

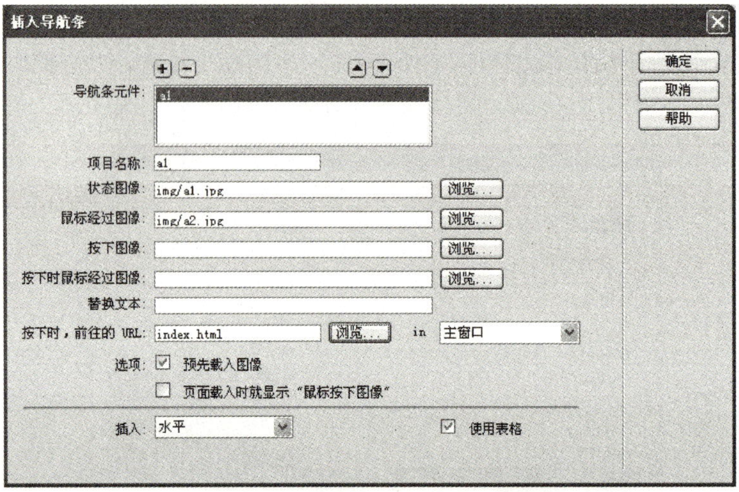

图 4.23 “插入导航条”对话框

“按下图像”是当浏览者的鼠标按下这一导航元件时显示出的又一个图像。

“按下时，前往的 URL”就是本超级链接所要链接到的文档，单击其右侧的“浏览”按钮，确定链接要打开的文件路径和文件名。

“插入”下拉列表提供了“水平”和“垂直”两种导航条的布置形式。指这一组导航元件采用水平排列还是垂直排列。

3）添加或删除导航元件

单击插入导航条的对话框左上角的图标可以在当前的导航条里再添加一个导航元件或删除一个导航元件。

4）完成

所有的按钮在此全部编辑完成之后，单击“确定”按钮。

电商实践

电商导航设计十建议

最小化点击数；使用自动匹配功能；前向(过滤)导航设计；使用历史数据用于导航支持；将 drop-down 菜单功能实现；让用户使用分类搜索功能；持续导航；适当取消图片边栏；用色彩来控制导航；使用可视化线索。

4. 使用空链接

使用空链接可以为页面上的对象或文本附加行为。创建步骤如下：

(1) 在文档窗口中，选中要设置链接的文本、图像或其他对象。

(2) 在属性面板的链接框中，只输入一个“#”号。

(3) 如果单击这种地址为一个“#”的链接，无论当前你处于文档的什么地方，都会自动跳转到文档的开头位置。

(4) 还可以在属性面板的链接框中输入 Javascript，创建空链接。

5. 创建电子邮件链接

方法一：步骤如下。

(1) 选取需要创建链接的文本或者图像，例如“和我联系”，如图 4.24 所示。

(2) 单击常用面板中的“电子邮件链接”工具，在打开的“电子邮件链接”对话框中输入邮件地址。

(3) 单击“确定”按钮即可。

图 4.24　电子邮件链接

方法二：步骤如下。

选取需要创建链接的文本或者图像，在属性面板中的链接栏直接输入 mailto：邮件地址。

例如：mailto：xxtminhui@buu. com. cn.，如图 4.25 所示。

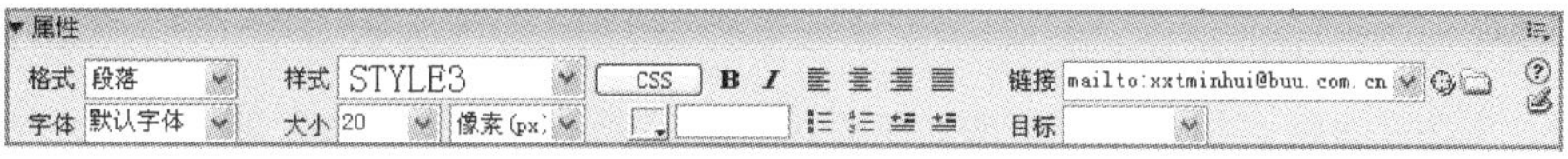

图 4.25　电子邮件链接

网页制作除了要掌握相关的技术外，还要注意页面的整体形象，最开始，网页呈现在你面前的时候，它就好像一张白纸，需要你任意挥洒你的设计才思。随着互联网日趋发达，网站制作的布局设计变得越来越重要。访问者不愿意再看到只注重内容的站点。虽然内容很重要，但只有当网站制作和网页内容成功接合时，这种网页或者说站点才是受人喜欢的。

电商实践

电商网站导流关键词分析

① 搜索量前三甲：淘宝、京东商城、淘宝网；②“淘宝”占搜索总贡献流量 2.1%，淘宝相关搜索词累计贡献 4.2%；③搜索导航中，“淘宝商城”比“天猫”更深入人心；④1 号店与京东通过购买淘宝相关关键词拦截流量；⑤常用字会引起品牌混淆，“易迅”和“易讯”搜索点击量相当。

本章小结

计算机网络是将分布在不同地理位置上的具有独立功能的计算机终端及其附属设备用通信手段连接起来以实现资源共享的系统。计算机网络的功能主要有：实现资源共享、进行数据信息的集中和综合处理、能够提高计算机的可靠性及可用性、能够进行分布处理和节省软硬设备的开销等。

计算机网络分类的标准很多，常见的按照网络的范围分为局域网(LAN)、区域网(MAN)和广域网(WAN)。网络的拓扑结构有星形、环型、总线型、树型、网状型、混合型等。计算机网络由硬件系统和软件系统组成。

OSI网络体系结构：为了解决不同系统的互联问题，国际标准化组织提出了一个网络体系结构模型——OSI参考模型作为国际标准。该网络体系结构是一种不基于特定网络设备、操作系统的网络体系结构，将网络通信分成七层。分别是应用层、表示层、会话层、传输层、网络层、数据链路层、物理层。

IP地址和域名：Internet上的每一台计算机都会分配一个唯一的地址，即IP地址。IP地址分为A、B、C、D、E等几类，不同的类适应于不同的网络。域名的一般形式如下：＜主机名＞.＜机构名＞.＜网络名＞.＜顶级域名＞。

Extranet与Intranet及Internet的关系：三者之间既有联系、又有区别，Extranet是Intranet的延伸，而两者又都是基于Internet的。

WAP的目标：将Internet的海量信息及先进的业务引入移动电话等无线终端之中。WAP与电子商务相结合，实现移动电子商务(M-business)。

物联网是通过射频识别、红外感应器、全球定位系统、激光扫描器等信息传感设备，按约定的协议，把任何物品与互联网连接起来，进行信息交换和通信，以实现智能化识别、定位、跟踪、监控和管理的一种网络。物联网用途广泛，遍及智能交通、环境保护、政府工作、公共安全管理、平安家居、智能消防、工业监测、溯源管理、老人护理、个人健康等领域。

云计算是基于互联网的相关服务的增加、使用和交付模式，通过互联网来提供动态易扩展且经常是虚拟化的资源。对于电子商务来讲，云计算最有用的特点，就是其覆盖广和自动化。

通信系统由计算机(信源)、终端设备(信宿)、通信线路和信号变换器及反变换器组成。通信方式根据数据信息在传输线上的传送方向可分为单工通信、半双工通信和全双工通信；根据组成字符的各比特在信道上是否同时传输可分为串行传输和并行传输；根据数据在传输线上原样不变地传输还是调制变样后再传输，可分为基带传输和频带传输。

Dreamweaver是集网页制作和管理网站于一身的所见即所得网页编辑器，用于编辑HTML、ASP、JSP、PHP时的辅助工具，用于对网站、网页和Web应用程序进行设计、编码和开发，利用它可以轻而易举地制作出跨越平台限制和跨越浏览器限制的充满动感的网页。Dreamweaver广泛用于网页制作和网站管理。

本章习题

一、单项选择题

1. 传统方式下，广播、电视系统是典型的(　　)传输系统。

A. 单工　　B. 半双工　　C. 双工　　D. 不确定

2. IP地址分配的原则是：同一网络内的所有主机具有(　　)的网络标识符号，但每台主机的标识号必须彼此(　　)，以便能区分出不同的主机；不同网络内主机的网络标识号必须(　　)，但可以具有(　　)的主机标识号。

A. 不同，相同，相同，不同　　B. 相同，不同，不同，相同

C. 相同，不同，相同，不同　　D. 不同，相同，不同，相同

3. 以下哪一个不是WAP的特点？(　　)

A. WAP提供了一套开放、统一的平台

B. WAP定义了WML

C. WAP定义了所有无线应用协议

D. WAP协议广泛性

4. E_mail地址正确的形式是(　　)。

A. 用户名@主机域名　　B. 主机域名@用户名

C. 主机域名.用户名　　D. 用户名@主机域名.com

5. 机构性域名int是(　　)。

A. 军事机构或设施　　B. 网络资源或组织

C. 国际性机构　　D. 信息服务

6. 云计算(Cloud Computing)的概念是由(　　)提出的。

A. Google　　B. 微软　　C. IBM　　D. 腾讯

7. 2009年8月7日温家宝总理在江苏无锡调研时提出下面哪个概念？(　　)

A. 感受中国　　B. 感应中国　　C. 感想中国　　D. 感知中国

8. 下面哪一选项描述的不是智能电网？(　　)

A. 发展智能电网，更多地使用电力代替其他能源，是一种“低碳”的表现

B. 将家中的整个用电系统连成一体，一个普通的家庭就能用上“自家产的电”

C. 家中空调能够感应外部温度自动开关，并能在自动调整室内温度

D. 通过先进的传感和测量技术、先进的设备技术、控制方法以及先进的决策支持系统技术等，实现电网的可靠、安全、经济、高效、环境友好和使用安全的目标

9. 智能物流系统(ILS)与传统物流显著的不同是它能够提供传统物流所不能提供的增值服务，下面哪个属于智能物流的增值服务？(　　)

A. 数码仓储应用系统　　B. 物流的全程跟踪和控制

C. 供应链库存透明化　　D. 远程配送

10. 云计算最大的特征是(　　)。

A. 计算量大　　　　　　B. 通过互联网进行传输

C. 虚拟化　　　　　　　D. 可扩展性

二、判断题

1. 域名地址是比 IP 地址更高级、更直观的形式。(　　)

2. 从技术上讲，域名是互联网用于解决地址对应问题的一种方法。(　　)

3. 物联网是继计算机、互联网和移动通信之后的又一次信息产业的革命性发展。目前物联网被正式列为国家重点发展的战略性新兴产业之一。(　　)

4. 在海尔的智慧屋系统中用户只能通过 iPhone 手机等智能手机和电脑对家中的设备进行远程控制与管理。(　　)

5. 物联网目前的传感技术主要是 RFID。植入这个芯片的产品，是可以被任何人进行感知的。(　　)

6. 按照携带信息的高频载波的种类，调制可以分为模拟调制和数字调制两种。(　　)

7. 计算机网络由硬件系统和软件系统组成。(　　)

8. 在 OSI 的七层中，应用层的功能是数据格式的转换。(　　)

9. IP 地址 202.115.114.198 为 B 类地址。(　　)

10. 企业外部网是一种既具有集成性又具有外向性的解决方案。(　　)

三、填空题

1. 按拓扑结构分类，可以把局域网分为________、________、________、________和________等类型，是最常用的分类方法。

2. 组成局域网的网络硬件系统可分为五类：________、________、________、________及________。

3. OSI 参考模型作为国际标准，将网络通信分为七层，最底层到最高层分别为物理层、________、________、________、________、________和________。

4. 通信的三要素是________、________、________。

5. 根据数据信息在传输线上的传送方向，数据通信方式分为________、________和________ 3 种。

6. 常用的数据交换技术有________、________和________ 3 种。

四、简答题

1. 什么是计算机网络？电子商务的技术支撑是什么？

2. 请归纳 OSI 参考模型中七层的主要功能。

3. 什么是 TCP/IP 协议？

4. 什么是 WAP？简述 WAP 的特点。

5. 简述最基本的数据通信系统。

6. 简述 Extranet 与 Intranet 及 Internet 的关系。

7. 什么是物联网？主要应用在哪些方面？在电子商务应用中有何作用？

五、操作题

使用 Dreamweaver 创建一个个人主页，要求如下。

1. 有合理的框架、布局。
2. 有 Logo、头部、导航栏、内容、尾部。
3. 有图片、表格等元素，或者音乐。
4. 在尾部设置友情链接，连接到自己的博客等。
5. 其他高级元素。

第5章 电子商务安全管理

教学目标

通过本章的学习，了解电子商务安全隐患，电子商务安全需求，计算机安全控制制度；熟知交易者身份确定的主要方法；理解安全套接层SLL协议、安全电子交易SET协议，电子商务安全技术；掌握文件加密和浏览器安全设置的方法，安全工具使用的方法。

教学要求

知识要点	能力要求	相关知识
电子商务安全	(1) 了解电子商务安全隐患 (2) 了解电子商务安全需求 (3) 电子商务安全技术的运用	(1) 防火墙的概念 (2) 加密技术
计算机安全制度	(1) 了解计算机安全控制制度 (2) 了解防范计算机犯罪的法律手段、新《刑法》有关计算机犯罪的规定	(1)《中华人民共和国计算机信息系统安全保护条例》 (2)《刑法》
文件加密和浏览器安全设置	(1) 能够运用常见的文件加密的方法 (2) 掌握对邮件进行加密和解密的方法 (3) 掌握浏览器安全设置的方法	(1) Windows文件夹 (2) 邮件传输协议 (3) Java、Java小程序脚本、Active X控件和插件 (4) Internet Explorer
交易安全管理	(1) 了解交易者身份的确定 (2) 掌握制定交易安全管理制度的方法和内容、应急措施 (3) 了解安全套接层SLL协议、安全电子交易SET协议	(1) 数字签名的概念 (2) 数字证书的概念及内容、作用 (3) 病毒防范措施 (4) SSL安全协议、安全电子交易SET协议的概念和内容
安全工具使用	(1) 杀毒软件使用方法运用 (2) 掌握对计算机病毒的防范的方法 (3) 防火墙安全工具使用方法的应用	(1) 病毒的工作原理 (2) 病毒检测、防范与清除 (3) 防火墙类型、防火墙技术

导入案例

黑客热衷攻击重点目标

国外几年前就曾经发生过电子商务网站被黑客入侵的案例，国内的电子商务网站近两年也发生过类似事件。浙江义乌一些大型批发网站曾经遭到黑客近一个月的轮番攻击，网站图片几乎都不能显示，每天流失订单金额达上百万元。阿里巴巴网站也曾确认受到不明身份的网络黑客攻击，这些黑客采取多种手段攻击了阿里巴巴在我国大陆和美国的服务器，企图破坏阿里巴巴全球速卖通台的正常运营。黑客攻击可以是多层次、多方面、多种形式的。攻击电子商务平台，黑客可以轻松赚取巨大的、实实在在的经济利益。比如：窃取某个电子商务企业的用户资料、贩卖用户的个人信息、破解用户个人账号密码，可以冒充他人购物，并把商品货物发给自己。黑客有可能受经济利益驱使，也有可能是同业者暗箱操作打击竞争对手。攻击电子商务企业后台系统的往往是专业的黑客团队，要想防范其入侵，难度颇大。尤其是对于一些中小型电子商务网站而言，比如数量庞大的团购网站，对抗黑客入侵更是有些力不从心。如果大量电子商务企业后台系统的安全得不到保障，我国整个电子商务的发展也将面临极大威胁。

5.1 电子商务安全

电子商务的发展给人们的工作和生活带来了新的尝试和便利性，但并没有像人们想象的那样普及和深入，除其他因素外，一个很重要的原因就是电子商务的安全性，它成为阻碍电子商务发展的瓶颈。美国密执安大学一个调查机构通过对23000名互联网用户的调查显示，超过60%的人由于担心电子商务的安全问题而不愿进行网上购物。任何个人、企业或商业机构以及银行都不会通过一个不安全的网络进行商务交易，这样会导致商业机密信息或个人隐私的泄漏，从而导致巨大的利益损失。所以，研究和分析电子商务的安全性问题，特别是针对我国自己的国情，充分借鉴国外的先进技术和经验，开发和研究出具有独立知识产权的电子商务安全产品，这些都成为目前我国发展电子商务的关键。

5.1.1 电子商务安全威胁

随着电子商务在全球范围内的迅猛发展，电子商务中的网络安全问题日渐突出。根据中国互联网络信息中心(CNNIC)发布的“中国互联网络发展状况统计报告(2000/1)”，在电子商务方面，52.26%的用户最关心的是交易的安全可靠性。由此可见，电子商务中的网络安全和交易安全问题是实现电子商务的关键之所在。

网络安全就是如何保证网络上存储和传输的信息的安全性。但是由于在互联网络设计之初，只考虑方便性、开放性，使得互联网络非常脆弱，极易受到黑客的攻击或有组织的群体的入侵，也会由于系统内部人员的不规范使用和恶意破坏，使得网络信息系统遭到破坏，信息泄露。

电子商务中的安全隐患主要有以下几点。

1. 信息的截获和窃取

如果没有采用加密措施或加密强度不够，攻击者可能通过互联网、公共电话网、搭线、电磁波辐射范围内安装截收装置或在数据包通过的网关和路由器上届截获数据等方式，获取输的机密信息，或通过对信息流量和流向、通信频度和长度等参数的分析，推出有用信息，如消费者的银行账号、密码以及企业的商业机密等。

2. 信息的篡改

当攻击者熟悉了网络信息格式以后，通过各种技术方法和手段对网络传输的信息进行中途修改，并发往目的地，从而破坏信息的完整性。这种破坏手段主要有三个方面：篡改——改变信息流的次序，更改信息的内容，如购买商品的出货地址；删除——删除某个消息或消息的某些部分；插入——在消息中插入一些信息，让收方读不懂或接收错误的信息。

3. 非法用户或发送假冒信息来欺骗其他用户

常见的欺骗用户方式主要有两种。

1）第一种欺骗方式

伪造电子邮件，虚开网站和商店，给用户发电子邮件，收订货单。这种欺骗常常采用伪造大量用户，发电子邮件，穷尽商家资源，使合法用户不能正常访问网络资源，使有严格时间要求的服务不能及时得到响应；伪造用户发大量的电子邮件，窃取商家的商品信息和用户信用等信息。

2）第二种欺骗方式

假冒他人身份，如冒充领导发布命令、调阅密件；冒充他人消费、栽赃；冒充主机欺骗合法主机及合法用户；冒充网络控制程序，套取或修改使用权限、通行字、密钥等信息；接管合法用户，欺骗系统，占用合法用户的资源等。

4. 交易抵赖

交易抵赖包括多个方面，如发信者事后否认曾经发送过某条信息或内容；收信者事后否认曾经收到过某条消息或内容；购买者做了订货单不承认；商家卖出的商品因价格差而不承认原有的交易。

5.1.2 电子商务安全需求

电子商务面临的威胁的出现导致了对电子商务安全的需求，也是真正实现一个安全电子商务系统所要求做到的各个方面，主要包括机密性、完整性、认证性和不可抵赖性。

1. 机密性

电子商务作为贸易的一种手段，其信息直接代表着个人、企业或国家的商业机密。传统的纸面贸易都是通过邮寄封装的信件或通过可靠的通信渠道发送商业报文来达到保守机密的目的。电子商务是建立在一个较为开放的网络环境上的（尤其 Internet 是更为开放的网络)，维护商业机密是电子商务全面推广应用的重要保障。因此，要预防非法的信息存取和信息在传输过程中被非法窃取。机密性一般通过密码技术来对传输的信息进行加密处理来实现。

2. 完整性

电子商务简化了贸易过程，减少了人为的干预，同时也带来维护贸易各方商业信息的完整、统一的问题。由于数据输入时的意外差错或欺诈行为，可能导致贸易各方信息的差异。此外，数据传输过程中信息的丢失、信息重复或信息传送的次序差异也会导致贸易各方信息的不同。贸易各方信息的完整性将影响到贸易各方的交易和经营策略，保持贸易各方信息的完整性是电子商务应用的基础。因此，要预防对信息的随意生成、修改和删除，同时要防止数据传送过程中信息的丢失和重复并保证信息传送次序的统一。完整性一般可通过提取信息消息摘要的方式来获得。

3. 认证性

由于网络电子商务交易系统的特殊性，企业或个人的交易通常都是在虚拟的网络环境中进行，所以对个人或企业实体进行身份性确认成了电子商务中得很重要的一环。对人或实体的身份进行鉴别，为身份的真实性提供保证，即交易双方能够在相互不见面的情况下确认对方的身份。这意味着当某人或实体声称具有某个特定的身份时，鉴别服务将提供一种方法来验证其声明的正确性，一般都通过证书机构 CA 和证书来实现。

4. 不可抵赖性

电子商务可能直接关系到贸易双方的商业交易，如何确定要进行交易的贸易方正是进行交易所期望的贸易方这一问题则是保证电子商务顺利进行的关键。在传统的纸面贸易中，贸易双方通过在交易合同、契约或贸易单据等书面文件上手写签名或印章来鉴别贸易伙伴，确定合同、契约、单据的可靠性并预防抵赖行为的发生。这也就是人们常说的“白纸黑字”。在无纸化的电子商务方式下，通过手写签名和印章进行贸易方的鉴别已是不可能的。因此，要在交易信息的传输过程中为参与交易的个人、企业或国家提供可靠的标识。不可抵赖性可通过对发送的消息进行数字签名来获取。

5. 有效性

电子商务以电子形式取代了纸张，如何保证这种电子形式的贸易信息的有效性则是开展电子商务的前提。电子商务作为贸易的一种形式，其信息的有效性将直接关系到个人、企业或国家的经济利益和声誉。因此，要对网络故障、操作错误、应用程序错误、硬件故障、系统软件错误及计算机病毒所产生的潜在威胁加以控制和预防，以保证贸易数据在确定的时刻、确定的地点是有效的。

5.1.3 电子商务中主要的安全技术

电子商务安全是信息安全的上层应用，它包括的技术范围比较广，主要分为网络安全技术和密码技术两大类，其中密码技术可分为加密技术、数字签名和认证技术等。

1. 网络安全技术

网络安全是电子商务安全的基础，一个完整的电子商务系统应建立在安全的网络基础设施之上。网络安全所涉及的方面比较多，如操作系统安全、防火墙技术、虚拟专用网VPN技术和各种反黑客技术和漏洞检测技术等。其中最重要的就是防火墙技术。

防火墙是建立在通信技术和信息安全技术之上，它用于在网络之间建立一个安全屏障，根据指定的策略对网络数据进行过滤、分析和审计，并对各种攻击提供有效的防范。主要用于Internet接入和专用网与公用网之间的安全连接。

目前国内使用的需到防火墙产品都是国外一些大厂商提供的，国内在防火墙技术方面的研究和产品开发方面相对比较薄弱，起步也晚。由于国外对加密技术的限制和保护，国内无法得到急需的安全而实用的网络安全系统和数据加密软件。因此即使国外优秀的防火墙产品也不能完全在国内市场上使用，同时由于政治、军事、经济上的原因，我国也应研制开发并采用自己的防火墙系统和数据加密软件，以满足用户和市场的巨大需要，也对我国的信息安全基础设施建设有巨大的作用。

VPN也使一项保证网络安全的技术之一，它是指在公共网络中建立一个专用网络，数据通过建立好的虚拟安全通道在公共网络中传播。企业只需要租用本地的数据专线，连接上本地的公众信息网；其各地的分支机构就可以互相之间安全传递信息；同时，企业还可以利用公众信息网的拨号接入设备，让自己的用户拨号到公众信息网上，就可以连接进入企业网中。使用VPN有节省成本、提供远程访问、扩展性强、便于管理和实现全面控制等好处，是目前和今后企业网络发展的趋势。

2. 加密技术

加密技术是保证电子商务安全的重要手段，许多密码算法现已成为网络安全和商务信息安全的基础。密码算法利用密秘密钥(Secret Keys)来对敏感信息进行加密，然后把加密好的数据和密钥(要通过安全方式)发送给接收者，接收者可利用同样的算法和传递来的密钥对数据进行解密，从而获取敏感信息并保证了网络数据的机密性。利用另外一种称为数字签名(Digital Signature)的密码技术可同时保证网络数据的完整性和真实性。利用密码技术可以达到对电子商务安全的需求，保证商务交易的机密性、完整性、真实性和不可否认性等。

5.2 计算机安全制度

5.2.1 计算机安全控制制度

计算机安全通常表现在两方面：一个是对计算机系统的安全保护，另一个是对计算机犯罪的防范打击。对计算机系统的安全保护又包括对计算机系统中薄弱环节的检查，即对现有计算机系统和设计中的计算机系统应有的安全检查和安全审查，找出其薄弱环节和安全隐患，对安全隐患及时加以补救，增加计算机系统的安全保护能力。

1994年2月18日，我国颁布了《中华人民共和国计算机信息系统安全保护条例》(以下简称《条例》)，这是我国的第一个计算机安全法规，是我国计算机安全工作的总体纲领。它标志着我国的计算机信息系统安全治理走上了规范化、法制化的轨道。《条例》不仅明确提出了“计算机信息系统的建设和应用，应当遵守法律、行政法规和国家其他有关规定”，而且具体提出了计算机信息系统安全保护的 8 项具体制度，使我国计算机信息系统安全保护更加规范化、具体化。

1. 计算机信息系统安全等级保护制度

《条例》第九条指出：“计算机信息系统实行安全等级保护。安全等级的划分标准和安全等级保护的具体办法，由公安部会同有关部门制定。”

将计算机信息系统的安全划分为不同的等级，目的在于对计算机信息系统进行“恰如其分”的保护。所谓恰如其分，就是对计算机信息系统的安全保护在人力、物力和财力等方面，按其安全等级的实际需要和必要性，确定针对性的适当投入。

计算机信息系统的安全保护措施，必将随其安全等级的不同而有明显的差别。可以认为，没有规范的安全等级的划分，就难以实施恰当有效的计算机信息系统的安全保护。

2. 计算机机房安全管理制度

计算机机房是安装计算机信息系统主体的关键场所，尤其在供电、信息的干扰和泄露等方面，是计算机信息系统安全保护工作的重点之一。

对计算机机房的技术条件及设计施工和验收，我国制定了一系列的标准，对计算机机房的场地及环境条件也提出完整的安全要求。《条例》第十条明确规定：“计算机机房应当符合国家标准和国家有关规定。在计算机机房附近施工，不得危害计算机信息系统的安全。”

在该款规定中，不仅对计算机机房的所在单位提出了要求，对其相邻单位的施工也确定了必须遵守的行为规范，也就是负有不得危害相邻单位计算机信息系统安全的责任和义务。这类施工单位应当主动接受主管计算机信息系统安全的公安机关和城建、规划部门的指导和协调，做好计算机信息系统安全保护工作。

3. 计算机信息系统国际联网备案制度

《条例》第十一条规定：“进行国际联网的计算机信息系统，由计算机信息系统的使用单位报省级以上人民政府公安机关备案。”

计算机信息系统国际联网备案制度是保障联网单位信息系统安全的首要措施，是保障跨越国境数据流安全的强有力的手段。目前，许多的发展中国家和发达国家对跨越国境数据流都有相应的规定。

计算机信息系统国际联网备案，仅是一种手段，不是目的。1997 年 12 月 16 日以公安部 33 号令发布的、经国务院批准的《计算机信息系统网络国际联网安全管理办法》明确提出：“公安机关计算机管理监察机构应当掌握互联单位、接入单位和用户的备案情况，建立备案档案，进行备案统计，并按照国家有关规定逐级上报。”公安机关依此做好国际联网的安全保护管理工作。

4. 计算机信息媒体进出境申报制度

《条例》第十二条规定：“运输、携带、邮寄计算机信息媒体进出境的，应当如实向海关申报。”这是坚持改革开放，保护我国的政治、经济秘密的一项有力措施，是行使国家主权的一个重要方面。

5. 计算机信息系统使用单位安全负责制度

《条例》第十三条要求：“计算机信息系统的使用单位应当建立健全安全管理制度，负责本单位计算机信息系统的安全保护工作。”

计算机信息系统各不相同，使用的安全技术、安全管理手段也是千差万别。将计算机信息系统安全的责任放到各单位、各部门，有利于各个使用单位按照《条例》的要求，高度重视计算机信息系统的安全保护工作，认真落实计算机信息系统的安全责任制，自觉做好计算机安全保护工作。

公安机关计算机管理监察部门，检查、指导各使用单位搞好计算机安全保护工作。

6. 计算机案件强行报告制度

《条例》第十四条规定：“对计算机信息系统中发生的案件，有关使用单位应当在 24 小时内向当地县级以上人民政府公安机关报告。”

查处危害计算机信息系统安全的违法犯罪案件，是各地公安机关的职责。计算机案件 24 小时强行报告制度，是迅速及时地侦察计算机犯罪案件的重要保障。

计算机案件强行报告制度也是吸取了国外的经验教训而制定的，根据国外几十年对付计算机犯罪的经验，计算机犯罪与传统的盗窃、抢劫等相比，犯罪行为有很大的隐蔽性，不易觉察、不易侦察，只有迅速报案才能有利于保护现场，查找线索。只有报告每一起案件，才有利于归纳分析每一时期的计算机犯罪的特点，有针对性地采取预先防范和及时打击的措施。

计算机信息系统的应用十分广泛，所发生的计算机安全事件更是多种多样，有的使用单位认为只有计算机案件才需要报告，这样使用单位就错误地垄断了计算机案件的判断权，这是非常错误的。一定要先报告，至于是否为计算机案件，应如何处理，要由国家政法部门做出判断。

7. 计算机病毒及其有害数据的专管制度

《条例》第十五条规定：“对计算机病毒和危害社会公共安全的其他有害数据的防治研究工作，由公安部归口管理。”

计算机病毒和危害社会公共安全的其他有害数据要由公安部归口管理，这是由于计算机病毒所破坏的是计算机信息系统健康的“肌体”。有害数据则是含有攻击人民民主专政、社会主义制度、攻击党和国家领导人，破坏民族团结等危害国家安全内容的信息；含有宣传封建迷信、淫秽色情、凶杀、教唆犯罪等危害社会治安秩序的内容；或者是危害计算机信息系统运行和功能发挥，以及应用软件数据的完整性、可用性和保密性，用于违法活动的包括计算机病毒在内的计算机程序。一定要建立一个强有力的专管制度，由国家专政机关负责实施，才能确保计算机信息系统的安全。

8. 计算机信息系统安全专用产品销售许可证制度

《条例》第十六条规定：“国家对计算机信息系统安全专用产品的销售实行许可证制度。具体办法由公安部会同有关部门制定。”

计算机信息系统安全专用产品是用来保护计算机信息系统安全的专用的硬件和软件产品，如网络防火墙、防病毒软件等。计算机信息系统安全专用产品的技术性、时效性非常强，且关系到整个计算机信息系统的可靠性问题。实行许可证销售，有利于加强安全专用产品的管理，确保这些专用产品本身具有可信、可靠的安全功能，有利于保护国家的主权和安全，有利于保证整个信息社会的正常运转。

5.2.2 防范计算机犯罪的法律手段

1. 我国的新《刑法》确定了计算机犯罪的五种主要形式

1）侵入计算机信息系统

违反国家规定，侵入国家事务、国防建设、尖端科学技术领域的计算机信息系统。

2）使计算机信息系统不能正常运行

对计算机信息系统功能进行删除、修改、增加、干扰，造成计算机信息系统不能正常运行。

3）改变计算机数据或应用程序

对计算机信息系统中存储、处理或传输的数据和应用程序进行删除、修改、增加的操作。

4）制作、传播计算机病毒

故意制作、传播计算机病毒等破坏性程序，影响计算机系统的正常运行。

5）利用计算机实施金融犯罪

利用计算机实施金融诈骗、盗窃、贪污、挪用公款、窃取国家秘密或其他犯罪行为等。

2. 惩处计算机犯罪最有力的武器和最基本的依据

新《刑法》有关计算机犯罪的规定，是惩处计算机犯罪最有力的武器和最基本的依据，相关条款主要有以下四条。

1）第二百八十五条

《刑法》第二百八十五条的规定，犯非法侵入计算机信息系统罪的，处三年以下有期徒刑或者拘役。

2）第二百八十六条第一款

《刑法》第二百八十六条第一款的规定，犯破坏计算机信息系统功能罪的，处五年以下有期徒刑或者拘役；后果特别严重的，处五年以上有期徒刑。

3）第二百八十六条第二款

《刑法》第二百八十六条第二款的规定，犯破坏计算机信息系统数据、应用程序罪的，依照第二百八十六条第一条的规定处罚，即处五年以下有期徒刑或者拘役；后果特别严重的，处五年以上有期徒刑。

4）第二百八十六条第三款

《刑法》第二百八十六条第三款的规定，犯制作、传播计算机破坏性程序罪的，依照第二百八十六条第一款的规定处罚，处五年以下有期徒刑或者拘役；后果特别严重的，处五年以上有期徒刑。

5.3 文件加密和浏览器安全设置

5.3.1 文件加密

1. 对本地文件进行加密和解密

很多时候我们是和别人共用一台电脑，为了保护自己的隐私或机密文件，需要通过对文件加密来达到保护的目的，现在很多软件都内置了文件加密功能。下面介绍一些常用文件格式的加密。

1）Office 文件格式加密

(1) Word 文件加密的操作步骤如下。

① 打开需加密的文件，单击“工具”菜单中的“选项”命令，弹出“选项”对话框，选择“安全性”选项卡，如图 5.1 所示。

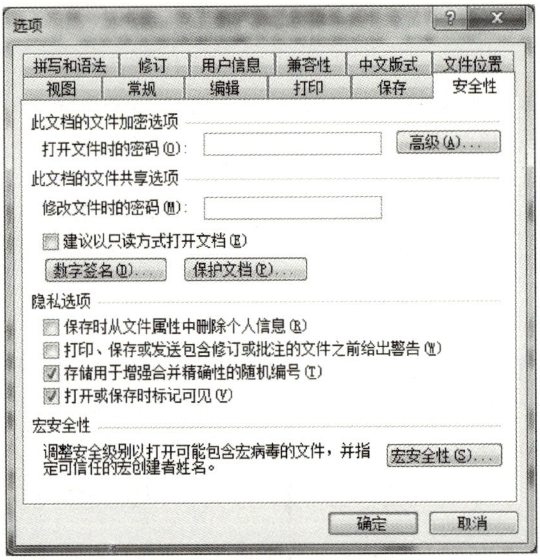

图 5.1 “安全性”选项卡

② 在“打开文件时的密码”和“修改文件时的密码”输入框中键入密码。前者密码是用来打开文件的，如果没有这个密码，文件是打不开的；后者是在前者基础上设置是否打开者有权利修改文件，如果没有则只能阅读，而不能修改内容。

Word 文件加密还有一种方法，在保存的时候进行加密。当你编辑完文件时，单击“文件”菜单中的“另存为”命令，弹出“另存为”对话框，再单击工具栏上的“工具”按钮，弹出下拉菜单，选择“安全措施选项”选项，在弹出的设置对话框中输入打开密码和修改密码。最后单击“确定”按钮，保存即可，如图 5.2 所示。

(2) Excel 文件的加密。

Excel 文件加密和 Word 文件一样，可按 Word 文件的加密部分操作。

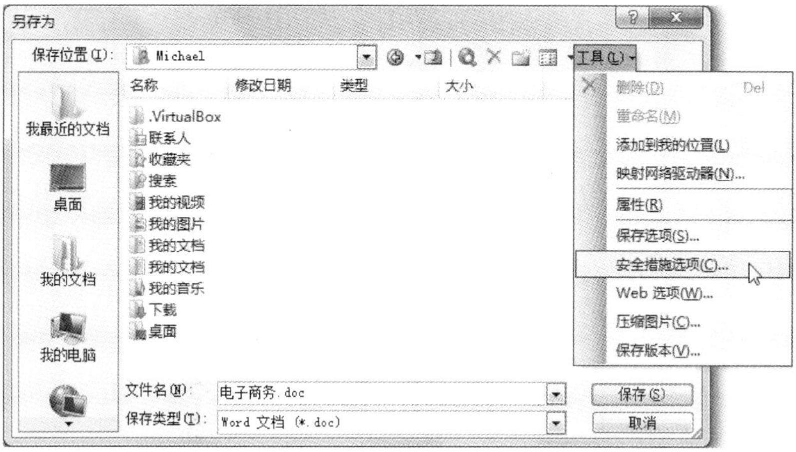

图 5.2　安全措施选项

(3) Access 文件的加密步骤如下。

① 关闭数据库。如果数据库在网络上共享，要确保所有其他用户关闭了该数据库。

② 为数据库复制一个备份并将其存储在安全的地方。

③ 打开“Access”文件，单击“文件”菜单中的“打开”命令。

④ 单击“打开”按钮右侧的箭头，然后单击“以独占方式打开”选项，如图 5.3 所示。

⑤ 单击“工具”菜单中“安全”子菜单上的“设置数据库密码”命令。

⑥ 在“密码”框中，输入自己的密码(密码是区分大小写的)，如图 5.4 所示。

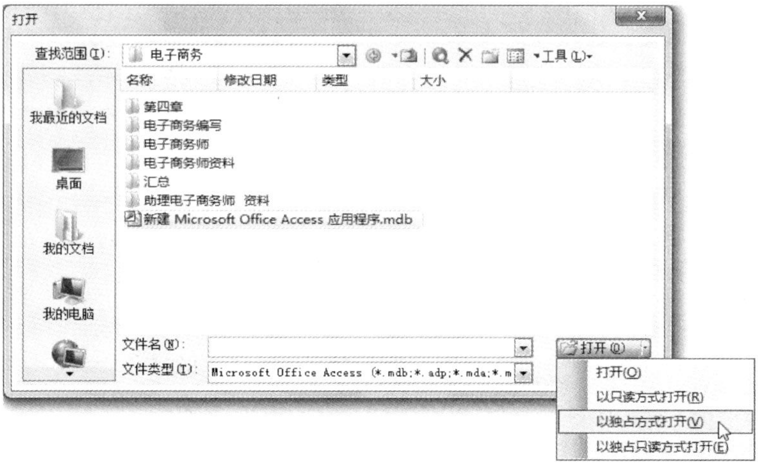

图 5.3　设置数据库密码

图 5.4　设置数据库密码

⑦ 在“验证”框中，再次输入密码以进行确认，然后单击“确定”按钮，密码设置完成。下一次打开该数据库时，将被要求输入密码，只有输入正确的密码才可打开数据库。

2）压缩软件加密

用 Winrar 加密可在图形界面下进行。在图形界面下，按 Ctrl+P 键或者在“文件”菜单中选择“设置默认密码”命令，弹出“输入密码”对话框，输入密码即可，如图 5.5 所示。

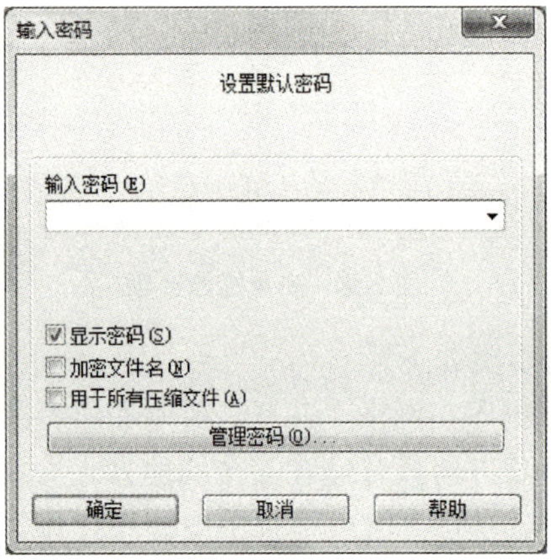

图 5.5　设置数据库密码

说明：

（1）如果“显示密码”选项被禁用，将被要求输入两次密码来确保正确性。

（2）如果设置了“加密文件名”选项，Winrar 不只加密数据，而且加密对象文件名、大小、属性、注释和其他数据块等所有的压缩包敏感区域，这样它提供了更高的安全等级。在使用这个命令加密的压缩包中，没有密码甚至连文件列表都不能查看。这个选项只有在把数据压缩成 RAR 压缩包时才有意义，在使用默认密码解压缩数据或压缩成 ZIP 格式时，它将被忽略。具体内容可参考程序帮助文件。

3）Windows 文件夹的加密

Windows 提供了对文件夹加密的功能，当然我们就可以用它来保护文件了。使用系统提供的加密功能前，要确认你要加密的文件夹所在的分区格式为 NTFS，因为只有在 NTFS 下才能使用这个功能。

（1）加密 Windows 文件与文件夹的操作步骤如下。

① 在 Windows 源管理器中，选中待设置加密属性的文件或文件夹。

② 右击选择“属性”选项，启动文件或文件夹的“属性”对话框，如图 5.6 所示。

③ 单击“常规”选项卡中的“高级”按钮，启动“高级属性”对话框，如图 5.7 所示。

④ 选择“压缩或加密属性”框中的“加密内容以便保护数据”复选框，单击“确定”按钮，即可完成文件或文件夹的加密。

⑤ 如果加密的是文件夹，系统将进一步弹出“确认属性更改”对话框。要求确认是加密选中的文件夹，还是加密选中的文件夹的子文件夹以及其中的文件，如图 5.8 所示。

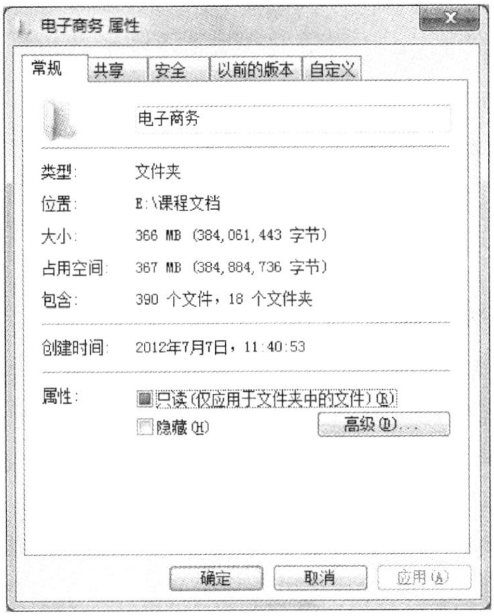

图 5.6 “电子商务属性”对话框

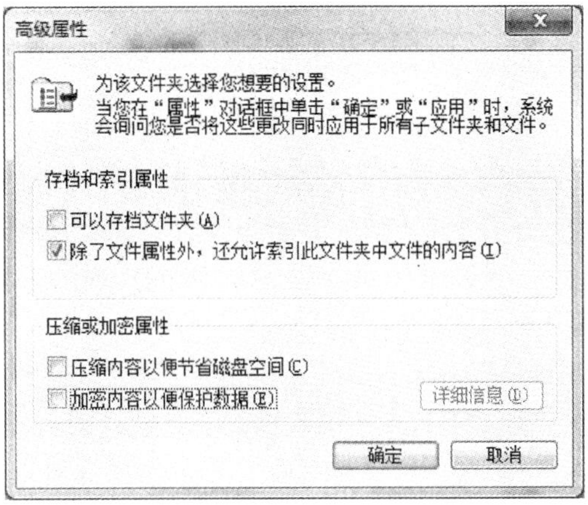

图 5.7 “高级属性”对话框

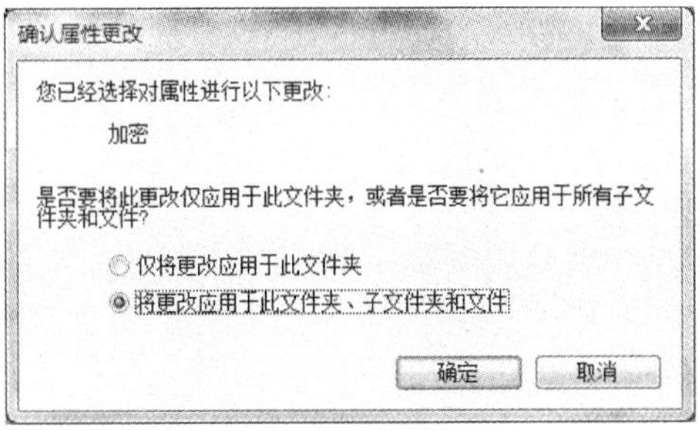

图 5.8 “确认属性更改”对话框

加密后，用户可以像使用普通文件一样直接打开和编辑，或者执行复制、粘贴等操作，而且用户在加密文件夹内创建的新文件或从其他文件夹拷贝过来的文件都将自动被加密。

(2) Windows 赋予或撤销其他用户的权限。

如果需要，Windows 可赋予其他用户对加密文件的完全访问权限，但要明白，Windows 所采用的是基于密钥的加密方案，并且是在用户第一次使用该功能时才为用户创建用于加密的密钥，因此你准备赋予权限的用户也必须曾经使用过系统的加密功能，否则将无法成功赋予对方权限。Windows 内建的文件加密功能只允许赋予其他用户访问加密文件的完全权限，而不允许将加密文件夹的权限赋予其他用户。

右击已加密的文件，选择“属性”选项，单击“属性”对话框的“安全”选项卡，即可通过“添加”和“删除”按钮添加或删除其他可以访问该文件的用户。

(3) Windows 禁止加密功能。

在多用户共用电脑的环境下，我们往往通过将其他用户指定为普通用户权限，限制他们使用某些功能，但普通用户账户默认允许使用加密功能。如果担心电脑上其他用户乱加密磁盘上的文件，可以设置特定的文件夹禁止被加密，也可以完全禁止文件加密功能。其方法如下。

① 编辑一个文本文件，命名为“Desktop.ini”；

② 内容包括以下两行。

```
[Encryption]
Disable= 1;
```

③ 将其放到不希望被加密的文件夹中即可。

当其他用户试图加密该文件夹时，系统将提示用户该文件夹加密功能被禁止。但需要注意，你只能使用这种方法禁止其他用户加密该文件夹，文件夹中的子文件夹将不受保护。

4）Windows 7 对整个驱动器进行加密

对于 Windows 7 系统，可以使用 BitLocker 对整个驱动器进行加密，操作步骤如下。

（1）右击要加密的驱动器，选择“启用 BitLocker”。

（2）弹出如图 5.9 所示的对话框，选择“使用密码解锁驱动器”复选框，并键入密码或采用其他两种方式。

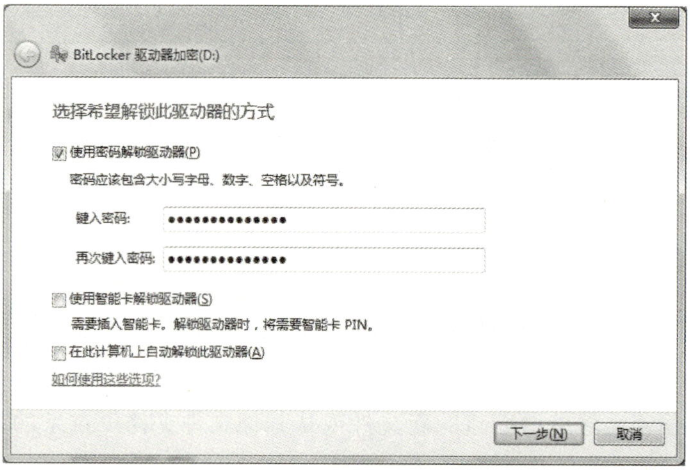

图 5.9　使用密码解锁驱动器

（3）选择存储恢复密钥方式为“将恢复密钥保存到 USB 闪存驱动器”选项，或其他两种方式，如图 5.10 所示。请确保在第一次启用 BitLocker 时创建此恢复密钥；否则，您可能会永久失去对文件的访问权限。

（4）选择 USB 设备并保存。

（5）继续下一步，启用加密，当进度为 100%时，加密完成，如图 5.11 所示。

2. 对邮件进行加密和解密

目前电子邮件已经成为网络中最重要的通信方式。但是电子邮件从发送到传送到目的地，要经过很多地方。如果被人偷取了，将带来难以估量的后果，就如同我们的银行卡密

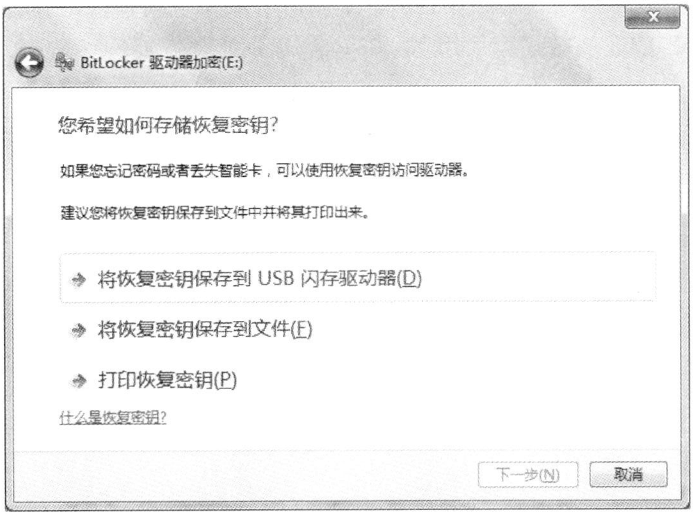

图 5.10　选择存储恢复密钥方式

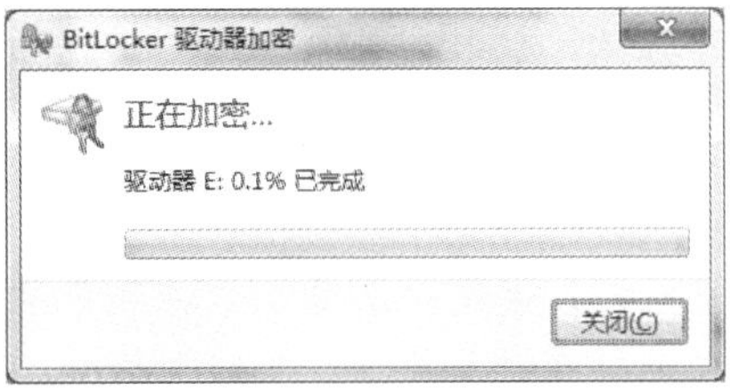

图 5.11　加密进度

码被窃一般。因此，给电子邮件加密成为当前最为关心的问题。目前，针对安全电子邮件，主要有如下几种技术。

1）端到端的安全电子邮件技术

端到端的安全电子邮件技术也称点对点的安全电子邮件技术，用来确保邮件从发送端到接收端的整个过程中，没有被修改，没有被窃取偷看，并且不可否认。即电子商务中的完整性、保密性和不可否认性。目前比较成型的端到端安全邮件的标准有 PGP 和 S/MIME。

PGP 软件的创始人是美国的 Phil Zimmermann。PGP(Pretty Good Privacy)是一个基于 RSA 公钥加密体系的邮件加密软件，它可以用来加密邮件以防止非授权者阅读，还能在邮件上加上数字签名而使收信人可以确信邮件的来源。PGP 软件采用了审慎的密钥管理，即一种 RSA 和传统加密的杂合算法，用于数字签名的邮件文摘算法、加密前压缩等。PGP 软件的最大特点是功能强大、速度快，而且源代码免费。

S/MIME 是 Secure Multi-Part Intermail Mail Extension 的简称。它是从 PEM (Privacy Enhanced Mail)和 MIME(Internet 邮件的附件标准)发展而来的。同 PGP 一样，S/MIME 也利用单向散列算法和公钥与私钥的加密体系。与 PGP 不同的主要有两点：首先，它的认证机制依赖于层次结构的证书认证机构，所有下一级的组织和个人的证书由上一级的组织负责认证，而最上一级的组织(根证书)之间相互认证，整个信任关系基本是树状的，这就是所谓的 Tree of Trust；其次，S/MIME 将信件内容加密签名后作为特殊的附件传送。S/MIME 的证书格式也采用 X.509，但与一般浏览器网上购物使用的 SSL 证书还有一定差异，支持的厂商相对少一些。

2）传输层的安全电子邮件技术

传统的邮件包括信封和信本身，电子邮件则包括信头和信体。现存的端到端安全电子邮件技术一般只对信体进行加密和签名，而信头则由于邮件传输中寻址和路由的需要，必须保证原封不动。然而，在一些应用环境下，可能会要求信头在传输过程中也能保密，这就需要传输层的技术作为后盾。目前，主要有两种方式实现电子邮件在传输过程中的安全：一种是利用 SSL SMTP 和 SSL POP；另一种是利用 VPN 或者其他的 IP 通道技术，将所有的 TCP/IP 传输封装起来，当然也就包括了电子邮件。

SMTP，即 Simple Mail Transfer Protocol，简单邮件传输协议，是发信的协议标准；POP，即 Post Office Protocol，邮箱协议，是收信的协议。SSL SMTP 和 SSL POP 即在 SSL 所建立的安全传输通道上运行 SMTP 和 POP 协议，同时又对这两种协议作了一定的扩展，以更好地支持加密的认证和传输。这种模式要求客户端的 E _ mail 软件和服务器端的 E _ mail 服务器都支持，而且都必须安装 SSL 证书。

基于 VPN 和其他 IP 通道技术，封装所有的 TCP/IP 服务，也是实现安全电子邮件传输的一种方法。这种模式往往是整体网络安全机制的一部分。

3）邮件服务器的安全与可靠性

建立一个安全的电子邮件系统，采用合适的安全标准非常重要。但仅仅依赖安全标准是不够的，邮件服务器本身必须是安全、可靠、久经实战考验的。

对邮件服务器本身的攻击由来已久。第一个通过 Internet 传播的病毒 Worm，就利用了电子邮件服务器 Sendmail 早期版本上的一个安全漏洞。目前，对邮件服务器的攻击主要分网络入侵(Network Intrusion)和服务破坏(Denial of Service)两种。

对于网络入侵的防范，主要依赖于软件编程时的严谨程度，一般选型时很难从外部衡量。不过，服务器软件是否经受过实战的考验，在历史上是否有良好的安全记录，在一定程度上还是有据可查的。

对于服务破坏的防范，则可以分为以下四个方面：

（1）防止来自外部网络的攻击，包括拒绝来自指定地址和域名的邮件服务连接请求，拒绝收信人数量大于预定上限的邮件，限制单个 IP 地址的连接数量，暂时搁置可疑的信件等。

（2）防止来自内部网络的攻击，包括拒绝来自指定用户、口地址和域名的邮件服务请求，强制实施 SMTP 认证，实现 SSL POP 和 SSL SMTP 以确认用户身份等。

（3）防止中继攻击，包括完全关闭中继功能，按照发信和收信的 IP 地址和域名灵活地限制中继，按照收信人数限制中继等。

（4）为了灵活地制定规则以实现上述的防范措施，邮件服务器应有专门的编程接口。

5.3.2 浏览器安全设置

Internet Explore 是使用最广泛的浏览器，它使用方便、功能强大，但由于它支持

JavaScript 脚本和 Active X 控件等元素，使得在利用它浏览网页时留下了很多安全隐患。在这里简单介绍 Internet Explore 的安全配置手段，但注意利用网页进行攻击是很难防范的，没有特别有效的方法，而且安全的配置都是以失去很多功能为代价的。

1. 管理 Cookie 的技巧

在 IE 中，选择“工具”菜单的“Internet 选项”命令，在弹出的对话框中的“隐私”选项卡专门用来管理 Cookie。

移动图 5.12 中的活动游标，可以选择 Cookie 中 6 个安全级别之一：分别是“阻止所有 Cookie”“高”“中上”“中”“低”“接受所有 Cookie”（默认级别为“中”），分别对应从严到松的 Cookie 策略，可根据需要方便地进行设定。

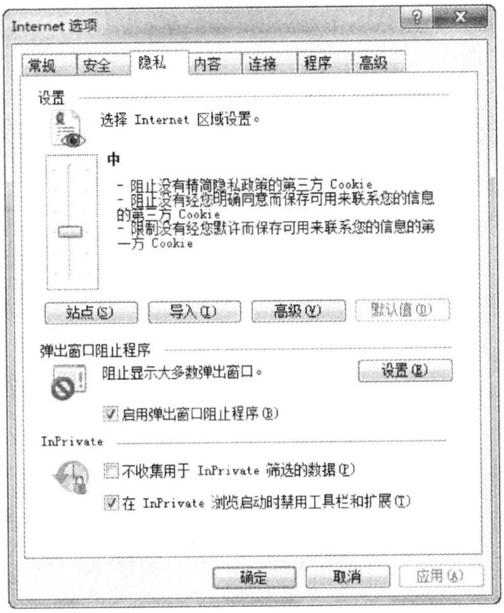

图 5.12　Cookie 的 6 个安全级别

对于一些特定的网站，单击图 5.12 中的“站点”按钮，还可以将其设定为“阻止”或“允许”使用 Cookie。

通过 IE 的 Cookie 策略，就能个性化地设定浏览网页时的 Cookie 规则，更好地保护自己的信息，增加使用 IE 的安全性。例如，在默认级别“中”时，IE 允许网站将 Cookies 放入你的电脑，但拒绝第三方的操作。

2. 禁用或限制使用 Java、Java 小程序脚本、Active X 控件和插件

互联网上经常使用 Java、Java Applet、Active X 编写的脚本，它们可能会获取用户的用户标识、IP 地址和口令等信息，影响系统的安全。因此，应对 Java、Java 小程序脚本、Active X 控件和插件的使用进行限制。

在 IE 中，选择“工具”菜单的“Internet 选项”命令，在弹出的对话框中选择“安全”选项卡，如图 5.13 所示。在这里，Internet Explorer 将 Internet 划分 4 个区域，分别是 Internet、本地 Intranet、可信站点和受限站点，用户可以将网站分配到具有适当安全

级的区域，如“可信站点”，如图 5.13 所示。

选择“自定义级别”单选按钮，如图 5.13 所示，可对不同的区域设置不同的安全级别，如图 5.14 所示。

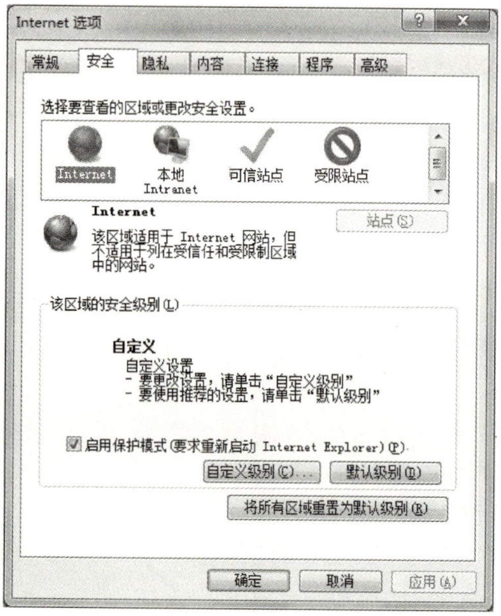

图 5.13　安全级别

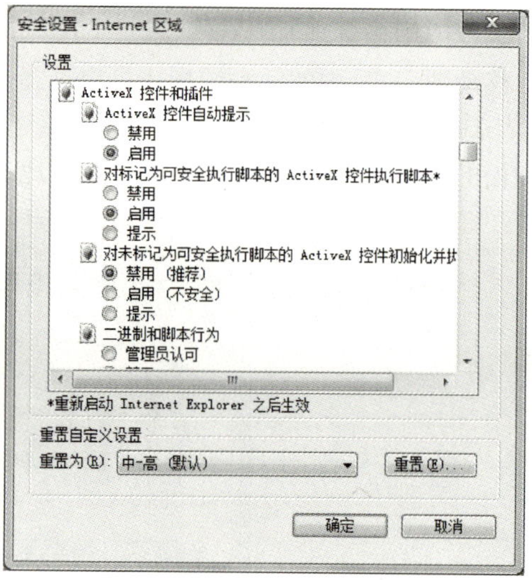

图 5.14　自定义级别

安全级别包括“Active X 控件和插件”“Microsoft VM”“脚本”“下载”“用户验证”以及其他 6 项，每一项均可展开进行详细配置，对于一些不安全或不太安全的控件或插件以及下载操作，应该予以禁止、限制或至少要进行提示。

例如，在设置 Script Active X Controls Marked Safe for Scripting(对标记为可安全执行 Active X 控件执行脚本)项的时候，可根据信任级别来选择允许、禁止或是提示，默认情况为允许。

3. 调整自动完成功能的设置

默认条件下，用户在第一次使用 Web 地址、表单、表单的用户名和密码后(如果同意保存密码)，在下一次再想进入同样的 Web 页及输入密码时，只需输入开头部分，后面的就会自动完成，给用户带来了便利，但同时也带来了安全问题。

可以通过调整“自动完成”功能的设置，来解决该问题。可以做到只选择针对 Web 地址、表单和密码使用“自动完成”功能，也可以只在某些地方使用此功能，还可以清除任何项目的历史记录。

具体设置方法如下，如图 5.15 所示。

(1) 在 Internet Explorer 的“工具”菜单上单击“ Internet 选项”命令。

(2) 在弹出的对话框中选择“内容”选项卡。

(3) 在“自动完成”区域单击“设置”按钮。

(4) 选中要使用的“自动完成”选项的复选框。

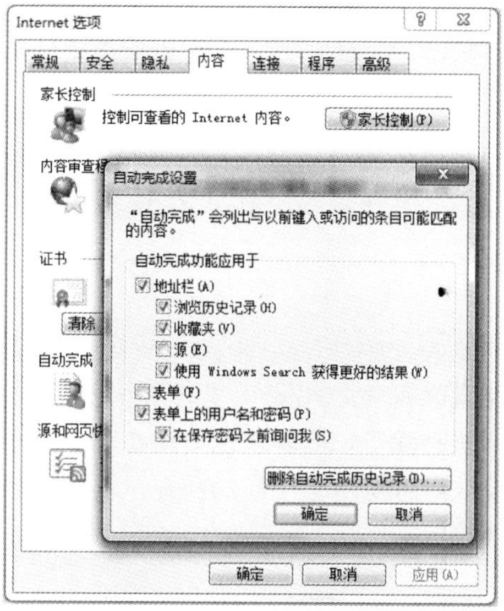

图 5.15　自动完成设置

为了安全起见，防止泄露自己的一些信息，应该定期清除临时文件、Cookie、历史记录、表单数据、密码。

具体设置方法如图 5.16 所示。

(1) 在 Internet Explorer 的“工具”菜单上单击“Internet 选项”命令。

(2) 在弹出的对话框中选择“常规”选项卡。

(3) 在“浏览历史记录”区域单击“删除”按钮。

(4) 选中要删除的复选框并删除。

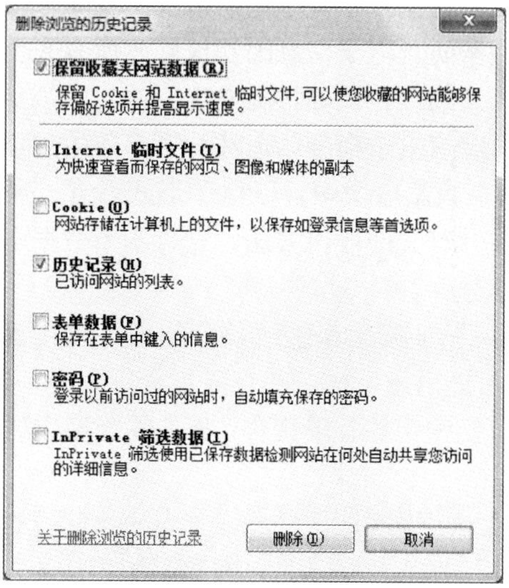

图 5.16　删除浏览的历史记录

以上介绍了安全使用 IE 的一些有效的配置，防止 IE 泄密最有效的配置是对 IE 使用

Active X 控件和 JavaScript 脚本进行控制。除了正确的配置外，要想做到“上网无忧，安全冲浪”还应该及时升级浏览器，并且安装防火墙和杀毒软件等，这部分内容在 5.5 节中讲解。

5.4 交易安全管理

5.4.1 交易者身份的确认

网上交易的双方很可能素昧平生，相隔千里。要使交易成功首先要能确认对方的身份，对商家要考虑客户端不能是骗子，而客户也会担心网上的商店不是一个玩弄欺诈的黑店。因此能方便而可靠地确认对方身份是交易的前提。电子商务常用的确认交易者身份的方法有数字签名和数字证书等。

1. 数字签名

1）数字签名应用

对文件进行加密只解决了传送信息的保密问题，而防止他人对传输文件进行破坏以及如何确定发信的身份还需要采取其他的手段，这种手段就是数字签名。在电子商务安全保密系统中，数字签名技术有着特别重要的地位，在电子商务安全服务中的源鉴别、完整性服务、不可否认服务中，都用到数字签名技术。

在日常的社会生活和经济往来中，签名盖章和识别签名是一个重要的环节。数字签名和书面签名有相同之处，采用数字签名，能确认以下两点。

(1) 信息是由签名者发送的。

(2) 信息从签发后到收到为止未曾做过任何修改。

因此，数字签名就可用来防止电子信息因易被修改而有人作伪，或冒用别人名义发送信息，或发出(收到)信件后又加以否认等情况发生。

联合国国际贸易法委员会《电子商务示范法》第 7 条的规定给电子签名一个非形式化的定义：“数字签名”系指在数据电文中，以电子形式所含、所附或在逻辑上与数据电文有联系的数据，和与数据电文有关的任何方法，它可用于数据电文有关的签字持有人和表明此人认可数据电文所含信息。

一个签名方案由签署算法与验证算法两部分构成。可用五元关系组(P，A，K，S，V)表示，其中 P 是由一切可能消息所构成的有限集合，A 是一切可能的签名的有限集合，K 是有限密钥空间及一些可能密钥的有限集合，S 是签署算法集合，V 是验证算法集合。

2）数字签名使用原理

安全的数字签名使接收方可以确认文件确实来自声称的发送方。鉴于签名私钥只有发送方自己保存，他人无法做一样的数字签名，因此不能否认他参与了交易。

数字签名使用的是发送方的密钥对，发送方用自己的私有密钥进行加密，接受方用发送方的公开密钥进行解密，这是一对多的关系。任何拥有发送方公开密钥的人都可以验证数字签名的正确性。在实际应用过程中，通常一个用户拥有两个密钥对，一个密钥对用来对数字签名进行加密解密，一个密钥对用来对私有密钥进行加密解密，如图 5.17 所示。

下面介绍利用散列函数进行数字签名和验证的文件传输过程。

(1) 发送方首先用哈希算法从原文得到数字摘要，然后采用公开密钥体系用发送方的私有密钥对数字摘要进行签名，并把签名后的数字摘要附加在要发送的原文后面。

(2) 发送方选择一个秘密密钥对文件进行加密，并把加密后的文件通过网络传输到接收方。

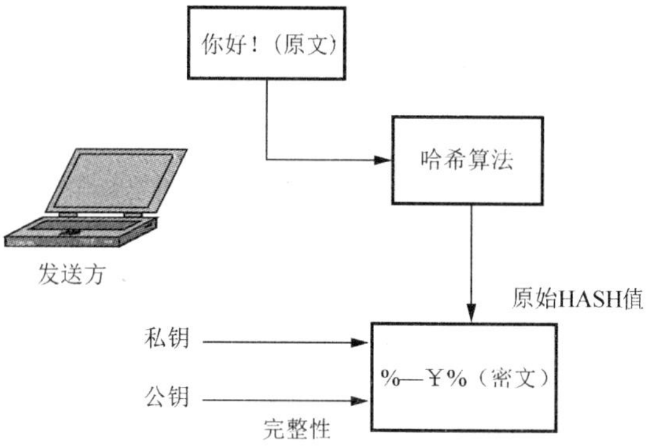

图 5.17 数字签名使用原理

(3) 发送方用接收方的公开密钥对秘密密钥进行加密，并通过网络把加密后的秘密密钥传输到接收方，如图 5.18 所示。

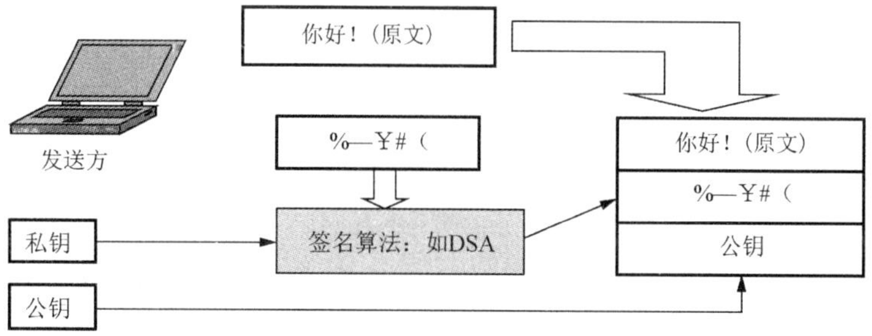

图 5.18 发送方的文件传输过程

(4) 接收方用自己的私有密钥对密钥进行解密，得到秘密密钥的明文。

(5) 接收方用秘密密钥对文件进行解密，得到经过加密的数字摘要。

(6) 接收方用发送方的公开密钥对数字签名进行解密，得到数字摘要的明文。

(7) 接收方用得到的明文和哈希函数重新计算数字摘要，并与解密后的数字摘要进行对比。如果两个数字签名是相同的，说明文件在传输过程中没有被破坏，如图 5.19 所示。

2. 数字证书

1) 什么是数字证书

数字证书就是互联网通信中标志通信各方身份信息的一系列数据，提供了一种在 Internet 上验证身份的方式，其作用类似于司机的驾驶执照或日常生活中的身份证。它是由一个由权威机构 CA 认证中心，又称为证书授权(Certificate Authority)中心发行的，人们

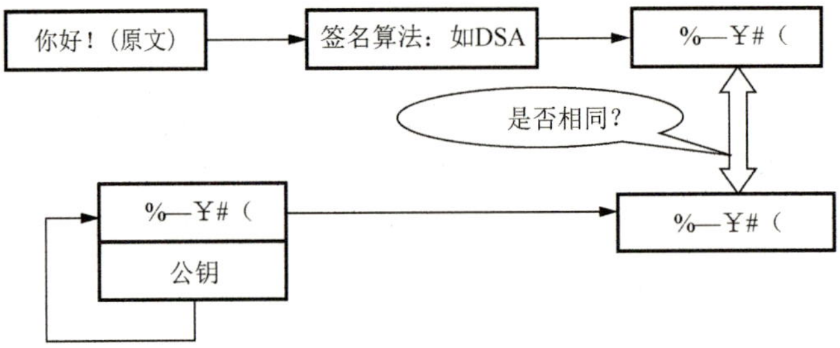

图 5.19　接收方的文件传输过程

可以在网上用它来识别对方的身份。数字证书是一个经证书授权中心数字签名的包含公开密钥拥有者信息以及公开密钥的文件。最简单的证书包含一个公开密钥、名称以及证书授权中心的数字签名。一般情况下证书中还包括密钥的有效时间，发证机关(证书授权中心)的名称，该证书的序列号等信息，证书的格式遵循 ITUT X.509 国际标准。

一个标准的 X.509 数字证书包含以下一些内容。

证书的版本信息；

证书的序列号，每个证书都有一个唯一的证书序列号；

证书所使用的签名算法；

证书的发行机构名称，命名规则一般采用 X.500 格式；

证书的有效期，现在通用的证书一般采用 UTC 时间格式，它的计时范围为1950—2049；

证书所有人的名称，命名规则一般采用 X.500 格式；

证书所有人的公开密钥；

证书发行者对证书的签名。

2）数字证书的作用

基于 Internet 网的电子商务系统技术使在网上购物的顾客能够极其方便轻松地获得商家和企业的信息，但同时也增加了对某些敏感或有价值的数据被滥用的风险。买方和卖方都必须对于在互联网上进行的一切金融交易运作都是真实可靠的，并且要使顾客、商家和企业等交易各方都具有绝对的信心，因而互联网电子商务系统必须保证具有十分可靠的安全保密技术，也就是说，必须保证网络安全的四大要素，即信息传输的保密性、数据交换的完整性、发送信息的不可否认性、交易者身份的确定性。

(1) 信息的保密性。交易中的商务信息均有保密的要求。如信用卡的账号和用户名被人知悉，就可能 被盗用，订货和付款的信息被竞争对手获悉，就可能丧失商机。因此在电子商务的信息传播中一般均有加密的要求。

(2) 交易者身份的确定性。对于为顾客或用户开展服务的银行、信用卡公司和销售商店，为了做到安全、保密、可靠地开展服务活动，都要进行身份认证的工作。对有关的销售商店来说，他们对顾客所用的信用卡的号码是不知道的，商店只能把信用卡的确认工作完全交给银行来完成。银行和信用卡公司可以采用各种保密与识别方法，确认顾客的身份是否合法，同时还要防止发生拒付款问题以及确认订货和订货收据信息等。

(3) 不可否认性。由于商情的千变万化，交易一旦达成是不能被否认的。否则必然会损害一方的利益。例如订购黄金，订货时金价较低，但收到订单后，金价上涨了，如收单方能否认受到订单的实际时间，甚至否认收到订单的事实，则订货方就会蒙受损失。因此电子交易通信过程的各个环节都必须是不可否认的。

(4) 不可修改性。交易的文件是不可被修改的，如上例所举的订购黄金。供货单位在收到订单后，发现金价大幅上涨了，如其能改动文件内容，将订购数 1 吨改为 1 克，则可大幅受益，那么订货单位可能就会因此而蒙受损失。因此电子交易文件也要能做到不可修改，以保障交易的严肃和公正。

怎么才能保证交易的公正性和安全性，保证交易双方身份的真实性。国际上已经有比较成熟的安全解决方案，就是建立安全证书体系结构。数字安全证书提供了一种在网上验证身份的方式。安全证书体制主要采用了公开密钥体制，其他还包括对称密钥加密、数字签名、数字信封等技术。

使用数字证书，通过运用对称和非对称密码体制等密码技术建立起一套严密的身份认证系统，从而保证：信息除发送方和接收方外不被其他人窃取；信息在传输过程中不被篡改；发送方能够通过数字证书来确认接收方的身份；发送方对于自己的信息不能抵赖。

3) 数字证书原理介绍

数字证书采用公钥体制，即利用一对互相匹配的密钥进行加密、解密。每个用户自己设定一把特定的仅为本人所知的私有密钥(私钥)，用它进行解密和签名；同时设定一把公共密钥(公钥)并由本人公开，为一组用户所共享，用于加密和验证签名。当发送一份保密文件时，发送方使用接收方的公钥对数据加密，而接收方则使用自己的私钥解密，这样信息就可以安全无误地到达目的地了。通过数字的手段保证加密过程是一个不可逆过程，即只有用私有密钥才能解密。在公开密钥密码体制中，常用的一种是 RSA 体制。其数学原理是将一个大数分解成两个质数的乘积，加密和解密用的是两个不同的密钥。即使已知明文、密文和加密密钥(公开密钥)，想要推导出解密密钥(私密密钥)，在计算上是不可能的。按现在的计算机技术水平，要破解目前采用的 1024 位 RSA 密钥，需要上千年的计算时间。公开密钥技术解决了密钥发布的管理问题，商户可以公开其公开密钥，而保留其私有密钥。购物者可以用人人皆知的公开密钥对发送的信息进行加密，安全地传送给商户，然后由商户用自己的私有密钥 进行解密。

4) 证书与证书授权中心

CA 机构，又称为证书授证(Certificate Authority)中心，作为电子商务交易中受信任的第三方，承担公钥体系中公钥的合法性检验的责任。CA 认证中心为每个使用公开密钥的用户发放一个数字证书，数字证书的作用是证明证书中列出的用户合法拥有证书中列出的公开密钥。CA 机构的数字签名使得攻击者不能伪造和篡改证书。它负责产生、分配并管理所有参与网上交易的个体所需的数字证书，因此是安全电子交易的核心环节。

5) 数字证书的应用

数字证书可以应用于互联网上的电子商务活动和电子政务活动，其应用范围涉及需要身份认证及数据安全的各个行业，包括传统的商业、制造业、流通业的网上交易，以及公共事业、金融服务业、工商税务、海关、政府行政办公、教育科研单位、保险、医疗等网上作业系统。

5.4.2 制定交易安全管理制度

网络交易安全管理就是以文字形式对各项安全要求所规定的制度，是企业网络营销取得成功的保障。这些制度包括人员管理制度、保密制度、跟踪审计制度、系统维护制度、数据备份制度、病毒定期清理制度等。

1. 人员管理制度

1）工作人员严格选拔

工作人员严格选拔需经过长时间考察，选择责任心强、讲原则、守纪律，具备基本网络知识的人员。

2）落实工作责任制

落实工作责任制要求严格遵守安全制度，明确各人员职责，对违反网络交易安全规定的行为应坚决打击。

3）贯彻电子商务安全运作基本原则

（1）双人负责原则。重要业务不要安排一个人单独管理，实行多人相互制约机制。

（2）任期有限原则。任何人不得长期担任与交易安全相关的职务。

（3）最小权限原则。明确规定只有网络管理员才可进行物理访问，只有网络人员才可安装软件。

2. 保密制度

信息的安全级别一般分为如下三级。

1）绝密级

此部分网址、密码不在互联网上公开，只限高层管理人员掌握。如公司经营状况报告、订货和出货价格、公司发展规划等。

2）机密级

此部分只限公司中层管理人员以上使用。如公司日常管理情况、会议通知等。

3）秘密级

此部分在互联网上公开，供消费者浏览，但必须保护程序，防止黑客侵入。如公司简介、新产品介绍及订货方式等。

3. 跟踪、审计、稽核制度

1）跟踪制度

跟踪制度要求企业建立网络交易系统日志机制，记录系统运行的全过程，并对系统的运行进行监督、维护以及排除故障，对于防止案件的发生或侦破已发生案件提供监督数据。

2）审计制度

审计制度包括经常对系统日志的检查、审核，及时发现对系统故意入侵行为的记录和违反系统安全功能的记录，监控和捕捉各种安全事件，保存、维护和管理系统日志。

3）稽核制度

稽核制度是指工商管理、银行、税务人员利用计算机及网络系统，借助于稽核业务应用软件调阅、查阅、审核、判断辖区内各电子商务参与单位业务经营活动的合理性、安全性，堵塞漏洞保证电子商务交易安全，发出相应的警示或做出处理处罚的有关决定的一系列步骤及措施。

4. 网络系统的日常维护制度

1）硬件的日常管理和维护

用户通过自己的互联网参与电子商务，其日常管理和维护非常重要，特别是对那些运行关键任务的企业内部网，如银行、邮电、税务等。

网管人员必须建立系统档案，其内容应包括设备型号、生产厂家、配置参数、安装时间、安装地点、IP地址、上网目录和内容等。对于服务器和客户机还应记录内存、硬盘容量和型号、终端型号及数量、多用户卡型号、操作系统名、数据库名等。这些内容可存于小型数据库，以方便查询和管理。

对于网络设备，一般都有相应的网管软件，可以做到对网络拓扑结构的自动识别、显示和管理；网络系统结点配置与管理系统故障诊断等，还可以进行网络系统调优、负载平衡等。对于不可管设备，应通过手工操作来检查状态，做到定期检查和随机抽查相结合，以便及时准确地掌握网络的运行状况，一旦有故障发生能及时处理。

对于内部线路，应尽可能采用结构化布线。虽然采用布线系统在初期会增加投资，但可大大降低网络故障率，有故障时也易排除。

2）软件的日常维护和管理

（1）支撑软件。包括操作系统、数据库和开发工具等。一般需进行以下维护工作。

① 定期清理日志文件、临时文件。

② 定期执行整理文件系统。

③ 检测服务器上的活动状态和用户注册数。

④ 处理运行中的死机情况。

（2）应用软件。应用软件的管理和维护主要是版本控制。设置一台安装服务器，当远程客户机软件需要更新时，可从网络上远程安装。注意选择网络负载较低时进行，以免影响网络的正常运行。

3）数据备份制度

每个系统都设置了若干角色，用户管理等任务就是添加或者删除用户和用户组号。如：添加一个用户，需先在客户机上添加用户并分配组号，然后在服务器数据库上添加用户并分配组号，最后分配该用户的访问权限。

5. 病毒防范制度

病毒对网络交易的顺利进行和交易数据的妥善保存构成其他的威胁，因此必须做到如下几点。

1）给电脑安装防病毒软件

防病毒软件有两种：一种是单机版防病毒软件；另一种是联机版防病毒软件。联机版防毒软件能够在病毒入侵之前，及时阻止病毒侵入。

2）不打开陌生电子邮件

电子邮件传播病毒的关键是附件，最好不要在进行网络交易时打开。

3）认真执行病毒定期清理制度

许多病毒都有潜伏期，定期清理可以清除处于潜伏期的病毒，防止病毒突然爆发。

4）控制权限

将网络系统中易感染病毒的文件属性、权限加以限制，对各终端用户允许只读权限，断绝病毒入侵的渠道。

5）高度警惕网络陷阱

对非常诱人的广告和免费使用的承诺应保持高度警惕。

6. 应急措施

在计算机灾难事件发生时，利用应急计划辅助软件和应急设施排除灾难和故障，保障计算机继续运行。灾难事件有自然灾害直接导致的系统不能运行；发电厂事故、信息服务商的问题导致的系统非正常运行；计算机本身所发生的数据丢失等灾难，其恢复工作包括硬件恢复和数据恢复。一般来讲，数据的恢复更为重要，目前运用的数据恢复技术主要是瞬时复制技术、远程磁盘镜像技术和数据库恢复技术。

1）瞬时复制技术

瞬时复制技术就是使计算机在某一灾难时刻自动复制数据的技术。现有一种瞬时复制技术是通过使用磁盘镜像技术来复制数据。它利用空白磁盘和每一个数据磁盘相连，将数据复制到空白磁盘。在复制进行过程中，为保证数据的一致性，使用数据的应用程序被暂时挂起。当复制完成时，瞬时复制磁盘与数据磁盘脱离连接，应用程序继续运行。瞬时复制的备份数据可以典型地用来产生磁带备份或用做远程恢复结点的基本数据。目前，大部分的系统厂商、存储设备供应商和软件开发商已利用这一技术开发了多种瞬时复制产品。

2）远程磁盘镜像技术

远程磁盘镜像技术是在远程备份中心提供主数据中心的磁盘镜像。这种技术最主要的优点是可以把数据中心磁盘中的数据复制到远程备份中心，而无须考虑数据在磁盘上是如何组织的。系统管理员仅需要确定哪些磁盘需要备份到远程备份中心，存储在这些磁盘上的数据会被自动地备份到远程备份中心，这对应用系统的安全非常有利。

3）数据库恢复技术

数据库恢复技术是产生和维护一份或多份数据库数据的复制。数据库复制技术为用户提供了更大的灵活性。数据库管理员可以准确地选择哪些数据可以被复制到哪些地方。对于那些在日常应用中经常使用大量联机数据的用户，可以选择少量最为关键的复制服务器比磁盘镜像更加灵活，支持对数据的多个复制，同时可以选择哪些数据可以被复制到哪些地方。数据库复制技术提供了非常灵活的手段，可在灾难发生后恢复应用数据，但它还不是完整的解决方案，必须考虑其他方法作为补充。因为数据库复制技术不能复制非数据库格式的数据，一些应用系统的主要数据存储于数据库，但通常也使用大量的常规文件。对于一些非常重要的数据或从数据库生成的数据，通常存放在文件中，有些应用系统的数据不能转换成数据库数据，配置文件、批量控制文件、应用程序的镜像和其他的管理文件通常也不以数据库格式存储。所以，将数据库复制技术与远程磁盘镜像技术配合使用，常常可以获得更好的效果。

5.4.3 安全套接层 SLL 协议

SSL 安全协议最初是由 Netscape Communication 公司设计开发的，又叫安全套接层(Secure Sockets Layer，SSL)协议，主要用于提高应用数据的安全。SSL 协议的概念可以解释为：一个保证任何安装了安全套接层的客户和服务器间事务安全的协议，它涉及所有的 TCP/IP 应用程序。

1. SSL 安全协议主要提供三方面的服务

1）认证用户和服务器

认证用户和服务器就是数据将被发送到正确的客户机和服务器上。

2）加密数据以隐藏被传送的数据

3）维护数据的完整性

维护数据的完整性以确保数据在传输过程中不能被改变。

2. SSL 安全协议的运行步骤包括六步

1）接通

客户通过网络向服务商连接，服务器回应。

2）密码交换

客户与服务商之间交换认可密码，一般选用 RSA 密码算法。

3）会谈密码

客户与服务器间产生彼此会谈的会谈密码。

4）验证

检验服务商提供的密码。

5）客户认证

验证客户的可信度。

6）结束

客户与服务商之间相互交互结束的信息。

当上述步骤结束后，两者间的资料传送就会被加密，等到另外一端接收到资料后，再将资料还原。即使窃盗者在网络上取得了加密资料，如果没有密钥和算法，就不能获得可读的原文资料。

SSL 安全协议是国际上最早应用于电子商务的一种网络安全协议，它运行的基本点是商家对客户信息保密的承诺，如全球最大的网上书店——亚马逊(Amazon)，它在给用户的购买说明中明确表示："当你在亚马逊购书时，将受到'亚马逊公司安全购买保证'的保护，所以，你永远不用为你的应用卡安全担心。"

SSL 安全协议有利于商家却不利于客户，客户的信息首先被传到商家，商家阅读后再传到银行，这样，客户资料的安全性就受到了威胁。商家认证客户是必要的，但整个过程中缺少了客户对商家的认证。由于在电子商务的开始阶段，参加电子商务的公司大多是一些大公司，信誉度较高，这个问题没有引起人们的足够重视。随着电子商务参与的厂商迅速增加，对厂商的认证问题越来越突出，SSL 协议的缺点就完全暴露出来，所以 SSL 协议正在逐渐被 SET 协议取代。

5.4.4 安全电子交易 SET 协议

为了克服 SSL 协议的缺点，两大信用组织 Visa 和 Master Card 联合开发了安全电子交易协议(Secure Electronic Transaction，SET)。这是一个为了在 Internet 上进行在线交易而设立的开放的以电子货币为基础的电子付款系统。SET 在保留对客户信用卡的认证的前提下，又增加了对商家身份的认证，这对于需要支付货币的交易来讲是至关重要的。由于合理的设计，SET 协议得到了 IBM、HP、Microsoft、Netscape、GTE 等许多大公司的支持，已成为工业的标准。目前，它已经获得了 IETF 标准的认可。

SET 是一种以信用卡为基础的、在 Internet 上交易的付款协议，是授权业务信息传输的安全标准它采用 RSA 密码算法，利用公钥体系对通信双方进行认证，用 DES 等标准加密算法对信息加密传输，并采用 Hash 算法来鉴定信息有无被篡改。

1. SET 安全协议要达到的目标

SET 安全协议要达到的目标主要有 5 个。

1）安全

保证信息在 Internet 上安全传输，防止数据被黑客或被内部人员窃取。

2）隔离

保证电子商务参与者信息的相互隔离，客户的资料会被加密打包后通过商家传输到银行，但是商家却不能直接看到客户的账户和密码。

3）认证

解决多方认证的问题，不仅要对消费者的信用卡认证，而且要对在线商店的信誉程度认证，同时还有消费者、在线商店与银行之间的认证。

4）实时

保证网上交易的实时性，使所有的支付过程都是在线的。

5）规范

效仿 EDI 贸易形势，规范协议和消息格式，促使不同厂家开发的软件具有兼容性和互操作性，并且可以运行在不同的硬件和操作系统平台上。

2. SET 安全协议涉及的范围

1）消费者

包括个人消费者和团体消费者，按照在线商店的要求填写订货单，通过发卡银行发行的信用卡进行付费。

2）在线商店

提供商品或服务，具备相应电子货币使用的条件。

3）支付网关

收单银行通过支付网关处理消费者和在线商店之间的交易付款问题。

4）发卡银行

发卡银行是指电子货币公司和兼有电子货币发行的银行，负责处理电子货币的审核和支付工作。

5）认证中心

负责对交易双方的身份认证进行确认，对厂商的信誉度和消费者支付手段和支付能力进行认证。

SET 的工作原理如图 5.20 所示。

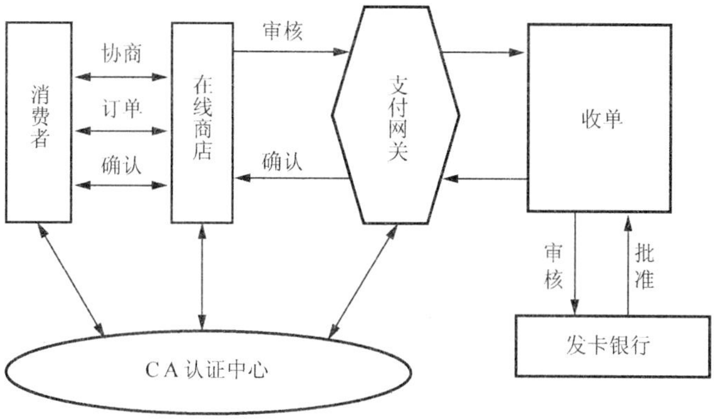

图 5.20　SET 工作原理

3. SET 安全协议的缺陷

自从 1996 年 SET 面世以来，大量的现场试验和实施效果使其获得了业界的支持，促使了 SET 良好地发展，但如世上的其他事物一样，SET 安全协议也不是完美无缺的，它本身也存在一些缺陷。

1）责任不明

协议没有说明收单银行在线商店付款前是否必须收到消费者的货物接收证书，如果在线商店提供的货物不符合质量标准，消费者提出疑义或要求退货，责任由谁来承担不明确。

2）订购主体不明

协议没有担保“非拒绝行为”，这意味着在线商店没有办法证明订购是不是有签署证书的消费者发出。

3）无数据保存要求

SET 技术规范没有提及在事务处理完成后如何安全地保存或销毁此类证据，是否应当将数据保存在消费者、在线商店或收单银行的计算机里，这种漏洞可能使这些数据以后受到潜在的攻击。

4）安全漏洞

协议大部分操作依赖于 CA 认证中心的认证，但 SET 无法确认认证中心是否被攻击、被假冒，也无法确认认证中心的密钥是否已经泄露或被修改。

总之，安全电子交易提供了网上交易的安全保障体系，但是实际交易活动中仍可能出现各种非法的侵权行为，因此，不断地分析可能出现的问题和纰漏并对其进行修正和改进，将是电子商务安全永远研究的课题。

5.5 安全工具使用

5.5.1 杀毒软件使用

目前的病毒几乎都是由 3 部分组成，即引导模块、传染模块和表现模块。引导模块借助宿主程序将病毒主体从外存载到内存，使传染模块和表现模块进入活动状态。传染模块负责将病毒代码复制到传染目标上去。表现模块是病毒间差异最大的部分，它判断病毒的触发条件，实施病毒的破坏功能。

1. 病毒的工作原理

1）引导型病毒

引导型病毒是 IBM PC 兼容机上最早出现的病毒。引导型病毒传染的对象是软盘的引导扇区以及硬盘的主引导扇区和引导扇区。所以在系统启动时，这类病毒会优先于正常系统的引导将其自身装入系统中，获得对系统的控制权。病毒程序在完成自身安装后，再将系统的控制权交给真正的系统程序，完成系统的引导。

引导型病毒可传染主引导扇区和引导扇区，因此可分为主引导区病毒和引导区病毒。主引导区病毒又称为分区表病毒，将病毒寄生在硬盘分区主引导程序所占据的硬盘 0 磁头 0 柱面第 1 扇区中，典型的病毒有“大麻”和“Bloody”等。引导区病毒是将病毒寄生在硬盘逻辑 0 扇区或软盘逻辑 0 扇区，典型的病毒有“Brain”和“小球”等。

2）文件型病毒

文件型病毒是病毒中的大家族，有广义和狭义之分。广义的文件型病毒包括了通常所说的可执行文件病毒、源码病毒和宏病毒。狭义的文件病毒只包括 COM 型和 EXE 型等可执行文件病毒。文件型病毒主要感染可执行文件，可分为寄生病毒、覆盖病毒和伴随病毒。

寄生病毒在感染时，将病毒代码加入正常程序中，原来程序的功能部分或者全部被保留。覆盖病毒直接用病毒程序替换被感染的程序。早期覆盖病毒由于破坏了被感染的程序，使被感染的程序立即停止运行，容易被发现。伴随病毒不改变原来的文件，只是伴随创建一个病毒文件。

当被感染程序执行之后，文件型病毒先获得控制权，然后执行以下操作。

(1) 内存驻留的病毒首先检查系统内存，查看内存是否已有此病毒存在。如果没有则将病毒代码装入内存进行感染。非内存主流病毒会在这个时候进行感染，查找当前目录、根目录和环境变量 path 中包含的目录，发现可以被感染的文件进行传染。

(2) 对内存驻留病毒来说，驻留时会把一些操作系统和基本输入输出系统的中断指向病毒代码。例如：INT13H 或者 INT21H，使系统执行正常的文件或磁盘操作的时候，就会调用病毒驻留在内存中的代码，进行进一步感染。

(3) 执行病毒的一些其他功能，如破坏功能、显示信息或者病毒制作的动画等。对于驻留内存的病毒来说，执行这些功能的时间可以是开始执行的时候，也可以是满足某个条件的时候。为了实现这种定时的发作，病毒往往会修改系统的时间，以便在合适的时候激活。

(4) 这些工作完成后，病毒将控制权返回被感染程序，使正常程序执行。为了保证原来程序的正确运行，寄生病毒在执行被感染程序之前，会把原来的程序还原，伴随病毒会直接调用原来的程序，覆盖病毒和其他一些破坏性感染病毒会把控制权交回操作系统。

3) 混合型病毒

混合型病毒是集引导型和文件型病毒为一体的病毒，可以感染可执行文件，也可以感染引导区，使之相互感染，具有很强的感染力。

4) 宏病毒

(1) 宏病毒的概念。宏病毒是计算机病毒历史上发展最快的病毒，也是传播最广泛的。宏病毒是一类使用宏语言编写的程序，依赖于微软 Office 办公套件 Word、Excel 和 PowerPoint 等应用程序传播。只要使用这些应用程序的计算机就有可能传染宏病毒，并且大多数宏病毒都有发作日期。轻则影响正常工作，重则破坏硬盘信息，甚至格式化硬盘，危害极大。下面以 Word 宏病毒为例，说明宏病毒的感染机制。

一个 Word 文件中通常有一些基本的“宏”，如 Auto Open、Auto Close 和 Auto New，打开、关闭和建立新文件时会自动执行这些“宏”。在被宏病毒感染的文档中，宏病毒替换了标准的菜单处理函数，如“Auto Open”宏，当 Word 打开被感染的文档时，会首先执行“Auto Open”宏中宏病毒的代码，然后宏病毒将自己复制到全局宏的区域，使得所有打开的文件都会使用这个宏。当 Word 退出时，全局宏将被存在某个全局的模块文件，如“Normal. doc”中，以后当 Word 再启动的时候，会自动装入宏病毒，使所有新打开的文档文件被感染。

(2) 宏病毒的清除。在 Office 应用系统中，选择工具菜单中“宏”命令，或者进入“Visual Basic 编辑器”的“工程”窗口。用户可以查看相应模板中的宏程序，如有其他不明来源的自动执行宏，分析并删除即可。

还有一种更简单的办法可清除对 Word 系统的感染。即找到并且删除 Autoexec. doc 和 Normal. doc 文件。到默认启动目录下看有没有其他模板文件，如果有且不是自己复制进去的，则立即删除。

2. 病毒检测与清除

常用的病毒检测方法有特征代码法、检验和法、行为检测法和软件模拟法。

1) 特征代码法

一般计算机病毒本身存在其特有的一段或一些代码，这是因为病毒要表现和发作，操作的代码是各病毒程序所不同的。所以，早期的病毒检测工具均使用特征代码法。它是检测已知病毒的最简单的办法。特征代码法的实现步骤如下。

(1) 采集已知病毒样本。病毒如果既感染 COM 文件，又感染 EXE 文件，对这种病毒要同时采集 COM 型病毒样本和 EXE 型病毒样本。

(2) 在病毒样本中抽取特征代码。选好特征代码是扫描程序的关键所在。首先，抽取的病毒特征代码应是该病毒最具代表性的与最特殊的代码串；其次，要注意所选择的特征代码应在不同的环境中都能将所对应的病毒检查出来。

(3) 将特征代码纳入病毒数据库。

(4) 打开被检测的文件，在文件中搜索，检查文件中是否含有病毒数据库中的病毒特征代码。如果发现，则判定该文件染有病毒。病毒数据库中的特征代码越多，能检测到的病毒也就越多。因此，我们要不断给病毒软件更新。

特征代码法检测准确快速，可识别病毒的名称，误报率低，依检测结果可做解毒处理。但是却不能检测未知病毒，亦不能检查多形病毒，也不能对付隐蔽性病毒，费用开销大。

2) 校验和法

对正常文件的内容，计算校验和，将检验和写入该文件或别的文件中保存。在文件使用过程中，定期地或在每次使用文件前，检查文件现在内容算出的检验和与原来保存的校验和进行比较，来发现文件是否被感染，这种方法叫检验和法。

检验和法既可以发现已知病毒，又可以发现未知病毒。在 SCAN 和 CPAV 工具的后期版本中除了病毒特征代码之外，还纳入了检验和法，以提高检测能力。检验和法方法简单，能发现未知病毒，也能发现被查文件的细微变化。其缺点是容易误报警，不能识别病毒名称，也不能对付隐蔽性病毒。

3) 行为检测法

利用病毒行为的特性来检测病毒的方法，称为行为检测法。

4) 软件模拟法

多态性病毒每次感染都变化其病毒代码，对付这种病毒，特征代码法无效。这类病毒实施密码化，而且每次密钥都不同，把感染的病毒代码相互比较，也无法识别。软件模拟法是一个软件分析器，用软件的方法来模拟和分析程序的运行，待病毒自身的密码译码后，再运用特征代码发来识别病毒的种类。

3. 计算机病毒的防范

1) 计算机病毒的预防措施

(1) 新购置的计算机硬软件系统的测试。新购置的计算机是有可能携带计算机病毒的。因此，在条件许可的情况下，要用检测计算机病毒软件检查已知计算机病毒，用人工检测方法检查未知计算机病毒，并经过证实没有计算机病毒感染和破坏迹象后再使用。

新购置计算机的硬盘可以进行检测或进行低级格式化来确保没有计算机病毒存在。对硬盘只在 DOS 下做 FORMAT 格式化是不能去除主引导区(分区表)计算机病毒的，软盘在 DOS 下做 FORMAT 格式化可以去除感染的计算机病毒。

新购置的计算机软件也要进行计算机病毒检测。有些软件厂商发售的软件可能无意中已被计算机病毒感染。就算是正版软件也难保证没有携带计算机病毒的可能性，更不要说盗版软件了。这在国内外都是有实例的。这时不仅要用杀毒软件查找已知的计算机病毒，还要用人工检测和实验的方法检测。

(2) 计算机系统的启动。在保证硬盘无计算机病毒的情况下，尽量使用硬盘引导系统。启动前，应将软盘从软盘驱动器中取出。这是因为即使在不通过软盘启动的情况下，只要软盘在启动时被读过，计算机病毒仍然会进入内存进行传播。

2) 计算机病毒检测

对于单台计算机系统的安全使用，在自己的机器上用别人的软盘前应进行检查。在别人的计算机上使用过自己的已打开了写保护的软盘，再在自己的计算机上使用前，也应进行计算机病毒检测。对重点保护的计算机系统应做到专机、专盘、专人、专用，封闭的使用环境中是不会自然产生计算机病毒的。

3）重要数据文件要有备份

重要数据文件定期进行备份工作。不要等到由于计算机病毒破坏、计算机硬件或软件出现故障，使用户数据受到损伤时再去急救。

4）网络服务器

不要随便直接运行或直接打开电子邮件中夹带的附件文件，不要随意下载软件，尤其是一些可执行文件和 Office 文档。即使下载了，也要先用最新的防杀计算机病毒软件来检查。

以上这些措施不仅可以应用在单机上，也可以应用在作为网络工作站的计算机上。而对于网络计算机系统，还应采取下列针对网络的防杀计算机病毒措施。

(1) 安装网络服务器时，应保证没有计算机病毒存在，即安装环境和网络操作系统本身没有感染计算机病毒。

(2) 在安装网络服务器时，应将文件系统划分成多个文件卷系统，至少划分成操作系统卷、共享的应用程序卷和各个网络用户可以独占的用户数据卷。如果系统卷受到某种损伤，导致服务器瘫痪，那么通过重装系统卷，恢复网络操作系统，就可以使服务器马上投入运行。而装在共享的应用程序卷和用户卷内的程序和数据文件不会受到任何破坏。

(3) 一定要用硬盘启动网络服务器，否则在受到引导型计算机病毒感染和破坏后，遭受损失的将不是一个人的机器，而会影响到整个网络。

(4) 为各个卷分配不同的用户权限。将操作系统卷和应用程序卷设置成“一般用户为只读权限”。保证除系统管理员外，其他网络用户不可能将计算机病毒感染到系统中，使网络用户总有一个安全的联网工作环境。

(5) 在网络服务器上必须安装真正有效的反病毒软件，并经常进行升级病毒库。必要的时候还可以在网关、路由器上安装计算机病毒防火墙，从网络出入口保护整个网络不受计算机病毒的侵害。在网络工作站上采取必要的反病毒措施，可使用户不必担心来自网络内和网络工作站本身的计算机病毒侵害。

5）主要病毒的防范

(1) 引导型计算机病毒的防范。

预防引导型计算机病毒，通常采用以下一些方法。

① 坚持从不带计算机病毒的硬盘引导系统。

② 安装能够实时监控引导扇区的防杀计算机病毒软件，或经常用能够查杀引导型计算机病毒的防杀计算机病毒软件进行检查。

③ 经常备份系统引导扇区。

④ 某些底板上提供引导扇区计算机病毒保护功能(Virus Protect)，启用它对系统引导扇区也有一定的保护作用。不过要注意的是，启用此功能可能会造成一些需要改写引导扇区的软件(如 Windows 95/98、Windows NT 以及多系统启动软件等)安装失败。

(2) 文件型计算机病毒的防范。

预防文件型计算机病毒，一般可采用以下一些方法。

① 安装最新版本的、有实时监控文件系统功能的防杀计算机病毒软件。

② 及时更新查杀计算机病毒引擎，一般要保证每月至少更新一次，有条件的可以每周更新一次，并在有计算机病毒突发事件的时候及时更新。

③ 经常使用防杀计算机病毒软件对系统进行计算机病毒检查。

④ 对关键文件，如系统文件、保密的数据等，在没有计算机病毒的环境下经常备份。

⑤ 在不影响系统正常工作的情况下对系统文件设置最低的访问权限，以防止计算机病毒的侵害。

(3) 宏病毒的防范。

对宏病毒的预防是完全可以做到的，只要在使用 Office 套装软件之前进行一些正确的设置，就基本上能够防止宏病毒的侵害。其方法如下。

① 在 Word 中打开“选项”中的“宏安全性”并设置为高和“提示保存 Normal 模板”；清理“工具”菜单中“模板和加载项”中的“共用模板及加载项”中预先加载的文件，不必要的就不加载，必须加载的则要确保没有宏病毒的存在，并且确认没有选中“自动更新样式”选项；退出 Word，此时会提示保存 Normal. dot 模板，单击“是”按钮，保存并退出 Word；找到 Normal. dot 文件，将文件属性改成“只读”。

② 在 Excel 中选择“工具”菜单中的“选项”命令，在“常规”选项卡中选中“宏病毒防护功能”选项。

③ 在 PowerPoint 中选择“工具”菜单中的“选项”命令，在“常规”选项卡中选中“宏病毒防护”选项。

做了防护工作后，对打开提示有是否启用宏，除非能够完全确信文档中只包含明确没有破坏意图的宏，否则都不执行宏；而对退出时提示保存除文档以外的文件，如 Normal. dot 模板等，一律不予保存。

(4) 电子邮件计算机病毒的防范。

通常对付电子邮件计算机病毒，只要删除携带电子邮件计算机病毒的信件就能够删除它。但是大多数的电子邮件计算机病毒在一被接收到客户端时就开始发作了，基本上没有潜伏期。所以，预防电子邮件病毒是至关重要的。以下是一些常用的预防电子邮件计算机病毒的方法。

① 不要轻易执行附件中的 EXE 和 COM 等可执行程序。这些附件极有可能带有计算机病毒或是黑客程序，轻易运行很可能带来不可预测的结果。对于认识的朋友和陌生人发过来的电子邮件中的可执行程序附件都必须检查，确定无异后才可使用。

② 不要轻易打开附件中的文档文件。对方发送过来的电子邮件及相关附件的文档，首先要用“另存为…”命令保存到本地硬盘，待用查杀计算机病毒软件检查无毒后才可以打开使用。如果用鼠标直接单击两下“DOC、XLS”等附件文档，会自动启用 Word 或 Excel，如有附件中有计算机病毒则会立刻传染，如有“是否启用宏”的提示，绝对不要轻易打开，否则极有可能传染上电子邮件计算机病毒。

③ 对于文件扩展名很怪的附件，或者是带有脚本文件，如 *. VBS、 *. SHS 等的附

件，千万不要直接打开，一般可以删除包含这些附件的电子邮件，以保证计算机系统不受计算机病毒的侵害。

④ 如果是使用 Outlook 作为收发电子邮件软件的话，应当进行一些必要的设置。选择“工具”菜单中的“选项”命令，在“安全”中设置“附件的安全性”为“高”选项；在“其他”中单击“高级选项”按钮，然后单击“加载项管理器”按钮，选中“服务器脚本运行”。最后单击“确定”按钮保存设置。

⑤ 如果是使用 Outlook Express 作为收发电子邮件软件的话，也应当进行一些必要的设置。选择“工具”菜单中的“选项”命令，在“阅读”中不选中“在预览窗格中自动显示新闻邮件”和“自动显示新闻邮件中的图片附件”。这样可以防止有些电子邮件计算机病毒利用 Outlook Express 的默认设置自动运行，破坏系统。

⑥ 对于自己往外传送的附件，也一定要仔细检查，确定无病毒后才可发送。虽然电子邮件病毒相当可怕，只要防护得当，还是完全可以避免传染上计算机病毒的，仍可放心使用。

另外，对付电子邮件病毒还可以在计算机上安装有电子邮件实时监控功能的防杀计算机病毒软件。有条件的还可以在电子邮件服务器上安装服务器版电子邮件计算机病毒防护软件，从外部切断电子邮件计算机病毒的入侵途径，确保整个网络的安全。

6）杀毒软件的使用

计算机的杀毒软件可以帮助杀死一些病毒，让系统更加的干净和安全。但是由于病毒本身是一种程序、一种软件，因此它会不停地更新。总是有人制造出一些新的病毒，防不胜防。因此必须养成定期升级更新杀毒软件的习惯。

5.5.2 防火墙安全工具使用

防火墙指的是一个由软件和硬件设备组合而成、在内部网和外部网之间、专用网与公共网之间的界面上构造的保护屏障，是一种获取安全性方法的形象说法，它是一种计算机硬件和软件的结合，使 Internet 与 Intranet 之间建立起一个安全网关(Security Gateway)，从而保护内部网免受非法用户的侵入。防火墙主要由服务访问规则、验证工具、包过滤和应用网关 4 个部分组成，防火墙就是一个位于计算机和它所连接的网络之间的软件或硬件。该计算机流入流出的所有网络通信和数据包均要经过此防火墙。

在网络中，防火墙将内部网和公众访问网(如 Internet)分开，它实际上是一种隔离技术。防火墙是在两个网络通信时执行的一种访问控制尺度，它能允许你“同意”的人和数据进入你的网络，同时将你“不同意”的人和数据拒之门外，最大限度地阻止网络中的黑客来访问你的网络。

1. 防火墙类型

1）屏蔽路由器

屏蔽路由器是防火墙最基本的构件。它可以由厂家专门生产的路由器实现，也可以用主机来实现。屏蔽路由器作为内外连接的唯一通道，要求所有的报文都必须在此通过检查。路由器上可以安装基于 IP 层的报文过滤软件，实现报文过滤功能。

单纯由屏蔽路由器构成的防火墙的危险区域包括路由器本身及路由器允许访问的主

机，如图 5.21 所示。它的缺点是路由器一旦被控制后很难发现，而且不能识别不同的用户。

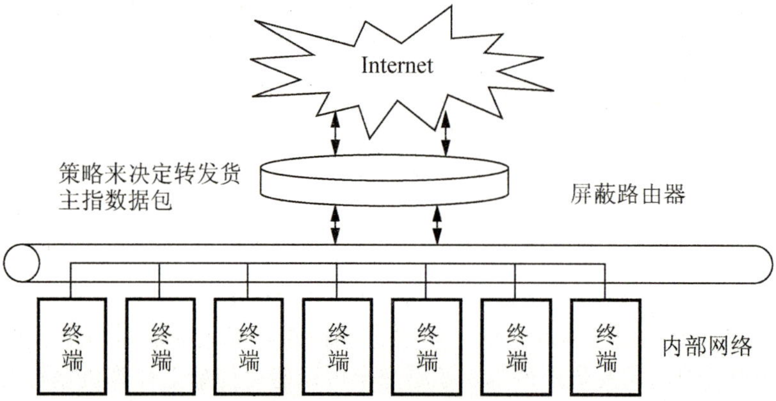

图 5.21 屏蔽路由器

2）双宿主机防火墙

双宿主机(图 5.22)防火墙是用一台装有两张网卡的堡垒主机做防火墙。两张网卡分别与受保护网和外部网相连。堡垒主机上运行着防火墙软件，可以转发应用程序、提供服务等。

堡垒主机的系统软件可用于维护系统日志、硬件复制日志或远程日志。这对日后检查很有用，但不能帮助网络管理者确认网中哪些主机可能被黑客入侵。其致命弱点是一旦入侵者侵入主机并使其只具有路由功能，则网上任何用户均可自由访问内网。

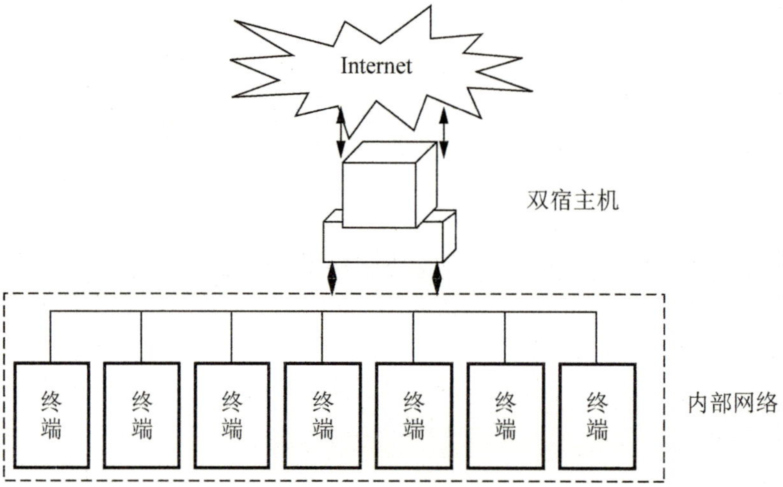

图 5.22 双宿主机

3）屏蔽主机防火墙

一个分组过滤路由器连接外部网络，同时一个堡垒主机安装在内部网络上，通常在路由器上设立过滤原则，并使用这个堡垒主机成为外部网络唯一可直接到达的主机，确保了内部网络不受未被授权的外部用户的攻击。这种方法易于实现，也很安全，因此应用广泛。

4）屏蔽子网防火墙

在内部网络和外部网络之间建立一个被隔离的子网，如图5.23所示，用两台分组过滤路由器将这个子网分别与内部网络和外部网络分开。在很多实现中，两个分组过滤路由器放在子网的两端，在子网内构成一个非军事区。有的屏蔽子网还设有一堡垒主机作为唯一可访问点，支持终端交互或作为应用网关代理。这种配置的危险区域仅包括堡垒主机、子网主机及所有连接内网、外网和屏蔽子网的路由器。

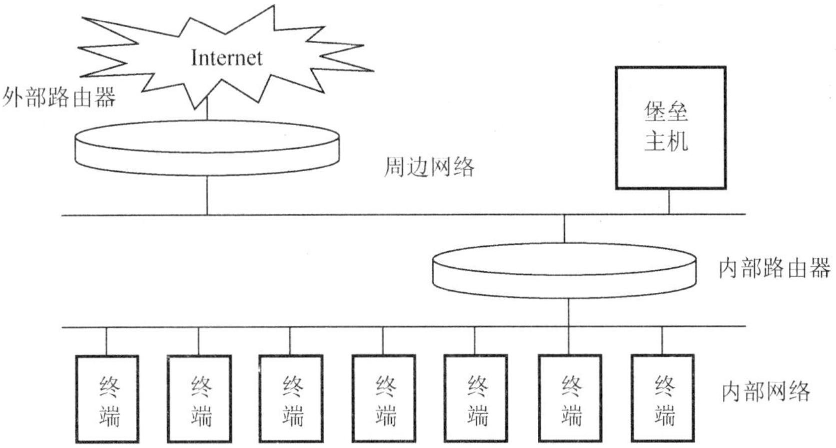

图5.23 屏蔽子网防火墙

2. 防火墙技术

1）数据包过滤技术

数据包过滤是在网络中适当的位置，依据系统内设置的过滤规则对数据包实施有选择的通过。过滤规则通常称为访问控制表，只有满足过滤规则的数据包才被转发到相应的目的地，其余的数据包则被从数据流中删除。目前大多数的网络路由器设备都具备一定的数据包过滤能力，因而使路由器设备在完成路由选择和转发功能之外同时进行数据包过滤。

数据包过滤的依据有：IP源地址、IP目的地址、协议(表明数据包是TCP、UDP或ICMP包)、TCP或UDP源端口、TCP或UDP目的端口、ICMP消息类型。此外，路由器还知道某些没有反映在数据包报头中的关于数据包的信息，比如数据包到达的端口、数据包出去的端口等。

2）数据包过滤原则

数据包过滤通过检查数据流中的每个数据包，根据数据包的源地址、目的地址和如上所述的多种信息或它们的组合来确定是否允许数据包通过。数据包过滤器在本地端接收数据包时，一般不保留上下文，只根据目前的数据包的内容作决定。检查地址和端口号分别是网络层和传输层的功能。

屏蔽路由器对数据包的检测非常仔细。除了决定该数据包能否被它路由到目的地址之外，屏蔽路由器还要决定是否应该对这个数据包进行路由。是否对这个数据包进行路由是依据防火墙的安全规则而定的，管理员可以根据自己的安全规则来配置路由器。

3）代理服务

代理服务是运行在防火墙主机上的专门的应用程序或服务器程序，这些程序根据安全策略接收用户对网络服务的请求并将它们转发到实际的服务。代理服务位于内部网络用户和外部服务之间，处理内部网络用户和外部服务之间的通信，以阻隔它们之间相互直接的通信。

代理服务要求有两个部件：一个是代理服务器；一个是代理客户。代理服务器是一个运行代理服务程序的网络主机；代理客户是普通客户程序的特别版本，它和代理服务器交互而不与真正的外部服务器相连。

所有跨越防火墙的网络通信链路分为两段：外部主机和代理服务器主机之间的连接，以及代理服务器主机与内部主机之间的连接。代理服务器检查来自代理客户的请求，并根据安全策略认可或否认这些请求。如果请求被认可，代理服务器代表客户连接真正的服务器，并且转发代理客户到真正服务器的请求和真正服务器到代理客户的响应。代理服务器不仅仅能够转送用户的请求到真正的网络主机，代理服务器还能够控制用户能做什么，根据安全策略，请求可以被允许或拒绝。例如，FTP 代理可以拒绝让用户输出文件，也可以允许用户从一定的站点输入文件。

4）流过滤技术

东软 NetEye 防火墙采用的“流过滤”结构，是以状态包过滤形态，通过内嵌的专门用的 TCP 协议栈，实现了通用的应用信息过滤机制。它仍然工作在链路层或 IP 层，在规则允许下，两端可以直接访问，但是对于任何一个被规则允许的访问，在防火墙内部都存在两个完全独立的 TCP 会话，数据是以“流”的方式从一个会话流向另一个会话，由于防火墙的应用层策略位于流的中间，因此可以在任何时候代替服务器或客户端参与应用层的会话，从而起到与应用代理防火墙相同的对应用层的控制能力。采用流过滤机制，可以进行应用级的插件的开发和升级、及时响应各种新的攻击方式，动态保护网络安全。

5）智能防火墙技术

智能防火墙的关键技术包括防攻击技术、防扫描技术、防欺骗技术、入侵防御技术、包擦洗和协议正常化技术及 AAA 技术等。智能防火墙采用了智能访问控制技术为核心的智能防火墙技术，是利用统计、记忆、概率和决策的智能方法对数据进行识别，以达到访问控制的目的。新的数学方法消除了匹配检查所需要的海量计算，高效发现网络行为的特征值，直接进行访问控制。

3. 防火墙使用

防火墙可以将计算机和外部的网络隔离起来，以防止网络入侵者的攻击。随着网络入侵者技术的提高，防火墙的软件也需要及时更新升级。

本章小结

本章主要阐述了电子商务的安全问题，电子商务面临的安全威胁和对安全问题的基本要求以及电子商务的安全制度。要求掌握文件加密的方法，能够对浏览器进行安全设置。了解安全交易认证技术，学会使用安全工具。

电子商务面临的安全威胁主要有：传输过程中信息被截获、传输的文件被篡改、伪造电子邮件、假冒他人身份、不承认或抵赖已做过的交易。电子商务的安全问题的六项基本要求：授权的合法性、不可抵赖性、保密性、身份的真实性、信息的完整性、存储信息的安全性。

电子商务的安全制度表现在两方面：一个是对计算机系统的安全保护，另一个是对计算机犯罪的防范打击。

文件加密方法：常见的有加密和解密同采用一把密钥，且通信双方必须都要获得这把密钥；另一种是公私成对的两把密钥，即加密使用一把密钥(一般是公钥)，收到密文后用私钥解密，叫非对称密钥。对浏览器进行安全设置，防止 IE 泄密最有效的配置是对 IE 使用 Active X 控件和 JavaScript 脚本进行控制。

安全交易认证技术是为了解决身份验证和交易的不可抵赖等问题。通常采用的方法：数字签名、身份认证、数字时间戳和数字证书等。

为了保证交易的过程中数据来源的可靠、传输的安全、不被篡改且能保证交易各方的行为无可抵赖等，许多公司提出不同的标准，其中比较有名的是安全套接层 SSL 协议和电子交易 SET 协议。

安全工具的使用主要是防范计算机病毒的攻击，计算机病毒和黑客危害程度巨大，一旦造成安全隐患，数据的恢复更为重要，目前运用的数据恢复技术主要是瞬时复制技术、远程磁盘镜像技术和数据库恢复技术。

防火墙是一个由软件和硬件设备组合而成、在内部网和外部网之间、专用网与公共网之间的界面上构造的保护屏障。防火墙主要有：屏蔽路由器、双宿主机防火墙、屏蔽主机防火墙、屏蔽子网防火墙等。

本章习题

一、单项选择题

1. 数字证书的内容不包含有(　　)。

A. 签名算法　　B. 证书拥有者的信用等级

C. 数字证书的序列号　　D. 颁发数字证书单位的数字签名

2. 计算机感染病毒会出现一些不正常现象，通过以下(　　)这些现象可以判断计算机可能感染了病毒。

A. 出现莫名其妙的隐藏文件

B. 系统运行速度异常慢

C. 系统偶尔死机

D. AUTOEXEC. BAT、CONFIG. SYS 被修改

3. 计算机病毒特点具有(　　)特点。

A. 破坏性　　B. 潜伏性　　C. 像素　　D. 对齐方式

4. 安装防病毒软件文件夹时建议采用(　　)。

A. 备份文件夹　　B. 暂时文件夹　　C. 命名文件夹　　D. 默认文件夹

5. 计算机病毒按其入侵方式可分为操作系统型病毒、(　　)、外壳病毒、入侵病毒。

A. 定时病毒　　B. 随机病毒　　C. 源码病毒　　D. 圆点病毒

6. 下面有关数字签名的说法哪个是正确的?(　　)

A. 数字签名需要使用接收者的公钥

B. 数字签名能够确认信息自签发后到收到为止未曾作过任何修改

C. 数字签名需要使用接收者的私钥

D. 数字签名能够保密地传送信息

7. 国家对计算机信息系统安全专用产品的销售实行(　　)制度。

A. 特许证　　B. 许可证　　C. 信用证　　D. 安全证

8. 防火墙是一种计算机硬件和软件的结合，使互联网与内部网之间建立起一个(　　)，从而保护内部网免受非法用户的侵入。

A. 安全等级保护制度　　B. 安全信息系统

C. 安全网关　　D. 安全保护

9. 黑客是指什么?(　　)

A. 利用病毒破坏计算机的人　　B. 穿黑衣的人

C. 令人害怕的人　　D. 非法入侵计算机系统的人

10. SET 安全协议涉及的对象不包括(　　)。

A. 消费者　　B. 认证中心

C. 收单银行和电子货币发行银行　　D. 在线税务

二、判断题

1. 要使网上交易成功，参与交易的人首先要能确认对方的身份，确定对方的真实身份与对方所声称的是否一致。(　　)

2. 不对称密码体系中加密和解密使用两把密钥。(　　)

3. 在互联网上，不单纯使用对称密钥加密技术对信息进行加密是因为加密技术不成熟。(　　)

4. 黑客利用操作系统和网络的漏洞，从网络的外部非法侵入，进行不法行为。(　　)

5. 最难防御的安全问题是病毒攻击。(　　)

6. 病毒程序的引导功能模块是伴随着邮件程序的运行，将病毒程序从外部引入内存。(　　)

7. 对称加密方式主要存在密钥安全交换和管理问题。(　　)

8. 电子合同发生在虚拟空间中，交易双方一般是互不见面，在电子自动交易中，甚至不能确定交易对方。他们的身份依靠密码的辨认或认证机构的认证。(　　)

9. 1997 年 12 月 16 日发布的《计算机信息系统网络国际联网安全管理办法》是我国的第一个计算机安全法规，是我国计算机安全工作的总体纲领。(　　)

10. 有了杀毒软件和防火墙，就不再需要对浏览器进行安全设置。(　　)

三、填空题

1. __________是在__________交易中承担网上安全交易认证服务，签发数字证书，确认用户身份等工作，并具有权威性和公正性的第三方服务机构。

2. 在电子商务中，广泛使用的两种数据加密技术是__________和__________。

3. 保证网络安全的四大要素，即信息传输的保密性、__________、发送信息的不可否认性、__________。

4. 病毒可以通过__________、__________、__________渠道对计算机进行攻击。

5. 数据恢复技术主要有__________、__________、__________。

四、简答题

1. 简述电子商务安全需求。

2. 如何确保网上交易的安全性?

3. SSL 协议和 SET 协议有何不同?

4. 介绍你所知道的清除病毒的方法。

5. 简述防火墙的基本结构。

6. 简述数字签名、数字证书的使用原理。

第 6 章 电子交易

教学目标

通过本章的学习，了解电子交易的过程、电子交易市场、电子商务平台；熟知电子支付环节、网上银行业务；理解电子支付的 SSL 协议和 SET 协议、电子交易的模式和电子商务平台；掌握订单处理的方法、电子合同的拟定、售后服务的处理。

教学要求

知识要点	能力要求	相关知识
订单处理	(1) 了解单证设计 (2) 掌握订单合并的处理 (3) 具有网上单证常见问题的处理能力	(1) 订单处理流程 (2) 网上单证设计的技巧 (3) 网上单证的设计方法 (4) 订单分析
电子合同	(1) 电子合同的签订步骤和方法 (2) 电子合同分析 (3) 了解认证机构及其功能	(1) 电子合同的概念和分类 (2) 与传统合同的区别 (3) 电子签名的概念和特点
电子支付	(1) 了解电子支付协议 (2) 掌握 SET 协议的流程和步骤 (3) 了解网上银行业务 (4) 了解电子支付的工具	(1) 电子支付概念 (2) SSL 协议通信目标和特点 (3) SET 协议的目标和对象 (4) 电子支付类型 (5) 售后服务的内容 (6) 电子交易模式和平台
售后服务	(1) 学会处理网上客户的反馈信息的步骤和方法 (2) 学会处理网上客户的投诉 (3) 了解客户投诉的方法	(1) 售后服务的概念 (2) 网上售后服务的特点、原则、要点、技巧 (3) 处理客户投诉的原则
电子交易模式和平台	(1) 了解电子交易模式种类 (2) 了解电子商务平台 (3) 了解第三方电子商务平台 (4) 通晓目前我国电子交易平台发展重点	(1) 电子商务平台的概念 (2) 第三方电子商务平台的优势和应用价值 (3) 电子交易平台的概念和种类

导入案例

2013 年 5 月 28 日，资本实验室发布《2013 年 4 月创业投资与并购报告》。本报告包含本月 474 起投资案例、140 起并购案例的行业与区域分布状况、交易额 Top10，以及相关发现。本月，资本实验室共收录国内外创业投资案例 474 起。其中，健康/医疗、电子商务、软件服务、外包服务、数据服务行业融资案例数量居前 5 名，占所有投资案例的 48%。

在较长时期成为相对弱势的融资领域后，电子商务行业在本月实现强势逆袭，迎来一个最好的月份：融资案例达 52 起，列各行业第二；披露交易额近 7 亿美元，列各行业第四。

本行业融资额最高的是：总部位于成都的中药材天地网获上海中卫基金和北京崇德基金 10 亿元融资，用于网站发展及在全国配套建设中药材产地线下物流服务体系。该企业是国家级中药材信息中心、电子交易中心，计划在未来 5～8 年内实现 B2B 交易额 600 亿元、B2C 交易额 1 400 亿元以上，打造电子商务“千亿平台”。

本月其他两笔大额融资为：著名闪购网站 Fab 获 1 亿美元融资；电商品牌管理服务商 Acumen Brands 获 8300 万美元融资。后者拥有三家针对不同用户群体的服装电商网站。

电子交易是指通过电子系统进行的交易，不同于在交易所交易大厅面对面进行的交易，是电子商务中重要的环节。电子交易是在网上进行买卖交易，不再是简单地开辟一条新的网上销售渠道，它将降低经营成本并能帮助企业与客户、供货商以及合作伙伴建立更为密切的合作关系。通过电子交易，在网上将经销商和生产厂家联系起来，从而优化交易过程，减少文书工作；电子交易可以通过建立与供货商直接联系的网络而获利，从而削减库存和运输消耗，快速响应用户要求；可以通过网上账单和支付系统改善与客户和供应商的关系。电子交易能够在增加收入的同时建立起客户忠诚度，通过提高订单处理效率得以降低成本、降低库存和库房开支的同时还能保持满货率并降低销售交易的实际成本。

6.1 订单处理

订单处理，就是由订单管理部门对客户的需求信息进行及时的处理，是从客户下订单开始到客户收到货物为止，这一过程中所有单据处理活动。

6.1.1 单证设计

1. 网上单证设计的技巧

网上商店的单证是商家与用户之间交易的凭证，一个设计完美的单证既要做到让用户能体会到在本商店网上购物的方便性，也要让网上商店的管理者能够在对订单数据处理时保持准确性。

网上单证设计时需要注意的地方和可以采用的技巧如下：

(1) 尽力使客户在购物时感到方便。

(2) 使客户对商店产生强烈的第一印象。

(3) 把干扰减少到最小(广告不一定总是必需的)。

(4) 个性化和问题语。

(5) 简洁明了。

(6) 提供可视化的线索和购物车链接。

(7) 在长列表中使用交替背景色。

(8) 给客户一个暂时存放货品的地方。

2. 网上订单的后台处理

网络消费者在进行网上购物时将面对并填写一张又一张不同的网上单证，而最终的结果是要完成并成功提交一份有效的网上购物订单。相对地，网上商店也要对来自于客户填写的单证信息完成必要并且是正确的处理流程，才能使一笔网上交易成功。

不同的网站对于网上单证的后台处理流程是不同的，一般来说，网上订单后台处理的过程主要包括订单准备、订单传递、订单登录、按订单供货和订单处理状态追踪5个部分。

以下给出一些网上订单的实例，如图6.1所示，是Ego365的一张设计比较规范和美观的网上订单，其特点是数据信息比较完整，使用一些文本框、多选按钮和单选按钮等网页特有的元素表示订单信息。图6.2是Ego365的订单明细，其特点是订单的数据信息简洁明了，让人一看就明白，并且提供了修改订单的功能，使得用户可以更改自己的支付方式以及选购的商品等。

以下是你在电脑专卖店所选购的商品订单信息。确认您要购买该商品之后，请单击下面的“确认我的订单”按钮，我们接到您的汇款后将立刻发货。

商品名称	单价	数量	货款小计
惠普ENVY4-1007tx	3500.0	1	3500.0

付款合计 3500.0 元

送货方式：	普通邮寄	支付方式：	网上支付

订货人姓名：	张三	收货人姓名：	张三
电子邮件：	dianzi@eblab.com	电子邮件：	dianzi@eblab.com
联系电话：	123456	联系电话：	123456
邮政编码：	211167	邮政编码：	211167
联系地址：	南京市江宁区弘景大道1号	联系地址：	南京市江宁区弘景大道1号

上一步　确认我的订单

图6.1　网上商店的购物订单

订单编号：	2004010313	单据日期：	2012-09-07
送货方式：	普通邮寄	结算方式：	网上支付
订单状态：	待受理	结算状态：	未结算
订货人信息		收货人信息	
订货人姓名：	张三	收货人姓名：	张三
电子邮件：	dianzi@eblab.com	电子邮件：	dianzi@eblab.com
联系电话：	123456	联系电话：	123456
邮政编码：	211167	邮政编码：	211167
地址：	南京市江宁区弘景大道1号	地址：	南京市江宁区弘景大道1号

商品编号	商品名称	单价	数量	货款
2004010397	惠普ENVY4-1007tx	3500.0	1	3500.0
			合计:	3500.0

图6.2　网上商店的订单明细

3. 网上单证的设计方法

1）设计本商店网上单证的种类和格式内容

操作步骤如下：

(1) 按照一般网上商店在网上销售、交易双方信息交互的需要，列出所需的网上单证种类的名称，如客户注册单证、商品信息表、购物车等。

(2) 列出各种单证的有关数据项并确定项名，以及定义其数据类型和长度等。

(3) 画出各种单证的表格样张。

(4) 确定客户在填写单证时各数据项的特性，是必选的或是可选的。

2）设计本商店网上单证的风格

操作步骤如下：

(1) 列出各网上单证为方便客户所需要的提示语内容。

(2) 确定本商店网上单证统一的风格，包括色彩、字体、字形等。

(3) 确定各单证中的问候语和广告语的内容。

3）设计本商店各网上单证功能和链接

操作步骤如下：

(1) 确定各网上单证应出现在哪些相关网页及其具体位置。

(2) 设计各网上单证之间的相互关系，包括数据调用和链接关系。

(3) 设计各网上单证的有关功能，例如购物车中的商品的确认和删除等。

(4) 设计对客户输入数据的核对功能。

4. 网上单证的实现

(1) 按照上面对本商店各网上单证的设计内容定义相应的数据库格式。

(2) 用选定的网页设计语言和工具实现上述各网上单证。

6.1.2 订单处理流程

订单处理是企业的一个核心业务流程，包括订单准备、订单传递、订单登录、按订单供货、订单处理状态跟踪等活动。订单处理是实现企业顾客服务目标最重要的影响因素。改善订单处理过程，缩短订单处理周期，提高订单满足率和供货的准确率，提供订单处理全程跟踪信息，可以大大提高顾客服务水平与顾客满意度，同时也能够降低库存水平，在提高顾客服务水平的同时降低物流总成本。

一般的订单处理过程主要包括五个部分：订单准备、订单传递、订单录入、按订单供货、订单处理状态追踪。

1. 订单准备

订单准备是指搜集所需产品或服务的必要信息和正式提出购买要求的各项活动。

2. 订单传输

传送订单信息是订单处理过程中的第二步，涉及订货请求从发出地点到订单录入地点的传输过程。订单传输可以通过两种基本方式来完成：人工方式和电子方式。

3. 订单录入

订单录入指在订单实际履行前所进行的各项工作，具体如下所述。

(1) 核对订货信息(如商品名称与编号、数量、价格等)的准确性。

(2) 检查所需商品是否可得。

(3) 如有必要，准备补交货订单或取消订单的文件。

(4) 审核客户信用。

(5) 必要时，转录订单信息。

(6) 开具账单。

4. 订单履行

订单履行是由与实物有关的活动组成的，具体如下所述。

(1) 通过提取存货、生产或采购员购进客户所订购的货物。

(2) 对货物进行运输包装。

(3) 安排送货。

(4) 准备运输单证(其中有些活动可能会与订单录入同时进行以缩短订单处理时间)。

(5) 订单处理的先后次序。订单处理的先后次序可能会影响到所有订单的处理速度，也可能影响到较重要订单的处理速度。这里可借鉴优先权法则。

① 先收到，先处理。

② 使处理时间最短。

③ 预先确定顺序号。

④ 优先处理订货量较小、相对简单的订单。

⑤ 优先处理承诺交货日期最早的订单。

⑥ 优先处理距约定交货日期最近的订单。

5. 订单跟踪

订单处理过程的最后环节是通过不断向客户报告订单处理过程中或货物交付过程中的任何延迟，确保优质的客户服务。具体包括如下内容。

(1) 在整个订单周转过程中跟踪订单。

(2) 与客户交换订单处理进度、订单货物交付时间等方面的信息。

订单处理过程涉及的要素如图 6.3 所示。

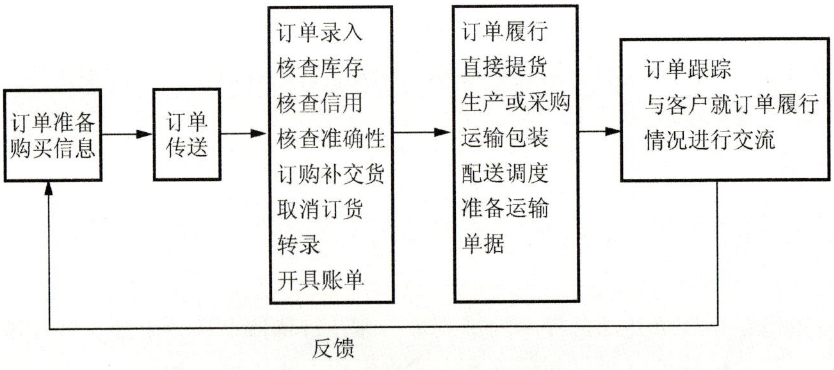

图 6.3 订单处理过程涉及的要素

6.1.3 订单合并

1. 可合并订单的合并

为了节省客户的配送费，商城都会建议客户把在同一商城想要买的物品尽量放在一张单上。如果客户提交订单后还想继续购买物品，而目前许多网上商城无法支持在订单上添加商品，如果前一张订单为有效订单，且处于“待受理”，如图 6.4 所示。或“未发货”状态，可将后张订单与前张订单合并。申请订单合并可通过电话或 E _ mail 通知商城的客户服务中心，如图 6.5 所示。商城就会为客户合并订单并给予回应，如图 6.6 所示。这样就可以节省一份配送费。

订单号	应付金额	支付方式	支付状态	订单状态	交易日期
2004010314	28.0	网上支付	未结算	待受理	2012-09-07
2004010313	3500.0	网上支付	未结算	待受理	2012-09-07
2004010312	6800.0	网上支付	未结算	待受理	2012-09-07
2004010311	20400.0	网上支付	未结算	待受理	2012-09-07

图 6.4 可合并订单

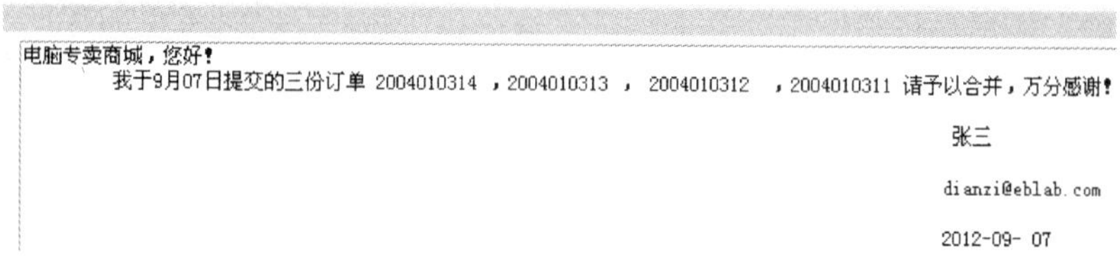
电脑专卖商城，您好！
我于9月07日提交的三份订单 2004010314 ，2004010313 ， 2004010312 ，2004010311 请予以合并，万分感谢！
张三
dianzi@eblab.com
2012-09- 07

图 6.5 E _ mail 申请合并订单

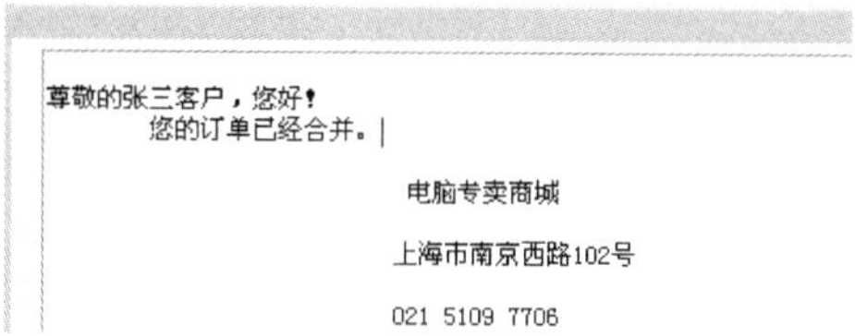
尊敬的张三客户，您好！
您的订单已经合并。
电脑专卖商城
上海市南京西路102号
021 5109 7706

图 6.6 商城回应

2. 无法进行合并的订单

订单无法进行合并的情况有两种：如果第一份订单处于“已发货”状态，那么就无法将订单合并了；支付成功的订单也无法合并。

6.1.4 网上单证常见的问题

网上单证出现的问题来自网上商店本身的工作环境，包括硬件设备、数据库和网上购物单证系统软件；网络消费者在进行网上购物时的操作失误以及交易第三方如网络银行和通信网络的环境三个方面。

一般情况下，网上商店的单证系统在对客户的购物单证进行处理时，是按照软件系统的固定程序运行，出错的概率较低，但由于内部数据库和设备故障等各种情况有时候会出现的问题。

网络消费者在进行网上购物时，面对一张一张内容各不相同的网上单证，以及与网上商店的信息交互往来，经常会发生各种各样的选择和操作的错误，影响购物的顺利进行，而这种情况对于刚开始在网上消费的客户更是常事。

因为电子商务交易的参与者除了买卖双方以外还有银行待其他机构的参与，相互之间的数据信息传输依赖于通信网络以及各方的系统设备，由于目前的网络通信环境并不理想，因此，出错和数据传输的不顺利也是常有发生的事，特别是表现在客户进行购物后的网上支付的处理过程中。

上述各种使网上单证出错的结果，一方面使网上商店了失去了许多商机，另一方面也可能会使网络消费者对网上购物失去耐心。

1. 针对网上商店的单证出错的情况应采取的解决方案

1）加强系统维护

对于网上商店内部问题带来的单证出错，网站应该对数据库和有关设备的运行进行细致的日常维护，以便系统能处于良好的工作状态；另外，也应该对计算机病毒的侵袭和来自网上黑客的入侵加强防范措施，从而保证系统的正常运行。

2）优化操作

要避免来自网络消费者方面的单证问题，网上商店站从客户的角度上，在单证的设计和处理上尽可能以良好的界面、合理的流程、简便的操作、及时的提示等，帮助网上消费者减少出错，提高网上单证提交的成功率。

3）提高网站服务能力

由于交易第三方和通信网络环境产生的问题，需要网站方面根据业务的发展加强设备的扩容和改善，及早发现问题并与有关方及时联络，特别是与网络客户的联系和提示，并设法帮助客户以其他可能的办法完成购物的操作。

2. 网上单证常见的问题及其相关的处理方法

1）客户不知道订单是否提交成功

网上购物订单提交的最后一步，网上商店将会让客户确认订单的全部内容，如客户认为需要进行修改，应提供明显的标识可让客户“退回”到相应页面修改，经确认无误后按“提交订单”键正式订购。如果客户留下的联系方法不正确，使网上商店无法联系和送货，客户的订单也将被取消。一般可以采取交易结束后立即向客户发送电子邮件等方法与客户进行联系确认。

2）有效的订单但尚未付款

客户在进行网上支付时，可能会发生信用卡或存折的金额不足，或者由于意外的继线等到状况而导致网上支付的不成功。对此网上商店和流程可以选择以下两种方法进行弥补。

（1）取消客户原来的订单，请客户重新提交一次订单，同时在网上支付；

（2）请客户与客户服务部联系改用其他支付方式，例事通过邮局汇款、银行电汇等。

3. 网上支付出现错误

客户在网上商店购物后进行网上支付出现错误是常有的事，由于这种错误往往会终止客户的购物过程。这种情况不仅影响了消费者的购物热情，同时也对商店的形象造成损害。

4. 购物订单的确认、提交与订单合并

网络消费者在进行网上购物整个过程的最后一步，将看到自己在购买过程中所选择的全部商品清单。此时，应该允许客户在认为有必要时可以对订单进行修改，然后要提醒客户按“提交订单”键并在信息返回后予以确认正式订购。商店要告诉客户，系统将对他的订单自动生成一个需要记住的订单号，它将是自己购买和以后查询的唯一依据；并且要注意自己的网上进货程序只有在得到订单号时才算完成。

5. 订单的查询和修改

网上购物是在一个虚拟的环境中进行的过程，网络消费者往往会因为心里不踏实而要求对自己所提交的订单进行查询和修改，这是很正常，网上商店必须在这方面为客户提供方便。网上商店应该让消费者在任何页面均可进入“订单查询”以便进行自行查询和修改，客户只要登记自己的E_mail和密码，就可以对订单进行查询、修改、删除、合并和取消的操作。

6. 取消订单

订单尚未进入配送程序前应该允许客户可直接在网页上取消订单。网上商店要提醒客户在要“取消订单”前先进行“订单查询”，并提供如下情况让客户了解如何进行。

1）“未处理”状态订单的取消

如果订单处于“未处理”状态，可以单击“取消订单”的链接直接取消订单。

2）“已处理”或“已收款”状态订单的取消

如果订单处于“已处理”（货到付款）或“已收款”（在线支付）状态，表示订单已经进入配货流程，请客户与客户服务中心取得联系，通过E_mail或电话取消该订单。

3）已配送的订单的处理

如果该订单已经配送，就无法取消了，商店可以表示歉意，或让客户在收到货后退回。

7. 订单的各种状态

不同的网上所提供的订单的各种状态是不同的，但一般应有以下几种情况。

（1）未处理(后台的客服还未发现)。

（2）待确认(看见订单，还未确认)。

（3）已确认(要此商品)。

（4）已收款(在线支付)。

（5）已取消(取消订单)。

（6）全部发货。

（7）部分发货。

（8）交易完成。

8. 网上商店订单处理流程的完善

网上商店的订单处理是电子商务企业的核心业务流程，订单处理流程的合理化是实现企业顾客服务目标最重要的影响因素。

1）完善网上商店订单处理流程的原因

（1）从客户角度来看，消费者所购买的不仅仅是商品或服务本身，更重要的是获得价值，感受网上购物的乐趣。

（2）从企业角度来说，提高为客户服务的水平与降低商店的商品库存、商品的配送运输费用是一个十分重要的问题。

2）完善网上商店订单处理流程的关键因素

网上商店的客户订单处理流程完善可以多个方面入手，但必须要考虑以下几个关键因素：时间因素、供货准确性因素、成本因素、信息因素等。

3）完善网上商店订单处理流程的方法与步骤

各电子商务网站对网上订单处理流程进行完善的方法随各自情况的不同而各有千秋，没有统一的方法和步骤，一般完善的方法与步骤可参考以下几方面。

（1）调查本公司当前的网上客户购物订单和处理流程，并绘制出订单处理的流程图。

（2）调查现有网上客户购物订单处理流程中各节点的时间耗用。

（3）绘制对客户订单的商品配送过程的网络结构图。

（4）利用流程改善的原则来改善网上客户购物订单的处理问题。

（5）流程改善常遵循的一些原则包括并行处理、分批处理、交叉处理、删除不增值工序、减少等待、添加额外资源等。

当然，电子商务企业不断完善自己的网上商店订单处理流程是没有终点的，当外界的环境条件改变或者企业自身的条件变化时必须要进行，在系统运作一段时间后也要进行，为了提高网上商店为网络消费者的服务水平和增加企业自身的社会效益和经济效益，不断完善自己的网上商店订单处理流程应该是电子商务企业自觉的、经常性的任务。

电商实践

网购客户下单未完成支付的八大原因

46%的人觉得运费太贵；37%的人想做购物对比；36%的人账户里的钱不够；27%的人希望在有优惠券的时候再购买；24%的人找不到偏好的付款方式；23%的人因为自己想要的商品的色彩或尺寸缺货；22%的人联系不上客服；21%的人顾虑支付安全。

6.1.5 订单分析

1. 客户信息使用

一种是系统提供相关信息，供用户参考。比如，一个客户接待人员在使用CRM系统与客户进行联系时，该系统会适时地把相关的客户记录列在工作界面的合适位置供该接待人员参考。所列出的信息可能会包括客户的基本个人资料、订单及付款记录、投诉及处理情况、欠费及其他需注意事项等，并且这些信息的组成及排列位置都可以根据用户的需求及偏好自由更改。在这里系统要实现的目标就是让合适的信息在合适的时间出现在合适的位置给合适的用户使用。

另一种是由系统自动引用相关的客户信息。比如在创建订单时，系统会自动地对该订单及相关的客户执行信用检查，也就是把与此订单中的客户的全部相关未付款的订单金额与记录在该客户的主数据中的信用额度进行比较，如果有超出的话，则系统根据预先的设定来给出警告或中止当前订单的执行。这样做的好处在于，可以在系统帮助下，简化操作人员工作的同时更好地规范企业相关的业务流程。

2. 客户信息分析

只有对已有的客户信息进行详尽的分析，才能让它们发挥最大的作用。结合客户的静态主数据(如年龄、教育水平等)、客户的行为(如购买记录、付款记录等)，以及他们给企业带来的收益数据，可以对不同的客户群做有效的区分，在此基础上将客户分为客户 A、客户 B、客户 C 的。此种分类可作为分配市场、销售和客户服务资源的基础，可以更有针对性地筛选出目标群体并开展市场营销、促销及售后服务等。

运用 CRM 系统的分析功能及 Kaplan 和 Norton 平衡记分卡，将对客户的洞察力运用到现实的活动之中。针对每个企业内部操作团体，建立一个整体计划以管理所有业务流程。了解和感受以客户为核心的理念，将其策略贯彻运用于整个企业之中。并通过运用关键绩效指标监控任何计划的流程，逐步提高企业效率，真正实现以客户为核心的业务管理。

CRM 系统的客户生命周期价值分析可以帮助企业管理者们用分析软件，很容易获得在一个生命周期阶段某些典型客户创造的利益以及预测在下个生命周期阶段保持的可能性，从而更有效地提高重点客户的保持率。

采用数据挖掘及系统集成技术，集成第三方数据和工具以提供特定计划和分析信息。通过全面的分析工具，CRM 系统可以获得外部系统有价值的信息，进行同步的数据分析，并将分析结果公布和传递给市场、销售和服务人员。

电商实践

提升转化率需关注的几个核心节点

① 客户在下单之前浏览过哪些页面和产品；②浏览的客户从什么入口进入，哪些是明确要来买东西的，哪些只是随便来逛逛的；③多少客户把产品放进购物车隔天才付款；④没有购买的用户，到底看了多少产品页。

6.2 电子合同

6.2.1 电子合同概述

1. 电子合同的概念

电子合同是通过计算机网络系统订立的、以数据电文的方式生成、储存或传递的合同。这里，“数据电文系指经由电子手段、光学手段或类似手段生成、储存或传递的信息，数据电文包括但不限于电子数据交换(EDI)、电子邮件、电报或传真所传递的信息”(联合国国际贸易法委员会《电子商务示范法》第2条a项)。

电子合同是双方或多方当事人之间通过电子信息网络以电子的形式达成的设立、变更、终止财产性民事权利义务关系的协议。通过上述定义可以看出电子合同是以电子的方式订立的合同，其主要是指在网络条件下当事人为了实现一定的目的，通过数据电文、电子邮件等形式签订的明确双方权利义务关系的一种电子协议。

EDI和E_mail是电子合同的基本形式，两者以各自具有的特点和优势在电子商务活动中占据了一席之地。

2. 电子合同与传统合同的区别

电子合同与传统的合同有着显著的区别，电子的合同当事人、要约、承诺及合同的效力问题都是现代立法中的一个难点。在电子商务中，合同的意义和作用没有发生改变，但其形式却发生了极大的变化：合同订立的环境不同、合同订立的各环节发生了变化、合同的形式发生了变化、合同当事人的权利和义务有所不同、电子合同的履行和支付较传统合同复杂、电子合同形式上的变化对与合同密切相关的法律产生了重大影响(如知识产权法律、证据法等)。

电子合同形式的变化，对于世界各国都带来了一系列法律新问题。电子商务作为一种新的贸易形式，与现存的合同法发生矛盾是很容易理解的事情。但对于法律法规来说，就存在怎样修改并发展现存合同法，以适应新的贸易形式的问题。

3. 电子合同的分类

电子合同的分类，其目的在于通过分类来掌握这类合同的共同特征以更好地研究和指导实践。电子合同作为一种民商合同，可以按传统合同的分类标准来划分，然而，它又是一种特殊形式的合同，具有自己的特殊性，也可以按照自身的特点加以分类。

1）信息产品合同与非信息产品合同

根据标的不同，合同分为货物贸易合同、服务贸易合同及知识产权贸易合同三大类。电子商务包括了传统的商务电子化，如在线进行货物买卖、在线信息服务等，这类电子合同与传统合同的标的并无二致，同时电子商务也产生了一些新的合同。

2）有形信息产品合同与无形信息产品合同

在信息产品合同中，根据数字化的信息否具有实体形式，可分为有形信息产品合同与无形信息产品合同。数字化信息附着在有形载体上，如附着在音乐碟片、软件光盘上，可以称为有形信息产品。

3）信息许可使用合同与信息服务合同

根据合同标的性质的不同可区分为信息许可使用合同与信息访问合同。

4. 网络商品中介交易

许多商品的交易往往要通过网络商品中介进行交易，签订电子合同也需要通过网络商品交易平台来进行。

网络商品中介交易是通过网络商品交易中心，即通过虚拟网络市场进行的商品交易。这是B2B电子商务的一种主要形式。在这种交易过程中，网络商品交易中心以互联网为基础，利用先进的通信技术和计算机软件技术将商品供应商、采购商和银行紧密地联系起来，为客户提供市场信息、商品交易、仓储配送、货款结算等全方位的服务。

5. 网络商品交易中心特点

网络商品交易中心的特点如下。

1）市场巨大

网络商品交易中心为买卖双方展现了一个巨大的世界市场。

2）降低交易风险

网络商品交易中心可以有效地解决传统交易中“拿钱不给货”和“拿货不给钱”两大难题。

3）提高资金风险防范能力

在结算方式上，网络商品交易中心一般采用统一集中的结算模式，即在指定的商业银行开设统一的结算账户，有效地避免了多形式，多层次的资金截留、占用和挪用，提高了资金的风险防范能力。

4）存在的问题

网络商品交易中心仍然存在一些问题需要解决：目前的合同还在使用买卖双方签字交换的方式，如何过渡到电子合同，并在法律上得以认证，尚需解决有关技术和法律问题等。

6.2.2 电子合同的签订

电子合同签订的步骤均在模拟电子商务实验室上实现，操作步骤如下。

1. CA认证

CA认证的步骤如下。

1）进入CA认证中心

管理员登录实训室，进入CA认证中心，如图6.7所示。

2）填写CA证书申请

管理员单击“CA证书申请”，填写申请CA证书的表格，如图6.8所示。

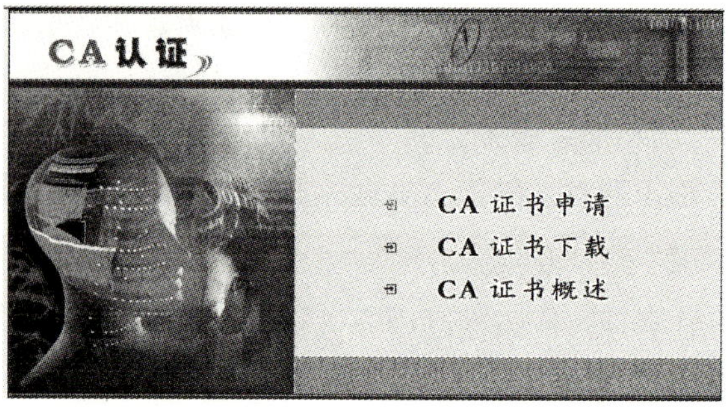

图 6.7　CA 认证中心

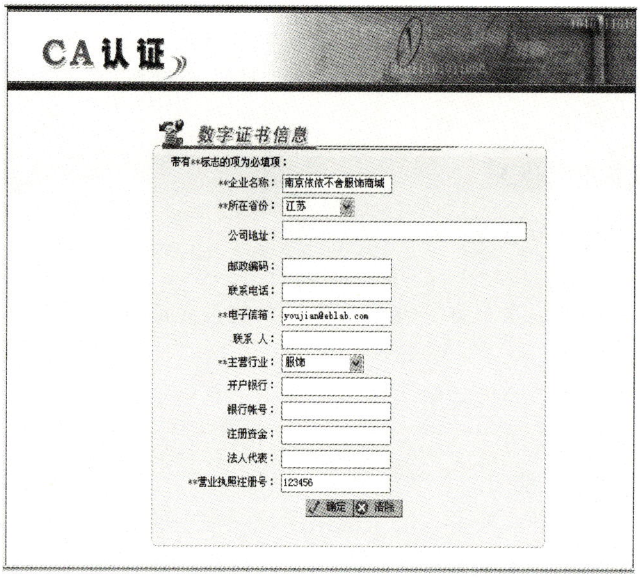

图 6.8　CA 证书申请

3）CA 证书下载验证及下载

在 CA 认证中心，进入 CA 证书下载验证，输入证书编号和下载密码，如图 6.9 所示，编号和密码确认正确后单击“下载数字证书”按钮，如图 6.10 所示。

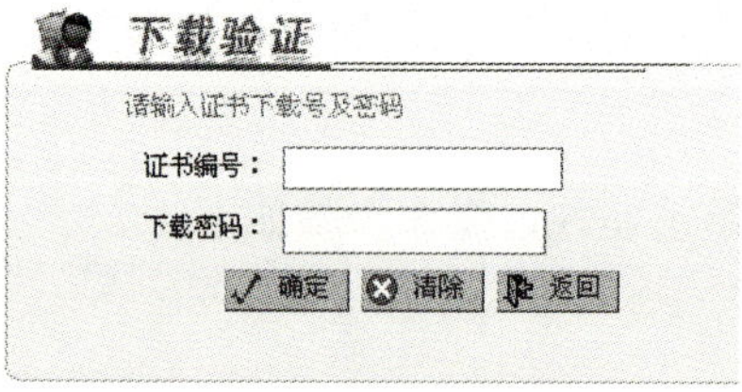

图 6.9　CA 证书下载验证

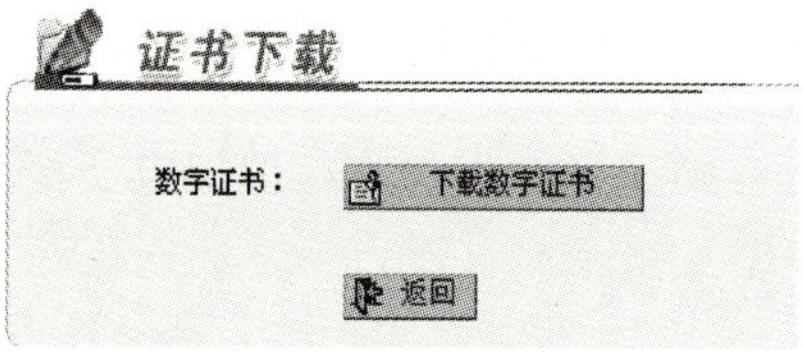

图 6.10　CA 证书下载

4）CA 证书与运用

CA 证书与运用，如图 6.11 所示。

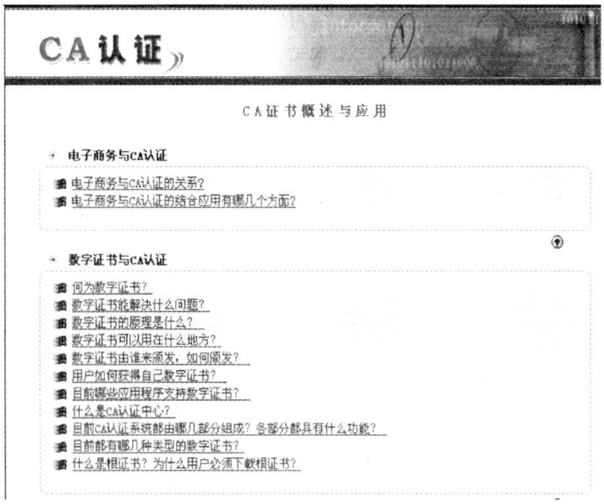

图 6.11　CA 证书概述

2. 买方发布询价单

操作步骤如下(以询价纯棉 T 恤为例)。

1）登录电子商城

采购商登录电子商城，进入服饰小站，如图 6.12 所示。

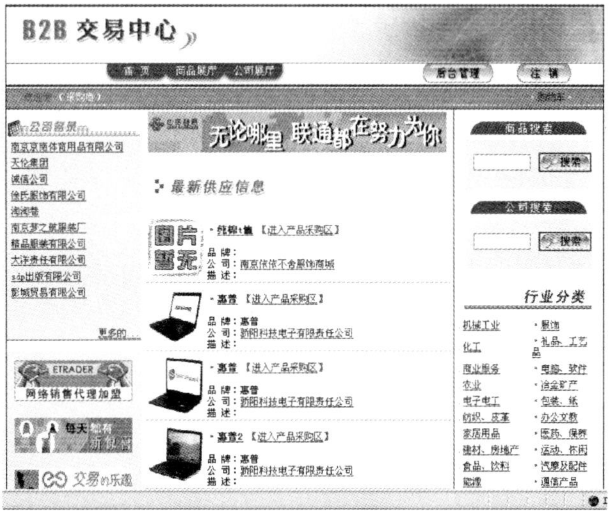

图 6.12　电子商城

2）选择所需询价的商品

选择所需商品如“纯棉 T 恤”，进入商品采购区，单击“购买”选项，如图 6.13 所示。

3）单击“购物车”选项

单击购物车(将所选商品放入购物车)，进入购物车界面，如图 6.14 所示。

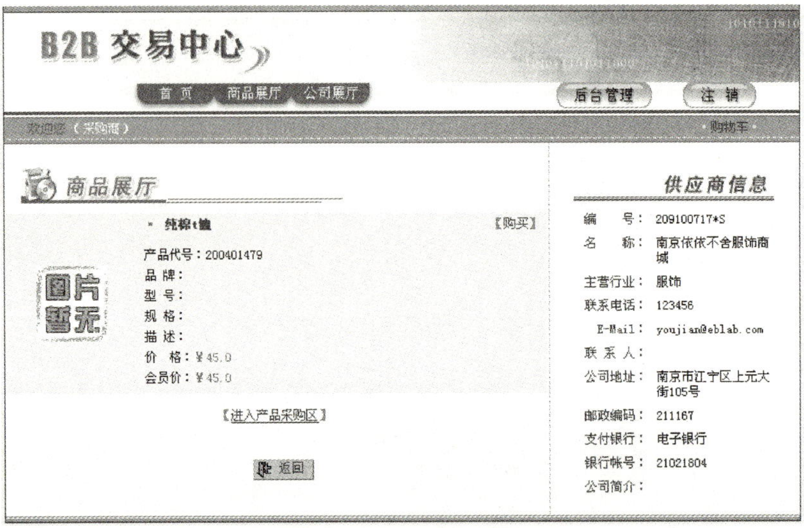

图 6.13　进入产品采购区

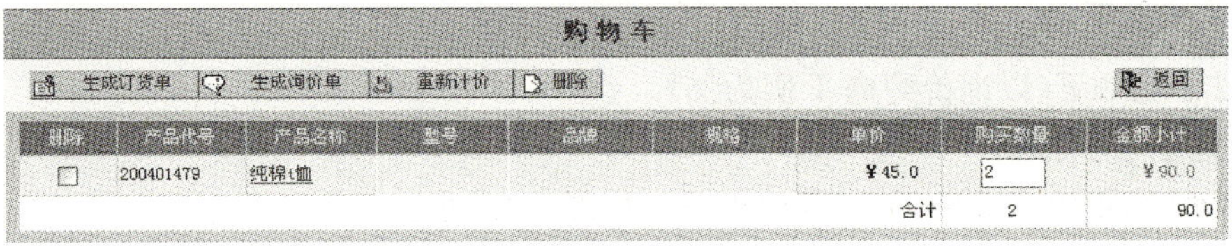

购物车

生成订货单　生成询价单　重新计价　删除　返回

删除	产品代号	产品名称	型号	品牌	规格	单价	购买数量	金额小计
□	200401479	纯棉t恤				￥45.0	2	￥90.0
						合计	2	90.0

图 6.14　购物车

4）单击“生成询价单”选项

选中商品，单击“生成询价单”，填写询价单表格内相关内容。

5）询价单生成

最后提交，询价单生成，如图 6.15 所示。

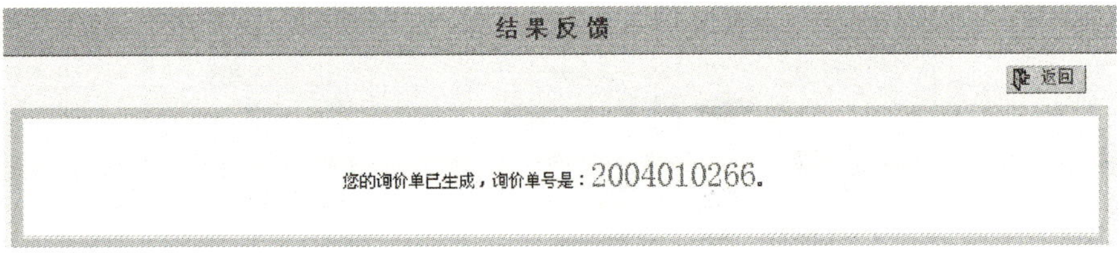

图 6.15　询价单生成

3. 网上洽谈

操作步骤如下(以南京依依不舍服饰商城为供应商为例)。

1）询价单

供应商“南京依依不舍服饰商城”登录电子商城后，单击“询价单明细”命令，看到采购商“服饰小站”的询价单，如图 6.16 所示。

2）报价

选择此条询价单“提交报价”，报价提交成功。

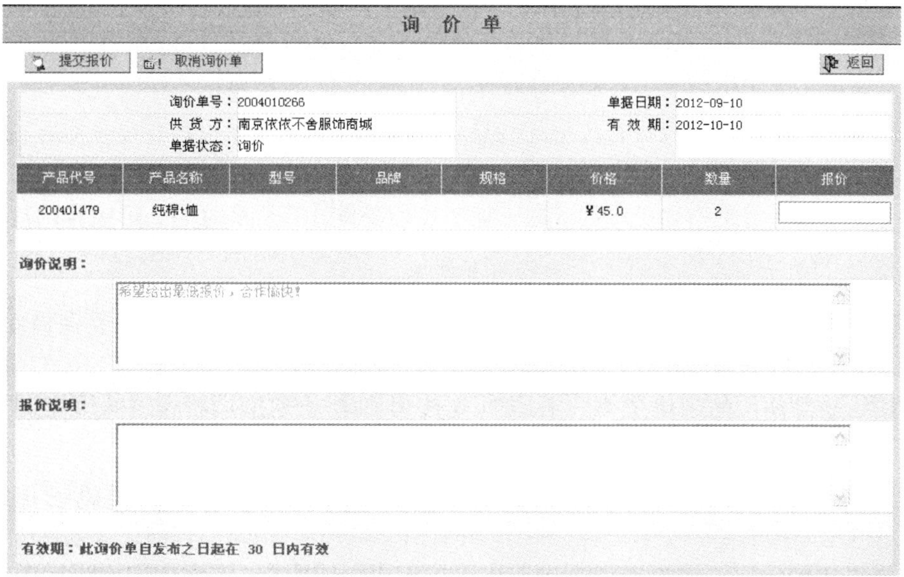

图 6.16 收到询价单

4. 签订电子合同

操作步骤如下。

1）草拟合同

双方洽谈价格，达成共识后，询价成功(在询价单查询中可以发现此条询价单的状态为“询价成功”)。服饰小站单击“网络洽谈”命令，草拟合同，确定了验收地点和支付方式。

2）合同明细

供应商南京依依不舍服饰商城单击“洽谈明细”，进入合同明细。

3）签订合同

双方合同明细达成一致意见后，单击“签订合同”，合同签订成功，如图 6.17 所示。

图 6.17 合同签订成功

6.2.3 电子合同分析

1. 电子合同的有效性

在电子技术引进之前，法律很少碰到文件在什么中介载体上呈现的问题。电报、电传、传真由于产生了书面的通讯纪录，收方得到了反映通讯记录纸，则足以形成书面证据。电子商务利用的电子邮件和电子数据交换与电报、传真类似，都以一系列电子脉冲传递信息。但由于电子合同不以原始纸张作为记录凭证，而将信息储存于计算机或记录于软盘等介质。因此，电子合同具有自身的特点：如电子数据的易消失性、电子数据的易改动性、电子合同的局限性等。传统的书面合同只是受到当事人保护程度和自然侵蚀的限制，而电子合同不仅会受到物理灾难的威胁，还有可能受到计算机病毒等无形灾难的攻击。

2. 通过“电子签名”实现电子合同的有效性

尽管目前我国已通过法律确认电子合同的有效性，但对于电子合同的签字仍无具体规定，这是电子商务的关键环节，也是研究的重点。合同须当事人签章才有效，然而，在网络上无法传递当事人的亲笔签名，各国的立法者和电子专家们推出“电子签名”这一概念。

“电子”是法律上的重要的创新概念，将其作为种种电子认证技术在法律上的总括，得到许多国家的采纳。世界上第一部电子签名立法是美国犹他州的《数字签名法》。

所谓“电子签名”，是指在数据电文中，以电子形式所含、所附或逻辑上与数据电文有联系的数据，和与数据电文有关系的任何方法，它可用于鉴别与数据电文有关的签字持有人和表明此人认可数据电文所含信息。“电子签名”具有以下 3 个特点。

(1) 独一无二。在其使用范围内，对签名持有人而言独一无二。

(2) 附在特定数据电文中。由签名持有人或以签名持有人单独掌握的方法所造并附在数据电文中。

(3) 可靠的保证性。其制造及与有关数据电文的连接方式对电文的完整性提供可靠的保证。

作为电子商务法律的基础设施之一，电子签名法不仅能解决电子合同的法律效力、电子交易中风险和责任分配等基本问题，而且能行之有效地维护电子商务领域中的国家经济利益，在电子商务整体法律中占有重要地位。

3. 认证机构的功能

1) 认证机构

认证机构(CA)提供认证服务的做法是为用户颁发身份证书，用以标识其在网上身份，运用证书实现签名，加解密功能，使电子合同等数据电文符合诉讼对证据的要求，获得法律的认可。CA 运行的好坏关系到电子商务发展的成功与否。

为保障电子商务的安全，结合国际上电子商务立法先例，认证机构一般需承担以下义务：信息披露与通知义务、安全义务、保密义务。

2) 认证机构的功能

认证中心(简称 CA)，是实现网上交易和网上支付的重要安全保障，是承担网上安全电子交易认证服务、签发数字证书、确认用户身份等工作的具有权威性和公正性的第三方服务机构。认证中心通常是企业性的服务机构，主要任务是受理数字证书的申请、签发以及对数字证书的管理。

认证中心主要包括下列组成部分。

(1) 注册服务器(RS)：用于接收用户证书申请。

(2) 注册管理机构(RA)：负责审核申请人的资格，决定是否发放证书。

(3) 证书管理机构(CA)：具体发放证书的操作部门。

(4) 证书作废列表(CRL)：记录作废或过期的证书。

(5) 业务受理点：为用户提供证书申请和发放的窗口。

(6) 证书使用者：认证中心的用户，包括：个人用户、企业用户和服务器用户。

4. 作为诉讼证据的电子合同

我国诉讼证据学对证据的要求体现为“三性说”：客观性、合法性、关联性。由于用户私钥唯一，并且确认只有本人才能使用自己的私钥，因而确定用户使用私钥产生的数字签名是本人意思的真实表示，符合证据学关于客观性的要求。同时，由于摘要函数的不可逆性，任何对电子信息所做的微小改动都将导致不同的电子签名，从而确认用户所做的签名与该文件内容有客观联系，体现了关联性。取得合法地位的认证机构提供了电子签名为法律所承认，达到法律要求的标准，使用该技术形成的电子合同等电子认证则满足诉讼关于证据合法性的要求。

6.3 电 子 支 付

电子支付，是指从事电子商务交易的当事人，包括消费者、厂商和金融机构，通过信息网络，使用安全的信息传输手段，采用数字化方式进行的货币支付或资金流转。

6.3.1 电子支付的协议

1. 标准协议

1) SSL 协议(安全套接层协议)

SSL 是 Secure Socket Layer 英文缩写，它的中文意思是安全套接层协议，指使用公钥和私钥技术组合的安全网络通信协议。SSL 协议是网景公司(Netscape)推出的基于 WEB 应用的安全协议。SSL 协议指定了一种在应用程序协议(如 Http、Telenet、NMTP 和 FTP 等)和 TCP/IP 协议之间提供数据安全性分层的机制，它为 TCP/IP 连接提供数据加密、服务器认证、消息完整性以及可选的客户机认证，主要用于提高应用程序之间数据的安全性，对传送的数据进行加密和隐藏，确保数据在传送中不被改变，即确保数据的完整性。SSL 协议通信目标与特点如下。

(1) SSL 协议通信目标。SSL 协议通信目标以对称密码技术和公开密码技术相结合，可以实现如下三个通信目标。

① 秘密性：SSL 客户机和服务器之间传送的数据都经过了加密处理，网络中的非法窃听者所获取的信息都将是无意义的密文信息。

② 完整性：SSL 利用密码算法和散列(HASH)函数，通过对传输信息特征值的提取来保证信息的完整性，确保要传输的信息全部到达目的地，可以避免服务器和客户机之间的信息受到破坏。

③ 认证性：利用证书技术和可信的第三方认证，可以让客户机和服务器相互识别对方的身份。为了验证证书持有者是其合法用户(而不是冒名用户)，SSL 要求证书持有者在握手时相互交换数字证书，通过验证来保证对方身份的合法性。

SSL 协议能够确保两个应用程序之间通信内容的保密性和数据的完整性。SSL 协议层包括 SSL 记录协议与 SSL 握手协议两个协议子层。

(2) SSL 记录协议基本特点：①连接是专用的；②连接是可靠的(安全传输)。

(3) SSL 握手协议基本特点：①能对通信双方的身份进行认证；②进行协商的双方的秘密是安全的；③协商是可靠的。

SSL 安全技术在互联网服务器和客户机之间提供了安全的 TCP/IP 通道，SSL 可用于加密任何基于 TCP/IP 的应用，如 HTTP、Telnet、FTP 等。

2) SET 协议(安全电子交易协议)

SET 是 Secure Electronic Transaction，即安全电子交易的英文缩写，是互联网上实现安全电子交易的协议标准。

SSL 协议属于网络对话层的标准协议，而 SET 协议是在对话层之上的应用层的网络标准协议。它规定了交易各方进行交易结算时的具体流程和安全控制策略。SET 通过使用公共密钥和对称密钥方式加密保证了数据的保密性，通过使用数字签名来确定数据是否被篡改、保证数据的一致性和完整性，并可以完成交易以防抵赖。

(1) SET 协议运行的目标。

① 保证信息在互联网上安全传输，防止数据被黑客或被内部人员窃取。

② 保证电子商务参与者信息的相互隔离。

③ 解决网上认证问题不仅要对消息者的银行卡认证，而且要对在线商店的信誉程度认证，同时还有消费者、在线商店与银行间的认证。

④ 保证网上交易的实时性，使所有的支付过程都是在线的。

⑤ 效仿 EDI 贸易的形式，规范协议和消息格式，促使不同厂家开发的软件具有兼容性和互操作功能，并且可以运行在不同的硬件和操作系统平台上。

(2) SET 协议涉及的对象。

SET 协议涉及的对象主要有：消费者、在线商店、收单银行、电子货币发行机构、认证中心等。

(3) 与 SET 配套的 CA 认证。

在用户身份认证方面，SET 引入了证书(Certificates)和证书管理机构(Certificates Authorities)机制。证书就是一份文档，它记录了用户的公共密钥和其他身份信息。在 SET 中，最主要的证书是持卡人证书和商家证书。

持卡人实际上是支付卡的一种电子化表示。它是由金融机构以数字签名形式签发的，不能随意改变。持卡人证书并不包括账号和终止日期信息，取而代之的是用单向哈希(Hash)算法，根据账号、截止日期生成的一个编码，如果知道账号、截止日期、密码值即可导出这个编码值，反之不行。

商家证书：表示可接受何种卡来进行商业结算。它是由金融机构签发的，不能被第三方改变。在 SET 环境中，一个商家至少应有一对证书。一个商家也可以有多对证书，表示它与多个银行有合作关系，可以接受多种付款方法。

除了持卡人证书和商家证书以外，还有支付网关证书、银行证书、发卡机构证书。

2. SET 流程

操作步骤如下。

1）消费者注册网上银行账号

注册个人银行账号的目的是为了购物时能用银行卡进行网上支付。其操作步骤如下。

(1) 单击网上银行，进入网上银行前台(图 6.18)，单击个人用户业务中的“注册”按钮。

图 6.18 注册网上银行账号

(2) 注册个人用户业务，填写相关的个人信息，如图 6.19 所示。

图 6.19 填写个人信息

(3) 单击“确定”按钮后，弹出个人网上银行账号的相关信息，如图 6.20 所示。

2）搜索商品

消费者在电子商城的搜索框中输入“纯棉 T 恤”，单击“搜索”按钮，返回商品的详

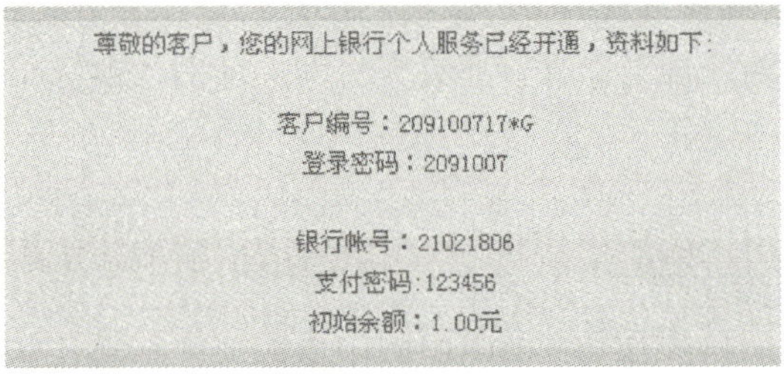

图 6.20　账号信息

细信息页面。

3）确认付款方式和送货信息

操作步骤如下。

（1）填写并确认订购数量。

（2）单击“生成订货单”按钮，生成订货单。

（3）确认后，完成订单提交，如图 6.21 所示。

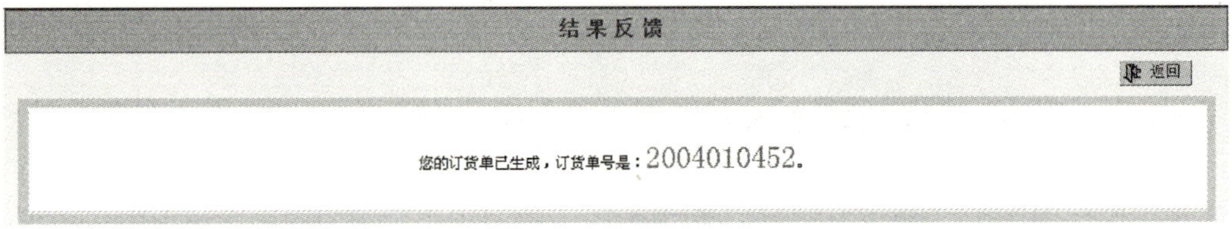

图 6.21　订单提交成功

（4）进入订单明细，单击“订单结算”按钮。

（5）单击“确定”按钮，电子支付成功，生成本次交易号，如图 6.22 所示。

图 6.22　支付成功

电商实践

让客户对品牌忠诚的主要原因

88%的人是因为产品质量；72%的人表示因为消费者服务；50%的人因为价格；45%因为便利；15%的人因为社会责任感；12%因为产品是身份的象征。

6.3.2 网上银行

网上银行又称网络银行、在线银行，是指银行利用 Internet 技术，通过 Internet 向客户提供开户、查询、对账、行内转账、跨行转账、信贷、网上证券、投资理财等传统服务项目，使客户可以足不出户就能够安全便捷地管理活期和定期存款、支票、信用卡及个人投资等。可以说，网上银行是在 Internet 上的虚拟银行柜台。

网上银行又被称为“3A 银行”，因为它不受时间、空间限制，能够在任何时间(Anytimc)、任何地点(Anywhere)、以任何方式(Anyway)为客户提供金融服务。

1. 网上银行的特点

1）全面实现无纸化交易

以前使用的票据和单据大部分被电子支票、电子汇票和电子收据所代替；原有的纸币被电子货币，即电子现金、电子钱包、电子信用卡所代替；原有纸质文件的邮寄变为通过数据通信网络进行传送。

2）服务方便、快捷、高效、可靠

通过网络银行，用户可以享受到方便、快捷、高效和可靠的全方位服务。任何需要的时候使用网络银行的服务，不受时间、地域的限制，即实现 3A 服务(Anywhere，Anyhow，Anytime)。

3）经营成本低廉

由于网络银行采用了虚拟现实信息处理技术，网络银行可以在保证原有的业务量不降低的前提下，减少营业点的数量。

4）简单易用

网上 E _ mail 通信方式也非常灵活方便，便于客户与银行之间以及银行内部的沟通。

2. 网上银行业务

一般说来网上银行的业务主要包括基本业务、网上投资、网上购物、个人理财、企业银行及其他金融服务。

1）基本网上银行业务

商业银行提供的基本网上银行服务包括：在线查询账户余额、交易记录、下载数据、转账和网上支付等。

2）网上投资

由于金融服务市场发达，可以投资的金融产品种类众多，国外的网上银行一般提供包括股票、期权、共同基金投资和 CDS 买卖等多种金融产品服务。

3）网上购物

商业银行的网上银行设立的网上购物协助服务，大大方便了客户网上购物，为客户在相同的服务品种上提供了优质的金融服务或相关的信息服务，加强了商业银行在传统竞争领域的竞争优势。

4）个人理财助理

个人理财助理是国外网上银行重点发展的一个服务品种。各大银行将传统银行业务中的理财助理转移到网上进行，通过网络为客户提供理财的各种解决方案，提供咨询建议，或者提供金融服务技术的援助，从而极大地扩大了商业银行的服务范围，并降低了相关的服务成本。

5）企业银行

企业银行服务是网上银行服务中最重要的部分之一。其服务品种比个人客户的服务品种更多，也更为复杂，对相关技术的要求也更高，所以能够为企业提供网上银行服务是商业银行实力的象征之一，一般中小网上银行或纯网上银行只能部分提供，甚至完全不提供这方面的服务。

企业银行服务一般提供账户余额查询、交易记录查询、总账户与分账户管理、转账、在线支付各种费用、透支保护、储蓄账户与支票账户资金自动划拨、商业信用卡等服务。此外，还包括投资服务等。部分网上银行还为企业提供网上贷款业务。

6）其他金融服务

除了银行服务外，大商业银行的网上银行均通过自身或与其他金融服务网站联合的方式，为客户提供多种金融服务产品，如保险、抵押和按揭等，以扩大网上银行的服务范围。

3. 网上银行的优势

1）大大降低银行经营成本，有效提高银行盈利能力

开办网上银行业务，主要利用公共网络资源，不需设置物理的分支机构或营业网点，减少了人员费用，提高了银行后台系统的效率。组建成本低、业务成本低。

2）无时空限制，有利于扩大客户群体

网上银行业务打破了传统银行业务的地域、时间限制，能在任何时候、任何地方、以任何方式为客户提供金融服务，这既有利于吸引和保留优质客户，又能主动扩大客户群，开辟新的利润来源，服务全球化。

3）有利于服务创新，向客户提供多种类、个性化服务

通过银行营业网点销售保险、证券和基金等金融产品，往往受到很大限制，主要是由于一般的营业网点难以为客户提供详细的、低成本的信息咨询服务。利用互联网和银行支付系统，容易满足客户咨询、购买和交易多种金融产品的需求，客户除办理银行业务外，还可以很方便地进行网上买卖股票债券等，网上银行能够为客户提供更加合适的个性化金融服务。

4）互动性与持续性服务

网上银行系统与客户之间，可以通过电子邮件、账户查询、贷款申请或档案的更新等途径，实现网络在线实时沟通，客户可以在任何时间、任何地方通过互联网就能得到银行的金融服务。银行业务不受时空限制，每天可向客户提供 24 小时不间断服务。

5）私密性与标准化服务

网上银行通过私码与公码两套加密系统，对客户进行隐私保护。网上银行提供的服务比营业网点更标准、更规范，避免了因工作人员的业务素质高低及情绪好坏所带来的服务满意度的差异。

6.3.3 电子支付类型

电子支付的业务类型按电子支付指令发起方式分为网上支付、电话支付、移动支付、销售点终端交易、自动柜员机交易和其他电子支付等。

1. 网上支付

网上支付是电子支付的一种形式。广义地讲，网上支付是以互联网为基础，利用银行所支持的某种数字金融工具，发生在购买者和销售者之间的金融交换，而实现从买者到金融机构、商家之间的在线货币支付、现金流转、资金清算、查询统计等过程，由此电子商务服务和其他服务提供金融支持。

2. 电话支付

电话支付是电子支付的一种线下实现形式，是指消费者使用电话(固定电话、手机、小灵通)或其他类似电话的终端设备，通过银行系统就能从个人银行账户里直接完成付款的方式。

3. 移动支付

移动支付是使用移动设备通过无线方式完成支付行为的一种新型的支付方式。移动支付所使用的移动终端可以是手机、PDA、移动 PC 等。

4. 销售点终端交易

刷卡支付方式。

5. 自动柜员机交易

银行在不同地点设置一种小型自动柜员机，利用一张信用卡大小的胶卡上的磁带记录客户的基本户口资料(通常就是银行卡)，让客户可以通过机器提示进行提款、存款、转账等银行柜台服务。

6. 其他电子支付

数字电视支付、指纹支付等一些新型的电子支付方式出现。

6.3.4 电子支付工具

随着计算机技术的发展，电子支付的工具越来越多。这些支付工具可以分为三大类。

电子货币类：如电子现金、电子钱包等。

电子信用卡类：包括智能卡、借记卡、电话卡等。

电子支票类：如电子支票、电子汇款(EFT)、电子划款等。

这些方式各有自己的特点和运作模式，适用于不同的交易过程。以下重点介绍电子现金、电子钱包、电子支票、智能卡、电子货币和网上货币结算系统。

1. 电子现金

电子现金是(E-Cash)一种以数据形式流通的货币。它把现金数值转换成为一系列的加密序列数，通过这些序列数来表示现实中各种金额的市值，用户在开展电子现金业务的银行开设账户并在账户内存钱后，就可以在接受电子现金的商店购物了。

2. 电子钱包

电子钱包是电子商务购物活动中常用的一种支付工具，适用于小额购物。在电子钱包内存放电子货币，如电子现金、电子零钱、电子信用卡等。使用电子钱包购物，通常需要在电子钱包服务系统中进行。电子商务活动中电子钱包的软件通常都是免费提供的。世界上有 VISA Cash 和 Mondex 两大在线电子钱包服务系统。

电子钱包为安全电子交易(SET)中之一环，是一种计算机软件，用来让消费者进行电子交易与储存交易记录。消费者要在网络上进行安全电子交易前，必须先安装符合安全标准的电子钱包。

电子钱包有两种概念：一是纯粹的软件，主要用于网上消费、账户管理，这类软件通常与银行账户或银行卡账户是连接在一起的。二是小额支付的智能储值卡，持卡人预先在卡中存入一定的金额，交易时直接从储值账户中扣除交易金额。

持卡人要在 Internet 上进行符合 SET 标准的安全电子交易，必须安装符合 SET 标准的电子钱包。

电子钱包使用者通常在银行里是有账户的。在使用电子钱包时，用户先安装相应的应用软件，在该软件系统中设有电子货币和电子钱包的功能管理模块，称为电子钱包管理器，用户可以用它来改变口令或保密方式等，以及用它来查看自己银行账号上电子货币收付往来的账目、清单和其他数据。该系统中还提供了一个电子交易记录器，顾客通过查询记录器，可以了解自己的购物记录。网上购物使用电子钱包，需要在电子钱包服务系统中进行。电子商务活动中的电子钱包软件通常都是免费提供的。用户可以直接使用与自己银行账号相连接的电子商务系统服务器上的电子钱包软件，也可以通过各种保密方式利用互联网上的电子钱包软件。世界上有 VisaCash 和 Mondex 两大电子钱包服务系统，其他电子钱包服务系统还有 MasterCardCash、EuroPay 的 Clip 和比利时 Proton 等。

使用电子钱包的顾客通常要在有关银行开立账户。在使用电子钱包时，将电子钱包通过有关的电子钱包应用软件安装到电子商务服务器上，利用电子钱包服务系统就可以把自己的各种电子货币或电子金融卡上的数据输入进去。在发生收付款时，如顾客需用电子信用卡付款，如用 Visa 卡或 Master 卡等收款时，顾客只要单击一下相应项目(或相应图标)即可完成，这种电子支付方式称为单击式或点击式支付方式。

在电子钱包内只能完全装电子货币，即装入电子现金、电子零钱、安全零钱、电子信用卡、在线货币、数字货币等。这些电子支付工具都可以支持单击式支付方式。

在电子商务服务系统中设有电子货币和电子钱包的功能管理模块，叫作电子钱包管理器(Wallet Administration)，顾客可以用它来改变保密口令或保密方式，用它来查看自己银行账号上的收付往来的电子货币账目、清单和数据。电子商务服务系统中还有电子交易记录器，顾客通过查询记录器，可以了解自己都买了什么物品，购买了多少，也可以把查询结果打印出来。

3. 电子支票

电子支票(Electronic Check，E-check 或 E-cheque)是一种借鉴纸张支票转移支付的优点，利用数字传递将钱款从一个账户转移到另一个账户的电子付款形式。这种电子支票的支付是在与商户及银行相连的网络上以密码方式传递的，多数使用公用关键字加密签名或个人身份证号码(PIN)代替手写签名。

用电子支票支付，事务处理费用较低，而且银行也能为参与电子商务的商户提供标准化的资金信息，是很有效率的支付手段。

4. 智能卡

智能卡是在法国问世的。20 世纪 70 年代中期，法国 Roland Moreno 公司采取在一张信用卡大小的塑料卡片上安装嵌入式存储器芯片的方法，率先开发成功 IC 存储卡。经过 20 多年的发展，真正意义上的智能卡，即在塑料卡上安装嵌入式微型控制器芯片的 IC 卡，已由摩托罗拉和 Bull HN 公司于 1997 年研制成功。

在美国，人们更多地使用 ATM 卡。智能卡与 ATM 卡的区别在于两者分别是通过嵌入式芯片和磁条来储存信息。但由于智能卡存储信息量较大，存储信息的范围较广，安全性较好，因而逐渐引起人们的重视。2001 年美国智能卡使用占全球的比例增加到 20%。美国纽约 Jupiter 通信公司公布的一份报告称，2000 年美国联网商业的营业额达 73 亿美元，其中几乎有一半的金额将用智能卡、电子现金和电子支票来支付。

近年来，中国国家金卡工程取得了令人瞩目的成绩，目前 IC 卡已在金融、电信、社会保障、税务、公安、交通、建设及公用事业、石油石化、组织机构代码管理等许多领域得到广泛应用，像第二代居民身份证(卡)、社会保障 IC 卡、城市交通 IC 卡、电话 IC 卡、三表(水电气)IC 卡、消费 IC 卡等行业 IC 卡应用已经渗透到百姓生活的方方面面，并取得了较好的社会效益和经济效益，这对提高各行业及地方政府的现代化管理水平，改变人民的生活模式和提高生活质量，推动国民经济和社会信息化进程发挥了重要作用。

中国 IC 卡市场总体规模呈现出快速增长的态势，2006 年全年企业卡片销量超过 16 亿张，为历年之最，同时较上年度的 10.8 亿张增长了 55%。到 2011 年带银联标志的磁条卡发卡规模为 8.4 亿张，磁条卡存量市场为 24 亿张，市场规模巨大。预计 2015 年金融 IC 卡发卡量将达到 6 亿张，2011 年至 2015 年发卡量年均复合增长率为 124%。另外，人保部提出要实现每个居民均有社保卡，并在社保卡上加载金融功能，“十二五”期间要发行 8 亿张金融社保卡。预计 2011 年到 2015 年，每年金融社保卡发卡量将从 7 000 万张增长到 2.1 亿张，发卡量年均复合增长率为 31.6%，2011 至 2015 年整体销售市场规模将从约 6 亿元增长到约 13 亿元，增长 116.7%，复合增长率为 21.32%，未来年金融 IC 卡市场潜力巨大。金融 IC 卡市场即将大规模启动，2015 年发卡量总体市场规模将为 2011 年的 10 倍以上。2013 年智能卡的全球出货量将达 85 亿张。

5. 电子货币和网上货币结算系统

尽管信用卡的使用在发达国家已经非常普及，而且 SET 协议的出现，为在网上信用卡的使用提供了安全保障。但是，一方面有时候消费者希望在网络上花钱时能保持匿名，而且网上拍卖或其他形式的消费者对消费者(C2C)的电子商务急需一种个人与个人之间的网上支付方式。另一方面对商家来说，使用信用卡会吃掉他们的一大块收入，尤其有越来越多的网站开始销售低价商品，由此带来对不适合信用卡支付方式的小额支付方式的需求。因此，现在网上似乎真的需要一种能弥补信用卡缺陷的产品，以推动电子商务迅速发展。Jupiter通信公司1999年的一项调查显示，消费者对目前的网上支付方式并不满意。Jupiter预测，信用卡的网上霸权将开始转弱，但幅度不会太大。实际上，自1994年以来大量的网上商务解决方案的提供者不断推出各种类型的电子货币。

电子货币是相对传统货币而言的一种新型的支付手段种类。电子货币主要有智能卡形式的支付卡(如Mondex卡)或数字方式的货币文件(如ECash和CyberCoin)。前者主要用于网下的支付，后者用于网上的支付。电子货币具有用途广、使用灵活、匿名性、快速简便等特点，使用电子货币无须直接与银行连接便可进行操作。

1) Mondex卡

Mondex最早是由英国的西敏银行(National West Minster Bank)和米德兰银行(Mid Land Bank)为主开发和倡议使用的电子货币系统。1995年7月，他们在伦敦以西的斯温登小城开始了此项试验。凡参加试验的人一律不用货币，不论到饭店用餐，还是购物、乘车，均使用被称为"Mondex卡"的一种内置有微处理器的类似于信用卡那样的卡片，人们称它为Mondex电子货币，简称E-Money。

Mondex卡不同于普通信用卡，用它付账时，既不要在收据单上签字，也不要等待用计算机或电话来核准支付的金额，人们可以很方便地把存放在卡里的电子货币从一张卡转到另一张卡。持卡人可以使用5种不同的货币，但使用Mondex卡需要一套电子设备，包括一台可随身携带的微型显示器和一部Mondex兼容电话，微型显示器用来显示Mondex卡内"电子货币"的存储数额和进行Mondex卡之间的现金转移，Mondex兼容电话有一个专门插入卡片的接口，使用该电话可对Mondex卡进行充值。人们还可以用Mondex卡作为一种"家庭银行"使用，用它来进行各种形式的交易。为了便于顾客用该卡支付，斯温登各个商店和服务性公司都专门安装了电子收款机。

持卡人在使用Mondex卡进行消费或对他人付款前必须先使用兼容的电话机Monde进行存款。存款时只需将Mondex卡插到兼容的电话机插口里，然后拨通本人在开户银行的账户，输入账户及卡片密码和准备存入卡中的货币数额对卡片进行充值，然后便可使Mondex卡取代现金及其他预付工具用于购买商品或服务时的现金支付。对于银行、特约商店及消费者各有不同等级的Mondex卡，通过ATM、电话、POS终端机、个人计算机或其他特别设计的工具，交易可在Mondex卡插入相应的读卡机或微型显示器时发生。

在传统的货币发行和流通体系中，中央银行负责制作和发行纸币或硬币，所发行货币可直接进入流通领域。在Mondex系统中与传统货币非常相似，有负责电子货币的制作、发行、管理及处理的单位，一般由中央银行与财政部等相关单位共同负责。发展Mondex系统不需很复杂的计算机软件、硬件，因此与其他智能卡相比要低廉。

Mondex卡的使用具有以下特点：

(1) 卡内金额能被兑换成任何货币用于国际消费。

(2) 能通过ATM机方便地增加卡中金额。

(3) 数字签名技术的使用，使该卡的支付比现金支付更安全。

(4) 在用于本地支付时，每次交易的成本比信用卡或借记卡要低(就像现金支付)，因此更适用于微量或小额付款。

（5）匿名操作。

（6）像现金一样，Mondex 卡一旦遗失是不能挂失的。

2）ECash

ECash 与 Mondex 差不多同时推出的网上电子货币。与在现场购物用的 Mondex 不同，网上电子货币主要用于在互联网上进行购物和获得服务。ECash 的开发者——数字现金(Digicash)公司从 1994 年 10 月开始，在名为“E-cash”的网络上开设银行和商店，愿意参加者可自带数字商品，在互联网上自由开设店铺。这有点像自发形成的农贸市场。

消费者与商家要使用 ECash，只需在开展 ECash 业务的金融机构开一个账户，就可以从那里获得相应的软件——消费者钱包或商家钱包。通过这些软件，消费者可随时使用口令(Password)和个人识别码(PIN)，要求开户银行将账户中的现金转换成电子货币库里的电子货币，即可要求将一定数量的现金从银行的账户里调入消费者计算机的硬盘中。购物时，先在接受 ECash 的商场选定商品，如果决定购买，只需用鼠标单击“接收 ECash”的图标，商家钱包软件就会将一张付款请求发送到消费者计算机，其中列出了商品名称、数量以及款额。如果同意付款，只需单击“同意”按钮，就完成了全部支付的过程。消费者如果感到剩下来的电子货币放在硬盘里不安全，可放回银行的库里。

出于安全上的考虑，实际付款时消费者使用安全加密协议对 ECash 进行加密并将之发给商家。这笔电子货币可以使用任何数据通信媒体(比如 E _ mail、FTP 等)进行发送。商家将收到的这笔电子货币解密以后存在自己的计算机上，然后把它发送到自己的 ECash 生成器，此时，商家即可使用该电子货币对外支付，还可以将它存于自己在银行的账户上。

DigiCash 公司还开发了一个称为遮蔽式签名(Blind Signature)的系统。它允许消费者从银行得到电子货币，而银行却不能将消费者的身份与所领取电子货币联系起来。银行在收到商家的电子货币后，根据自己签发时的签名进行兑现。但银行并不知道是谁作为付款方使用了该电子货币。

电子货币与信用卡的不同之处在于银行是将资金贷给每个持卡人。每个“个人”的钱都挂在自己现金系统的账号上，每一笔交易的结果都是从一个持卡人卡内账户到另一个持卡人卡内账户的“钞票”的迅速转移。它比信用卡方便，在进行联机购物时，可通过互联网把钱转给卖主，也可以用来支付看交互式电视台播放电影的费用。企业可以储备一定量的电子货币，用于购买办公用品或用来直接进行交易，无须经过银行及电子资金转账系统。由于电子货币不必分成与现钞相符的面额，因此尤其适用金额较小的业务的支付。今后这种小金额的支付在网上将大量存在。譬如，购买网上股市行情信息、天气预报信息、购买一幅图像或一段音乐、缴付一段文章的版权使用费、支付按时间计算的多人网络游戏的费用等。

不幸的是，第一批推出网上数字货币的公司尽管作为网上数字货币的创导者为数字货币的开发奠定了基础，但他们的数字货币的推广均不太顺利。最早推出的电子货币 CyberCoin 和 ECash，先后在 1999 年 5 月与 9 月在北美停止使用。而且，电子货币 ECash 的开发者 DigiCash 公司由于经营不善，在 1999 年 8 月被 ECash Technologies 收购。试用 DigiCash 公司 ECash 的美国银行也宣布在 1999 年 9 月 14 日停止使用 ECash。目前 ECash Technologies 公司的主要业务放在欧洲，德国的德意志银行、瑞士的 NetPay AG 银行、澳大利亚的圣·乔奇银行以及奥地利的奥地利银行均已开展 ECash 业务。

6.3.5 支付宝

1. 支付宝简介

浙江支付宝网络技术有限公司(原名支付宝(中国)网络技术有限公司)是国内领先的独立第三方支付平台，是由阿里巴巴集团CEO马云先生在2004年12月创立的第三方支付平台，是阿里巴巴集团的关联公司。支付宝致力于为中国电子商务提供“简单、安全、快速”的在线支付解决方案。

支付宝(Alipay)最初作为淘宝网公司为了解决网络交易安全所设的一个功能，该功能为首先使用的“第三方担保交易模式”，由买家将货款打到支付宝账户，由支付宝向卖家通知发货，买家收到商品确认后指令支付宝将货款放于卖家，至此完成一笔网络交易。支付宝于2004年12月独立为浙江支付宝网络技术有限公司，是阿里巴巴集团的关联公司。支付宝公司于2010年12月宣布用户数突破5.5亿人。截止到2012年06月，支付宝注册用户突破7亿人，日交易额超过45亿元人民币，日交易笔数达到3 369万笔。

支付宝公司从2004年建立开始，始终以“信任”作为产品和服务的核心。不仅从产品上确保用户在线支付的安全，同时让用户通过支付宝在网络间建立起相互的信任，为建立纯净的互联网环境迈出了非常有意义的一步。

支付宝以稳健的作风、先进的技术、敏锐的市场预见能力及极大的社会责任感，赢得了银行等合作伙伴的认同。国内工商银行、农业银行、建设银行、招商银行、中国银行、交通银行等各大商业银行以及中国邮政、VISA国际组织等各大机构均与支付宝建立了深入的战略合作，不断根据客户需求推出创新产品，成为金融机构在电子支付领域最为信任的合作伙伴。

2. 支付宝特点

据显示，支付宝用户呈现消费能力旺盛与年轻化的两大特点。2008年支付宝用户人均交易金额同比增加32.6%，此数据远高于国内城镇居民人均消费性支出增速。同时，21～35岁的支付宝用户占了整体用户的83%，该部分群体具有较高消费能力，乐于尝试新事物，有望带动消费者通过支付宝实现更多应用。

支付宝统计表明，2008年国内一线城市用户的同比增长达到112.23%，而抽样的23个基层城市用户增长率更高达227.88%。支付宝认为未来的用户增长将由广大的基层区域带动，这也将从根本上推动电子支付业的发展。以注册用户地区分布来看，位居前五的省市分别为广东、浙江、江苏、北京、山东、上海。支付宝创新的产品技术、独特的理念及庞大的用户群吸引越来越多的互联网商家主动选择支付宝作为其在线支付体系。除淘宝和阿里巴巴外，支持使用支付宝交易服务的商家已经超过46万家。涵盖了虚拟游戏、数码通信、商业服务、机票等行业。这些商家在享受支付宝服务的同时，还拥有了一个极具潜力的消费市场，甚至影响了中国电子商务的发展和进程。

从统计数据来看，支付宝商户分布排名为：广东、北京、上海、浙江、江苏。按商户交易量来看，则北京市独占鳌头，之后分别为上海、浙江、江苏、广东。从支付宝官方发布的数据显示，2005年支付宝日均交易量为1万笔，2006年这一数据就达到50万笔，到

2010 年支付宝日均交易量达到 1 000 万笔，而 2012 年，支付宝日均交易量达 10 000 万笔。

支付宝的飞速发展则跟中国网民数和网络经济的高速增长密不可分。据中国互联网络信息中心(CNNIC)发布的数据，截至 2012 年 12 月底，中国网民总数达到了 5.64 亿，自 2008 年 2 月之后一直保持全球第一的位置。而支付宝用户数占到了网民总数的 62.5%，每 10 个网民中就有 6 个支付宝用户。2012 年，是中国网络购物狂飙猛进的一年。这一年，仅淘宝和天猫的交易额就突破万亿元；这一年，中国网络购物用户规模达 2.42 亿人，网络购物使用率提升至 42.9%。

2013 年 1 月 15 日，支付宝 2012 全民年度对账单正式公布，这份覆盖了全国所有省(区市)近 8 亿人用户的对账单成为人们网上消费、网上生活的一次年度总结，这也是网络经济发展最直接的“晴雨表”和“观星台”。2012 年网购在全国蓬勃发展，江浙沪以及北京、广东等东部省市依然是网上消费的主力军。虽然第一阵营依然是五个“老面孔”，但小城市的发展速度却不容小视。数据显示，2012 年四线城市的网上支付用户数增长了 64%，网上支付金额增长了 68%，均超过了一、二线城市。而从个人支出看，则是台湾嘉义拔得头筹，其人均支出为 69743 元人民币。年度对账单显示，在 2012 年，无线支付总金额比上年增长 546%，使用无线支付的人数也同比增长了 223%，手机支付笔数占支付宝总体交易笔数的比例已经达到 9.2%。在“11·11”购物节当天就产生了近 900 万笔手机支付。2012 年超过 430 万人使用无线支付花掉的钱已超过使用 PC 支付。上海、北京和成都是使用支付宝客户端最多的城市，大城市依靠人多的优势在手机支付总量上保持领先。

3. 支付宝平台使用

1) 申请账号

(1) 进入支付宝网站单击“免费注册”按钮。

(2) 输入注册信息，请按照页面中的要求如实填写，否则会导致您的支付宝账户无法正常使用。注意：支付宝账户分为个人、个人商家和企业三种类型，请根据自己的需要慎重选择账户类型。公司类型的支付宝账户一定要有公司银行账户与之匹配。

(3) 正确填写了注册信息后，单击“确认注册”按钮，支付宝会自动发送一封激活邮件到您注册时填写的邮箱中。

(4) 登录邮箱，单击邮件中的激活链接，激活您注册的支付宝账户。

(5) 激活成功，支付宝注册成功，即可体验网上安全交易的乐趣。

2) 用支付宝购物步骤

第一步：注册并实名认证。

第二步：支付宝充值。

第三步：拍下“宝贝”。

第四步：收取“宝贝”。

第五步：确认收取“宝贝”，确认付款。

注意事项：

(1) 必须注册成为支付宝的用户，并保持支付宝账户有足够的现金。

(2) 如果没有支付宝账户，支付宝提供各大银行的网上支付功能。

(3) 在支付宝网站上购物，选择网上支付，然后选择支付宝支付即可，支付成功后支付宝就立即发货，在收到商品后，需要在支付宝上确认收到商品，同时给予卖家评价。

(4) 如果卖家把货物寄出后到达一定期限(一般为 15 天)，而买家收到货一直不进行支付宝确认收货的话，支付宝系统会自动默认买家收到货，并把货款转移到卖家账户。

(5) 使用支付宝支付，目前对消费者来说都不需要任何的手续费(非淘宝交易，每月超过 5000 元后，要收取小额的手续费)。

4. 支付宝产品

1) “支付宝实名认证”服务

“支付宝实名认证”服务是由浙江支付宝网络技术有限公司提供的一项身份识别服务。支付宝实名认证同时核实会员身份信息和银行账户信息。通过支付宝实名认证后，相当于拥有了一张互联网身份证，可以在淘宝网等众多电子商务网站开店、出售商品。增加支付宝账户拥有者的信用度。支付宝认证是不收费的。

支付宝实名认证的类型：个人类型和公司类型。无论是个人类型还是公司类型通过支付宝实名认证后都会带有相应的标志。

2) 支付宝卡通

支付宝卡通是将支付宝账户与银行卡连通，不需要开通网上银行，就可直接在网上付款，并且享受支付宝提供的“先验货，再付款”的担保服务。支付宝卡通的特点如下：

(1) 输入支付密码立刻充值或支付，不需开通网上银行。

(2) 自动帮您完成实名认证，即刻可以成为收款账户。

(3) 一个支付宝账户可以绑定多个银行和多张银行卡。

(4) 在支付宝网站随时查询银行卡内余额。

(5) 实时提现，真正零等待。

卡通是支付宝与工行、建行、招行等超过 50 家银行联合推出的一项网上支付服务。输入支付宝密码就可以完成付款，不需要登录网上银行。实时提现，真正零等待。办理成功即可在淘宝网马上开店。

3) 数字证书

支付宝数字证书是由支付宝通过与公安部、信息产业部、国家密码管理局等机构认证的权威机构合作，采用数字签名技术，颁发给支付宝客户用以增强支付宝客户账户使用安全的一种数字凭证，并根据支付宝客户身份给予相应的网络资源访问权限。

4) 支付盾

支付盾是支付宝公司推出的安全解决方案。支付盾(天威)是联合第三方权威机构天威诚信一起推出的安全产品。它是具有电子签名和数字认证的工具，保证了在网上信息传递时的保密性、唯一性、真实性和完整性。

支付盾酷似一面盾牌，时刻保护着在支付宝上操作的资金和账户安全。

5. 支付宝支付方式

1) 支付宝余额

当支付宝账户中有余额时，直接输入支付密码用余额支付。

2）支付宝卡通

让你的银行卡与支付宝账户合二为一，从此无须在付款时再登录网银，只需输入支付密码，即可轻松用银行卡上余额完成支付，同时避免网银密码外泄风险，就像刷卡一样安全、方便！支付宝卡通支持全国 37 家银行。

3）附加功能

实现实时提现功能，真正零等待，自动帮您完成支付宝认证，收款、开店两不误。

4）网上银行

使用支付宝付款时，您可以自由选择任一银行的网银进行支付。目前，支付宝支持全国 14 家主流银行网银。

5）国际卡支付

支付宝支持香港发行的带有 VISA/MasterCard 标志、开通 3D 认证的信用卡，只需在付款时登录相应网银，即可享受购物乐趣！

6）消费卡

无须开通网银，只要拥有一张百联 OK 卡就可以给支付宝充值进行网上购物了！

7）网点支付

没有网银？担心网吧不安全？没关系，支付宝全国 3 万个线下网点，突破互联网限制，在线下网点即可轻松充值、付款。可以在中国邮政、连锁便利店的拉卡拉终端、连连支付空中充值店使用现金或银行卡购买支付宝充值码，或为网上交易的订单直接付款。

8）货到付款

只需在拍下商品后选择货到付款功能，即可等待物流公司送货上门，验货完毕后将款项当面交付，轻松完成交易。

9）邮政付款

中国邮政和支付宝共同推出的支付方式，无须开通网上银行，只需到邮政柜台办理“邮政网汇 e 业务”就可以给支付宝账户充值。或者办理“邮政代收业务”直接完成支付宝交易付款。

6. 支付宝转账服务

支付宝转账产品包括：我要付款、我要收款、找人代付、代充、代扣、送礼金、交房租、AA 收款、收款主页等九项产品，力求为用户提供一个安全快捷的转账平台。

1）我要付款

是支付宝提供的付款产品，基于对交易对方的信任，自愿付款给对方，当单击“我要付款”按钮，款项就马上到达对方支付宝账户。每个支付宝认证账户有 10000 元的免费转账额度、每日可转账 2000 元，同时，若安装了数字证书，可将每日转账额度免费提升至 20000 元。

2）我要收款

是通过支付宝向另一位用户发起的收款产品，只要对方有邮箱就可以向他(她)发起收款，对方付款后，款项将直接到您的支付宝账户中。每个账户每日可发起 21 笔收款，每笔金额不超过 2000 元。

3）找人代付

在网上购买商品后，可以找别人帮助完成网上付款。“找人代付”已支持 82 家商户，包括淘宝网、苹果官网等购物网站。

4）代充

可以帮其他支付宝账号充值的产品。为保证资金安全，每日只可以为同一个账户充值3次，每笔不超过500元。

5）代扣

是指支付宝根据设置的付款理由、付款金额、付款时间等信息，自动帮助付款的产品。开通代扣后，支付宝会自动扣款并及时通知。

6）送礼金

是支付宝付款产品的一种，您只需有朋友的邮箱或手机号码，立刻就可以给他(她)送礼金。

7）交房租

是支付宝付款产品的一种，只需要房东的邮箱或手机号码，就可以随时随地给房东付房租，方便快捷。

8）AA收款

是支付宝收款产品的一种，当朋友一起聚餐聚会后产生了费用，可以用AA收款向与会者发起收款，只需要朋友名字，就可以轻松创建收款，把链接用QQ、微博、MSN发出去，即可把款项收回。

9）收款主页

支付宝推出了一个针对个人收款的新功能，可以免费申请收款主页，以后收款可以直接将主页链接发送过去，对方可以在收款主页上直接付款，同时你收到款后也会收到E_mail和短信通知。申请页面：值得一提的是，收款主页的×××要求为4～15个字符，由于新功能刚刚推出，还有不少词可选。

收款主页上只显示你的姓名和注册时间以及是否为实名认证用户，支付宝账户和手机都进行了省略处理。这对于需要长期收款的个人用户是相当方便的，在你的网店、博客挂上付款链接后客户即可直接进入付款，方便很多。

7. 支付宝生活助手

1）信用卡还款

网络24小时还款、支持跨行、跨地区且全过程免手续费的特点更是受到用户青睐。用户登录支付宝后选择需要还款的银行即可开始还款。根据相关部门的规定，信用卡内的钱以及充值到支付宝的余额不能用于还款，而如果使用支付宝还款失败，钱会在3～5天内退回到原卡，同时支付宝还提供了每月短信提醒功能，及时将还款提醒发送到用户手机、邮箱和旺旺，避免错过还款日造成损失。

支付宝信用卡还款功能已经支持招行、中行、交行、广发、工行、农行、建行、平安、华夏、浦发、兴业、深发展、宁波、中信、包商、民生、北京、江苏、杭州、上海农商、南京、盛京、重庆农村商业、河北、上饶、光大银行等26家银行信用卡，用户可以使用多达15家银行的网上银行和74家银行的支付宝卡通给这些信用卡还款，还款资金最快可在还款当日到账，方便快捷。

据2012年10月24日支付宝发布的数据显示，截至2012年10月支付宝信用卡还款用户已经突破1 000万户。

2）水电煤缴费

缴费水费、电费、煤气费、固话通讯费等公共事业费用的缴费问题通过银行或者相关公共事业单位的营业厅完成，对用户造成不小的困扰。

支付宝建立支付宝公共事业缴费平台，利用互联网进行公共事业一站式缴费服务，它通过银行与缴费单位建立连接，支持更多地区和种类的缴费项目。

用户可以通过电脑、手机轻松完成水费电费煤气费通讯费费等日常缴费，同时，产品对于未注册支付宝账号的用户也可以使用，对国内其他地区的服务也在陆续开通之中。

支付宝还将提供：账单自动提醒、账单自动代扣、打电话完成缴费等更丰富和人性化的服务，同时也将继续新增如养路费、行政代收费、学费、有线电视费等各种公共事业费用缴费，真正打造“生活，因支付宝而简单!”的网络时代生活理念。

3）还贷款

支付宝个贷还款应用已上线，首个接受还贷的银行为光大银行。通过这一应用，用户可在支付宝还房贷、车贷以及个人其他贷款，且免除跨行还款手续费用。据了解，这项创新金融应用已面向全国光大银行用户开放。

4）医院挂号

支持地区上海市、北京市、江苏省、广东省、山西省、天津市、湖北省、福建省、四川省、湖南省、重庆市、陕西省、江西省、安徽省、青海省、山东省、黑龙江省、辽宁省等。

(1) 快速预约：快速预约是指根据指定的医院科室、就诊时间范围、门诊类型和专家职称自动匹配可预约的专家，帮你快速挂到号；适用于未确定具体病症，希望尽快就医确诊的初诊患者。

(2) 寻找专家预约：对于自己的病情病症查找指定专家。

5）手机充值

手机话费充值、手机账单缴费。

除此以外，支付宝还可以进行的应用有：有线电视缴费、爱心捐款、固话宽带缴费、网上营业厅、团体收款、担保付款、为他人充值、账单管家、交通罚款代办、电影票、物业缴费、助学贷款还款、买彩票、加油卡充值、担保收款、送礼金、交房租、游戏点卡、买机票、订酒店、买基金、买保险等。支付宝已经成为广大用户的生活助手。

8. 支付宝优势与弊端

淘宝网注重诚信安全方面的建设，引入了实名认证制，并区分了个人用户与商家用户认证，且一个人不能同时申请两种认证。淘宝在规范商家方面作出了努力。淘宝同样引入了信用评价体系，点击还可查看该卖家以往所得到的信用评价。对于买卖双方在支付环节上的交易安全问题，淘宝推出了名为“支付宝”的付款发货方式，以此来降低交易的风险。支付宝特别适用于电脑、手机、首饰及其他单价较高的物品交易或者一切希望对安全更有保障的交易。在淘宝使用支付宝是免费的。当用户用支付商品货款的时候，通过淘宝的工行接口付款，用户不用负担汇费。购物尤其在购买大件商品的时候，注意看卖家是否同意使用支付宝，如果同意支付宝，那么保险系数更大一些。如果卖家在商品上没有同意使用支付宝的承诺，你可以和卖家联系。当卖家不同意使用支付宝的时候，哪怕你对他有一点点的不放心，还是不要进行交易为妙。同时支付宝也存在着一定的弊端，例如：①淘宝网工作人员对争议的处理不够及时有效；②无法约束商家对产品的保修服务；③对收货的细节规定不合理；④评价制度的主观性太强。

6.4 售后服务

售后服务作为现代商品交易的主要组成部分，越来越显示其重要性。而作为新兴的电子商务交易模式，对售后服务的要求也更有其特点，以客户为中心的服务模式将成为电子商务创造价值的核心组成部分。

6.4.1 处理网上客户的反馈信息

网络服务具有跨越时空地域、成本低、服务要求高、效益高的特点，同时网络客户可以直接提出服务要求，因此网络客户反馈的信息数量多、内容杂，如何处理网上客户的反馈信息是网络服务中非常重要的环节。

网上客户的反馈信息主要有两类：一类是对所购产品或服务提出的产品支持和技术服务，另一类是对网上产品或服务的意见、建议或投诉。处理这两类反馈信息的一般的方法是善于倾听、及时沟通，尽快解决。

1. 处理网上客户的反馈信息

(1) 认真阅读。
(2) 准确记录。
(3) 及时反馈。
(4) 定期回访。

2. 网上商品流程跟踪

网上购物的一般流程是：进入网上商城→查找选购商品→查看、修改购物车→继续购买产品→结算→订单生成→订单跟踪。

订单处理状态，包括以下几种状态。

(1) 正在处理。
(2) 货在途中。
(3) 处理完毕。
(4) 缺货。

3. 取得客户反馈信息的主要方法

(1) 网上调查表调查。
(2) 创建在线社区。
(3) 提供免费产品。
(4) 网站方便顾客联系。
(5) 定期与客户保持联系。

4. 网上售后服务

售后服务是完成交易之后为顾客提供的服务。主要包括产品的技术支持和技术服务及为客户提供的增值服务。

网上售后服务就是借助互联网的直接沟通优势，在完成交易之后为顾客提供的服务。网上售后服务包括两类：一类是基本的网上产品支持和技术服务，另一类是企业为满足客户的附加需求所提供的增值服务。

(1) 网上售后服务的特点：方便快捷、直接、个性化。

(2) 售后服务的原则。售后服务要对客户总是抱有良好的心态，首先必须心怀对客户的感激之情，其次要愉快而有分寸地和客户交流，最后还应该怀着努力为客户解决问题的态度来回复客户，避免推诿。

(3) 网上售后服务的要点：

① 做好售前的工作，杜绝可能产生的问题。

② 认真倾听客户意见和要求，以诚恳的态度为客户解决问题，站在客户角度为客户的利益考虑。

③ 快速处理问题并答复，客户信息的反馈一定要及时，如果客户问题不能及时解决，就会使客户对产品和服务不满意，从而放弃购买产品和服务，进而使网站失去客户。

④ 做好后续服务，当对客户反馈提出解决办法后，要跟踪实施的进程，回访客户问题解决的情况，了解客户对问题解决的满意度。

(4) 网上售后服务的技巧。首先，要注重感情联络，售后服务的大部分过程就是和客户感情联络，一旦成为网站的客户，就是网站的朋友，朋友之间有必要进行定期感情联络。其次，还要做好信息的收集，通过为客户提供售后服务，发掘有价值的客户，了解客户的心态和需求，为挖掘潜在客户和留住老客户做资料上的准备。

电商实践

淘宝卖家如何处理售后问题

① 树立售后服务观念；②交易结束及时联系；③卖家自己设计的邮件模板和旺旺消息；④买家款到详细记录；⑤交易结束如实评价；⑥不同买家不同备注；⑦发展潜在忠实买家；⑧信息管理至关重要；⑨平和心态处理投诉。

6.4.2 处理网上客户的投诉

1. 分析客户投诉原因

如何处理客户投诉，直接关系到能否更好地满足客户需求，提供客户满意的服务，从而维系更多的客户，实现企业的利益最大化。特别是网上销售业务，作为新生事物，如果不能正确、及时地处理好客户投诉，就可能使客户放弃对在线业务的信任，从而放弃在线购买，甚至拒绝互联网。

客户投诉产生的主要原因是客户所购产品或服务没有达到预期的目的或要求，从而令客户产生不满情绪。因此，在处理客户投诉时必须冷静、认真分析问题的原因，积极、热情地解决问题，同时给顾客留下美好的印象，从而留住顾客，让其成为永久的客户。

2. 客户投诉的内容

客户投诉主要包括以下内容。

(1) 商品质量投诉。产品在质量上的缺陷、产品规格不符、产品故障等。

(2) 购销合同投诉。产品数量、等级、规格、交货时间、交货地点、结算方式、交易条件等与原合同不符。

(3) 服务投诉。对各类服务人员的服务质量、服务态度、服务方式、服务技巧等提出不满。

(4) 流通投诉。货物流通过程中在运输环节的损坏、丢失和变质，或由于装卸搬运不当、包装不良等引起损害、腐烂等问题。

3. 处理客户投诉的原则

处理客户投诉一般注意以下原则。

(1) 预防原则：企业加强管理，提高员工的整体素质和业务能力，杜绝可能产生的投诉问题，减少客户的不满意，从而减少投诉。

(2) 及时原则：投诉问题的处理必须及时、快速，减少客户不满意的时间，使客户尽早得到满意的答复，这是投诉产生后最重要的处理原则。

(3) 责任原则：投诉问题责任到部门，责任到人，避免类似问题重复发生，同时使投诉问题得到最妥善的处理，令顾客满意。

(4) 管理原则：对投诉问题有效的管理、建立相应的管理资料库并及时回访，使客户尽早消除误会，给客户树立良好的企业形象。

4. 处理客户投诉的方法

(1) 回复投诉。不管客户以哪种方式、投诉什么内容，首先要在两小时内向客户表示歉意，同时感谢客户的信任。一般在线购物网站也可以设自动回复系统，使客户很快得到常见问题的答复及投诉的回音，增强客户对在线服务的信心。人工服务一般耗时较长，而且需要大量的人力和时间。

(2) 记录投诉。根据客户投诉的不同方式，记录客户的投诉的内容，如：投诉问题、投诉时间、投诉客户的联系方式等。

(3) 判断投诉。主要是根据客户投诉内容分析客户投诉是否合理，理由是否充分。在这一阶段，可以将不合理的投诉以委婉的方式答复，并取得客户的谅解，同时再次感谢客户的信任，消除可能的误会，以使客户满意。

(4) 分析投诉。如果判断投诉是合理的，则需要对投诉进行必要的分析，确定投诉产生的原因及责任部门和责任人，并根据客户要求提出投诉处理意见交主管领导批示。

(5) 反馈投诉。根据主管领导的批示，尽快向客户反馈投诉处理的方案并实施，同时取得客户的谅解和满意。

(6) 投诉回访。对处理完的客户投诉，要定期做客户回访，用 E_mail 询问客户对投诉处理是否满意，还有什么要求，以增强客户的满意度。

处理网上客户投诉，要注意时效性，也就是不能让客户感觉网络投诉好像石沉大海，因此，第一步到第四步最好在24小时内完成，进一步体现网络的跨时空和地域的特点。

电商实践

电商顾客满意的五大决定因素

①理念：经营理念、价值观念等；②形象：域名、网页画面设计、Logo等；③行为：行为机制、行为规则、广告行为、网上礼仪等；④产品：质量、价格、功能、设计、包装、品种、品位等；⑤服务：可靠性、及时性、准确性、安全性、连续性、完整性、情感性等。

6.5 电子交易模式和平台

6.5.1 电子交易模式

电子交易市场对交易系统进行多样化的模式设计，共包括十个模式：卖方挂牌、买方挂牌、在线竞买、在线竞卖、在线洽谈、双向竞价、竞价专场、集合竞价、在线招标、在线专场。

1. 卖方挂牌交易模式

卖方挂牌是指在本市场内卖方将其自有或未来拥有的商品详细情况录入交易系统，确认后发布挂牌要约，买方通过交易系统查询相关挂牌要约内容，并摘牌成交签订电子交易合同的一种交易模式。

2. 买方挂牌交易模式

买方挂牌是指在本市场内买方将其需要订购的商品的详细情况录入交易系统，确认后发布挂牌要约，卖方通过交易系统查询相关挂牌要约内容，并摘牌成交签订电子交易合同的一种交易模式。

3. 在线竞买交易模式

在线竞买是指某供货商(卖方)将一定数量的商品作为标的，通过本市场交易系统发布竞买要约，由买方以向上出价方式进行公开竞价，最后满足卖方销售数量的一个或多个报价按由高到低的顺序排序，由位列前列的买方拍得标的商品，并签订电子合同的一种交易模式。

4. 在线竞卖交易模式

在线竞卖是指某购货商(买方)将需采购一定数量商品的需求作为标的，通过本市场交易系统发布竞卖要约，由卖方以向下出价方式进行公开竞价，最后满足买方订货数量的一个或多个报价按由低到高的顺序排序，由位列前列的卖方拍得标的需求，并签订电子合同的一种交易模式。

5. 在线洽谈交易模式

在线洽谈是指交易商在洽谈模块中根据自己供货或需求的情况建立洽谈电子交易室，发出洽谈邀请信息，邀请或等待其他交易商进入洽谈室以互动方式进行信息沟通和合同内容洽谈，双方达成一致结果后，采用标准合同模板签订电子交易合同的一种交易模式。

6. 双向竞价交易模式

双向竞价是指在除订货价格、订货数量、钢材生产商、交货地点不确定，其他合同条款均确定或买卖双方约定同意的情况下，在本市场规定的交易商品范围内，交易商选择具体的交易商品及交货日期进行买卖方向、数量、价格的竞价交易，签订电子合同的一种交易模式。

7. 竞价专场交易模式

竞价专场是指在交收地点、交货日期确定的情况下，在电子交易市场规定的交易商品范围内，交易商选择具体的钢材品种及生产商进行买卖方向、数量、价格的竞价交易，签订电子合同的一种交易模式。

8. 集合竞价交易模式

集合竞价是指在除订货价格、订货数量不确定，其他合同条款均确认电子交易约定或买卖双方约定同意的情况下，在本市场规定的交易商品范围内，交易商选择具体的交易商品进行买卖方向、数量、价格的分节竞价交易，签订电子合同的一种交易模式。

9. 在线招标交易模式

在线招标是指采购商通过本市场的交易系统来完成一种或多种商品的大批量招标采购工作，签订在线招标电子交易合同的一种交易模式。

10. 在线专场交易模式

在线专场交易模式是市场为了更好地服务于市场和交易商，根据市场发展的需要、交易商的需求等情况，专门为某交易商或某交易商品或某地区等开设单交易模式或多交易模式的专场，以适应和满足市场的特殊需求。

6.5.2 电子商务平台

1. 电子商务平台

电子商务平台是一个为企业或个人提供网上交易洽谈的平台。企业电子商务平台是建立在 Internet 网上进行商务活动的虚拟网络空间和保障商务顺利运营的管理环境；是协调、整合信息流、物质流、资金流有序、关联、高效流动的重要场所。企业、商家可充分利用电子商务平台提供的网络基础设施、支付平台、安全平台、管理平台等共享资源有效地、低成本地开展自己的商业活动。

2. 第三方电子商务平台

针对目前中小企业发展电子商务的状况，为了解决针对中小企业信息流、资金流、物流以及在基础设施、整个社会政治经济的大环境等所面临的问题，开展第三方电子商务模式(B2T2B)将会解决这些问题。

1）B2T2B模式

B2T2B(Business To Third Party To Business)模式，其实质就是中小企业依赖第三方提供的公共平台来开展电子商务(例如阿里巴巴、环球资源、Directindustry平台等)。真正的电子商务应该是专业化、具有很强的服务功能、具有“公用性”和“公平性”的第三方服务平台。该平台对信息流、资金流、物流三个核心流程能够很好地运转。平台的目标是为企业搭建一个高效的信息交流平台，创建一个良好的商业信用环境。

保证交易双方的合法性与诚信，而对双方有争议的问题，也可以通过第三方交易平台公正处理，采用商业和法律手段有效约束。电子商务不是一家一家单独做起来的，也就是说，电子商务特别需要提供公共服务的机构来推动和完善。这是企业信息化过程中一种全新的模式，特别是在中国非常分散、信息化基础不高的中小企业中非常适用。

2）第三方电子商务平台的优势

由第三方建设的电子商务平台是为多个买方和多个卖方提供信息和交易等服务的电子场所。其特性包括如下内容。

(1) 保持中立立场以得到参与者的信任、集成买方需求信息和卖方供应信息、撮合买卖双方、支持交易以便利市场操作。

(2) 买卖双方企业与第三方平台集成，能够很好地利用第三方平台的规模效益。

第三方电子商务平台是以客户为中心的开放式中立商务平台，是一种有盈利潜力的电子商务模式，其以创新的方式提供传统的功能，用增值功能的形式服务于买卖双方企业。这个解决方案对买方和卖方都有益处；第一，使交易方不需要直接连接对方网络或昂贵的增值网络，只需要访问第三方界面，而不是多个被交易方界面，节省了大量的费用；第二，大量卖方通过第三方平台发布信息，可以吸引更多的买方访问平台，从而增加卖方的商业机会；第三，第三方电子商务平台可以使买方搜寻需要的产品和服务，买方不限于和特定的卖方交易，这使卖方不只在价格上，还要在质量、交货时间、定制化等方面竞争。

3）第三方电子商务平台的功能

首先，根据提供服务的层次不同，可以将第三方电子商务模式区分为简单信息服务提供型和全方位服务提供型。前者一般主要是提供买卖双方的信息，通过中介服务买卖双方可以在全球范围内选择成交对象，选定交易对象后并不直接在网上交易，而是另外接触和签订合同。这种第三方电子商务方式无法全面深入参与交易，提供的只是简单的信息服务。后者是指在网上不但提供信息服务，而且还提供全面配合交易的服务，如网上结算和配送服务等，这类站点要求中介机构对贸易特别熟悉，特别是国际贸易业务更要非常熟悉。

网上第三方电子商务模式最基本的功能是为企业间的网上交易提供买卖双方的信息服务。买方或者卖方只要注册后就可以在网上发布自己的采购信息，或者发布企业的产品出售的信息。并根据发布信息来选取企业自己潜在的供应商或者是客户。

其次，提供附加信息服务。即为企业提供企业需要的相关经营信息，如行业信息、市场动态。为买卖双方提供网上交易沟通渠道和即时共沟通的软件。例如“阿里巴巴”网站还可以根据客户的需求，定期将客户关心的买卖信息发送给客户，并且开发了即时聊天工具“贸易通”。

再次，提供与交易配套的服务。最基本的服务是提供网上签订合同服务，网上支付服务等实现网上交易的服务。例如“阿里巴巴”开发的“支付宝”，解决了支付难的问题。

最后，提供客户管理功能。即为企业提供网上交易管理，包括企业的合同、交易记录、企业的客户资料等信息的托管服务。当然这些属于企业的保密资料，而对于中小型企业来说有一安全保密的托管服务机构是非常必要且是可以接受的。

4）第三方电子商务的应用价值

第三方在交易过程中起到了一个中立平台的作用，能够解决现在中小企业面临的关键性的问题，为买卖双方提供了相当有价值的信息，而且还能够提供一些信息服务，对中小企业带来了可观的应用价值。

(1) 中小企业可以利用第三方电子商务开展现代贸易；获得与大企业平等竞争的机会；赢得更大的发展空间；实现降低经营成本，显著提高经营效率，可以节约大量投入；使中小企业能够集中资金发展企业核心业务。

(2) 探索一套适合中小企业的第三方电子商务运作模式，将会使中国中小企业实现跨越式的发展，使中小企业和大中型企业处在同一起跑线上，展开公平、规范竞争。使中小企业能有效地利用电子商务这个工具，更好地参与国际市场的竞争。

(3)“第三方服务平台”在电子商务中起着不可替代的作用。为中小企业信息化和电子商务提供支撑服务，特别是在中国非常分散、信息化基础不高的中小企业中非常适用。

(4) 中小企业信息化最终要解决的问题是改变传统工作方式和人固有的思维模式。

6.5.3 电子交易平台

电子交易平台是一个第三方的交易安全保障平台，主要作用是为了保障交易双方在进行交易的安全、诚信等问题。

交易双方可以将线下谈好的交易，搬到网上通过第三方的交易平台在网上进行交易；而网上交易更多的是客户通过在交易平台上找到自己所需要的产品，从而进行交易；像大家众所周知的“百度有啊”“淘宝”“拍拍”这些都是在互联网上有名的交易平台，为大家提供了一个网上安全交易的平台，他们提供的产品是多种多样的。

1. 交易平台种类

除了我们常见的拍卖交易、店铺交易等电子商务交易平台外，还有许多种类的交易平台出现，下面列举几种。

1）外汇交易平台

外汇交易平台是外汇市场上的一些具备一定实力和信誉的独立外汇交易商，不断地向投资者报出货币的买卖价格(即双向报价)24 小时交易除了节假日，并在该价位上接受投资者的买卖要求。平台可以持有自有资金与投资者进行交易，在市场成交稀少的时候，买卖双方不需等待交易对手出现，只要有平台出面承担交易的“对手方”即可达成交易。这样会形成一种不间断的买卖，以维持市场的流动性。随着股票市场的规范，买卖股票的盈利空间大幅缩小，部分投资者开始进入外汇市场。与国内股票市场相比，外汇市场要规范和成熟得多，外汇市场每天的交易量大约是国内股票市场交易量的1000倍。国内外汇实盘买卖逐渐成为一种新兴的投资方式，进入快速发展阶段，外汇买卖已经成为除股票之外最大的投资市场。

2）游戏交易平台

游戏交易平台是专门为网络游戏提供相关交易服务的电子商务平台，包括游戏账号交易、游戏币交易、游戏点卡交易、游戏装备交易、代练、寄售、担保等等综合性业务。

随着近年网络游戏产业的爆炸式增长，虚拟物品的交易需求也随之出现，为满足这部分需求，游戏交易网成为一种应运而生的新生事物而迅猛发展。

游戏交易平台按照类型可以分为游戏内置交易平台、游戏官方交易平台、第三方交易平台。

3）试剂交易平台

试剂交易平台是专门对试剂买卖提供服务的电子商务平台，因为试剂商品的特殊性其交易模式包括标准交易、询价交易、议价交易等，是否提供结构式检索以及平台基础数据量是衡量试剂交易平台的重要指标。

20世纪以来中国CRO（Contract Research Organization，also called a Clinical Research Organization——新药研发合同外包服务机构）行业得到了充分发展，大量CRO公司纷纷涌现，同时在国家创新、创造的号召下，各类机构纷纷加大基础科研投入，试剂作为科学研究的重要原料需求量快速增长。

主要平台——中国试剂，是目前国内唯一的试剂交易平台，收录千万试剂信息，独有结构式检索工具，丰富交易模式。推出不到一年，已有上万用户，上千商家开设网络店铺销售千万品规试剂商品。多达几百万试剂基础数据和结构式检索工具更加贴合专业人员使用要求。随着电子商务的逐渐深入，中国试剂提供的专业商品交易服务将会呈现出良好的预期。

4）汽配交易平台

汽配交易平台是面向汽车售后市场以及汽车用户，主要提供汽车易损件、易耗件以及汽车用品的电子商务平台。

主要汽配交易平台有：善配网、17汽配网。

（1）善配网。善配网是一个面对国内汽车维修厂、汽配零售店、私家车主需要而设计的汽配网上采购平台。善配网是国内外汽配行业品牌商、代理商、销售商展示产品，直接明示售后服务、直接管理、直接定价销售的销售平台。善配网整合了传统汽配市场的功能，通过B2B、B2C电子商务市场，让会员及时了解汽配行业资讯，免费得到汽配报价，并且选购配件，会员从询价、支付到物流全程可以网上操作和监控。

善配网的人群，是对汽车、汽配行业有兴趣和有需要的专业群体，善配网也是行业资讯和广告平台，比较适合汽车相关产业商品进行定向广告推广。

（2）17汽配网。17汽配网是中国首家面向汽车售后市场的专业原厂正品汽车配件在线直销平台。该正品汽配直销平台是由著名汽车行业电子商务平台盖世汽车网作为一个交易品牌运营而推出的，并以建立中国汽车后市场新秩序为己任。

17汽配网的价值一是凭借盖世汽车网多年B2B业务的经验，能挑选出真正具有原厂品质的产品和品牌；二是所有产品均从厂家直接采购销售到终端，没有中间环节。

“17 汽配”作为国内第一家大型的主要针对修理厂、汽配零售商推出的汽配直销平台，上线后将主要以汽车售后维修市场易损件、易耗件交易为主，并与中国银联、远成物流等大型线上支付平台和物流公司建立战略伙伴关系，为用户提供安全、便捷的在线交易和物流服务，从而建立汽车后市场流通新秩序，打造汽车配件流通的渠道品牌。

2. 我国电子商务交易平台发展重点

随着电子商务的不断深入和普及，我国电子商务交易平台发展非常迅速，但也存在很多困难。根据我国发展改革委员会和国务院信息办发布《电子商务发展“十一五”规划》，目前我国电子商务交易平台发展的重点主要在以下几个方面。

1）政府采购电子商务工程

加快政府采购的电子化建设已经成为共识，业内不少专家也呼吁——建立全国电子化政府采购管理交易系统平台，统一多种模式。适时建设政府网上采购业务系统，制订政府采购电子商务标准规范，健全政府采购信用评估制度，逐步形成统一的政府采购电子商务服务平台，实现政府采购部门、供应商、银行、财政、税务、工商和监管机构之间的信息共享和业务协同，为各级政府部门提供采购信息发布和交易、支付、物流、信用、监管等服务。

2）公共电子商务服务工程

支持面向行业并具有一定规模的电子商务运营企业，建设第三方供应链管理服务平台，发展行业公共信息服务，推进企业间电子商务应用。支持条件较好的电信运营商和软件企业，建设面向中小企业的信息服务平台，开展信息发布、采购销售和信息系统外包等服务业务，降低中小企业信息化成本，提高中小企业电子商务应用水平。

3）国际贸易电子商务工程

随着世界经济一体化、全球化进程加快，国际贸易信息电子化以及电子商务的应用越来越成为国家和企业与国际环境接轨的重要方式，新型的国际贸易运行方式对于我国扩大国际贸易机会、提高贸易效率、降低贸易成本、增强企业竞争力和应变能力将发挥重要的作用。

支持国际贸易电子商务公共服务平台和相关标准建设，为从事贸易活动的企业提供单证处理、贸易申报、物流信息处理、贸易结算、跨境电子单证交换等电子商务服务，促进银行、保险、检验检疫、贸易管理、口岸物流、交通、海关等国际贸易相关机构间的业务协同、数据共享。

4）移动电子商务工程

中国已经成为全球最大的移动通信大国，手机用户已经突破 10 亿规模，随着 3G、4G 时代的到来，为信息经济时代奠定了坚实基础。创建移动电子商务工程，鼓励基础电信运营商、电信增值业务服务商、内容服务提供商和金融服务机构相互协作，建设移动电子商务服务平台。广泛应用手机、个人数字助理和掌上电脑等智能移动终端，面向公共事业、交通旅游、就业家政、休闲娱乐、市场商情等领域，发展小额支付服务、便民服务和商务信息服务，探索面向不同层次消费者的新型服务模式。

5）物流公共信息服务工程

鼓励基础条件较好的物流信息服务企业，广泛采用地理信息系统、全球定位系统、无线射频识别等先进物流技术与装备，建设物流公共信息服务平台，为社会提供物流供需信息发布、服务交易、过程优化与跟踪等服务，降低物流成本，提高物流效率。

物流公共信息平台是一个非常庞大的系统工程，除常规的信息流电子商务功能外，强调的是电子商务与电子政务和结合。缺乏电子政务相结合的平台，必然没有公信力。以智能物流、智能交通管理为主抓手，实现物流公共信息平台的电子商务与电子政务功能相结合，利用云计算技术和RFID技术，实现软硬件相结合；通过平台在各物流园区及生产和流通企业的推广应用，实现虚实结合，把物流公共信息平台打造成领先的智能物流公共信息平台，物流信息化的标杆，数字城市的重要组成部分，全国物流公共信息平台的重要环节。

6）电子商务支撑体系建设工程

适时启动国家电子认证服务和综合监管平台建设，支持第三方电子认证业务平台建设。支持虚拟货币、电子合同、在线产品信息监测平台建设，逐步规范在线经济活动。支持在线信用信息服务平台试点示范建设，探索与政府相关部门、电子商务交易服务平台间信用数据共享的实现形式。支持第三方在线支付平台和电子银行建设，发展在线支付业务。

目前电子商务发展环境、支撑体系、技术服务和推广应用协调发展的格局已基本形成，电子商务服务业已成为重要的新兴产业，国民经济和社会发展各领域电子商务应用水平大幅提高并取得明显成效。

本章小结

本章主要阐述了电子交易的运作方式，详细介绍了网上订单处理、电子合同的拟定、售后服务处理、电子支付的方法和原理、网上银行的业务，简要介绍了电子交易的模式和电子商务平台。

电子交易是应用信息技术来传递商务信息和交易。通过电子交易降低经营成本并能帮助企业与客户、供货商以及合作伙伴建立更为密切的合作关系。

订单处理是由订单管理部门对客户的需求信息进行及时的处理，从客户下订单开始到客户收到货物为止，这一过程中所有单据处理活动。主要环节包括：单证设计、订单处理流程、及时解决网上单证出现的问题、进行订单分析等。有些单证需要合并处理。

电子合同是通过计算机网络系统订立的、以数据电文的方式生成、储存或传递的合同。电子合同和传统合同有很大区别。电子合同在应用中有许多种类。电子合同的签订流程要进行CA认证、询价、定价、确定合同条款等。通过“电子签名”实现电子合同的有效性。

电子支付是指从事电子商务交易的当事人，包括消费者、厂商和金融机构，通过信息网络，使用安全的信息传输手段，采用数字化方式进行的货币支付或资金流转。电子支付的协议有SSL协议和SET协议。电子支付的业务类型按电子支付指令发起方式分为网上支付、电话支付、移动支付、销售点终端交易、自动柜员机交易和其他电子支付等。

网上银行是银行利用Internet技术，通过Internet向客户提供开户、查询、对账、行内转账、跨行转账、信贷、网上证券、投资理财等传统服务项目，使客户可以足不出户就能够安全便捷地管理活期和定期存款、支票、信用卡及个人投资等。网上银行的业务主要包括基本业务、网上投资、网上购物、个人理财、企业银行及其他金融服务。

售后服务作为现代商品交易的主要组成部分，越来越显示其重要性。以客户为中心的服务模式将成为电子商务创造价值的核心组成部分。

电子交易市场对交易系统进行多样化的模式设计，共包括十个模式：卖方挂牌、买方挂牌、在线竞买、在线竞卖、在线洽谈、双向竞价、竞价专场、集合竞价、在线招标、在线专场。

电子商务平台是一个为企业或个人提供网上交易洽谈的平台，是协调、整合信息流、物质流、资金流有序、关联、高效流动的重要场所。企业、商家可充分利用电子商务平台提供的网络基础设施、支付平台、安全平台、管理平台等共享资源有效地、低成本地开展自己的商业活动。

电子交易平台是一个第三方的交易安全保障平台，主要作用是为了保障交易双方在进行交易的安全、诚信等问题。电子交易平台除了有拍卖交易、店铺交易等电子商务交易平台外，还有外汇交易平台、游戏交易平台、汽车交易平台、试剂交易平台、物流交易平台等。

本章习题

一、单项选择题

1. 数字证书中不包括(　　)。

A. 公开密钥　　B. 数字签名

C. 证书发行机构的名称　　D. 证书的使用次数信息

2. 关于电子现金的特点，下面说法错误的是(　　)。

A. 银行和商家之间应有协议和授权的关系

B. E-cash 银行负责用户和商家之间的资金的转移

C. 身份验证由 E-cash 本身完成

D. 用户、商家和 E-cash 银行不必都使用 E-cash 软件

3. 以下(　　)服务是一般网上银行不提供的。

A. 为在线交易的买卖双方办理交割手续　　B. 为在线交易双方发放数字证书

C. 提供即时金融信息服务　　D. 办理同行转账业务

4. 关于电子现金的特点，下面说法错误的是(　　)。

A. 银行和商家之间应有协议和授权的关系

B. E-cash 银行负责用户和商家之间的资金的转移

C. 身份验证由 E-cash 本身完成

D. 用户、商家和 E-cash 银行不必都使用 E-cash 软件

5. 电子商务系统必须保证具有十分可靠的安全保密技术，必须保证网络安全的四大要素，即信息传输的保密性、数据交换的完整性、发送信息的不可否认性和(　　)。

A. 不可修改性　　B. 信息的稳定性

C. 数据的可靠性　　D. 交易者身份的确定性

6. 智能卡的国内标准不包括(　　)。

A. 中国金融集成电路(IC)卡系统规范

B. 与金融 IC 卡规范相配合的 POS 设备的规范

C. 中国 ATM 卡规范

D. 中国金融 IC 卡卡片规范及中国金融 IC 卡应用规范

7. 用(　　)表示电子合同生效。

A. 银行确认　　B. 数字证书　　C. 数字签名　　D. 厂商确认

8. 在电子商务中，所有的买方和卖方都在虚拟市场上运作，其信用依靠(　　)。

A. 现货付款　　B. 密码的辨认或认证机构的认证

C. 双方订立书面合同　　D. 双方的互相信任

9. 电子钱包网上购物的步骤(　　)。

A. 上网查询——下订单——选定好商品——用电子钱包付款——清算

B. 选定好商品——上网查询——下订单——用电子钱包付款——清算

C. 上网查询——选定好商品——用电子钱包付款——下订单——清算

D. 上网查询——选定好商品——下订单——用电子钱包付款——清算

10. 在信用卡交易中，(　　)担保向收受信用卡的商家付款。

A. 持卡人的开户银行　　B. 持卡人的担保人

C. 发卡机构　　D. 持卡人

二、判断题

1. 认证中心(CA)的主要功能之一是发出产品质量证书。　　(　　)

2. 电子钱包是一种电子货币。　　(　　)

3. 电子支付是指电子交易的当事人，使用安全电子支付手段，通过银行进行的货币支付或资金流转。　　(　　)

4. 支付网关的主要作用是保障电子支付过程的安全。　　(　　)

5. SSL 协议属于网络对话层的标准协议，而 SET 协议是在对话层之上的应用层的网络标准协议。　　(　　)

6. 用电子现金(E-Cash)购买商品时，商家通过 E-Cash 发行银行验证电子现金的真伪。　　(　　)

7. 当消费者使用 SET 协议向商家进行电子支付时，商家可以检查客户的支付账户来完成交易处理。　　(　　)

8. 我国《合同法》第 11 条规定：“书面形式是指合同书、信件以及数据电文(包括电报、电传、传真、电子数据交换和电子邮件)等可以有形地表现所载内容的形式。”(　　)

9. 以收件人的主营业地为电子合同成立的地点。　　(　　)

10. 在电子合同中，表示合同生效的传统签字盖章方式被数字签名所代替。　　(　　)

三、填空题

1. SSL 协议层包括__________与__________两个协议子层。

2. SSL 协议属于__________的标准协议，而 SET 协议是在对话层之上的应用层的网络标准协议。

3. 处理网上客户的反馈信息的一般的方法是__________、__________、__________。

4. 订单处理状态，包括以下几种状态：__________、__________、__________、__________等。

5. 我国诉讼证据学对证据的要求体现为“三性说”：__________、__________、__________。

6. 电子交易市场对交易系统进行多样化的模式设计，共包括十个模式：__________、__________、__________、__________、__________、__________、__________、__________、__________、__________。

四、简答题

1. 你认为在做客户订单分析时，应该特别注意哪些信息？如何把它们联系起来看？
2. 电子合同在企业的实际商务运作过程中的作用。
3. 电子钱包的作用有哪些？
4. 客户投诉的主要内容和处理客户投诉的基本原则。
5. 网上银行有哪些特点和优势？
6. 什么是电子支付？简述 SET 协议的电子支付流程。
7. 如何进行售后服务？
8. 目前我国重点发展的电子商务交易平台有哪些？

五、实训题

1. 浏览淘宝网，分别以“一口价”和“竞标”的方式买或拍卖一件自己需要的小物品。体会网络交易平台如何进行交易。

2. 分组讨论淘宝网如何来评价商家的信誉，如何控制交易风险。

第7章

物流信息管理

教学目标

通过本章的学习，了解物流及物流管理的基本内容，电子商务与现代物流的关系；熟知物流配送，企业物流；理解电子商务物流管理；掌握物流信息的收集与分析方法，能够利用物流知识制定配送方案和制定配送作业流程；熟练使用物流信息系统软件。

教学要求

知识要点	能力要求	相关知识
物流概述	（1）理解物流的含义 （2）了解物流的活动要素 （3）了解物流的发展	（1）物流的概念，物流、商流和流通的关系 （2）第三方物流、第四方物流、绿色物流的概念
电子商务与现代物流	（1）了解物流在电子商务的作用和地位 （2）了解电子商务环境下的物流管理、供应链和供应链管理 （3）了解电子商务环境下的物流业的发展方向	（1）物流管理的概念和目标 （2）电子商务下的物流管理概念和特点
物流信息的收集与分析	（1）了解常用的物流信息技术 （2）能利用物流信息技术收集、处理物流基本作业信息 （3）能分析物流信息，撰写物流信息分析报告	（1）物流信息概念 （2）物流信息技术概念
物流配送	（1）了解物流配送合理化标志 （2）掌握配送合理化可采取的方法 （3）了解配送领域的技术应用：配送服务技术、车辆排程系统、节约法制定配送线路	（1）配送和配送中心的概念和分类 （2）配送作业流程内容

续表

知识要点	能力要求	相关知识
企业物流	(1) 生产企业物流、商业企业物流的理解 (2) 新型物流配送中心的条件和特征的理解	(1) 企业物流概念 (2) 配送中心物流的特征
物流信息系统	(1) 学会使用物流相关软件 (2) 物流运输企业的信息管理系统、社会物流基础设施关联信息系统、决策支持系统等相关软件的理解	(1) 物流信息系统概念和特点 (2) 物流信息系统功能

导入案例

物流：生活和经济的加速器

在当今激烈竞争的社会经济浪潮中，“物流”一词，已经成了一个很时髦的名词，这个现代新生行业，也似乎一夜之间就在全国各地炸开了花。虽然并不是每个人都说得清物流的含义，但实际上，物流却存在于经济和生活的各个方面，使我们的生活更加色彩缤纷。家住深圳的王先生最近就深刻感受到了物流带来的便利。王先生最近因为搬了新家，淘汰了的旧真皮沙发等家具实在舍不得扔掉，所以打算送给武汉的亲戚，可又担心运费太贵，他犹豫了很久才试着在中国物通网找了一家物流公司办理托运，“没想到我托运全部家当才花了800多元，而且保证在2天内送达。”王先生欣喜地说。像王先生这样体会到物流的便捷的人已经越来越多了，物流已经渗入到人们生活的方方面面。春节回家，行李太多挤不上车怎么办？工作太忙，没时间给远方的亲戚朋友过生日，买一个大型一点的礼物，该怎么送给他？现在开网店的人越来越多了，要怎样才能把货物既花费少又快速地送到顾客手中？这些都可以找物流公司来帮忙。甚至，你的孩子去外地，你不放心他一个人去又没时间送的话，也可以找物流公司办托运。物流在生活中的作用是越来越大了。

资料来源于中国物通网(http://www.chinawutong.com/)

7.1 物流概述

7.1.1 物流的概念

物流(Physical Distribution)的概念萌芽于20世纪初的美国，于20世纪70年代由日本引入中国，它是随着商品生产的出现而出现，随商品生产的发展而发展的，所以物流是一种古老传统的经济活动。阿奇·萧(Arch W. Shaw)被认为是最早提出物流(Physical Distribution)概念，并进行实际探讨的学者。他在1915年出版的《市场流通中的若干问题》一书中，明确将企业的流通分为创造需求的活动和物流活动。在20世纪初，西方一些国家正处在经济危机中，出现较为严重的生产过剩和需求不足问题，企业界为了扩大销售，提出了销售和物流的问题，着重研究在销售过程中的物流。

第二次世界大战末期，由于前方军事战线变化很快，为了合理解决军需品德供给、各供应基地的合理配置、确定最佳的运输路线及最大限度地减少浪费、降低军费开支等问题，美国军事部门运用运筹学和计算机进行了科学研究，建立“后勤”(Logistics)理论，即将战时物资生产、采购、运输、配给等活动作为一个整体进行统一布置。后来“后勤”在企业中广泛采用。此时的后勤包含了生产过程和流通过程的物流，是一个范围更广泛的概念。相对于Physical Distribution，Logistics外延更为广泛，因此现在欧美国家更多地把物流称为Logistics，而不是Physical Distribution，物流目前比较流行的翻译方法为Logistics。

对于物流，目前国内外尚没有一个统一的概念，各种提法也并不一致，但大体意思是相同的。物流是供应链活动的一部分，是为了满足客户需要而对商品、服务以及相关信息从产地到消费地的高效、低成本流动，通过运输、保管、配送等方式进行的规划、实施与控制的过程。

7.1.2 物流活动要素

物流活动要素指的是物流系统所具有的基本要素，一般包括运输、储存、配送、包装、装卸搬运、流通加工、信息处理等。这些基本要素有效地组合、连接在一起，相互平衡，形成密切相关的一个系统，能合理、有效地实现物流系统的总目的。

1. 运输

运输是实现物质实体由供应方向需求方进行的较长距离的空间移动，实现了物流的空间价值。运输是物流的中心环节之一，可以说是物流最重要的一个功能，是“第三利润源”的主要源泉。运输方式主要有铁路运输、水路运输、公路运输、航空运输和管道运输。

2. 储存

储存与运输一起构成了物流过程的两大支柱，是物流的主要活动要素之一，其作用在于消除物品生产与消费在时间上的差异，以提供物流的时间效用。通过储存，增加了物品的时间价值，产生了物品的时间效用。库存是储存既有密切关系又有区别的一个概念，它是储存的静态形式。库存主要分为基本库存和安全库存。

3. 配送

配送是物流系统中由运输派生出来的功能。配送是指在经济合理区域范围内，根据客户要求，对物品进行拣选、加工、包装、分割、组配等作业，并按时送达指定地点的物流活动。配送主要是面向城市内、区域内、短距离、多频率的商品短距离的运达服务。目前配送在电子商务物流中的作用非常突出，已经成为一种现代流通方式。

4. 包装

包装是指为在流通过程中保护产品、方便储运、促进销售，按一定技术方法而采用的容器、材料以及辅助物等的总体名称。包装分为保护商品的品质而进行的工业包装和为使用商品能顺利抵达消费者手中、提高商品价值、传递信息等以销售为目的商业包装。

5. 装卸搬运

装卸搬运是随运输和储存而产生的必要的物流活动，它是对其他物流活动进行衔接的中间环节，包括装车、卸车、分拣、入库以及连接以上各项运作的短程搬运。无论是生产物流，还是销售物流及其他物流，都离不开装卸物流。在物流活动的全过程中，装卸搬运是频繁发生的，因而是产品损坏的重要原因之一。对装卸活动的管理，主要是确定最恰当的装卸方式，力求减少装卸次数，做到省时、省力，减少损失，以获得较好的经济效益。

6. 流通加工

流通加工是物品从生产领域向消费领域的过程中，为了促进销售，维护产品质量和提高物流效率，对物品进行一定的加工，使物品发生物理、化学或形态变化，以满足消费者或本企业的需要，使产需双方更好地衔接，是物流活动中一项重要的增值服务，也是现代物流发展的一个重要趋势。

7. 信息处理

通过收集与物流活动相关的信息，使物流活动能有效、顺利地进行。随着计算机和信息通信技术的发展，物流信息出现高度化和系统化的发展。现代物流是需要依靠信息技术来保证物流体系正常运作的。

物流活动具体内容包括：用户服务、需求预测、订单处理、配送、存货控制、运输、仓库管理、工厂和仓库的布局与选址、搬运装卸、采购、包装、情报信息等。

7.1.3 物流、商流和流通的关系

商品的“流通”由“商流”和“物流”这两个要素构成，它是社会经济活动的一部分，而商品的生产和消费是经济活动的主要构成部分。由于在商品的生产和消费之间存在各种间隔，如图 7.1 所示，因此需要通过“流通”将商品的生产及所创造的价值和商品的消费加以连接。商品的生产和消费之间存在的间隔与连接这些间隔的解决方法如下。

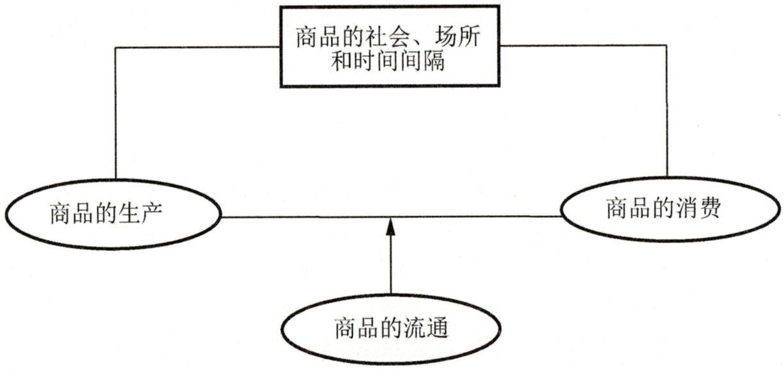

图 7.1 商品的流通

社会间隔：商品的生产者与商品的消费者有所不同，需通过商品的交易完成沟通。

场所间隔：商品的生产场所与消费场所不在同一地方，需要商品的运输进行连接。

时间间隔：商品的生产日期与商品的消费日期不尽相同，通过商品的保管加以衔接。

人们通过商业或贸易活动来沟通商品的生产与消费之间的社会间隔，这种沟通被称为“商流”。而商品从生产者向消费者的转移如商品的运输和保管，即商品的生产和消费的场所间隔和时间间隔则需要通过“物流”来进行沟通。

综上所述，人们通过“商流”消除了商品的社会间隔，通过“物流”消除了商品的场所间隔和时间间隔，二者共同实施的结果完成了商品的所有权和商品实体的转移。因此，“商流”与“物流”的关系是相辅相成、互相补充，是商品流通领域的两大基本要素。

7.1.4 物流的发展

物流的发展已经有几十年的历史，人们对物流的研究和应用已经从早期以商品销售为主的“传统物流”的阶段，进入了将原材料的采购、商品生产、传统物流和商品销售的全过程予以综合考虑的“综合物流”阶段；而随着生产和社会的发展以及科学技术的进步，新的管理思想技术和工具在物流的各个环节得到应用，“现代物流”阶段正在到来。

1. 传统物流

传统物流的作用领域以商品的销售作为主要对象，具体地完成将生产的商品送交消费者的过程中所发生的各种活动，包括公司内部原材料的接收、保管，产品的接收和保管，工厂或物流中心的运输等。传统物流追求的目标是以尽可能低的物流成本，给顾客以尽可能好的服务。传统物流的功能是克服商品从生产到消费的地域和时空阻隔的一种物理性的经济活动，具体就是指“在把生产的商品送交消费者的过程中的各项活动”，或者是“把所需的商品在指定场所、指定时间、以指定的价格送交客户”，这中间包含了物流过程中对商品的运输、保管、搬运、流通加工、信息情报等功能。因此，物流不仅仅是商品简单的“物”的流动，而是指商品流通这一经济活动的全过程。

2. 综合物流

综合物流大大拓宽了传统物流的领域和功能，将原材料的采购、商品生产、传统物流和商品的销售等予以综合考虑，也就是对从采购原材料开始到最后将产品送交顾客这一物流全过程进行的一体化管理。综合物流的作用领域包括企业运营中的原材料采购、商品生产、商品销售、传统物流和多余材料的回收及生产废弃物的处理的各个过程。综合物流的功能是在搞好企业内部的物流整体最佳状态的同时，搞好企业外部从供应商到最终顾客各个渠道的整个“物的流动”。追求包含采购、生产、销售、传统物流在内的物流的整体最佳状态，达到使商品的需求和供给互相契合的供需综合平衡。综合物流的目的则是满足顾客的期望，不仅要统一管理公司内部的“物”的流动，而且要和公司外部的供应商、批发商和零售商相互协调，追求“物”的流动的综合效果和一体化，达到提高效益，增加销售和盈利的最终目标。

3. 现代物流

社会生产和科学技术的发展使物流进入了“现代物流”的发展阶段，其标志是物流活动领域中各个环节的技术水平得到了不断的提高。“现代物流”的高技术表现在将各个环节的物流技术进行综合化、复合化而形成最优系统技术；以运输设备高速化、大型化、专用户为中心的集装箱系统机械的开发；保管和卸装结合为一体的高层自动化货架系统的开发；以计算机和通信网络为中心的情报处理和物流信息技术；与运输、保管、配送为中心的物流技术在软件技术方面的结合；运输与保管技术相结合的生鲜食品保鲜输送技术，以及商品条形码、电子数据交换 EDI、射频技术、全球卫星定位系统 GPS 等。这些高新技术在物流中的发展和应用，使物流的作用领域更加广泛，物流的功能和作用更强。

7.1.5 第三方物流

随着经济自由化和贸易全球化的发展，物流领域的政策不断放宽，同时也导致物流企业自身竞争的激化，物流业不断地拓展服务内涵和外延，从而导致第三方物流的出现。第三方物流(3PL：Third-Part Logistics)也称“合同物流”“外协物流”，是指生产经营企业为集中精力搞好主业，把原来属于自己处理的物流活动，以合同方式委托给专业物流服务企业，同时通过信息系统与物流企业保持密切联系，以达到对物流全程管理控制的一种物流运作与管理方式。第三方是指提供物流交易双方的部分或全部物流功能的外部服务提供者。提供第三方物流服务的企业，其前身一般是运输业、仓储业等从事物流及相关的行业活动，它不拥有商品、不参与商品的买卖活动，而是在委托方物流需求的推动下，为其提供以合同为约束的、以结盟为基础的、系列化、个性化、信息化的物流代理服务。从发达国家物流业的状况看，第三方物流在发展中已逐渐形成鲜明特征，突出表现在五个方面：关系合同化、服务个性化、功能专业化、管理系统化、信息网络化。

在市场日益成熟、竞争日益激烈的环境下，第三方物流不仅仅是为客户提供仓储、提供运输等狭义层面上的服务，而是越来越多地成为为客户提供增值性服务的过程。第三方物流企业逐渐把物流作为客户的一个增值过程来管理，通过降低物流费用以及提高物流效率，来帮助客户赢得并保持顾客满意，通过不断更新技术与设备等，增加投资，提高供应链的灵活性，满足客户个性化需求，实现了其经济价值和社会价值。

7.1.6 第四方物流

物流业的发展需要技术专家和管理咨询专家的推动，而第三方物流缺乏高技术、高素质的人才队伍。为了密切客户与第三方物流的关系并进行规范化管理，第四方物流(4PL：Fourth-Part Logistics)就应运而生。第三方物流作为整个供应链的一部分，通常情况下不可能向客户提供整个供应链的物流服务，只能完成其中的一部分内容。第四方物流在第三方物流的基础上对管理和技术等物流资源进一步整合，为用户提供全面意义上的供应链物流解决方案。第四方物流的功能有三个方面：一是供应链管理功能；二是运输一体化功能；三是供应链再造功能。

与第三方物流注重实际操作相比，第四方物流更多地关注整个供应链的物流活动，这种差别主要体现在以下两个方面，并形成第四方物流独有的特点：第四方物流有能力提供一整套完善的供应链解决方案，是集成管理咨询和第三方物流服务的集成商；第四方物流是通过对供应链产生影响的能力来增加价值，在向客户提供持续更新和优化的技术方案的同时，满足客户特殊需求。

7.1.7 绿色物流

随着世界经济的不断发展，人类的生存环境不断恶化，人类环境保护的意识觉醒。随着经济全球化的发展，一些传统的关税和非关税壁垒逐渐淡化，环境壁垒逐渐兴起。各国政府和国际组织倡导的环保事业，需要从环境的角度对物流体系进行改进，形成绿色物流管理系统，绿色物流也就应运而生了。绿色物流是指以降低对环境的污染、减少资源消耗为目标，利用先进物流技术规划，实施运输、储存、包装、装卸、流通加工等物流活动。绿色物流是现代物流可持续发展的必然，最终目标是实现经济利益、社会利益和环境利益的统一。

中国经济已经成为全球经济的一部分，故必须要加快物流的绿色化建设，大力加强对物流绿色化的政策和理论体系的建立和完善，实现物流系统的整体最优化和对环境的最低损害，将有利于我国物流管理水平的提高，保护环境和可持续发展政策，对于我国经济的发展意义重大。

7.2 电子商务与现代物流

随着 Internet 在全世界的飞速发展，电子商务作为在 Internet 网上最大的应用领域，已经广泛地引起了世界各国政府的重视和支持，引起了企业界和民众的关注并得到了快速的发展。电子商务时代的来临，给全球物流带来了新的发展，使物流具备了一系列新特点：信息化、自动化、网络化、智能化、柔性化以及绿色物流。

7.2.1 物流在电子商务中的地位和作用

物流是电子商务中实现“以顾客为中心”理念的最终保证，缺少了现代化物流技术，电子商务给消费者带来的便捷就不能实现。物流是实现电子商务的重要环节和基本保证，在电子商务中具有举足轻重的作用。

1. 物流是电子商务的重要组成部分

电子商务概念模型是对现实世界中电子商务活动的一般抽象描述。它由电子商务实体、电子市场、交易事务和信息流、商流、资金流、物流等基本要素构成。在电子商务的概念模型中，企业、银行、商店、政府机构和个人等能够从事电子商务的客观对象被称为是电子商务实体。物流是电子商务“四流”(信息流、商流、资金流、物流)的重要组成部分，是电子商务得以顺利实现的基本保证，对于有形商品的任何一笔交易，如果没有实物商品的顺利转移，就无法完成一次完整的交易。

(1) 物流是交易的商品或服务等物质实体的流动过程，具体包括商品的运输、存储、配送、装卸、保管、物流信息管理等各种活动。电子商务环境下的物流，通过机械化和自动化工具的应用，以及准确、及时的物流信息对物流过程的监控，将使物流的速度加快、准确率提高，能有效地减少库存，缩短生产周期。

（2）资金流是资金在不同控件状态的运动或转移过程。这里的资金包括货币和可以用做交易媒介的准货币。简单来说，资金流主要是指资金的转移过程，包括付账、转账、兑换等过程。资金流作为电子商务的构成要素之一，是实现电子商务交易活动的不可或缺的手段。

（3）信息流是商品信息的提供、促销行销、技术支持、售后服务等内容，也包括诸如询价单、报价单、付款通知单、转账通知单等商业贸易单证，以及交易方的支付能力和支付信誉。它是一种非实物化的传递方式。

（4）商流是商品在购、销之间进行的交易和商品所有权转移的运动过程，具体是指商品交易的一系列活动。

2. 物流与生产保障

无论是在传统的贸易方式下，还是在电子商务模式下，生产都是商品流通之本，而生产的顺利进行需要各类物流活动的支持。生产的全过程从原材料的采购开始，便要求有相应的供应物流活动，将所采购的材料供应到位，否则，生产就难以进行，即采购物流；在生产的各工艺流程之间，也需要原材料、半成品的物流活动，即所谓的生产物流，以实现生产的流动性；部分材料、可重复利用物资回收，就需要所谓的回收物流；废弃物的处理则需要废弃物物流。可见，整个生产过程实际上就是系列化的物流活动。合理化、现代化的物流，通过降低费用从而降低成本、优化库存结构、减少资金占压、缩短生产周期，保障了生产的高效进行。相反，如果没有现代物流的支持，商品的生产将难以顺利进行，电子商务交易模式将会先天不足，优势不复存在。

3. 物流服务于商流

在商流活动中，商品所有权在购销合同签订的那一刻起，便由供应方转移到需求方，而商品实体并没有因此而移动。在传统的交易环境下，商流的结果必须由相应的物流活动来执行完成，也就是卖方按照买方的需求将商品实体以适当的方式和途径转移。而在电子商务下，消费者通过网站点击购物，完成了商品所有权的交易过程，即商流过程，但电子商务的活动并未结束，只有商品和服务真正转移到消费者手中，商务活动才结束。因此，物流在电子商务交易的商流中起到后续者和服务者的作用，没有现代物流，任何商流活动都将化为一纸空文。

4. 物流配送效率是客户评价电子商务满意程度的重要指标

当信息流、商流、资金流通过网络得以实现后，物流服务水平的高低成为客户选择商家的重要因素，如网上购物，在价格基本相同的情况下，顾客选择网上商店的最基本的依据是最短的配送时间。因此，没有真正让客户满意的物流服务，电子商务就无法为客户创造应有的价值。

综上所述，电子商务作为网络时代的一种全新的交易方式，相对于传统交易方式是一场革命。但是，电子商务必须有现代化的物流技术的支持，才能体现其所具有的无可比拟的先进性和优越性，在最大程度上使交易双方得到便利，获得效益。因此，只有大力发展作为电子商务重要组成部分的现代化物流，电子商务才能得到更好地发展。

7.2.2 电子商务环境下的物流管理

1. 物流管理的目标

物流管理(Logistics Management)是指在社会生产过程中，根据物质资料实体流动的规律，应用管理的基本原理和科学方法，对物流活动进行计划、组织、指挥、协调、控制和监督，使各项物流活动实现最佳的协调与配合，以降低物流成本，提高物流效率和经济效益。现代物流管理是建立在系统论、信息论和控制论的基础上的。

物流管理包括如下目标。

1）快速响应

快速响应关系到企业是否能及时满足顾客服务需求的能力。使用信息技术可以提高配送中心在最短时间内完成物流作业并尽快交付所需存货的能力。这样就可以减少传统意义上按预期的门店过度储备存货的情况。快速响应能力把作业重点从根据预测对存货储备的预期，转移到以从装运的方式对顾客需求做出响应方面上来。

2）减少故障

故障是指破坏系统表现的任何意想不到的事件，它可以在任何一个物流作业领域产生，如顾客受到订货单商务时间被延误、配送中心发生意想不到的损坏，或者把货物交付不到正确的地点。所有这一切都将使物流作业时间遭到破坏，对此必须予以解决。物流系统所有作业领域都会发生故障，减少故障的可能性需要内部作业和外部作业共同配合。传统的解决故障的办法是建立安全库存或使用高成本的溢价运输。现在，可以使用信息技术减少故障，从而减少安全库存成本和溢价运输的费用和相关风险，以实现积极的物流控制。

3）最低库存

最低库存的目标与库存的周转速度有关。存货的高周转率，意味着分布在存货上的资金得到有效地利用。因此，保持最低库存的目标是要把存货配置减少到与顾客服务目标相一致的最低水平，以实现最低的物流总成本。

4）整合配送运输

最重要的物流成本之一是运输。配送运输成本与商品的总类、装运的规模以及距离直接相关。配送具有溢价服务特征，企业物流系统所依赖的高速度、小批量装运的运输，是典型的高运输成本。要减少运输成本，就要实现整合运输。一般来说，整个装运规模越大，运输的距离越长，则每单位运输成本就越低。这就需要有创新的规划，把小批量的装运聚集成集中的、具有较大批量的整合运输。

5）改善物流质量

物流目标是要寻求持续的质量改善。全面质量管理已经成为全行业各方面工作的重点。全面质量管理是物流管理工作主要动力之一。企业管理中的至高“零缺陷”服务要求物流作业必须日夜 24 小时的任何时间、跨越广阔的地域来履行。绝大多数的物流工作是在监督的视线外完成的，由于不正确装运或运输中的损坏导致重做，顾客订货所花的费用远比第一次就正确地履行所花费的费用多。因此，物流是发展和维持全面质量管理不断改善的主要组成部分。

2. 电子商务物流管理概念

电子商务下的物流是伴随电子商务技术和社会需求发展而出现的，它是电子商务实现真正的经济价值不可或缺的重要组成部分。电子商务物流又称网上物流，是基于互联网技术，旨在创造性的推动物流行业发展的新商业模式。通过互联网，物流公司能够被更大范围内的货主客户主动找到，能够在全国乃至世界范围内拓展业务；贸易公司和工厂能够更加快捷的找到性价比最适合的物流公司；网上物流致力把世界范围内最大数量的有物流需求的货主企业和提供物流服务的物流公司都吸引到一起，提供中立、诚信、自由的网上物流交易市场，帮助物流供需双方高效达成交易。已经有越来越多的客户通过网上物流交易市场找到了客户，找到了合作伙伴，找到了海外代理。网上物流提供的最大价值，就是更多的机会。

电子商务下的物流管理是社会在生产过程中，根据物质资料实体流动的规律，应用管理的基本原理和科学方法，对电子商务物流活动进行计划、组织、指挥、协调、控制和决策，使各项物流活动实现最佳的协调和配合，以降低物流成本，提高物流效率和经济效益。简单来说，电子商务物流管理就是研究并应用电子商务物流活动规律对物流全过程、各环节、各方面进行的管理。

3. 电子商务环境下物流管理的特点

1）信息化

电子商务时代，物流信息化是电子商务的必然要求。在供应链管理方面，物流企业需要沟通上、下游，与上、下游之间进行频繁的信息交换，实现整条供应链各个部分之间的平滑对接。在与供销商的交易中，将以往以贸易单据(文件)流转为主体的交易方式，转变成为采用数字化电子方式进行数据交换和商务活动。在库存管理方面，零库存的实现、运转周期的缩短都必须依赖于信息的灵敏传送。

2）网络化

物流的网络化是物流信息化的必然趋势。当今世界，由互联网提供的全球网络资源及网络技术的普及为物流的网络化提供了良好的外部环境。如果离开了网络，物流信息就只能在企业内部流转，信息传输与共享变得不可实现，整条供应链各个环节之间的沟通也将难以进行。

3）智能化

智能化是建立在物流信息化、网络化之上的一种高层次应用。物流作业过程中大量的运筹和决策，需要借助于计算机精确的运算和智能安排才能得以解决。只有实现物流的智能化，才能使物流的效率得到提高，整条供应链能够根据客户需求灵活地安排供销，减少“牛鞭效应”，真正实现低库存、高效率。

7.2.3 电子商务环境下的供应链与供应链管理

1. 供应链

一些先进的企业为了增强自己的竞争力而放弃了传统的管理模式，在全国范围内与供应商建立最佳合作伙伴关系，与他们形成一种长期的战略联盟。在运行形势上，构成了一条从供应商到最终用户的物流和信息流的供应链条，供应链如图 7.2 所示。供应链可以定义为：供应链是围绕核心的企业，通过对信息流、物流、资金流的控制，从采购原材料开始，制成中间产品及最终产品，最后由销售网络把产品送到消费者手中的将供应商、制造商、分销商、零售商、直到最终用户连成一个整体的功能网链结构。

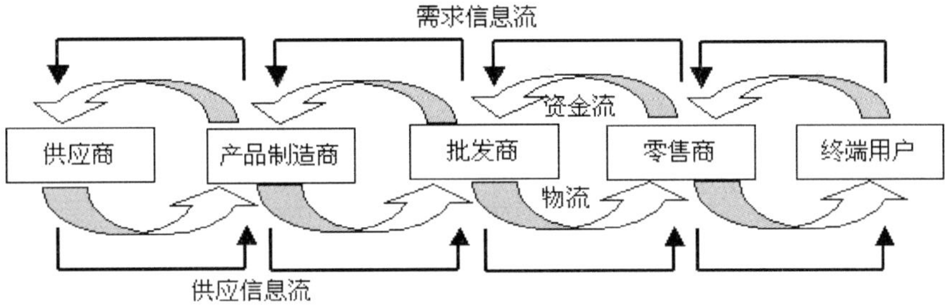

图 7.2 供应链的结构模型

2. 供应链管理

供应链管理是指为了满足客户的需求，用系统的观点对供应链中的物流、信息流和资金流进行设计、规划、控制与优化，即行使通常管理的职能，进行计划、组织、协调与控制，以寻求建立供、产、销及客户间的战略合作伙伴关系，最大限度地减少内耗与浪费，实现供应链整体效率的最优化，并保证供应链中的成员取得相应的绩效和利益的整个管理过程。

供应链管理是一种集成的管理思想和方法，它执行了从供应商到最终顾客的物流的计划和控制等职能。供应链管理主要包括 4 个主要领域：供应(Supply)、生产计划(Schedule Plan)、物流(Logistics)、需求(Demand)。

企业供应管理是以同步化、集成化为指导，以各种技术为支持，围绕供应、生产、物流、满足需求来实施的。供应链管理的目标在于提高服务水平和降低总的交易成本，并且寻求两个目标的平衡。

企业供应链管理注重总物流成本(从原材到最终产成品的费用)与顾客服务水平之间的关系，为此要把供应链上各个职能部门，有机结合在一起，从而最大限度地发挥出供应链的整体力量，达到企业及其他企业群体获益的目的。

7.2.4 电子商务环境下物流业的发展方向

在电子商务时代，由于企业销售范围的扩大，企业和商业销售方式及最终消费者购买方式的转变，使得送货上门等业务成为一项极为重要的服务业务，促使物流行业的兴起。电子商务环境下物流企业追求的目标和发展的趋势是信息化、全球化、多功能化和一流的服务水平。

1. 信息化是现代物流业的发展之路

在电子商务时代，要提供最佳的服务，物流系统必须要有良好的信息处理和传输系统。良好的信息系统能提供及时的信息服务，帮助了解客户在想什么，需要什么，以赢得客户的信赖。在电子商务环境下，由于全球经济的一体化趋势，当前的物流业正向全球化、信息化、一体化发展。商品与生产要素在全球范围内以空前的速度自由流动。EDI(无纸贸易)与 Internet 的应用，使物流效率的提高更多地取决于信息管理技术；电子计算机的普遍应用提供了更多的需求和库存信息，提高了信息管理科学化水平，使产品流动更加容易和迅速。物流信息化，包括商品代码和数据库的建立，运输网络合理化、销售网络系统化和物流中心管理电子化建设等等。所以，没有现代化的信息管理，就没有现代化的物流。

2. 全球化是现代物流业的竞争趋势

20 世纪 90 年代早期，由于电子商务的出现，加速了全球经济一体化的过程，致使物流企业的发展达到了多国化。全球经济一体化使企业面临着许多的新问题，要求物流企业和生产企业更紧密地联系在一起，形成社会大分工。对于生产企业来说，要求集中精力制造产品、降低成本、创造价值；而相对于物流企业则要花费大量时间和精力更好地从事物流服务，客户对物流企业的要求比原来更高了。

3. 多功能化是现代物流业的发展方向

在电子商务时代，物流发展到集约化阶段，一体化的配送中心不单单提供仓储和运输服务，还必须开展配货、配送和各种提高附加值的流通加工服务项目，也可按客户的需要提供其他服务。电子商务使流通业经营理念得到了全面的更新，现代物流业的发展，使未来的产业分工更加精细，产销分工日趋专业化，大大提高了社会的整体生产力和经济效益，使现代物流业成为整个国民经济活动的中心。

4. 优质服务是现代物流业追求的目标

在电子商务下，现代物流业是介于供货方和购货方之间的第三方，是以服务作为第一宗旨。从当前物流的现状来看，物流企业不仅要为本地区服务，而且还要进行长距离的服务。因为客户对于物流企业所提供的服务要求是多方面的。因此，如何提供高质量的服务便成了物流企业管理的中心课题。

7.3 物流信息的收集与分析

7.3.1 物流信息

物流信息是反映物流各种活动内容的知识、资料、图像、数据、文件的总称。它是物流活动过程中各个环节生成的信息，一般是随着从生产到消费的物流活动而产生的信息流，与物流过程中的运输、保管、装卸、包装等各种职能有机结合在一起，是整个物流活动顺利进行所不可缺少的。它具有信息量大、分布广；信息更新快、实时性高；信息来源多样化；信息趋于标准化的特点。

7.3.2 物流信息技术

物流信息技术是现代信息技术在物流各个作业环节中的综合应用，是现代物流区别传统物流的根本标志，也是物流技术中发展最快的领域，尤其是计算机网络技术的广泛应用使物流信息技术达到了较高的应用水平。下面列举部分目前常用的物流信息技术。

1. 条形码技术

条形码(Bar Code)是由一组规则的、不同宽度的条和空白组成的标记。常见的条形码是由反射率相差很大的黑条(简称条)和空白(简称空)排成的平行线图案。“条”指对光线反射率较低的部分；“空”指对光线反射率较高的部分，这些条和空组成的数据表达一定的信息，并能够用特定的设备识别，转换成与计算机兼容的二进制或十进制信息，由计算机上的应用程序对条码数据进行操作和处理。

条形码可以标出物品的生产国、制造厂家、商品名称、生产日期、图书分类号、邮件起止地点、类别、日期等许多信息，因而在商品流通、图书管理、邮政管理、银行系统等许多领域都得到广泛的应用。其编码规则有唯一性、永久性、无含义。

1）常用条形码

条形码的类型很多，国际广泛使用的条码种类有 EAN(商品条码)、UPC 码(商品条码)、Code39 码(可表示数字和字母，在管理领域应用最广)、ITF25 码(在物流管理中应用较多)、Codebar 码(多用于医疗、图书领域)、Code93 码、Code128 码等。这里主要介绍 EAN 码和 UPC 码。

(1) EAN 码。EAN 代码为国际物品编码协会(EAN International)规定的国际通用商品代码格式。EAN 条形码有标准版(EAN－13)与缩短版(EAN－8)。我国通用的商品条形码与其等效。主板是由 13 位数字及相应的条形码符号组成，在较小的商品上也采用 8 位数字码及相应的条形码符号，图 7.3 所示即为 EAN 码。

(a) EAN-13码　　(b) EAN-8码

图 7.3　EAN 码

(2) UPC 码。UPC 条形码又称统一产品代码，只能表示数字，有 A、B、C、D、E5 个版本，版本 A 由 12 位数字组成，版本 E 由 8 位数字组成，最后一位数字均为校验码，如图 7.4 所示即为 UPC 码。主要使用于美国和加拿大地区，用于工业、医药、仓库等部门。

(a) UPC-A码　　(b) UPC-E码

图 7.4　UPC 码

2）二维条形码

由于一维条码的信息容量很小，如果商品上的条码仅能容纳几位或者十几位阿拉伯数字或字母，商品的详细描述只能依赖数据库提供，离开了预先建立的数据库，一维条码的使用就受到了局限。基于这个原因，在 20 世纪 90 年代人们发明一种新的码制，除具备一维条码的优点外，同时还有信息容量大(根据不同的编码技术，容量是一维的几倍到几十倍，从而可以存放个人的自然情况及指纹、照片等信息)，可靠性高(在损污 50%仍可读取完整信息)，保密防伪性强等优点。这就是在水平和垂直方向的二维空间存储信息的二维条码技术。二维条码继承了一维条码的特点，条码系统价格便宜，识读率强且使用方便，所以在国内银行、车辆等管理信息系统上开始应用。

目前二维条形码主要有 PDF417 码、Code49 码、Code16K 码、Data Matrix 码、Maxi Code 码等，一般分为堆积(层排)式和棋盘(矩阵)式两大类，如图 7.5 所示。

(a) 堆积式二维条形码　　(b) 棋盘式二维条形码

图 7.5　二维条形码

二维条形码作为一种新的信息存储和传递技术，从诞生时就受到社会的广泛关注。经过几年的努力，现已经应用在国防、公共交通、交通运输、医疗保健、工业、商业、金融、海关及政府管理等多个领域。

3）物流条形码

物流条形码是在物流过程中的以商品为对象、以集合包装为单位使用的条形码。它也是一组条、空及字符组成的图形，利用只读设备自动识别、采集数据，达到在整个物流系统中数据共享，传递信息更加快捷、方便、准确，提高整个物流系统的经济效益。

物流条形码与通用商品条形码相比有许多不同之处。通用商品条形码是最终消费单元的唯一标识，常常是单个商品的条形码；物流条形码则是货运单元的唯一标识，而货运单元是由若干消费单元组成的稳定的和标准的产品集合。

目前现存的条码码制多种多样，但国际上通用的和公认的物流条码码制只有三种：ITF-14条码、UCC/EAN-128条码及EAN-13条码。选用条码时，要根据货物的不同和商品包装的不同，采用不同的条码码制。

4）条码识读设备

扫描器作为阅读器的输入装置发展较快，总体上可分为接触式、非接触式、手持式和固定式扫描器等。

2. 射频识别技术

射频识别即RFID(Radio Frequency IDentification)技术，又称电子标签、无线射频识别，是一种通信技术，可通过无线电讯号识别特定目标并读写相关数据，而无须识别系统与特定目标之间建立机械或光学接触，是一种非接触式的自动识别技术。RFID是一种简单的无线系统，只有两个基本器件，该系统用于控制、检测和跟踪物体。系统由一个询问器(或阅读器)和很多应答器(或标签)组成。RFID标签具有体积小、容量大、寿命长、可重复使用等特点，可支持快速读写、非可视识别、移动识别、多目标识别、定位及长期跟踪管理。RFID技术与互联网、通信等技术相结合，可实现全球范围内物品跟踪与信息共享。RFID技术可识别高速运动物体并可同时识别多个标签，操作快捷方便。根据RFID系统完成的功能不同，可以粗略地把RFID系统分成四种类型：EAS系统、便携式数据采集系统、网络系统、定位系统。

3. 全球定位系统

全球定位系统(Global Positioning System，GPS)结合了卫星及无线技术，利用导航卫星进行测试时和测距，具有海陆空进行全方位、实时三维导航与定位功能的新一代卫星导航与定位系统，它是一个中距离圆形轨道卫星导航系统。

GPS的特点主要有：定位精度高；观测时间短；测站间无须通视，只需测站上空开阔即可；可提供三维坐标；操作简单；全天候作业，而且功能多、应用广。

GPS在物流领域中的应用如下：

(1) 用于汽车定位、跟踪调度。提供出行路线规划、信息查询、交通指挥、紧急援助等。随时掌握车辆动态，实现信息双向交流，及时掌握运输装备的异常情况等。

(2) 用于铁路运输管理。我国铁路开发基于GPS的计算机管理信息系统，可以通过GPS和计算机网络实时收集全路列车、机车、集装箱及所运货物的动态信息等。

(3) 用于军事物流。GPS首先是因为军事目的而建立的。在军事物流中，如后勤装备和保障等方面，GPS应用相当普遍尤其是在美国。目前，我国军事部门也在运用。

(4) 用于航运物流。为船舶测定最佳航程和安全航线、航向的适时调度、监控以及实施水上救援等。

(5) 用于航空物流。空中交通管理、精密进场着陆、导航和监视等。

4. 地理信息系统

地理信息系统(Geographical Information System，GIS)是20世纪60年代开始迅速发展起来的地理学研究成果，是多种学科交叉的产物。它以地理空间数据库为基础，在计算机软硬件的支持下，运用系统工程和信息科学的理论，科学管理和综合分析具有空间内涵的地理数据，以提供管理、决策等所需信息的技术系统。

GIS 的基本功能是将表格型数据转换为地理图形显示，然后对显示结果进行测量、操作和分析。其显示范围可以从洲际地图到非常详细的街区地图，显示对象包括人口、销售情况、运输线路以及其他内容。

GIS 应用于物流分析，主要是指利用 GIS 强大的地理数据功能来完善物流分析技术。完整的 GIS 物流分析软件集成了车辆路线模型、最短路径模型、网络物流模型、分析配合模型和设施定位模型等。能够建立功能强大的物流信息系统，使物流变得实时并且成本最优。

5. 磁条技术

磁条(卡)技术以涂料形式把一层薄薄的由定向排列的铁性氧化粒子用树脂黏合在一起并黏在诸如纸或塑料这样的非磁性基片上。磁条从本质意义上讲和计算机用的磁带或磁盘是一样的，它可以用来记载字母、字符及数字信息。优点是数据可多次读写，数据存储量能满足大多数需求，由于器黏附力强的特点，使之在很多领域得到广泛应用，如信用卡、银行 ATM 卡、机票、公共汽车票、自动售货卡、会员卡等。但磁条卡的防盗、存储量等性能比起一些新技术如芯片类卡技术还是有差距。

6. 声音识别技术

声音识别技术是一种通过识别声音达到转换成文字信息的技术，其最大特点就是不用手工录入信息，这对那些采集数据同时还要完成手脚并用的工作场合或键盘上打字能力低的人尤为适用。但声音识别的最大问题是识别率，要想连续地高效应用有难度。目前更适合语音句子量集中且反复应用的场合。

7. 视觉识别技术

视觉识别系统是一种通过对一些有特征的图像分析和识别系统，能够对限定的标志、字符、数字等图像内容进行信息的采集。视觉识别技术的应用障碍也是对于一些不规则或不够清晰图像的识别率问题而且数据格式有限，通常要用接触式扫描器扫描，随着自动化的发展，视觉技术会朝着更细致，更专业的方向发展，并且还会与其他自动识别技术结合起来应用。谷歌公司于 2012 年 4 月发布的一款“拓展现实”眼镜就具有视觉识别技术的先进性，谷歌眼镜(Google Project Glass)具有和智能手机一样的功能，可以通过声音控制拍照，视频通话和辨明方向以及上网冲浪、处理文字信息和电子邮件等。

8. 接触式智能卡技术

智能卡是一种将具有处理能力、加密存储功能的集成电路芯版嵌装在一个与信用卡一样大小的基片中的信息存储技术，通过识读器接触芯片可以读取芯片中的信息。接触式智能卡的特点是具有独立的运算和存储功能，在无源情况下，数据也不会丢失，数据安全性和保密性都非常好，成本适中。智能卡与计算机系统相结合，可以方便地满足对各种各样信息的采集传送、加密和管理的需要，它在国内外的许多领域如：银行、公路收费、水表煤气收费等得到了广泛应用。

9. 便携式数据终端

便携式数据终端(PDT)一般包括一个扫描器、一个体积小但功能很强并有存储器的计算机、一个显示器和供人工输入的键盘。所以是一种多功能的数据采集设备，PDT是可编程的，允许编入一些应用软件。PDT存储器中的数据可随时通过射频通信技术传送到主计算机。

10. 销售时点信息系统

销售时点信息(Point of Sale，POS)系统是指通过自动读取设备(如收银机)在销售商品时直接读取商品销售信息(如商品品名、单价、销售数量、销售时间、销售店铺、购买顾客等)，并通过通信网络和计算机系统传送至有关部门进行分析加工，以提高经营效率的系统。如图7.10所示。POS机最早用于零售业，后逐渐扩展至其他服务性行业(如金融业)，利用POS信息的范围也从企业内部扩展到整个供应链。POS系统有分门类别管理、自动读取销售时点信息、集中管理信息以及是连接供应链的有力工具的特点。

POS主要有以下两种类型。

(1) 消费POS，具有消费、预授权、查询支付名单等功能，主要用于特约商户受理银行卡消费。

(2) 转账POS，具有财务转账和卡内转账等功能，主要用于单位财务部门。

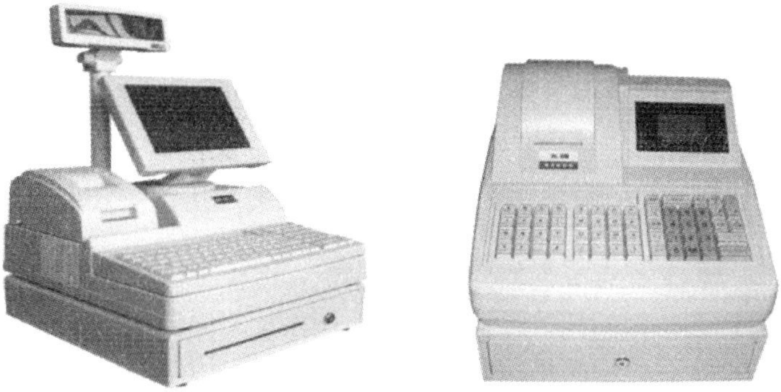

图7.6　两种类型的POS机

11. 电子订货系统

电子订货系统(Electronic Order System，EOS)是指将批发、零售商场所发生的订货数据输入计算机，即通过计算机通信网络连接的方式将资料传送至总公司、批发商、商品供货商或制造商处，是不同组织间利用通信网络和终端设备以在线连接的方式进行订货作业与订货信息交换的体系。

根据电子订货系统的整体运作程序来划分，大致可以分为企业内的EOS系统；零售商与批发商之间的EOS系统；零售商、批发商、生产商之间的EOS系统。无论采用何种形式的电子订货系统，皆以门店订货系统的配置为基础。EOS的基本框架如图7.7所示。

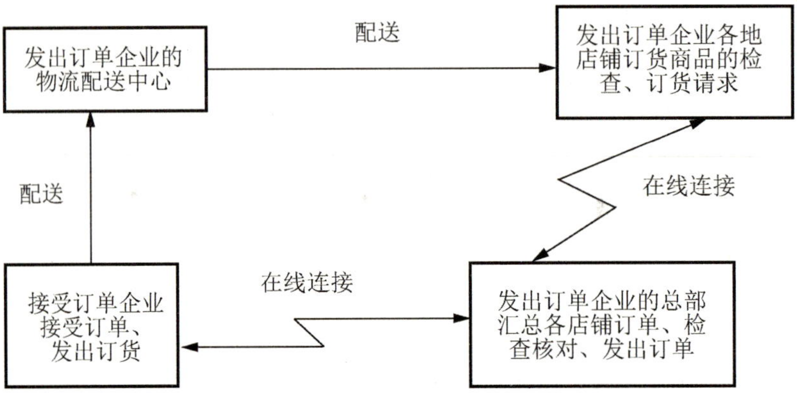

图 7.7　EOS 的基本框架

对于传统的订货方式，EOS 系统节约了时间，减少了商品订单的出错率，节省了人工费；有利于减少企业的库存积压，提高企业的库存管理效率，同时也能防止畅销商品缺货现象的出现；对于生产商和批发商来说，通过分析零售商的商品订货信息，能准确判断畅销商品和滞销商品，有利于企业调整商品生产和销售计划；有利于提高企业物流信息系统的效率，使各个业务信息子系统之间的数据交换更加便利和迅速，丰富企业的经营信息。

7.3.3　利用物流信息技术收集、处理物流基本作业信息

1. 自动化设备技术应用

物流自动化设备技术的集成和应用的热门环节是配送中心，其特点是每天需要拣选的物品品种多、批次多、数量大。一种是拣选设备的自动化应用，如北京市医药总公司配送中心，其拣选货架(盘)上配有可视的分拣提示设备，这种分拣货架与物流管理信息系统相连，动态地提示被拣选的物品和数量，指导着工作人员的拣选操作，提高了货物拣选的准确性和速度。另一种是一种物品拣选后的自动分拣设备。用条码或电子标签附在被识别的物体上(一般为组包后的运输单元)，由传送带送入分拣口，然后由装有识读设备的分拣机分拣物品，使物品进入各自的组货通道，完成物品的自动分拣。分拣设备在国内大型配送中心有所使用。但这类设备及相应的配套软件基本上是由国外进口，也有进口国外机械设备，国内配置软件。立体仓库和与之配合的巷道堆垛机在国内发展迅速，在机械制造、汽车、纺织、铁路、卷烟等行业都有应用。例如昆明船舶设备集团生产的巷道堆垛机在红河卷烟厂等多家企业应用了多年。近年来，国产堆垛机在其行走速度、噪音、定位精度等技术指标上有了很大的改进，运行也比较稳定。但是与国外著名厂家相比，在堆垛机的一些精细指标如最低货位极限高度、高速(80m/s 以上)运行时的噪音，电机减速性能等方面还存在不小差距。

2. 设备跟踪和控制技术

目前，物流设备跟踪主要是指对物流的运输载体及物流活动中涉及的物品所在地进行跟踪。物流设备跟踪的手段有多种，可以用传统的通信手段如电话等进行被动跟踪，可以

用RFID手段进行阶段性的跟踪，但目前国内用的最多的还是利用GPS技术跟踪。GPS技术跟踪利用GPS物流监控管理系统，它主要跟踪货运车辆与货物的运输情况，使货主及车主随时了解车辆与货物的位置与状态，保障整个物流过程的有效监控与快速运转。物流GPS监控管理系统的构成主要包括运输工具上的GPS定位设备、跟踪服务平台(含地理信息系统和相应的软件)、信息通信机制和其他设备(如货物上的电子标签或条码、报警装置等)。在国内，部分物流企业为了提高企业的管理水平和提升对客户的服务能力也应用这项技术，例如去年年底，沈阳等地方政府要求下属交通部门对营运客车安装GPS设备工作进行了部署，从而加强了对营运客车的监管。

3. 动态信息采集技术应用

企业竞争的全球化发展、产品生命周期的缩短和用户交货期的缩短等都对物流服务的可得性与可控性提出了更高的要求，实时物流理念也由此诞生。如何保证对物流过程的完全掌控，物流动态信息采集应用技术是必需的要素。动态的货物或移动载体本身具有很多有用的信息，例如货物的名称，数量、重量、质量、出产地或者移动载体(如车辆、轮船等)的名称、牌号、位置、状态等一系列信息，这些信息可能在物流中反复使用，因此，正确、快速读取动态货物或载体的信息并加以利用可以明显地提高物流的效率。在目前流行的物流动态信息采集技术应用中，一、二维条形码技术应用范围最广，其次还有磁条(卡)、语音识别、便携式数据终端、射频识别(RFID)等技术。

7.3.4 分析物流信息，撰写物流信息分析报告

1. 分析物流信息

物流信息分析报告是物流信息系统分析工作的总结。经过对组织结构与功能分析、业务流程分析、数据流程分析及数据功能分析，在上述分析调查的基础上建立新系统的逻辑模型，最后形成物流信息分析报告，全面总结系统分析工作，为系统设计与系统实施维护提供资料。

1) 物流系统环境调查分析

调查现行系统和哪些外部实体有工作联系，又有哪些物质和信息往来关系，了解相关物流行业的国家政策法规、物流行业的现状、物流市场的动向等一些相关信息。

2) 物流组织结构与功能分析

一般来说，企业的组织结构是根据企业的经营目标设置的。在对组织结构调查时，要搞清楚企业部门设置及行政隶属关系，画出企业组织结构图。根据每个部门的业务范围及人员职责分工情况，画出系统功能结构图。例如，物资管理包括物资计划、物资采购、物资库存管理、物资统计，而物资库存管理又由物资入库、物资出库、物资盘存处理等组成。由此可以得出整个企业的功能结构图。

3) 物流业务流程分析

根据系统功能结构图，详细调查每一笔业务处理的变化过程，每一条信息从何处来，到何处去，经由何处，如何处理。要求用业务流程图和数据流程图或其他形式表达出来。物流业务流程分析的主要任务是调查物流信息系统中每一项管理业务活动，可以帮助了解

物流业务的处理过程，发现和处理系统调查工作中的错误和疏漏，修改和删除语言系统的不合理部分，优化物流业务处理流程。

下面以仓储管理业务为例进行业务流程分析。

商品入库业务流程描述如下：

(1) 根据货主的正式入库证，入库管理员开入库单，交仓库收货人员，准备收货。

(2) 收货人员接货、搬运装卸、分选(分标记)、验收入库(场)、堆码，做好验收记录。

(3) 仓库收货人员与送货人员办理交接手续。即由收货人员在送货单上签收。

(4) 根据验收记录，仓库保管人员在商品入库单上签收，同时将商品存放的库房、储位编号等批注在入库单上(以便记账、查货和发货)。将多联入库单的一联留在仓库保管员处备查，一联退给入库管理员，一联给货主。

(5) 入库管理员根据入库单留底联登入库账，并制卡交仓库保管员挂在商品上。

具体的商品入库业务流程如图 7.8 所示。

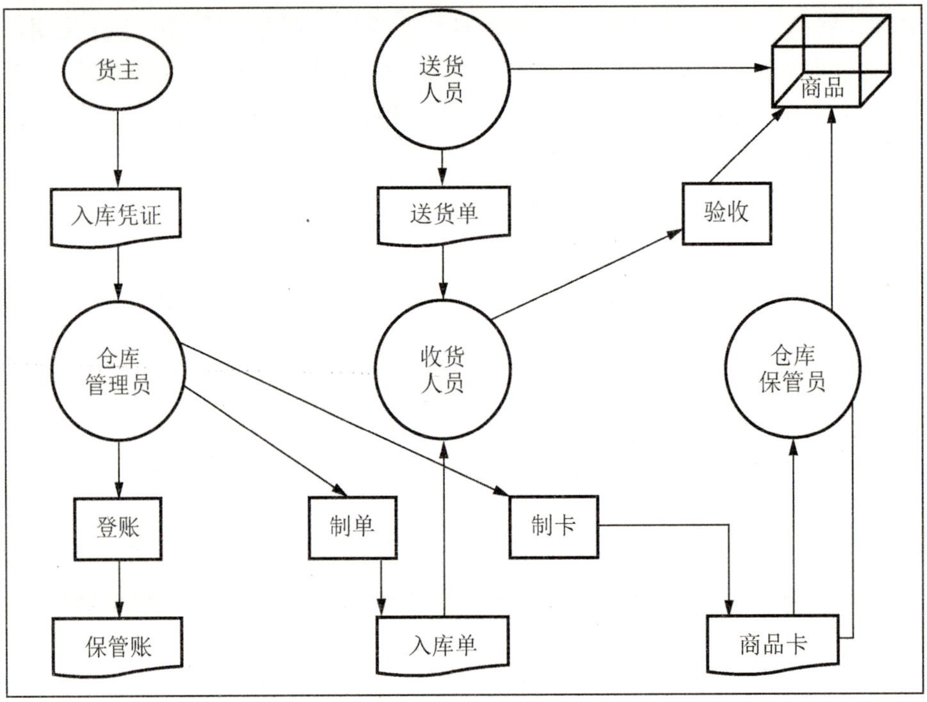

图 7.8 商品入库业务流程图

4) 物流数据流程分析

对业务处理流程中所涉及的单据、账册、报表进行收集、分类、整理，并填写信息载体调查表。包括名称、编号、所属业务、信息量、数据项及它们之间的关系、数据项的类型、长度和值域等。

5) 物流处理过程分析

业务处理流程只表示了业务与业务、业务与信息之间的关系，而对每个处理的具体细节没有说明，因而必须详细调查标识，作为将来程序设计的依据。处理过程通常以文字、结构化语言、判定树、判定表来表示。

2. 撰写物流信息分析报告

物流信息分析报告不但能够充分展示前段调查的结果，而且还应反映系统结果——系统的逻辑方案。它应包括如下主要内容：

(1) 信息系统总体结构图(包括总体结构图、子系统结构图、计算机流程图等)。

(2) 信息系统设备配置图(包括系统设备配置图、设备在各生产岗位的布图、主机、网络和终端连接图等)。

(3) 信息系统分类编码方案(包括分类方案、编码和校对方式)。

(4) 数据库结构图(包括表与表之间的结构、表内部结构等)。

(5) I/O 设计方案。

(6) HIPO 图(层次化模块控制图)、IPO 图等。

(7) 信息系统详细设计方案说明书。

7.4 物流配送

7.4.1 物流配送与配送中心

国内外创造出多种形式的配送，以满足不同产品、不同企业、不同流通环境的要求。

1. 配送

配送是物流系统中由运输派生出来的功能。配送是指在经济合理区域范围内，根据客户要求，对物品进行拣选、加工、包装、分割、组配等作业，并按时送达指定地点的物流活动。对配送的分类，主要有以下几种：

(1) 按配送节点不同分类：配送中心配送、仓库配送、商店配送。

(2) 按商品种类及数量不同分类：少品种大批量配送、多品种少批量配送、成套配送。

(3) 按配送时间及数量分类：定时配送、定量配送、定时定量配送、定时定路线配送、即时配送。

(4) 按配送的组织形式不同分类：集中配送、共同配送、分散配送。

2. 配送中心

配送中心是接受并处理末端用户的订货信息，对上游运来的多品种货物进行分拣，根据用户订货要求进行拣选、加工、组配等作业，并进行送货的设施和机构。具有采购、存储保管、分拣、集散和流通加工等功能。对配送中心的分类，主要有以下几种：

(1) 按内部特性分类：储存型配送中心、流通型配送中心、加工型配送中心。

(2) 按照流通职能分类：供应配送中心、销售配送中心。

(3) 按配送区域的范围分类：城市配送中心、区域配送中心。

7.4.2 配送的合理化运作

1. 配送合理化的判断标志

对于配送合理化与否的判断，是配送决策系统的重要内容，目前国内外尚无一定的技术经济指标体系和判断方法，按一般认识，以下若干标志是应当纳入的。

1）库存标志

(1) 库存总量降低。实行配送后库存量之和应低于实行配送前各客户库存量之和。

(2) 库存周转加快。一般总是快于原来各企业库存周转。

为取得共同比较基准，以上库存标志都是以库存储备资金计算，而不以实际物资数量计算。

2）资金标志

(1) 资金总量。用于资源筹措所占用的流动资金总量，随着储备总量的下降以及供应方式的改变必然会有一个较大的降低。

(2) 资金周转加快。从资金运用来讲，由于整个节奏加快，资金充分发挥作用，同样数量的资金过去需要较长时间才能满足一定供应要求，配送之后，在较短时间内就能达此目的。

(3) 资金投向的改变。实行配送后，资金应当从分散投入改为集中投入，增加调控作用。

3）成本和效益标志

由于总效益及宏观效益难以计量，在实际判断时，常以按国家政策进行经营，完成国家税收，配送企业及客户的微观效益来判断。

4）供应保证标志

(1) 缺货次数。实行配送后，对各用户来讲，该到货而未到货以致影响用户生产及经营的次数，必须下降才算合理。

(2) 配送企业集中库存量。对每一个用户来讲，其库存数量所形成的保证供应能力高于配送前单个企业保证程度，从供应保证来看才算合理。

(3) 即时配送的能力及速度。这一能力必须高于未实行配送前用户紧急进货能力及速度才算合理。

5）社会运力节约标志

运力使用的合理化是依靠送货运力的规划和整个配送系统的合理流程及与社会运输系统合理衔接实现的。

6）用户企业仓库、供应、进货人力物力节约标志

实行配送后各用户库存量、仓库面积、仓库管理人员减少为合理；用于订货、接货、搞供应的人也应减少才为合理。真正解除了用户的后顾之忧，配送的合理化程度则可以说是达到高水平了。

7）物流合理化标志

是否降低了物流费用；是否减少了物流损失；是否加快了物流速度；是否发挥了各种物流方式的最优效果；是否有效衔接了干线运输和末端运输；是否不增加实际的物流中转

次数；是否采用了先进的技术手段。

2. 配送合理化可采取的方法

（1）推行一定综合程度的专业化配送。通过采用专业设备、设施及操作程序，取得较好的配送效果并降低配送过分综合化的复杂程度及难度，从而追求配送合理化。

（2）推行加工配送。通过加工和配送结合，充分利用本来应有的这次中转，而不增加新的中转以求得配送合理化。同时，加工借助于配送，加工目的更明确，和用户联系更紧密，更避免了盲目性。这两者有机结合，投入不增加太多却可追求两个优势、两个效益，是配送合理化的重要经验。

（3）推行共同配送。通过共同配送，可以以最近的路程、最低的配送成本完成配送，从而追求合理化。

（4）实行送取结合。配送企业与用户建立稳定、密切的协作关系。配送企业不仅成了用户的供应代理人，而且承担用户储存据点，甚至成为产品代销人。在配送时，将用户所需的物资送到，再将该用户生产的产品用同一车运回，这种产品也成了配送中心的配送产品之一，或者作为代存代储，免去了生产企业库存包袱。这种送取结合，使运力充分利用，也使配送企业功能有更大的发挥，从而追求合理化。

（5）推行准时配送系统。准时配送是配送合理化的重要内容。配送做到了准时，用户才有资源把握，可以放心地实施低库存或零库存，可以有效地安排接货的人力、物力，以追求最高效率的工作。另外，保证供应能力，也取决于准时供应。准时供应配送系统是现在许多配送企业追求配送合理化的重要手段。

（6）推行即时配送。即时配送是最终解决用户企业担心断供之忧，大幅度提高供应保证能力的重要手段。即时配送是配送企业快速反应能力的具体化，是配送企业能力的体现。即时配送成本较高，但它是整个配送合理化的重要保证手段。此外，用户实行零库存、即时配送也是重要保证手段。

7.4.3 配送领域的技术应用

1. 配送服务技术

在配送车上货物的放置区内，依照产品品种在固定有限的范围内做有效的区隔是比较难实现的，再加上物流中心供应的客户、货物种类比较多，而且每家物流中心所用的出货容器均有差别，所以物流中心在进行出货作业时对配送的路线、区域均详细规划，才不致在配送过程中因交通问题而延滞交货，或因移动储位配置不佳使卸货时间变得冗长。故而“移动储位”的管理已直接影响到物流中心配送服务的水准。

在移动储位的管理上要做到如下几点：

（1）依配送计划决定后的送货优先级应对时间与送货量方面做严密的考虑。

（2）当优先级决定后，在驾驶记录表上应写明路线优先级与到达时间，并告诉驾驶员。

（3）货物装载的单位，应尽量使用标准尺寸，以提高装载车的容积率。

（4）装载车内的储存空间应预留一块位置，以利于配送物品顺序的移转、调配以及人员取货活动等。

(5) 货品装载单位上，应附上客户名称、卸货顺序的标示卡，并将货物正确存放在事先规划好的移动储位编号上，卸货顺序依“先达后进”的原则。若无事先规划好的移动储位编号，则每家店的货物必须以隔板或其他装置加以明确区隔。

2. 车辆排程系统

一般物流中心从接受订单至出货所花费的时间相当长，配送路线的决定不明确，致使效率低下，许多状况无法满足客户需求。为了解决这类问题，车辆排程系统(Vehicle Scheduling System，VSS)的应用尤显重要，其主要的功能在于提高管理水准与作业效率，并借此确立配送系统的效率。

3. 节约法制定配送线路

节约法是制定详细的配送方案比较常见的方法。节约法是启发式算法中具有代表性的一种算法，下面介绍节约法的基本方法。

设配送中心是 P_o，m 个客户分别是 P_1，P_2，…，P_m；P_i 和 P_j 之间的最短距离是 $d_{i,j}$，且 $d_{i,j}$ 已知(i，$j=1$，2，…，m)。

如果发送车辆的吨位已知，并且每一辆车都可以满载，则研究的目标转化为使所有参加发送的车辆的总发送距离在满足条件的基础上最小。

在考虑配送计划时，首先假定在任何情况下，运输网络中的任意两点都有路径可以连通，并且都有最短路线，如图 7.9(a)、7.9(b)和 7.9(c)所示。如果两点间的运输不畅通(如险路、交通故障阻塞等)，则可以将这些情况转化为相应的约束条件列入方程组中，然后求解。

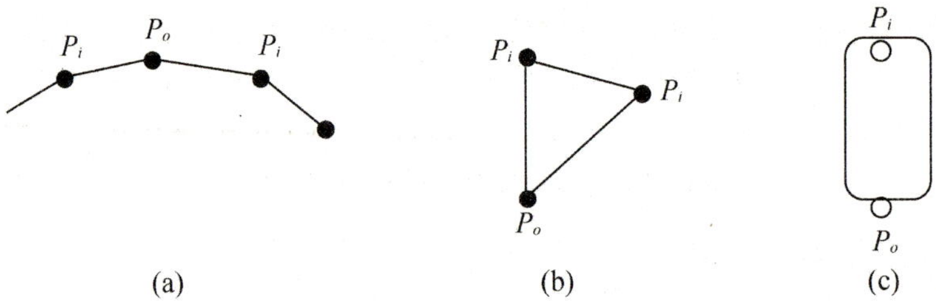

图 7.9 可能采用的配送路线

如图 7.10 所示，如果把原来图 7.10(a)的运输路线由 $P_o-P_{i-1}-P_i-P_o$ 和 $P_o-P_{j+1}-P_j-P_o$ 改为图 7.10(b)的 $P_o-P_{i-1}-P_i-P_j-P_{j+1}-P_o$，则改动之后的节约量是：$S_{i,j}=d_{o,i}+d_{o,j}-d_{i,j}$。

这就是有名的节约量公式。

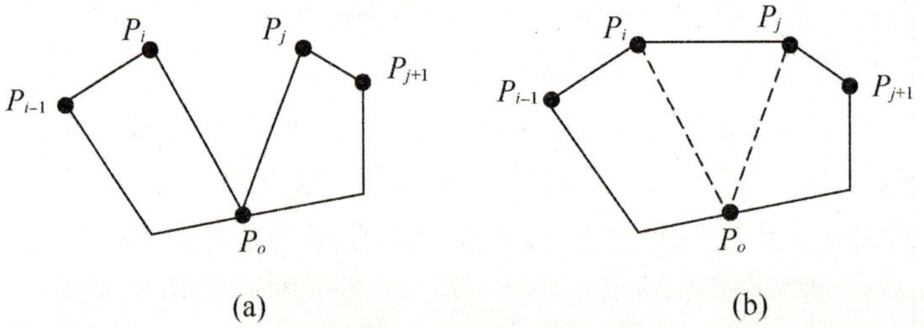

图 7.10 典型的节约方案

7.4.4 制定配送方案

1. 拟订配送计划流程

在配送之前必须制作配送计划，这是配送省时化、省力化的主要因素。配送计划的要点及流程如图 7.11 所示，这些要点包括企业的中长期规划、人员的使用及训练计划、增车及车检计划、对主要顾客的配送分析及服务的计划流程。

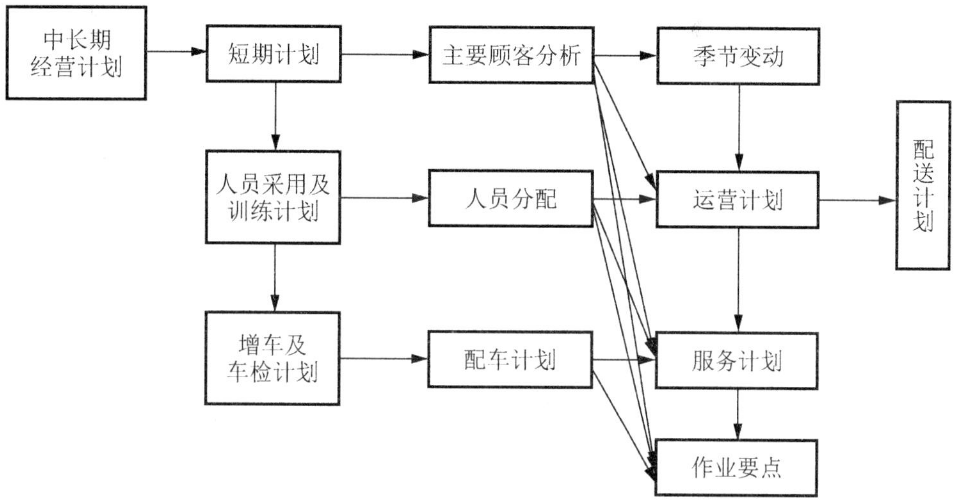

图 7.11 配送计划要点及流程

首先，必须明确配送方案解决的目的及其实施的范围。其次，要合理定位配送区域。将客户所在地的具体位置做一个统计，并将其作区域上的整体划分。将每一客户纳入不同的基本配送区域之中，以作为下一步决策的基本参考。同时，确定每一个目标的配送模式和配送时间。

2. 选择配送方法

选择配送方法主要包括三个方面的内容：确定配货作业方法、确定车辆配装方法和确定配送路线。

1）确定配货作业方法

配货是配送工作的第一步，根据各个用户的需求情况，首先确定需要配送货物的种类和数量，然后在配送中心将所需货物挑选出来，即所谓的分拣。分拣工作可采用自动化的分拣设备，也可采用手工方法，这主要取决于配送中心的规模及其现代化的程度。配货作业有两种基本形式：分货方式、拣选方式。

2）确定车辆配装方法

由于配送作业本身的特点，配送工作所需车辆一般为汽车，由于需配送的货物的重量、体积及包装形式各异，在配装货物时，既要考虑车辆的载重量，又要考虑车辆的容积，使车辆的载重和容积都得到有效地利用，这样就可以节省运力，减少配送的 t·km 数，从而降低配送费用。具体车辆配装时则要根据需配送货物的具体情况以及车辆情况，主要是依靠经验或简单的计算公式来选择最佳方案。

3）确定配送路线

配送路线合理与否对配送速度、成本、效益影响很大，采用科学合理的方法来确定配送路线是配送活动中非常重要的一项工作。

3. 分析和计算配送成本

配送成本费用包括配送运输费用、分拣人工费用、配装费用和流通加工费用。配送成本费用的核算是多环节的核算，是各个配送环节或活动成本费用的集成。因此，对每个环节都应当计算各成本对象的总成本，即

配送成本＝配送运输成本＋分拣成本＋配装成本＋流通加工成本

（1）配送运输成本的计算方法

配送运输成本＝配送车辆费用＋配送间接费用

＝$\sum$配送运输成本项目成本核算期发生的成本

（2）分拣成本的计算方法

分拣成本＝分拣直接费＋分拣间接费

＝$\sum$分拣成本项目成本核算期发生的成本

（3）配装成本的计算方法

配装成本＝配装直接费＋配装间接费

＝$\sum$配装成本项目成本核算期发生的成本

（4）流通加工成本的计算方法

流通加工成本＝流通加工直接材料费用＋流通加工直接人工费用＋流通加工制造费用

4. 制定配送作业流程

1）制定总的配送作业流程

配送的总体流程其程序如下：

（1）接受并汇总订单。无论从事何种货物配送活动，配送中心都有明确的服务对象。因此，在未曾进行实质性的配送活动之前，都有专门的机构以各种方式收取客户的订货通知单并加以汇总。按照惯例，接受配送服务的各个客户一般都要在规定的时间点以前将订货单通知给配送中心，以此来确定所要配送货物的种类、规格、数量和配送时间。

收取和汇总客户的订单是配送中心组织和调度诸如进货、理货、送货等活动的重要依据，是配送中心作业流程的开端。

（2）进货。配送中心的进货流程包括订货、验收、分拣和存储。

（3）理货和配货。配送中心要对组织进来的各种货物进行整理，并依据顾客要求进行组合。理货和配货是整个企业流程的关键环节，同时它也是配送的实质性内容。有加工作业、拣选作业、包装作业、配装作业。

（4）出货流程。这是配送中心的末端作业，也是整个配送流程中的一个重要环节，包括装车和送货两项活动。

企业应依据配送作业的总流程，结合自身的特点，在配送方案中制定科学、合理的总

体配送作业流程，以指导实际的配送作业。

2）制定各子流程的作业流程

在总体配送作业流程的基础上，还应制定各个子流程的具体作业流程。图 7.12 就列举了其中配送运输的基本作业流程。

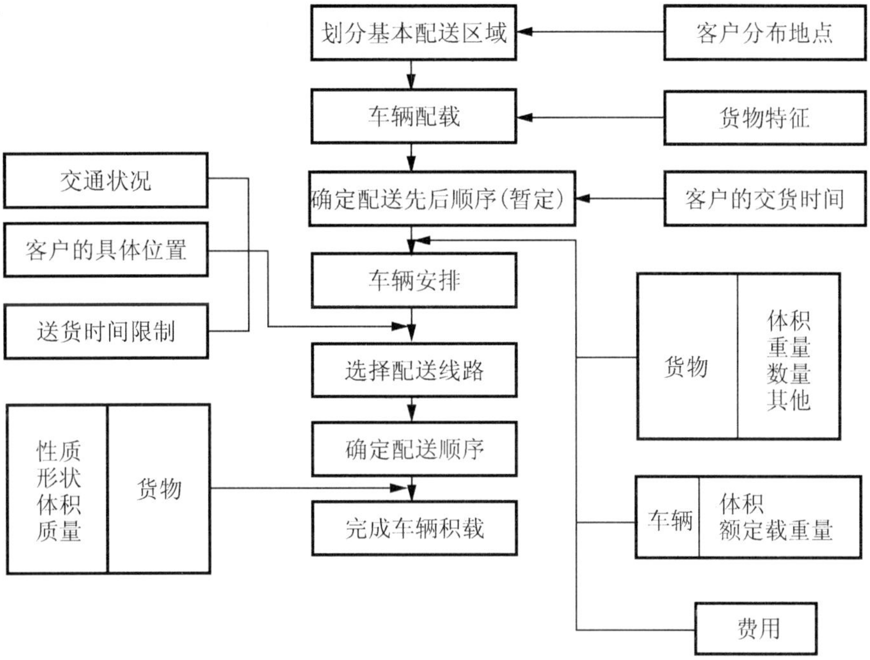

图 7.12　配送运输的基本作业流程

7.5　企业物流

企业物流是指企业在生产经营过程中，物品从原材料供应，经过生产加工到产成品的销售，以及伴随生产消费过程中所产生的废弃物的回收及再利用的完整循环活动，包括物料在仓库与车间之间每个环节的流转、移动和储存及有关的咨询管理活动，它由采购物流、生产物流、销售物流、回收物流、废弃物物流组成，是一个集商流、信息流、资金流、实物流、人才流为一体的供应链。其目标是保障生产顺利进行、降低企业成本、提高企业效率；企业物流系统化、规范化；建立和谐供求、满足市场需要。

物流在各个不同领域的功能和作用均是为了完成将商品从生产者或商品的据点向消费者的转移，但是，不同的行业和不同类型的企业其进行的物流活动的运作方法和重点也是不同的。不同行业和企业的物流活动可以分成生产企业物流、商业企业物流和配送中心物流这三种典型的企业物流。

7.5.1　生产企业物流

生产企业物流从企业的生产经营管理的角度出发研究与之有关的物流活动，这是一个具体的、微观的物流活动的典型领域。生产企业物流围绕着企业组织商品生产的活动，包括了从原材料和零部件的采购、进行生产的过程直到所生产的商品销售出厂以及售后服务的一切物流活动。

对生产企业物流的进一步研究又可以将之细分为采购物流、厂内物流、销售物流、退货物流和废弃物回收物流等物流活动，生产企业物流的结构如图 7.13 所示。

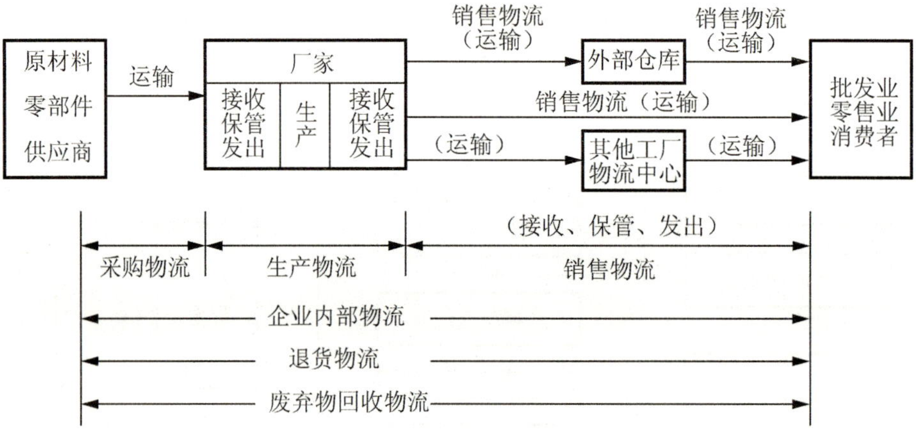

图 7.13　生产企业物流的结构

1. 采购物流

采购物流是将为生产所需而从供应商处采购的原材料、零部件从供应商处运回厂内；采购物流还包括从销售点回收或采购产品包装用的容器以及可以重复使用的材料的回收物流。

采购物流活动对企业生产的正常、高效的运行有着重大的作用，其目标不仅仅是保证企业生产的原材料的供应，而且还必须考虑以最低的成本和最少的消耗，以及最大的供应保证性来组织企业的供应物流活动。企业采购物流所研究的主要问题包括企业生产的供应网络、供应方式和零库存(Just In Time，JIT)等。企业竞争的关键在于如何最大限度地降低企业供应物流的成本，而且也是企业物流的最大难点。

2. 厂内物流

将所采购的原材料和零部件等放入仓库并加以妥善保管，在生产需要时及时出库送到生产现场；将工厂生产的商品运到物流中心、厂内或其他工厂的仓库入库；物流中心和工厂的仓库对商品进行必要的运输包装和流通加工等。

企业内部物流或者称为企业生产物流是企业生产活动中心环节，是贯穿在企业的整个生产过程中的物流活动，实际上是生产过程的一部分。企业生产物流将企业生产的全过程作为一个整体加以研究，在很大程度上降低了生产过程中物流活动与实际加工所占用的时间比，从而可以大大缩短企业产品大的生产周期，提高了生产效率。

3. 销售物流

销售阶段的物流是企业为实现产品销售，组织产品送达用户或市场供应点的外部物流。即将生产的商品从工厂、物流中心或外单位的仓库送到批发商、零售商或消费者手中的运输或配送，包括将生产的商品送到外单位仓库的运输和配送。对于双方互需产品的工厂企业，一方的销售物流便是另一方的外部供应物流。商品生产的目的在于销售，能否顺利实现销售物流是关系到企业经营成果的大问题。销售物流对工业企业物流经济效果的影响很大，成为企业物流研究和改进的重点。

销售物流是企业为了保证本企业的经营效益所进行的销售活动，即将企业所生产的产品所有权转让给用户的物流活动。企业销售物流的特点是通过产品的包装、送货、配送等一系列物流活动来实现销售，因此，企业销售物流所研究的问题包括产品的送货方式、包装形式、运输的最佳路线等问题，同时还要注意采取少批量、多批次、定时、定量进行配送等特殊的物流方式达到目的。

4. 退货物流

对已采购但验收不合格的原材料和零部件的退货，以及与已售出的商品的退货有关的运输、验收和保管的物流活动。

企业在采购以后入库验货不合格向供应商退货，或者企业生产的商品在销售后因为各种原因而被退货是不可避免的。企业的退货物流活动开展的好坏，一方面将直接影响企业的经济效益，另一方面，将影响企业在自己的客户群中的信任度。

5. 废弃物回收物流

工厂在生产过程中有关的废弃的包装容器和材料、生产过程中产生的其他废弃物的运输、验收、保管和出库，以及企业对在生产过程中排放的无用物包括对有害物质进行运输、装卸、处理等物流活动。

回收物品的处理不当，往往会影响企业的整个生产环境，更严重的甚至会造成企业产品质量的问题，影响产品的销售。此外，有害物质处置的妥当与否将直接影响企业的正常生产，甚至会影响企业的生存和社会环境。

7.5.2 商业企业物流

生产企业所进行的主要是商品的生产，虽然生产企业的物流业务包含了销售物流的内容，而且在市场经济下生产企业也进行对本企业生产的商品的销售，在电子商务环境下也通过网络营销进行商品的网上销售，但是社会商品的流通主要还是由商业企业来完成。商业企业的物流活动围绕企业所经营的商品的进、销、调、存、退进行，从采购所经营的商品，通过营销策划出售商品满足消费者的需求，到商品的售后服务等一切物流活动。

商业企业的物流活动具体包括商品采购物流、企业内部物流、销售物流和商品退货物流，商业物流的结构图如图 7.14 所示。

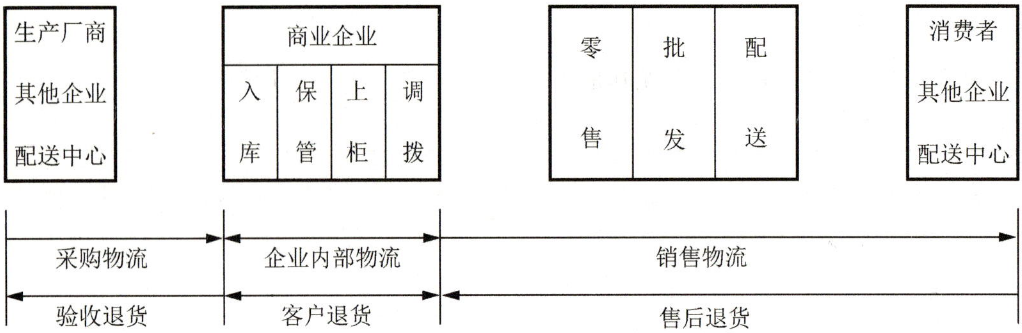

图 7.14 商业企业物流

1. 商业企业采购物流

采购物流是将本企业所经营的商品以及销售商品所需的其他物品从生产厂家或其他商品据点运回公司，商业企业采购的商品有时由商品的生产厂商或配送中心负责运输。当商品运回时，企业的有关人员需要对所采购的商品进行验收，合格的商品入库，不合格的则需要组织退货。

商品采购进货的成本及其相关的费用的降低会给企业带来更高的利润。做好商品采购物流不但可以保证商店正常销售的商品供应不至于脱销，而且能够使企业的商品库存有一个尽可能低的安全库存量，从而减少企业的库存资金，增加流动资金，使企业能够获得更大的经济效益。

2. 商业企业的内部物流

商业企业的内部物流包括商品出库运输到本店的销售市场上柜或各分店及连锁店进行销售，以及从本店向其他商业企业的调拨运输。另外，企业的内部物流还包括对库存的商品进行合理的保管，以及对采购来的商品进行必要的拆包、分档和再包装等加工。

商业企业的内部物流主要作用是保证商品的正常销售，因此，做好企业内部物流可以大大降低企业经营的费用，对企业十分重要。

3. 商业企业的销售物流

商业企业的销售物流包括通过零售、批发以及配送将商品发送到消费者或购物单位手中的运输和配送。

销售物流使商品交易活动得以完成，并通过良好的销售活动维系企业与客户的关系，做好为客户的售后服务。因此，销售物流对于商业企业十分重要。

4. 商业企业的退货物流

商业企业的退货物流包括在商品采购的进货验收时发现的商品不合格以及在商品销售后客户发现所购商品的质量问题所发生的退货，退货的商品由商业企业暂存并运到生产厂家或其他的进货点。做好退货物流，一方面可以减少企业的采购成本；另一方面，提高企业的服务信誉，这对企业相当重要。

7.5.3 配送中心物流

随着物流配送越来越频繁，尤其是面对零售业多品种、少批量的订货，配送中心的劳动量大大增加，与此同时，对物流服务和质量的要求也越来越高。运用新技术对配送中心物流进行管理，专业化、社会化、国际化的物流配送中心显示了巨大优势，有着强大的生命力，代表了现代物流配送的发展方向，新型物流配送中心将是未来物流配送中心发展的必然趋势。

1. 新型物流配送中心的基本条件

1）高水平的装备配置

新型物流配送中心面对的是成千上万的供应厂商和消费者以及瞬息万变竞争激烈的市场，必须配备现代化的物流装备。如电脑网络系统、自动分拣输送系统、自动化仓库、自动旋转货架、自动装卸系统、自动导向系统、自动起重机、商品条码分类系统、输送机等新型高效的现代化、自动化的物流配送机械化系统。缺乏高水平的物流装备，建设新型物流配送中心就失去了起码的基本条件。

2）高素质的人员配置

必须配备数量合理、质量较高、具有一定物流专业知识的管理人员、技术人员、操作人员，以确保物流作业活动的高效运转。没有一支高素质的物流人才队伍，建设新型物流配送中心就不可能实现。

3）高水平的物流管理

作为一种全新的物流运作模式，其管理水平必须达到科学化和现代化，通过科学合理的管理制度，现代的管理方法和手段，才能确保新型物流配送中心的功能和作用的发挥。

2. 新型物流配送中心的特征

1）配送反应速度快

新型物流配送中心对上、下游物流配送需求的反应速度越来越快，前置时间越来越短。在物流信息化时代，速度就是金钱，速度就是效益，速度就是竞争力。

2）配送功能集成化

主要是将物流与供应链的其他环节进行集成，如物流渠道与商流渠道集成、物流功能集成、物流环节与制造环节集成、物流渠道之间的集成。

3）配送作业规范化

强调物流配送作业流程和运作的标准化、程式化和规范化，使复杂的作业简单化，从而大规模地提高物流作业的效率和效益。

4）配送服务系列化

强调物流配送服务的正确定位与完善化、系列化，除传统的配送服务外，在外延上扩展物流的市场调查与预测、物流订单处理、物流配送咨询、物流配送方案、物流库存控制策略建议、物流货款回收、物流教育培训等系列的服务。

5）配送目标系统化

从系统的角度统筹规划的一个整体物流配送活动，不求单个物流最佳化，而求整体物流活动最优化，使整个物流配送达到最优化。

6）配送手段现代化

使用先进的物流技术、物流设备与管理为物流配送提供支撑，生产、流通和配送规模越大，物流配送技术、物流设备与管理就越需要现代化。

7）配送组织网络化

有完善、健全的物流配送网络体系，物流配送中心、物流结点等网络设施星罗棋布，并运转正常。

8）配送经营市场化

物流配送经营采用市场机制，无论是企业自己组织物流配送还是社会物流配送，都实行市场化。只有利用市场化这只看不见的手指挥调节物流配送，才能取得好的经济效益和社会效益。

9）物流配送流程自动化

物流配送流程自动化是指运送规格标准、仓储货、货箱排列装卸、搬运等按照自动化标准作业、商品按照最佳配送路线等。

10）物流配送管理法制化

宏观上，要有健全的法规、制度和规则；微观上，新型物流配送企业要依法办事，按章行事。

电商实践

物流中心库位优化的12大原则

以周转率为基础法则；产品相关性法则；产品同一性法则；产品类似性法则；产品互补性原则；产品相容性法则；先进先出法则；叠高法则；面对通道法则；产品尺寸法则；储位表示法则；明示法则。

7.6 物流信息系统

7.6.1 物流信息系统概述

1. 物流信息系统概念

物流信息系统是由人员、计算机硬件、软件、网络通信设备及其他办公设备组成的人机交互系统，其主要功能是进行物流信息的收集、存储、传输、加工整理、维护和输出，为物流管理者及其他组织管理人员提供战略、战术及运作决策的支持，以达到组织的战略竞优，提高物流运作的效率与效益。

2. 物流信息系统特点

尽管物流系统是企业经营管理系统的一部分，物流信息系统与企业其他的管理信息系统在基本面上没有太大的区别，如集成化加模块化、网络化加智能化的特征，但物流活动本身具有的时空上的特点决定了物流信息系统具有自身独特的特征。

1）跨地域连接

在物流活动中，由于订货方和接受订货方一般不在同一场所，如处理订货信息的营业部门和承担货物出库的仓库一般在地理上是分离的，发货人和收货人不在同一个区域等，这种在场所上相分离的企业或人之间的信息传送需要借助于数据通信手段来完成。在传统的物流系统中，信息需要使用信函、电话、传真等传统手段实现传递，随着信息技术进步，利用现代电子数据交换技术可以实现异地间数据的实时、无缝的传递和处理。

2）跨企业连接

物流信息系统不仅涉及企业内部的生产、销售、运输、仓储等部门，而且与供应商、业务委托企业、送货对象、销售客户等交易对象以及在物流活动上发生业务关系的仓储企业、运输企业和货代企业等众多的独立企业之间有着密切关系，物流信息系统可以将这些企业内外的相关信息实现资源共享。

3）信息的实时传送和处理

物流信息系统一方面需要快速地将搜集到的大量形式各异的信息进行查询、分类、计算、储存，使之有序化、系统化、规范化，成为能综合反映某一特征的真实、可靠、适用而有使用价值的信息；另一方面，物流现场作业需要从物流信息系统获取信息，用以指导作业活动，即只有实时的信息传递，使信息系统和作业系统紧密结合，克服传统借助打印的纸质载体传递信息作业的低效作业模式。

7.6.2 物流信息系统功能

物流信息系统是物流系统的神经中枢，它作为整个物流系统的指挥和控制系统，可以分为多种子系统或者多种基本功能。通常，可以将其基本功能归纳为以下几个方面。

1. 数据的收集和输入

物流数据的收集首先是将数据通过收集子系统从系统内部或者外部收集到预处理系统中，并整理成为系统要求的格式和形式，然后再通过输入子系统输入到物流信息系统中。这一过程是其他功能发挥作用的前提和基础，如果一开始收集和输入的信息不完全或不正确，在接下来的过程中得到的结果就可能与实际情况完全相左，这将会导致严重的后果。因此，在衡量一个信息系统性能时，应注意它收集数据的完善性、准确性，以及校验能力、预防和抵抗破坏能力等。

2. 信息的存储

物流数据经过收集和输入阶段后，在其得到处理之前，必须在系统中存储下来。即使在处理之后，若信息还有利用价值，也要将其保存下来，以供以后使用。物流信息系统的存储功能就是要保证已得到的物流信息能够不丢失、不走样、不外泄、整理得当、随时可用。无论哪一种物流信息系统，在涉及信息的存储问题时，都要考虑到存储量、信息格式、存储方式、使用方式、存储时间、安全保密等问题。如果这些问题没有得到妥善的解决，信息系统是不可能投入使用的。

3. 信息的传输

物流信息在物流系统中，一定要准确、及时地传输到各个职能环节，否则信息就会失去其使用价值了。这就需要物流信息系统具有克服空间障碍的功能。物流信息系统在实际运行前，必须要充分考虑所要传递的信息种类、数量、频率、可靠性要求等因素。只有这些因素符合物流系统的实际需要时，物流信息系统才是有实际使用价值的。

4. 信息的处理

物流信息系统的最根本目的就是要将输入的数据加工处理成物流系统所需要的物流信息。数据和信息是有所不同的，数据是得到信息的基础，但数据往往不能直接利用，而信息是从数据加工得到，它可以直接利用。只有得到了具有实际使用价值的物流信息，物流信息系统的功能才算真正发挥。

5. 信息的输出

信息的输出是物流信息系统的最后一项功能，也只有在实现了这个功能后，物流信息系统的任务才算完成。信息的输出必须采用便于人或计算机理解的形式，在输出形式上力求易读易懂，直观醒目。

这五项功能是物流信息系统的基本功能，缺一不可。而且，只有五个过程都没有出错，最后得到的物流信息才具有实际使用价值，否则会造成严重的后果。

电商实践

数字解读沃尔玛美国供应链体系

在美国，沃尔玛有120个分销中心，每个服务75～100个店，辐射250英里配送；沃尔玛品类比：食品杂货51%，娱乐13%，耐用品11%，服装10%，健康健身10%，家居5%；每个分销中心500～1000名员工，有12英里传送带；沃尔玛司机7950人，货车53000辆，拖车7950辆。沃尔玛其实是一家巨大的物流公司。

7.6.3 物流软件的使用

物流软件泛指物流企业或者企业的物流部门所使用的信息系统。包括物流运输企业的信息管理系统、社会物流基础设施关联信息系统、决策支持系统等。

1. 物流运输企业的信息管理系统

客户需要的多样化和个性化，要求企业运输物流提供商提供高水准、差别化的物流服务。物流运输企业与供应链的参与各整合方在一起，作为第三方物流的运输企业，经营效率的高低直接影响到整个供应链的经营效果。许多物流运输企业特别是大型物流运输企业从战略高度出发建立自己的战略信息系统，提高企业经营效率。以下介绍其中的货物跟踪系统和车辆运行管理系统。

1）货物跟踪系统

货物跟踪系统(Goods-tracked System)是指物流运输企业利用物流条形码和EDI技术

及时获取有关货物运输状态的信息(如货物品种、数量、货物在途情况、交货期间、发货地和到达地、货物的货主、送货责任车辆和人员等)，提高物流运输服务的方法。具体说就是物流运输企业的工作人员在向货主取货时、在物流中心重新集装运输时、在向顾客配送交货时，利用扫描仪自动读取货物包装或者货物发票上的物流条形码等货物信息，通过公共通信线路、专用通信线路或卫星通信线路把货物的信息传送到总部的中心计算机进行汇总整理，这样所有被运送的货物的信息都集中在中心计算机里。货物跟踪系统提高了物流企业的服务水平。

2）车辆运行管理系统

在物流运输行业，由于作为提供物流运输服务手段的运输工具(如卡车、火车、船舶、飞机等)在从事物流运输业务过程中处于移动分散状态，为便于及时调配车辆，尽量避免车辆完成运输后放空等现象，许多企业采用了车辆运行管理系统。在车辆运行管理系统中应用较多的有两种：一种是适应于城市范围内应用 MCA 无线技术的车辆运行管理系统，另一种是适应于全国、全国范围的应用通信卫星、GPS 技术和 GIS 技术的车辆运行管理系统。

2. 社会物流基础设施关联信息系统

社会物流基础设施包括道路、铁道、码头、机场、海关等硬件设施和提供这些硬件设施使用情况的信息系统以及提高这些硬件设施使用效率的管理系统等软件设施。提供高效率的服务不仅取决于物流企业自己的经营条件，而且取决于外部物流基础设施的状况和社会物流信息的交流。下面介绍几个信息系统说明建立社会物流基础设施关联信息系统的重要性。

1）智能交通系统

多频度、小数量运送和及时运送的物流需求使得货物运送的频度大大增加，配送的时间规定也越来越严格。在这种环境下，目前一些发达国家的大型道路交通运输企业，利用通信卫星、GPS 和数字式电子交通地图建立了智能交通系统。

智能交通系统(Intelligent Transporation System，ITS)，其前身是智能车辆道路系统。智能交通系统是将先进的信息技术、通信技术、传感技术、控制技术以及计算机技术等有效地集成运用于整个交通运输管理体系，而建立起的一种在大范围内、全方位发挥作用的，实时、准确、高效的综合运输管理系统。

智能交通系统的应用范围包括机场、车站客流疏导系统，城市交通智能调度系统，高速公路智能调度系统，运营车辆调度管理系统，机动车自动控制系统等。该智能交通系统通过人、车、路的和谐以及密切配合提高交通运输效率，缓解交通阻塞，提高路网通过能力，减少交通事故，降低能源消耗，减轻环境污染，还能避免因交通阻塞所带来的经济损失。

2）综合通关信息管理系统

国际贸易的开展带来了国际物流活动。在国际物流活动中，通关活动是一个重要组成部分。提高通关速度能提高国际物流活动的效率。由于通关过程涉及品种分类、商品价格、关税税率等许多信息的交流，现时通关活动与货主、运输公司、物流服务企业、银行保险企业、商品商检部门、保税仓库等部门有密切的联系，因此建立一个综合的通关信息管理系统很有必要。

综合通关信息管理系统是通过在线连接把运输企业(如海运企业、空运企业)、物流服务企业、货物装卸企业、保税仓库、通关代理企业、银行保险、关税收缴部门等连接在一起构成的网络。

通过综合通关信息管理系统，货主在系统网络终端能完成关税申报手续，同时也能询问和检查关税申报进度和货物保管情况，并交纳关税和支付运输装卸费用等。税务部门利用综合通关信息管理系统，受理报关，自动计算申报商品价格、适用税率、外汇汇率，确定纳税税款，通知纳税时间，现时进行报关审查。建立综合通关信息管理系统可以缩短通关时间，提高通关效率。

3）港口海运信息管理系统

港口作为远洋船舶和内河船舶以及内陆运输(卡车和火车)的枢纽，是远洋运输和内河运输物流链上的一个重要结点。港口物流服务效率的高低，直接影响到整个物流链的绩效水平。下面以几个港口海运信息管理系统为例说明。

(1) 德国汉堡港信息管理系统：建立于 1983 年，主要进行海运行业各种业务信息的传送并进行与海运有关的 200 多种格式的电子单证的处理加工。

(2) 新加坡港信息管理系统：于 1984 年开始建立，该系统称为新加坡 PORTENT。其用户有 12 000 多家企业，并与 2 个亚洲港口和 6 个非亚洲港口建立了电子数据交换联系。

(3) 我国海运信息管理系统：我国航运界在应用以电子数据交换(EDI)为核心的海运信息管理系统方面，起步较早的企业是中国远洋运输集团公司。1989 年中远集团开始在中美海运航线上进行货运舱单 EDI 通信的试点工作，1992 年试点扩展到中国至西北欧航线，并于 1993 年开始向主要航线推广使用 EDI 的国际标准 UN/EDI-FACT。

3. 决策支持系统

决策支持系统(Decision Support System，DSS)是辅助决策者通过数据、模型和知识，以人机交互方式进行半结构化或非结构化决策的计算机应用系统。它是管理信息系统(Management Information System，MIS)向更高一级发展而产生的先进信息管理系统。它为决策者提供分析问题、建立模型、模拟决策过程和方案的环境，调用各种信息资源和分析工具，帮助决策者提高决策水平和质量。

物流企业的运营随着企业规模和业务跨地域发展，必然要走向全球化发展的道路。在全球化趋势下，物流目标是为国际贸易和跨国经营提供服务，选择最佳的方式与路径，以最低的费用和最小的风险，保质、保量、准时地将货物从某国的供方运到另一国的需方，使各国物流系统相互“接轨”，它代表物流发展的更高阶段。面对着信息全球化的浪潮，信息化已成为加快实现工业化和现代化的必然选择。

本章小结

本章主要阐述了物流、物流管理、物流信息管理的基本内容，并对企业物流、物流配送重点说明。介绍了近些年物流发展所采用的物流信息技术，介绍了物流信息系统，并阐述了一些常见的物流信息系统的功能。

物流是供应链活动的一部分，是为了满足客户需要而对商品、服务以及相关信息从产地到消费地的高效、低成本流动，通过运输、保管、配送等方式进行的规划、实施与控制的过程。物流活动要素一般包括运输、储存、卸装搬运、包装、流通加工、信息等。

物流是实现电子商务的重要环节和基本保证。电子商务下的物流管理是社会在生产过程中，根据物质资料实体流动的规律，应用管理的基本原理和科学方法，对电子商务物流活动进行计划、组织、指挥、协调、控制和决策，使各项物流活动实现最佳的协调和配合，以降低物流成本，提高物流效率和经济效益。电子商务环境下物流企业追求的目标和发展的趋势是信息化、全球化、多功能化和一流的服务水平。

物流信息技术是现代信息技术在物流各个作业环节中的综合应用。常见的物流信息技术有：条形码技术、射频识别技术、全球定位系统、地理信息系统、磁条技术、声音识别技术、接触式智能卡技术、便携式数据终端、销售时点系统、电子订货系统等。利用物流信息技术收集、处理物流基本作业信息。分析物流信息，撰写物流信息分析报告。

物流配送是在经济合理区域范围内，根据客户要求，对物品进行拣选、加工、包装、分割、组配等作业，并按时送达指定地点的物流活动。配送中心接受并处理末端用户的订货信息，对上游运来的多品种货物进行分拣，根据用户订货要求进行拣选、加工、组配等作业，并进行送货的设施和机构。具有采购、存储保管、分拣、集散和流通加工等功能。配送要合理化运作。

企业物流是企业在生产经营过程中，物品从原材料供应，经过生产加工到产成品的销售，以及伴随生产消费过程中所产生的废弃物的回收及再利用的完整循环活动，包括物料在仓库与车间之间每个环节的流转、移动和储存及有关的咨询管理活动，它由采购物流、生产物流、销售物流、回收物流、废弃物物流组成。不同行业和企业的物流活动可以分成生产企业物流、商业企业物流和配送中心物流这三种典型的企业物流。

物流信息系统具有跨地域连接、跨企业连接、信息的实时传送和处理等特点。主要功能有：数据的收集和输入、信息的存储、信息的传输、信息的处理、信息的输出等。主要的物流信息系统包括物流运输企业的信息管理系统、社会物流基础设施关联信息系统、决策支持系统等。

本章习题

一、单项选择题

1. 物流是指物品从产出源点到最终消费点的流动储存活动，具体包括运输、保管、包装、装卸、搬运、流通加工和(　　)等活动。

A. 仓储　　B. 采购　　C. 信息处理　　D. 销售

2. 在电子商务条件下，(　　)的处理有时不能完全通过计算机和网络通信设备实现。

A. 商流　　B. 资金流　　C. 物流　　D. 信息流

3. 在商务活动的四种基本流中，(　　)最为重要。

A. 物流　　B. 商流　　C. 资金流　　D. 信息流

4. 关于现代物流发展的趋势，下述错误的是(　　)。

A. 现代物流系统化趋势

B. 现代化物流的信息化趋势

C. 物流中心、批发中心、配送中心的社会化趋势

D. 仓储、运输的机械化趋势

5. 商品条码的国际组织是(　　)。

A. 国际物品编码协会　　B. 国际物品编码中心

C. 国际条码协会　　D. 国际条码中心

6. 物流的信息化包括(　　)和数据库的建立、运输网络合理化、销售网络系统化和物流中心管理电子化等。

A. 商品代码　　B. 条形码　　C. 配送网络　　D. 信息系统

7. 全球定位系统的实现采用大量的相关技术，与其无关的是(　　)。

A. 卫星通信技术　　B. 高精度的原子钟

C. 快速的数学计算　　D. 电子的数据交换

8. 作为配送工作的第一步是(　　)。

A. 确定车辆配装方法　　B. 配货

C. 确定配送路线　　D. 分析配送成本

9. 反应配送供应保证能力的指标是(　　)。

A. 配送企业集中库存量　　B. 社会运力节约程度

C. 资金投向的改变　　D. 库存周转

10. 商业企业在商品经营中的物流活动包括商品的进、销、调、存、退各个不同的阶段，其物流活动的重点和目的也各不相同，以下说法错误的是(　　)。

A. 尽可能降低商品采购进货的成本及其相关的费用就会给企业带来更高的利润

B. 商业企业的内部物流的主要作用是保证商品的正常销售

C. 销售物流使商品的交易活动得以完成，并通过良好的销售活动维系企业与客户的关系，做好为客户的售后服务

D. 企业的退货物流完成的则是向商品的采购据点的退货，对大型企业并不重要

二、判断题

1. 物流的作用可以认为是消除了商品生产地和消费地之间的所有权间隔、场所间隔和时间间隔。(　　)

2. 流通业物流中，除了少量的流通加工对物品具有一定的生产性作用以外，物品自身形态不发生变化，而只发生空间上的转移和时间上的延迟。(　　)

3. 配送在社会再生产过程中的位置，是处于接近用户的那一段流通领域，配送是一种重要的方式，基本上可以解决流通领域的所有问题。(　　)

4. 电子商务实现了信息流、资金流的快速交互，而物品具体的流通过程必须通过网下作业完成，所以物流系统的完善、快捷和通畅在很大程度上决定了一个电子商务企业的运作效率，从而成为电子商务企业综合竞争力的一个重要砝码。(　　)

5. 物流占 GDP 的比重越高，代表物流行业越不发达，社会资源浪费越严重。（　　）

6. 条码所表示的某种产品不再生产时，其对应的产品代码可以重复起用，再分配给其他的商品。（　　）

7. GIS 的基本功能是将表格型数据转换为地理图形显示，然后对显示结果浏览、操作和分析。其显示范围可以从洲际地图到非常详细的街区地图。（　　）

8. 射频技术利用无线电波对记录媒体进行读写，其优点是不局限于视线，识别距离比光学系统远，可携带大量数据、难以伪造，但射频识别卡不具有可读写能力。（　　）

9. 配送路线的确定一般要考虑配送目标和配送的约束条件二个因素。（　　）

10. 企业物流是指在企业经营范围内生产和服务活动所形成的物流系统。（　　）

三、填空题

1. 所谓物流，是指物质资料从__________到__________的物理性流动，主要是创造__________价值和__________价值，有时也创造一定加工价值的流动。

2. 第三方物流是物流__________的一种形式，指物流配送活动由商品的__________之外的第三方提供。

3. 在商品经济的条件下，商流是物流的__________，物流是商流的__________，物流受商流的__________，商流要靠物流__________。

4. 流通过程中的三流是指__________、__________、__________。

5. 所谓供应链是指从物料获取并加工成中间件或成品，再将成品送到用户手中的一些企业和部门的业务活动及其相互关系构成的网络，它包括物料来源，__________、__________理，仓储管理甚至需求管理，通过这些功能的集成，把产品和服务提供给最终用户。

6. GPS 由__________、__________、__________三大子系统构成。

7. __________是在计算机的应用实践中产生和发展起来的一种__________技术。它是为实现对信息的__________而设计的。它是实现快速、准确而可靠地采集数据的有效手段。

8. 降低配送成本的途径：__________、__________、合并配送、适当延迟。

9. 零库存(Just In Time)问题是__________研究的主要问题之一。

四、简答题

1. 列举几种主要的物流信息采集与跟踪技术。
2. 配送合理化的判断标志有哪些?
3. 电子商务下的物流管理有哪些特点?
4. 配送如何合理化运作?
5. 物流信息系统具有哪些特点和功能?

第8章 网络采购

教学目标

通过本章的学习，了解网络采购的定义、特点和类型；知晓网络采购风险和优势；学会编制采购业务流程；掌握网络采购处理方法，供应商的管理方法。

教学要求

知识要点	能力要求	相关知识
网络采购概述	(1) 了解实施网络采购的风险 (2) 理解网络采购优势	(1) 网络采购的概念与特点 (2) 网络采购的主要类型
采购业务流程编制	(1) 掌握采购信息的处理方法 (2) 熟悉采购和付款业务循环内部控制使用的基本文件 (3) 掌握网上采购流程 (4) 理解采购商品质量管理与控制的内容、依据及保证措施	(1) 采购和付款业务循环流程 (2) 采购协议的内容 (3) 网上采购的模型及模块功能设计
供应商管理	(1) 掌握如何选择供应商的方法 (2) 理解调查供应商方法 (3) 理解最有利投标的确定 (4) 理解报价采购的内容 (5) 掌握评价供应商的方法	(1) 招标采购的流程 (2) 报价采购的种类 (3) 招标单的特性、格式 (4) 供应商评价管理的目标和内容

导入案例

中国公共采购网

中国物流与采购联合会2012年11月3日在武汉宣布“中国公共采购网”正式开通，作为运营总部和数据中心的“公共采购大厦”也在武汉东湖高新区金融港落成。

目前，全球公共采购每年总规模已达6万亿美元，发达国家公共采购总规模一般占GDP的10%以上。据统计，2011年中国政府采购规模达1.13万亿元，占国家财政支出11%，加上教育、卫生、保障性住房以及铁路、交通、能源等，则超过5万亿元，成为全球最大公共采购市场。但存在规范化不够、信息不透明、效率不够高等问题。

2012年11月中国公共采购网已发布了221122个商品，供应商数量为16838家，采购单位2867家，采购项目6719个，采购总额979869.54万元。首批湖北、河北、青海、山东、沈阳、佛山等6个省市已加入这个平台，将通过在线方式，完成部分政府采购。政府采购将更加阳光——各级政府机构在网上采购，全程有监控，价格偏离公共采购价格指数，系统就会报警。

“中国公共采购网”和“公共采购大厦”落户武汉，标志着全球最大的公共采购电子化交易和服务中心在武汉建立。随着中国跃升为全球第二大经济体，成为世界制造中心、采购中心和物流中心，中国也将成为全球公共采购交易中心。

资料来源：2012年11月4日 东方网

8.1 网络采购概述

8.1.1 网络采购基本概念

1. 网络采购定义

网络采购既是电子商务的重要形式，也是采购发展的必然趋势。目前，网络采购越来越受到国际和国内的关注，也在我国得到重视和大力推广。

网络采购，就是以计算机和网络技术为载体，通过网络这种成熟、便利的工具寻找产品及供应商资源，利用网络信息交流的便捷与高效进行产品的性能价格比，并将网上信息处理和网下实际采购操作过程相结合的新型采购模式。

2. 网络采购的特点

1）传统采购常见的问题

（1）采购部门对企业内部具体部门的需求响应迟钝。

（2）低效的供应商选择和订货操作过程。

（3）采购存在盲目性，缺乏灵活性。

（4）不规则采购，缺乏统一规范的战略意识。

（5）烦琐的采购管理流程。

（6）费时的手工订货操作：商品和供应商确定后，以手工方式和纸面文件为基础的需求从提出至定货过程中需要与供应商见多次面，以及多次传真、电话联系，才能正式下定单。

（7）昂贵的存货成本和采购成本：由于采购过程的低效率和费时，企业尤其是大企业常常大量采购，以应付未来之需。

（8）冗长的采购周期：由于复杂的手工审批和采购过程所导致的过长的采购和定货周期，削弱了企业的竞争优势。

（9）复杂的采购管理：在传统的采购模式下，一般企业都会建立一套分级采购审批程序，以防止采购费用的过度支出以及滥用职权，这种审批程序为本来就低效和费时的采购又加上了新的枷锁。

（10）难以实现采购的战略性管理：采购作为企业整体运行的一部分，需要纳入企业的整体战略管理。但是由于采购的数据收集费时，使得采购战略难以实现。

（11）传统的采购模式还将面对中间商过多的问题。

2）网络采购的特点

（1）网络采购可使企业掌握采购主动权。

（2）提高采购的透明度。

（3）降低采购成本。

（4）有助于企业整体战略性地位的提升。

（5）提高了效率，缩短了采购周期。

（6）通过网络采购，有利于评估供应商。

（7）实现战略性采购，并提升整个供应链的获利能力。

8.1.2　实施网络采购的风险

1. 信用保障体系不够完善，引发信用风险

网上采购通常是以虚拟的方式进行交易，采购机构无法对供应商进行实地考察，这就更需要参与者诚实守信。在我国，目前供应商信用信息没有一个权威部门进行统一评价，往往凭采购机构的经验、网上交流、社会调查等进行判断，部分业务细节问题无法查实，这就很容易引发诚信问题。

信用风险主要来自三个方面：

（1）来自买方的信用风险。个人消费者可能在网络上进行恶意透支或使用伪造的信用卡骗取卖方的货物；集团购买者有拖延货款的可能。卖方需要为此承担风险。

（2）来自卖方的信用风险。卖方不能按质、按量、按时寄送消费者购买的货物或者不能完全履行与集团购买者签订的合同。买方需要为此承担风险。

（3）买卖双方都存在抵赖的情况。买卖双方需要为此承担风险。

2. 信息风险

由于信息技术条件和专业化水平的限制，采购机构掌握的信息总是不够全面的，而作为交易对方的供应商却是专业人员，对本领域的信息了如指掌。对比之下，采购方明显处于信息劣势，信息不对称使得采购部门在谈判中处于不利地位，无法及时发现供应商虚报价格、以次充好等问题。

从技术上看，网络采购的信息风险主要来自三个方面：

(1) 冒名偷窃。“黑客”为了获取重要的商业机密、资源和信息，常常采用源 IP 地址欺骗攻击。入侵者伪装成一台内部主机的一个外部地点传送信息包(这些信息包含有内部系统的 IP 地址)，在 E _ mail 服务器使用报文传输代理时来冒充他人，窃取信息。

(2) 篡改数据。攻击者未经授权进入网络交易系统，使用非法手段，删除、修改、重发某些重要信息，造成网络采购中的信息风险。

(3) 交易信息的丢失。可能有三种情况：一是因为线路问题造成信息丢失；二是安全措施不当而丢失信息；三是在不同的操作平台上转换操作而丢失信息。

从买卖双方自身的角度观察，网络交易中的信息风险来源于用户以合法的身份进入系统，买卖双方都可能在网上发布虚假的供求信息或以过去的信息冒充现在的信息，以骗取对方的钱款或货物。而对这些信息的鉴别，至少在现在还没有很好的解决办法。

3. 交易安全风险

电子交易风险来自多个方面，网络账号盗用现象已经非常普遍，用户因此而蒙受的财产损失巨大。另外，黑客利用木马、蠕虫病毒、恶意程序破坏用户交易、篡改用户转账的对象账户和转账金额，并从中获利。目前急需建立电子交易安全风险监测机制。

4. 法律政策风险

电子商务的技术设计是先进的、超前的、具有强大的生命力。但必须清楚地认识到在目前的法律上还找不到现成的保护条文保护网络交易中的交易方式，因此在网上交易可能会承担由于法律滞后而造成的风险。

5. 技术风险

技术风险是伴随着科学技术的发展、生产方式的改变而产生的威胁人们生产与生活的风险。常见的有如下几种：

(1) 信息技术系统发生技术故障，导致行情中断、交易停滞、银证转账不畅，或在容量、运作等方面不能保障交易业务正常、有序、高效、顺利地进行，而可能给客户造成损失。

(2) 因软件设计缺陷，导致交易数据计算错误，造成财产损失。

(3) 在信息技术层面，投资者交易数据被破坏、修改、泄漏等等风险。

6. 管理风险

严格管理是降低网络采购风险的重要保证。特别是在网络商品中介交易过程中，客户进入交易中心，买卖双方签订合同，交易中心不仅要监督买方按时付款，还要监督卖方按时提供符合合同要求的货物。在这些环节上都存在大量的管理问题。

人员管理常常是在线商店安全管理上的最薄弱的环节。近年来我国计算机犯罪大都呈现内部犯罪的趋势，且主要是因工作人员职业道德修养不高、安全教育欠缺和管理松散所致。一些竞争对手还利用企业招募新人的方式潜入该企业，或利用不正当的方式收买企业网络交易管理人员，窃取企业的用户识别码、密码、传递方式以及相关的机密文件资料。

网络交易技术管理的漏洞也带来较大的交易风险。有些操作系统中的某些用户是无口令的，如匿名 FTP，利用远程登录(Telnet)命令登录这些无口令用户。或利用 r 系列服务存在的信任概念，作为被信任用户不需要口令进入系统，然后把自己升级为超级用户。

实际上现有的信息系统绝大多数都缺少安全管理员，缺少信息系统安全管理的技术规范，缺少定期的安全测试与检查，更缺少安全监控。我国许多企业的信息系统已经使用了许多年，但计算机的系统管理员与用户的注册还大多处于缺省状态。

7. 投资风险

投资风险是对未来投资收益的不确定性，在投资中可能会遭受收益损失甚至本金损失的风险，为获得不确定的预期效益而承担的风险。

网络采购中的投资风险是一种经营风险，通常表现为网络采购投资时，企业投资的预期收益率的不确定性。投资风险是风险现象在投资过程中的表现。具体来说，投资风险就是从作出投资决策开始到投资期结束这段时间内，由于不可控因素或随机因素的影响，实际投资收益与预期收益的相偏离。实际投资收益与预期收益的偏离，既有前者高于后者的可能，也有前者低于后者的可能；或者说既有蒙受经济损失的可能，也有获得额外收益的可能。

8.1.3 网络采购优势

相对传统采购来看，网络采购具有明显的优势：价格透明、效率高、竞争性强、节约成本等。

网络采购作为一种先进的采购方式，主要体现在以下几个方面：

(1) 降低采购成本。大大减少了采购需要的书面文档材料，减少了对电话传真等传统通信工具的依赖，提高了采购效率，降低了采购成本。

(2) 保证采购质量。利用网络开放性的特点，使采购项目形成了最有效的竞争，有效地保证了采购质量。

(3) 方便评标。可以实现电子化评标，为评标工作提供方便。

(4) 促进企业采购的信息化建设。由于需要对各种的电子信息进行分析、整理和汇总，可以促进企业采购的信息化建设。

(5) 便于操作和监督。能够更加规范采购程序的操作和监督，大大减少采购过程中的人为干扰因素。

8.1.4 网络采购的主要类型

1. 按网络采购参与的对象分

按网络采购参与的对象分，网络采购可分为政府网络采购和企业网络采购。

(1) 政府网络采购是指政府利用在线网络对所需求的采购品实行网上公告、发售标书、开标、评标、定标以及签订电子合同，实现电子化结算，甚至直接进行网上谈判来达到政府网络采购目标的一种方式。

(2) 企业采购是指制造和零售企业的采购流程利用在线网络自动化，把采购人员的注意力从战术层面转移到战略层面，通过分析采购模式、监控存货与补货延误，更好地制定生产周期和销售计划。

2. 按网络采购信息的发源分

按网络采购信息的发源分，网络采购可分为国际采购和国内采购。国际采购还可进一步按国别细分，国内采购也可细分为中央采购、地方采购。

3. 按网络采购过程的管理分

按网络采购过程管理分，网络采购可分为集中采购和分散采购。集中采购是由各国各级政府或者其授权的机构确定并公布的采购项目，一般来说，要求集中采购的项目的采购金额是有规定的，如《中华人民共和国政府采购发》第七条、第八条中就有相关规定。

4. 按网络采购进行的方式分

按网络采购进行的方式分，网络采购可分为卖方主导型、买方主导型和中介型。

1）卖方主导型

卖方为增加市场份额，以计算机网络为销售渠道而实施的电子商务系统，卖方在网站上列出销售品目录、设置在线销售系统或在线拍卖系统，让买方选购或竞买。如戴尔、英特尔、联想集团等网上销售系统。

买方登录卖方主导型系统通常是免费的，卖方保证采购的安全。使用这种系统的好处是访问容易，能直接接触供应商，对于买方来说，无需做任何投资。缺点是难以跟踪和控制采购开支。这种系统是采购人员开始网络采购而又不担风险的理想工具。

2）买方主导型

买方自己控制的电子商务系统，在卖方自己的网站上列出要采购的产品和服务目录，设置在线采购招标系统，由卖方进行竞买。如美国三大汽车公司联合开发的全球汽车零配件供应商网络、海尔集团的网上招标和上下游供应商等。

买方主导型系统通常是链接到企业的内部网，或企业与其贸易伙伴形成的企业外部网，通常由一个或多个企业联合建立，目的是把市场的权力和价值转向买方。这种系统的好处是快速的客户响应、节省采购时间和容许对采购开支进行控制和跟踪，缺点是需要大量资金投入和系统维护成本。

3）中介型

中介型网络采购是中介机构设立的公共采购平台，将买卖双方要采购的或能提供的产品和服务目录列出来，买卖双方通往网上交易平台可以享受到各类信息查询、信用查询、贸易洽谈、签订合同、支付结算等在线服务。

中介型网络采购平台通常有综合市场中介和行业市场中介两种类型，前者如 Ariba、CommerceOne、FreeMarkets 和国内的中国企业采购在线、企业采购在线网等；后者如专门买卖金属(特别是钢材)的 MetalSite、专门经营石油化工和塑料制品的 CheMatch、国内最权威的钢材采购网站中国钢铁采购网等。

8.2 采购业务流程编制

8.2.1 采购信息的处理

以某商场红酒采购为例来说明利用网络工具进行采购信息的收集，并通过一定的技术手段和方法进行筛选加工，获得有实际价值的采购信息。下面以“阿里巴巴”网站为例说明采购信息的处理。

1. 采购信息的收集操作步骤

（1）接入互联网。

（2）在桌面上单击图标，启动浏览器。

（3）在地址栏中输入 http://china.alibaba.com，按 Enter 键，如图 8.1 所示。

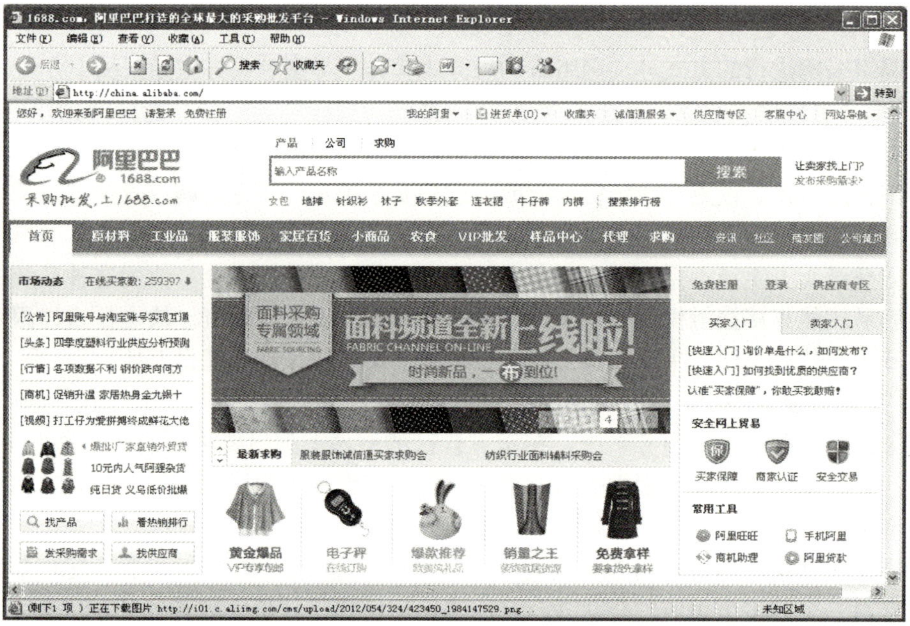

图 8.1　阿里巴巴主页

（4）下拉至“4F 家居百货”，进入如图 8.2 所示的界面。

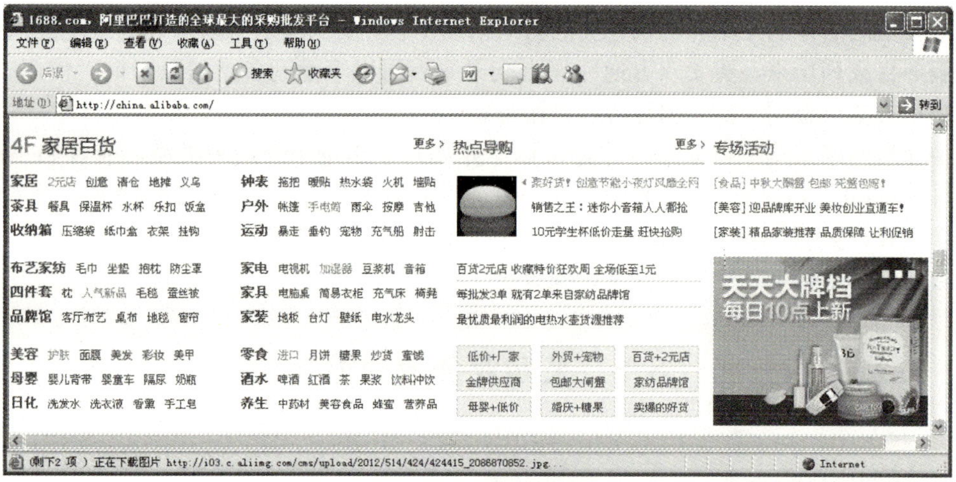

图 8.2　采购界面

（5）单击“酒水”查看供应信息下的栏目，如“红酒”，进入如图 8.3 所示的界面。

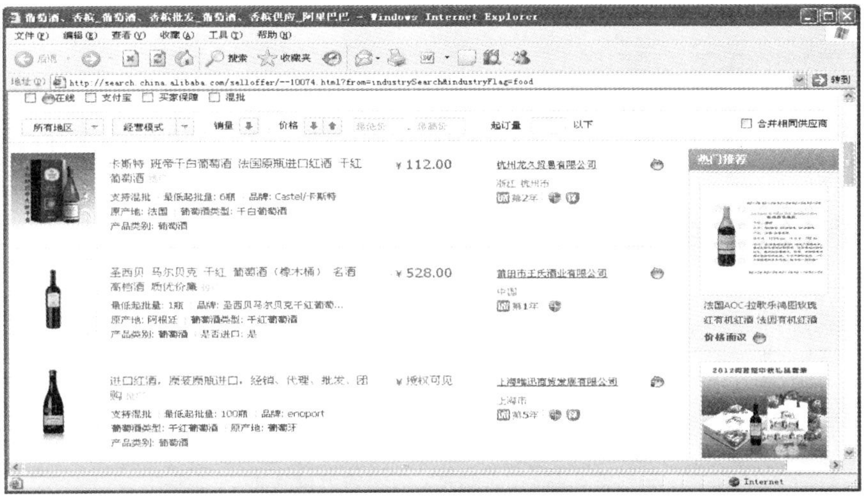

图 8.3 “红酒”的供应信息

(6) 单击具体产品栏目查看该产品详细资料，如“张裕卡斯特葡萄酒”。

(7) 阅读资料，获得所需信息。

2. 采购信息的筛选加工

仍以“阿里巴巴”网站为例。操作步骤如下：

(1) 选择要了解的供应商，单击进入如图 8.4 所示“红酒产品详细资料”界面。

(2) 单击“人气”或“所有产品”，对“经营模式”等进行筛选，进入如图 8.5 所示“筛选结果：候选供应商”界面。

图 8.4 红酒产品详细资料

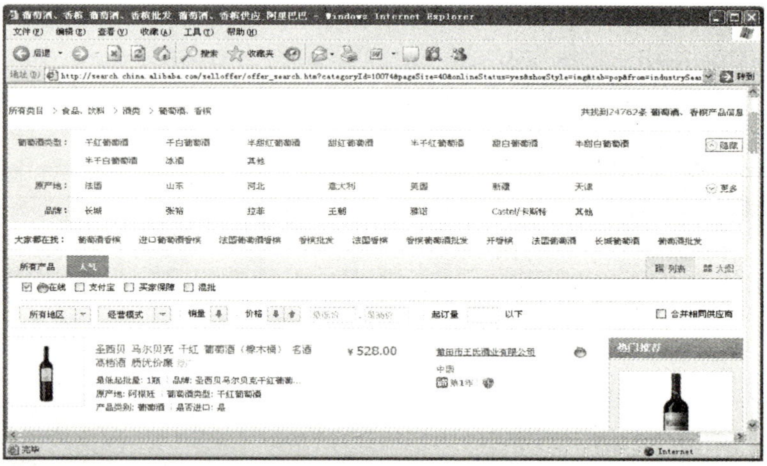

图 8.5 筛选结果：候选供应商界面

8.2.2 拟订采购合同的主要条款

以某商场红酒采购为例，说明利用网络工具和网络电子商务的有关采购管理规范，拟订采购合同的主要条款。以“阿里巴巴”网站为例主要有以下工作程序。

1. 下载和安装相关软件

操作步骤如下：

(1) 接入互联网。

(2) 在桌面上单击图标，启动浏览器。

(3) 在地址栏中输入 http://china.alibaba.com，按 Enter 键，如图 8.1 所示。

(4) 单击“诚信通”选项进入如图 8.6 所示界面。注册成为“阿里巴巴”的“诚信通”会员，并了解管理规范。

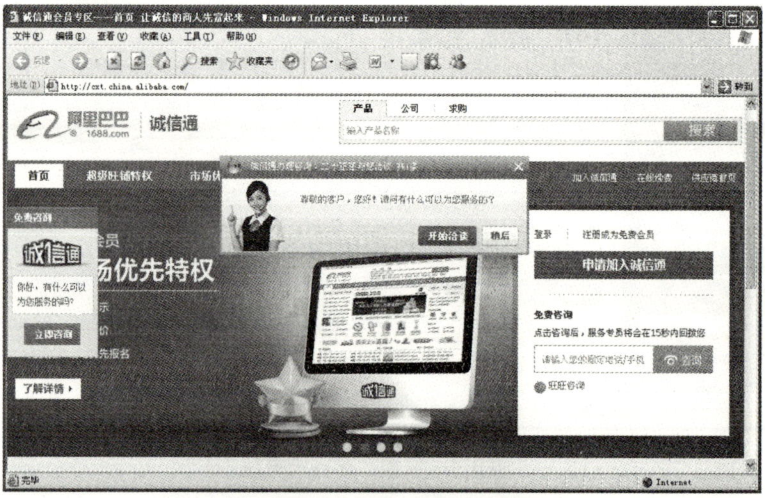

图 8.6 “诚信通”界面

2. 选择相关供应商和产品

操作步骤如下：

(1) 单击“采购”选项，进入相关界面，如图 8.2 所示。

(2) 单击“4F 家居百货”选项查看供应信息下的栏目，如“家电→电视机→液晶电视”，如图 8.7 所示。

(3) 单击“具体产品栏目”查看该产品详细资料，如“三星 42 液晶电视机”，进入如图 8.8 所示界面。

图 8.7 液晶电视的供应信息

3. 谈判和签约

仍以“阿里巴巴”网站为例，在图 8.8“三星 42 液晶电视机”中，单击“立即洽谈”按钮，签约。

图 8.8 三星 42 液晶电视机

4. 采购和付款业务循环流程和控制

1）采购和付款业务循环流程

采购和付款业务循环包括为经营而获取商品所必需的决策和处理过程。这一循环一般是从提出采购申请开始到企业支付货款结束。它通常包括以下四个流程。

（1）处理订单。商品采购人提出采购申请并填制请购单是本循环的起点。为了保证商品的购入符合要求，避免过量或不必要的购入，采购需要经过适当的授权批准。为了提高采购的效率，连锁商业企业都设有专门的采购部门。在保证多供应渠道的条件下，应该集中订货以取得数量折扣，降低进货成本。采购部门要根据批准后的采购单签发订单，订单上应注明求购的数量、价格和交货时间，并送交供应商处以表明购买意愿。

（2）验收商品。企业从供应商处收到商品是本循环中的关键点，连锁企业在其记录中确认有关应付款项。验收职能部门应检查收到的商品是否与订单上的详细项目一致。对采购数量应通过计数、称量或测量来验证，并尽可能检验商品，包括检验有无装运损坏。在特殊情况下，还必须通过对商品的技术分析来确定其质量是否符合规定。此外，还需检查到货的及时性和其他情况。验收完毕后，填制验收单作为验收商品的证据，其中一份送仓库，另一份送应付账款记账部门以满足付款时的资料要求。

（3）确认债务。正确确认已验收商品的债务，要求企业准确迅速对采购业务进行记录，初始记录对财务报表记录和实际支付有重大影响。因此，应特别注意按正确的金额记录企业确已发生的采购事项。有的企业在商品验收后确认债务，而另一些企业习惯于在收到卖方发票时才记录。无论哪种情况，会计人员都应将应付账款记在收到供应商发票时，把发票上所列明的商品规格、价格、数量及运费等与订单、验收单的相关资料核对，发票经过审核入账后，这些采购业务就登记在采购日记账和应付账款明细账上。

（4）处理和记录价款的支付。这一步通常采用付款凭单加以控制。多数企业的付款凭单在付款前由应付账款记账员掌管，付款通常是采用支票方式进行，支票的签发要求有付款凭单，加盖“款已付讫”戳记的已注销发票和验收单等有效证明。为防止这些单据被重复处理，支票要由经过适当授权的人员签字。出纳人员根据签发的支票及时登记银行存款日记账。签发后支票原件送给供应商方，副本与付款凭单和其他单据一起存档。

2）采购和付款业务循环内部控制使用的基本文件

在采购和付款业务循环内部控制中使用的主要文件包括如下：

（1）请购单。由存货仓库、销售部门向采购部门提出商品采购申请并编制的单据。请购单预先编号，并注明所需采购商品的种类、数量以及请购人。

（2）订单。由采购部门编制的授权供应方提供商品的预先编号的文件。订单上包括供应方名称、采购项目、数量、付款条件、价格等，这一凭证常用于表明商品采购的批准手续，并将其送交采购方用作表明购买意愿。

（3）验收单。企业收到采购的商品时由验收部门对商品进行验收，并据此编制有关收到的商品种类、数量、供方名称、订单号以及其他有关资料的凭证。验收单须预先编号。

（4）卖方发票。是由卖方送来的标明采购的商品的种类、数量、运费、价格、现金折扣条件以及开票日期的凭证，它详细说明了由于某项采购业务而欠卖方的货款金额。

（5）借项通知单。反映由于退金和折扣而减少向卖方付款金额的凭证。其格式常与卖方发票相同，用于证明应付账款借项记录。

(6) 付款凭单。用来建立正式记录和控制采购的凭单，它是采购日记账中记录采购的基础，也是支付货款的依据。一般付款凭单正本必须随附卖方发票、验收单和订单副本。

5. 采购伦理道德法律和杜绝采购回扣现象的措施

1) 采购伦理道德法律

从事采购工作的采购人员，在一开始从事该工作，就应该懂得相关的法律，明确自己的权利和义务的范围和界限。

在采购职能高度集中的公司里，关于明示实际代理权的条文常在书面政策中给出了定义，而且也被相当严格地遵守。在非集中化的环境中，书面政策常常不太完整或有些过时，雇员和他们的供应商在更大程度上常常要依赖授权。重新设计采购职能，常常会促使公司重新审视和重新定义他们的采购权力范围，调整采购政策和作业程序。因此，采购人员必须关心代理权力的两个方面：

(1) 明确权力范围。应该如何进行公司的采购活动，是否确保只有拥有明示采购权力的人才能进行采购，关系到能否避免或减少“后门采购”。掌握说明哪种工作头衔拥有采购权力的最新书面政策是最好的，这能为它们规定实际或明示权力。除了正式政策，还必须有内部沟通程序，使公司的所有雇员都了解并且定期地提醒他们能做什么和不能做什么。

(2) 明确活动范围。在与供应商谈判时，确定协议法律有效性的最好办法是警惕采购人员可能超越其权力范围的情况。当认为可能出现问题的时候，要求采购人员以书面形式归纳出他能做的事，并将此内容包括在采购合同中。

随着企业赋予采购人员以权力或职权，接下来就是义务和责任。因为企业信任采购员作为代理人代表其行动，采购员承诺委托的责任，要完全以企业的利益为行动准则，其个人的利益绝对不能影响决策。而且采购人员不仅要服务于企业的财务利益，在代表企业实施采购行动的时候，他还必须在任何时候都在法律范围内行事并且真诚地对待第三方。无论代理关系是明示还是授权，上述义务都存在，是采购道德标准的核心。采购人员的多数日常活动都与合同法有关，每一次采购员和供应商之间的一个合同，都要受合同法原则的约束。在涉及国际合同的时候，会遇到相互开展贸易的不同国家的法律。每个国家都有自己的合同法，但是为了促进业务的开展，许多国家通过合约联合在一起，制定了共同的合同原则——《联合国际货物销售公约》来管理国际业务。各个国家必须自愿地决定是否受其约束。因此，当与其他国家的企业签订合同的时候，明确适用什么法律以及法律的内容是十分重要的。

2) 如何防止暗箱操作

虽然暗箱操作一直存在，不可能完全杜绝，但至少可以采取措施减少此类现象的出现。下面介绍几种防止暗箱操作的方法。

(1) 三分一统。“三分”是指三个分开，即市场采购权、价格控制权、验收权要做到三权分离，各负其责，互不越位。“一统”，即合同的签约特别是结算付款一律统一管理。商品管理人员、质量检验人员和财务人员都不能与客户见面，实行严格的封闭式管理。财务部依据合同规定的质量标准，对照检验结果，认真核算后付款。这样就可以形成一个以财务管理为核心，最终以降低成本为目的的制约机制。

(2) 三统一分。“三统”是指所有采购商品要统一采购验收、统一审核结算、统一转账付款；“一分”则是指费用要分开控制。只有统一采购、统一管理，才能既保证需要，又避免漏洞；既保证质量，又降低价格；既维护企业信誉，又不至于上当受骗。各部门要对费用的超支负责并有权享受节约所带来的收益。这样，商品采购管理部门和销售部门自然形成了一种以减少支出为基础的相互制约的机制。

(3) 三公开两必须。“三公开”是指采购品种、数量和质量指标公开，参与供货的客户和价格竞争程序公开，采购完成后的结果公开；“两必须”是指必须在货比三家后采购，必须按程序、按法规要求签订采购合同。

(4) 五到位、一到底。所谓“五到位”是指所采购的每一笔商品都必须有五人的签字，即采购人、验收人、证明人、批准人、财务审查人都在凭证上签字，才被视为手续齐全，才能报销入账。“一到底”就是负责到底，谁采购谁负责，并且要一包到底，包括价格、质量、使用效果等都要记录在案，什么时候发现问题什么时候处罚。

(5) 全过程、全方位的监督制度。全过程监督是指采购前、采购过程中和采购完成后都要有监督。从采购计划的制定开始，到采购商品使用的结束，其中共有九个需要进行监督的环节(计划、审批、询价、招标、签合同、验收、核算、付款、领用)。虽然每一个环节都有监督，但重点在于制订计划、签订合同、质量验收和结账付款四个环节。计划监督主要是保证计划的合理性和准确性，使其按正常渠道进行；合同监督主要是保证其合法性和公平程度，保证合同的有效性，质量监督是保证验收过程不降低标准，不弄虚作假，每一个入库产品都符合买方要求；付款监督是确保资金安全，所有付款操作都按程序、按合同履行。如果我们能够把监督贯穿于采购活动的全过程，就可以建立确保采购管理规范和保护企业利益的第二道防线。所谓全方位的监督，是指行政监察、财务审计、制度考核三管齐下，方方面面没有遗漏，形成严密的监督网。

6. 采购协议的内容

1) 交货地点

交货地点的远近，直接影响到采购价格的高低，影响交货时间的长短。运输途中的危险性(如是否需要保险)，付款验收的效率与方便等，这些问题事先应确定明白。

2) 包装及运输方法

包装是否规范对物料进厂或商品的品质有密切关系，并影响到物料或商品的验收作业，因此在采购时应将包装及运输方式列为协议内容之一，并对使用包装材料的材质(如纸箱纸质等)、衬垫(如发泡胶等)、标识等应加以规定。运输工具的选择(如汽车、火车、轮船或飞机)及运输路线的决定均会影响运费的高低、交货时间的长短及安全程度等，因此对运输方法应先以明确。

3) 付款方法

付款方法在采购协议当中是一项重要的内容。当公司资金较为充裕，可现金购买，从而可在价格、交期或其他条件上获得补偿，对于资金周转较为困难的，可选择月结 30 日或月结 60 日等。付款方法还可用来管理供应商，对于优秀供应商，转账支票的到期日短，反之则长。有些较难采购的物料，初次合作也有预付订金的方式。

4) 采购标准

如品质验收的标准，交期长短的规定等一些标准规范应先予以确定。

5）遇上不可抗力因素的处理

如天灾等现象，出现违约应如何处理。

6）违约责任

对品质欠佳、交期延误、交货数量不足、服务水准低等如何处理，应预先予以规定。

电商实践

科学订货：4P1Q五大原则

库存的源头在于订货，科学订货才能减少库存：①正确的商品(款式、颜色、尺码、功能等)；②准确的数量(总量、类别、结构)；③合理的价格(成本价、吊牌价、销售价)；④适当的地点(区域、渠道类型、楼层分布)；⑤精确的货品计划(上市波段、产品组合、促销组合及收仓数量)。

8.2.3 网上采购流程

1. 网上采购的一般流程

网上采购的一般流程如下：

(1) 公司员工或申请部门通过网络采购网站，填写订购要求。

(2) 订单以电子方式传递给相应的管理程序，被自动审核。

(3) 必要时订单被提交企业的主管官员审批。

(4) 订单被批准后，以电子方式通告给供应商，并且将被执行完成。

(5) 订购的商品或服务登记到可支付账户的财务核算系统，并且被传递到申请人手中。

在网上采购过程中，在企业的内部，采购申请主要通过Internet进行传递。在申请被批准并形成订单后，在企业外部的传递对网上采购的效率影响最大，途径也十分多样化。目前，国际流行的网上采购数据传送途径主要包括人工向供应商发送电话或纸质文件、传真订购；向供应商发送电子邮件订单；向供应商的站点提交订单；门户网站招标：与供应商基于相同的ERP系统的集成；电子交易平台等几种形式。

以上几种方式中，电子交易平台解决方案的优点是显而易见的，它为买方和卖方提供了一个快速寻找机会、快速匹配业务和快速交易的电子商务社区。供需双方能够快速建立联系，从而使企业订购和销售能够快速履行。在电子交易平台中，由于所有的商家都能得到相同质量的服务，并遵照工业标准的协议进行交易处理，商家之间的信息沟通更加便利，而且，加入的商家越多，信息沟通越有效。

2. 新商品网络采购流程

新商品网络采购流程和传统采购流程相比大同小异。新商品引进是公司经营活力的重要体现，是保持和强化公司经营特色的重要手段，是公司创造和引导消费需求的重要保证，是公司商品采购管理的重要内容。

市场营销观念认为，产品是一个整体概念，包括三个层次：一是"核心产品"，即顾客所追求的基本效用和利益；二是实体产品，如品质、款式、品牌、包装等；三是附加产品，如售后的运送、安装、维修保证等服务。只要是产品整体概念中任何一部分的创新、变革与调整，都可以称之为新产品。不仅新发明创造的产品是新产品，像改进型产品、新品牌产品、新包装产品都可称之为新产品。

新商品网络采购流程一般包括以下 11 个步骤：

(1) 制订采购计划。主要包括商品大类、中分类、小分类(不制订单品计划指标)等各类别的总量目标及比例结构(如销售额及其比重、毛利额及其比重)、周转率等。

(2) 供应商登记表。主要包括供应商名称、经营范围、注册资金、地址、联系方式、拟引进商品的相关证件及号码等。

(3) 填写供应商品报价单。主要包括建议零售价、价格折扣优惠说明。

(4) 协商交易条件。主要包括付款方式及条件、交货期及逾期交货赔偿条件、品质检验及不合格品的赔偿条件、数量及数量折扣、商品包装、运输方式及费用支付、售后服务等。

(5) 签订供应商交易条件协议书。

(6) 审核交易条件协议书。

(7) 签订采购合同。主要包括：采购商品(质量、品种、规格、包装等)；采购数量(采购总量、采购批量等)；送货(交货时间、频率、交货地点、最高与最低送货量、保质期、验收方式等)；退货(退货条件、退货时间、退货地点、退货方式、退货数量、费用分摊等)；促销(促销保证、促销组织配合、促销费用承担等)；价格及价格折扣优惠(新商品价格折扣、单次订货数量折扣、累计进货数量折扣、年底退佣、不退货折扣提前付款折扣等)；付款条件(付款期限、付款方式等)；售后服务保证(保换、保退、保修、安装等)。

(8) 建立供应商及商品档案。

(9) 下订货单。

(10) 交货、收货与验货。

(11) 支付货款。

3. 网上采购的模型及模块功能设计

针对我国企业信息化基础较为薄弱的特点，现阶段网上采购的重点应放在企业信息流和资金流的有效集成上，解决采购与财务结算中的瓶颈问题，以确保网上采购行为的正常畅通。

网上采购模型通常包括采购申请、采购审批和采购管理三个功能模块。

1) 采购申请模块

采购申请模块的具体功能如下：

(1) 接受企业关键原材料供应部门或生产部门提交的采购申请。

(2) 接受企业 ERP 系统自动提交的原材料采购申请。

(3) 公司员工提交申请或供应部门手工提交申请，都应通过浏览器登录网上采购站点的页面进行，ERP 系统的采购单据则可根据数据交换标准自动传递。

2) 采购审批模块

采购审批模块的具体功能如下：

(1) 根据预设的审批规则自动审核并批准所接收到的任何申请。

(2) 对于员工提交并自动审批通过的低价值产品申请，直接向仓库管理系统检查库存，如库存已有，立即通知申请者领用；如库存没有，应邮件通知申请者：申请已批准，正在采购中。

(3) 对于被自动审批未获通过的申请，立即通知或邮件通知申请者：申请由于何种原因未获批准，请修改申请或重新申请。

(4) 通过自动审批无法确定是否批准或否决的申请，邮件通知申请者的主管领导，由领导登录采购系统的 URL，审批申请。

(5) 对于已通过的采购申请，邮件通知申请者。

(6) 对于已通过的采购申请，提交给采购管理模块。

3) 采购管理模块

采购管理模块的具体功能如下：

(1) 采购管理部门制订年度或月份采购计划，制定供应商评估等业务规则。

(2) 对所接受的采购申请，依据设定规则确定是立即采购或是累积批量采购。

(3) 对需立即采购或已达到批量采购标准的采购申请，依据业务规则，放入竞标广场投标或立即生成订单。

(4) 对放入竞标广场的申请单，根据竞标结果生成订单。

(5) 对已生成的订单，依据设定规则决定是立即发给供应商，或者是留待采购管理部门再次审核修改。

(6) 所有订单，依据预设的发送途径向供应商发出。如：E _ mail、人工电话传真、自动电子传递给供应商的订单管理系统。

(7) 自动接受供应商或承运商提交的产品运输信息和到货信息，或者这些信息由采购管理部门手工录入。

(8) 任何有权限的用户都可查询所提交申请的被执行情况。

(9) 订购产品入库或服务完成后，系统自动生成凭证并提交，采购部门向财务管理部门提交有关单据。

(10) 订购产品入库或服务完成后，系统自动邮件通知或采购管理部门电话通知申请者申请已执行完毕。

(11) 依据设定规则，系统在发出订单时或者产品验收入库后，自动触发对供应商在网上自动付款系统，或者采购管理部门依据有关收货单据人工通知财务部门对供应商付款。对于网上退货过程的处理，因其业务原理基本相同(核算则相反)，原则上也可在上述 3 个模块中一并设计实现。

4. 新商品引进的控制

新商品引进的控制管理关键是建立一系列事前、事中和事后的控制标准。

(1) 事前控制标准。如公司采购业务人员应在对新引进商品市场销售前景进行分析预测基础上，确定该新引进商品能给公司带来既定利益，这一既定利益可参照目前公司从经营同一类畅销商品所获得的利益或新品替代淘汰商品所获得的利益，如规定新引进商品在进场试销的 3 个月内，销售额至少不低于替代淘汰商品销售额，方可列入采购计划的商品目录之中。

(2) 事中控制标准。如在与供应商进行某种新商品采购业务谈判过程中，要求供应商提供该商品详细、准确、真实的各种资料，提供该商品进入连锁超市销售系统后的促销配合计划。

(3) 事后控制标准。如负责该新商品引进的采购业务人员，应根据新商品在引入卖场试销期间的实际销售业绩(销售额、毛利率、价格竞争力、配送服务水平、送货保证、促销配合等)对其进行评估，评估结果优良的新商品可正式进入销售系统，否则中断试销，不予引进。

5. 采购商品质量管理与控制的内容、依据及保证措施

为了提高采购商品质量，加强采购质量管理与控制，必须明确采购质量管理与控制的内容，并确定有效的质量管理与控制措施。

1) 采购商品质量管理与控制的内容

采购商品质量管理与控制对象是采购商品的质量，而采购商品的质量是设计和制造出来的。采购商品质量管理与控制主要有三个方面的内容：一是对供应商管理与控制；二是进货检验；三是对采购物流过程中的质量管理。从实际情况来看，对供应商质量管理与控制是重点和难点。统计表明，一个企业要是能将 1/4 的质量管理精力花在供应商管理上，那么商品质量通常可以提高 50%左右。

2) 采购商品质量管理与控制的依据

由于质量在采购中的特殊地位，决定了采购质量管理与控制的重要性。那么，采购质量管理与控制的依据是什么呢？作为企业管理人员和采购人员必须明确。一般来说，采购质量管理与控制的依据主要体现在以下两个方面：

(1) 技术标准。技术标准是衡量、评定产品质量的技术依据，是采购人员可以获得的直接信息。企业生产产品所需要采购的商品，都要符合现有产品标准。

(2) 市场标准。商品是为了满足消费者需求而采购的。能否满足消费者需求是采购商品质量的首要的、根本的依据和标准。

技术标准和市场标准要相互参照，彼此兼顾。

3) 采购商品质量管理与控制的保证措施

采购商品质量管理与控制的措施如下：

(1) 选择合适的供应商。调查了解供应商的产品质量保证能力、一定的标准和程序，尽量选择质量管理体系完善、设备先进、技术领先、服务好、交货及时的企业作为供应商。

(2) 确定在处理同供应商之间的关系中有关的质量标准。

(3) 严格按技术规程、工艺文件认真选购。

(4) 制定保证和验证供应商的产品质量的正式程序。采购商品时，要严格检验，合格的才能入库。

(5) 建立双程多线交流沟通制度，参与供应商的产品质量控制过程，共同探讨、分析和解决影响质量的各种因素，并制定各种严格标准，协助供应商改进和提高产品质量。

(6) 规定查明差错和采取纠正措施的办法。

(7) 建立采购质量档案、进货质量记录制度。

(8) 对供应商进行质量监督和质量评级。

（9）需要强调的是，在保证商品质量的同时，还要正确处理质量与成本、供应、服务等要素之间的关系。

① 正确处理好质量与成本的关系。采购商品质量并不是越高越好，质量过高会产生质量过剩，使成本大大增加。为此，要处理好质量与成本之间的关系。目前最常用的方法是使用“性能价格比”来平衡。作为采购人员，应根据性能、价格慎重地确定质量标准，以便能正确地采购每一种商品。

② 正确处理好质量与供应的关系。对采购大批量商品，如提出过高的质量要求，可能会导致供应商供应周期过长，严重时会导致缺货。

③ 正确处理好质量与销售服务之间的关系。由于企业商品的质量问题导致退货频繁发生，不仅使企业在用户心目中印象较差，而且给售后服务带来麻烦，增加服务成本。

正确处理好质量与采购规格之间的关系。为了保证采购商品符合质量要求，企业采购部门在采购商品时，根据申购部门提出的具体质量要求和规格，编制采购质量文件，向供应商提出适当、明确、具体的要求，并让供应商充分地理解这些要求。“适当”就是既不能降低也不能提高顾客对商品的要求，降低要求不能保证应有的质量，而提出过高的要求，又会导致采购成本的上升。为了做到有章可循、有法可依，防止购回不合格商品，企业应明确职责，合理确定采购质量文件的审批程序。

为了正确表达采购需求，有必要弄清如何描述采购规格。采购规格是影响采购的重要因素，因为采购订单或合同能否符合申购部门的需求，通常取决于描述质量的采购说明。

8.3 供应商管理

8.3.1 选择供应商

1. 供应商选择的阶段及其选择方法

1）内部需求分析阶段

（1）确认业务需求。

（2）用户需求确认。

（3）利用网络工具进行采购信息的收集以产生潜在供应商列表。

（4）准备和发布 RFP(内部需求)。

（5）为投标人举办会议。

（6）发表 RFP 附录与补充。

2）供应商选择阶段

（1）将内部需求和组织要求与市场上相关供应商的能力相对照。

（2）评估供应商的回应。

（3）分析必要的需求。

（4）建立最佳候选名单。

（5）详细的供应商分析和 RFP 分析。

（6）确认最终名单。

3）谈判和选择阶段

（1）准备谈判策略。

（2）确定合同重要条款。

（3）谈判策略。

（4）合同条款的确认。

（5）选择最后供应商。

（6）合同处理。

（7）实施所选产品。

2. 招标采购的流程

公开招标采购必须按照规定作业程序来进行，一般而言，招标采购的流程可分发标、开标、决标和签订合约四个阶段。

1）发标

发标之前必须对采购物品的内容依其名称、规格、数量及条件等详加审查，若认为没有缺失或疑问，则开始制发标单、刊登公告并开始准备发售标单。

2）开标

开标之前必须先做好事前准备工作，如准备开标场地、出售标单，然后再将厂商所投的标启封，审查厂商资格，若没问题再予以开标。

3）决标

开标之后，必须对报价单所列各项规格、条款详加审查是否合乎规定，再举行决标会议公布决标单并发出通知。

4）签订合约

决标通知一经发出，此项买卖即告成立，再依招标规定办理书面合约的签订工作，合约一经签署，招标采购即告完成。

3. 供应商调查

对供应商进行调查的目的是对供应商的能力做出一种预测。一般方法是派出一组有资格的观察员对供应商进行访问。观察员了解供应商的硬件和软件，研究各种程序，同有关负责人交谈并搜集有关信息。通过这些工作，对供应商是否有可能交付优质品做出预测。

（1）对老供应商进行调查。如供应商是企业的老供应商，他要提供新产品，这时，企业可查询本企业对该供应商的评定资料。评定资料包括该供应商的质量供应能力、交货的及时能力、对质量问题处理的及时能力、财力状况以及其他相关信息。

（2）对新供应商进行调查。如供应商是准备开发的新供应商，企业进行直接调查的同时，可查询与其合作的其他企业对供应商的报价资料，以获取供应商的开发实力及合作的优势等各方面信息。

（3）进行直接调查。要使调查结果尽可能反映实际情况，企业就要对调查的方法和内容做认真细致的考虑。总的来说，调查方法形式多样，调查的内容力求全面，调查的重点应侧重于工序控制、员工培训和资历考核等方面，同时，调查要避免重复劳动，要善于利用社会性的数据库。经验表明，为了做到有的放矢、心中有数，最好是事先编制调查表，寄发给被调查的供应商，要求如实填写。调查组在了解供应商提供的信息之后，再到现场进行访问、核实。

调查表主要包括如下内容：

(1) 经营管理总体情况。包括经营宗旨、质量方针、组织结构、企业规模、生产规模、主导产品、主要客户、合作意识等。

(2) 质量控制。包括质量控制方法的有效性、质量计划与试验等。

(3) 人员。包括人员技术水平、培训计划、培训内容以及执行情况等。

(4) 成果。包括质量管理方面的业绩、有声望的用户、被调查供应商的评价、通过的质量认证、获得的质量奖项、质量管理方面论文及研究成果等。

调查表的内容应尽量全面、具体，尽量用数据或量值进行表达，同时调查内容应便于进行现场审核。对每一新产品可同若干个有合作意向的企业展开调查，并由其主要领导确认调查内容的真实性。供应商质量管理体系审核和质量保证能力的评估要做到优选商品。企业必须充分掌握供应商质量管理体系和质量保证体系，把握住关键要素和过程。

其主要审核内容包括如下：

(1) 设计资格审核。根据供应商实际出来的样品进行试验，以判断供应商的能力或资格。制造能力是管理、技术、加工方法等各种能力的综合。因此，设计资格审核就是到供应商现场进行调查、实地考察，对供应商的能力做出评价。审核内容根据企业情况的不同而不同，大体上包括管理能力、技术能力、运用质量控制工具和手段的能力。

(2) 供货质量的审核。通过查阅以往供货质量情况，审核该供应的商品质量保证能力。具体做法是查验该供应商供应商品的记录和有关产品质量的记载，走访使用单位，了解商品使用情况。若连续向该供应商进货，均未发现和发生质量问题，说明该供应商提供商品的质量保证能力较好，可以信赖。

(3) 供应商的质量管理体系以及质量控制能力的审核。对已经过 ISO 9000 标准的质量认证或其他的质量认证的供应商进行审核，可到现场了解运行和落实情况，审查其质量管理文件，并应着重关注其反映持续改进状况的管理评审、内审、纠正(预防)措施和试验等过程。如这些方面处理得好，表明该供应商具有较完善的质量管理体系，可作为企业的供应商。供应商未通过 ISO 9000 标准的质量认证或其他的质量认证，并不意味着其没有质量管理体系，只要企业对关键要素和过程控制良好，产品质量能达到要求，他们便也能成为企业的供应商。供应商的质量控制能力的审核主要是了解其控制的有效性和完整性。

(4) 样品、小批量试用的鉴定与审核。如果一个供应商的样品质量高，但是其批量质量不尽人意的话，这个供应商就不能成为企业要考虑的供应商。

① 样品鉴定与审核。样品鉴定应符合技术规范的要求，遵循技术标准。该标准可直接采用国际标准、国家标准或行业标准。同时，该标准应在开发样品前经双方认可，应和加工标准一致或相容。当产品的技术规范与供应商的相关标准存在差异时，企业认证人员有责任向设计人员提出合理的、不影响产品质量的改动。如供应商在产品技术规范要求上有一定的实现难度时，供应商要参与供应竞争就必须进行质量整改。企业认证人员及质量管理人员和供应商一起研究并实施质量改进措施。企业认证部门应组织质量小组对供应商进行审核，直到达到技术规范要求为止。

② 小批试用审核。样品的质量符合要求，并不代表小批件的质量也符合要求。因此，

确定样品合格后，可先进行小批量试用，试用合格后再批量供货或正式使用。小批试用不但验证供应商产品样品和技术要求的一致性，还验证供应商产品满足企业工艺要求的能力以及供应商供应质量的稳定性程度。

③ 供应商的确定。经过质量调查、论证、开发样品、小批量试用等过程的选择，符合企业质量要求的即为备选的供应商。但是，供应商的选择除了考虑质量要求以外，还要考虑价格、信用、管理水平等因素。另外，同一商品的供应商数目应根据商品的重要性程度和供应商的可靠程度而定，一般可以保持 2～3 个，以保证供应的可靠性和形成竞争，有利于商品质量的持续改进和提高。

在评价的过程进行后，会得出一个决策点。根据一定的技术方法选择供应商，如果选择成功，则可开始实施供应链合作关系。在实施供应链合作关系的过程中，市场需求将不断变化。企业可以根据实际情况的需要及时修改供应商评价标准，或重新开始供应商评价选择。在重新选择供应商的时候，应给予老供应商以足够的时间适应变化。

4. 报价采购

1）报价采购的种类

报价采购的责任与约束力要视合约内容而定。由于合约内容不同，报价采购的种类亦不同。一般而言，报价种类虽多，但主要可分两大类，确定报价与条件式报价。

（1）确定报价。确定报价是指在某特定期限内才有效的报价。换言之，此种报价是指在有效期内，卖方所提价格为买方所接受，此种交易行为即告成立。若是逾期对方不寄发接受通知，此买卖交易行为即不存在，但是若买方在接受此报价时，尚附有条件者，则原有“确定报价”即告失效，但是却成为一种新的合约。确定报价目前是国际贸易中最普遍的一种报价。

（2）条件式报价。所谓条件式报价，是指厂商在报价时附有其他条件。由于条件内容不一，因而其形态十分复杂。其形式主要有如下 4 种。

① 无承诺的报价。此类报价一般仅可作为参考，卖方是按当天市价报价，若遇物价波动，卖方得自行调整其价格，所以这种报价寄发时，务必声明：本报价不受承诺的约束，或本报价价格得按市价而增减，或价格得随时适时变更，无需通知。

② 卖方确认的报价。此类报价必须经卖方确认后才算生效，此类报价较无承诺的报价好些，它对买方表达出交易的诚意，又可防范风险。不过若遇特殊理由，卖方可说明原因而取消确认。

③ 可以先销售的报价。这种报价对卖方较有利，即卖方以一批货同时向两家以上顾客报价，如果其中有人接受此报价，则后到接受者对已售的货品即自动失效。

④ 买方同意后的报价。此类报价又称许可退货的报价，即买方须看到货品满意后才成立的报价方式。这种报价对卖方极不利，因此很少为人们所采用。

2）报价中应注意的问题

报价单上可附带任何条件，这些附带条件的重要性与主要项目一样，常见的附带条件如：本报价单有效时间至××年××月有效、本报价仅限该批货售完为止有效等。

买方对于报价单内容一旦同意接受，则事后不得将它退回或毁约。报价单所列附带条件经接受后则不得撤回，此乃国际贸易的惯例。报价单的有效期必须以报价送达对方所在地时开始生效，并不是以报价日期为基准。报价最低、有责任感的投标者将获得订单。在实践中，采购者通过征求报价单来选择供应商，并就最终价格与选定的供应商进行谈判。

无论何时，都应该尽可能在采购订单上注明价格。从法律的观点来看，一份采购订单要想具有约束力，就必须同时注明价格及确定价格的方法。当决定要公开招标的时候，必须按照一定的基本步骤来进行。应该对可靠的、潜在的货源进行仔细的初选；对投标要求进行精确的措辞；有足够多的供应商投标以保证真正的公开招标；一旦接受投标，对报价单应该正确对待；在决定谁中标之前应该对报价单进行仔细的分析。即使供应商开出的价格很低，但是如果采购者认为不太可能与其达成交易，也会把他们从投标的名单中除去。因为有时采购者招标的目的仅仅是为了检查自己的供应商开出的价格的可能性，或者是为了对存货进行估价。然而需要注意的是，一家公司决定投标，它就会承担此费用，有些时候这笔费用还是相当大的。因此，如果没有很好的理由，这家公司是不会投标的。此外，供应商对于投标邀请的接受是对供应商本身的一种激励，同时也表明达成订货协议是可能的。因此，除非有希望达成订货协议，否则采购者不应该发出投标邀请。

在确定邀请哪些公司来投标后，向它们发出一般性邀请信，在信中注明所有必要的信息：对商品或者项目的完整的说明、商品或者项目预定完成的时间以及发出投标的期限。在很多情况下，正式的投标邀请是不采用电话等口头邀请方式的。在发出投标后、采购决策还没有宣布之前，投标商们自然很想知道自己的出价与其他竞争者的出价情况。由于在政府采购中使用的密封投标在私有行业中还没有广泛采用，所以采购者在得到标书时能够了解到不同投标商出价的情况。对于这些信息必须严格保密，实际操作中一些采购者在准备分析标书前故意不去了解出价情况，这样他们就可以诚实地告诉每一家投标商，他不知道标书上的价格情况。即使已经做出采购决定，也最好不要透露失败的投标商与成功的投标商之间的价格差距。

3）确定报价

对投标价格信息保密与所有采购者在实践中必须面对的一个问题，即确定报价。大多数企业都制定了一项方针，即通知供应商最初的投标价是最终的，在任何情况下都不能修改。只有在出现明显错误的情况下才允许例外。特别是在价格下跌的时期，供应商迫切希望达成交易，所以想方设法保证其投标价格是最低的。在这个过程中，他们的做法常被那些允许修改投标价的采购者所助长。遗憾的是，有些采购者故意使一家投标者与另一家相竞争，甚至通过把想象的投标价与预期的供应商相联系来保证取得更低的价格。买卖双方对于违背确定报价方针的做法都是负有责任的。只有在极不正常的情况下才允许违背确定报价的方针。对于那些认为不可能一贯采取这样方针的人，他们应该看到当前许多公司在实践中都是遵循着这项方针的。确定报价作为一项总方针的优点是无须特别解释的。严格坚持这项方针是对所有供应商都平等对待的最公平的做法。

确定报价强调了交易中的质量和服务因素，以其代替了价格因素。如果只向那些最诚实可靠的供应商发出投标邀请，并且采购者不必只与投标价格最低的供应商达成交易，就大大减少了供应商在达成交易后采用劣质材料和工艺的可能性。同时由于不必再与供应商在价格上不断讨价还价，节省了采购者的时间。

当采购者希望在收到初始投标后双方仍然具有阐明并确定产品规格及价格的灵活性

时，可以不采用确定报价法。这种情况下，采购者会在发出投标邀请的同时通知所有的供应商。他将收到初始投标后与一家或者几家投标商就需要的任意方面进行讨论，然后征求最终的报价。在某些偶然情况下，采购者在审查了收到的投标书之后，可能通知投标者所有的投标商都没有中标。同时，发出新的投标邀请或者是通过公开招标以外的方法来进行采购。这种结果多发生在以下情况：投标商显然没有理解规格的要求，投标商之间存在串通的嫌疑，或者所有的投标价格都高得脱离实际。

5. 招标单的特性、格式和最有利投标的确定

1）理想标单的特性

在整个招标采购的过程中，最重要的是标单的制定，理想的标单必须具备三原则，即具体化、标准化、合理化三项基本原则，否则整个招标工作将弊端丛生，前功尽弃。因此如何拟订出一份理想标单，的确是标购作业中不可忽视的一项基础工作。一份理想的标单，至少必须具备下列几项特性：

（1）能够制定适当的标购方式，不要指定厂牌开标。

（2）规格要明确，对于主要规格开列须明确，次要规格则可稍有伸缩。

（3）所列条款务必具体、明确、合理，可以公平比较。

（4）投标须知及合约标准条款能随同标单发出，内容订得合情合理。标单格式合理，发标程序制度化、有效率。

2）招标单的格式

目前招标采购所采用的格式均为标准格式，一般而言标单的格式有三用式标单与两用式标单两种，其中以前者用途较广，也较为人所沿用。所谓三用式标单，是指一份标单中包括招标单、投标单和合约 3 种。买方将拟采购的物品名称、规格、数量、条款等列在招标单中，而投标厂商将其所报价格及条件分别填在招标单各栏及价格栏后签字投入标箱，经买方审核认可，将合约各栏予以填注，并经负责人签字后即构成合约。

3）最有利投标的确定

在整理所有供应商的投标书及其细目时，常常用到投标分析表。但是在接到比较过的投标书后，应该选择哪一家厂商呢？习惯上往往接受开出最低价格的投标书。获得投标价格的目的就是为了得到最低的价格。提供所需要的具体规格的目的是为了获得同样的商品和服务，而不管谁是最终选定的供应商。除非可以提供特别的理由，否则总是与那些投标价格最低的投标商签订合同。然而，在某些情况下，价格最低的投标商并不能得到订单。采购者在发出投标邀请后获得信息可能表明提供最低投标价格的企业是不可靠的。甚至这个最低的投标价比采购商认为合理的价格还要高，或者采购者有理由相信投标商之间存在着串通行为。不能接受最低的投标价还有其他的原因：企业的管理者或者使用部门可能对于特定供应商的产品有一定的偏爱。这种情况下，价格上微小的差别并不能补偿对特定供应商产品的信赖，也不会使采购者停止整个相当长时期内都很满意的货源进货。虽然如此，招标过程对于保证公司得到合理的价格仍是必不可少的。

选择供应商绝不是仅仅在接到报价单后简单地排列投标商的顺序并从中选取价格明显低的投标商，因为明显低的价格可能会产生误导。对于两个表面上相同的报价，一个实际上可能高于另一个。一家供应商如果采用 FOB 产地价，则运费差别很大。如果供应商正在试图进入新的市场，或者正在攻击它的竞争者，那么它的价格可能会很低。一家供应商

可能会采用固定的价格；而另一家供应商则可能坚持伸缩条款，这可能使它的价格高于其竞争者的价格。这些及其他类似的因素很可能造成在比较价格时的错误。

8.3.2 评价供应商

1. 考核指标

采购人员通常从价格、品质、交期交量和配合度(服务)几个方面来考查供应商，并按百分制的形式来计算得分。

1）价格

根据市场同类材料最低价、最高价、平均价、自行估价，然后计算出一个较为标准、合理的价格。

2）品质

(1) 批退率。根据某固定时间内(如一个月、一季度、半年、一年)的批退率来判定品质的好坏，如上半年某供应商交货 50 批次，判退 3 批次，其批退率＝3÷50×100%＝6%。批退率越高，表明其品质越差，得分越低。

(2) 平均合格率。根据每次交货的合格率，再计算出某固定时间内合格率的平均值来判定品质的好坏，如 1 月份某供应商交货 3 次，其合格率分别为 90%、85%、95%，则其平均合格率＝(90%＋85%＋95%)÷3＝90%。合格率越高，表明品质越好，得分越高。

(3) 总合格率。根据某固定时间内总的合格率来判定品质的好坏，如某供应商第一季度分 5 批，共交货 10 000 个，总合格数为 9 850 个，则其合格率＝9 850÷10 000×100%＝98.5%。总合格率越高，表明品质越好，得分就越高。

3）交期交量

(1) 准时交货率＝准时交货数量÷订购数量×100%。交货率越高，得分就越高。

(2) 逾期率＝逾期批数÷交货批数×100%。逾期率越高，得分越少；逾期越长，扣分越多；逾期造成停工待料，则加重扣分。

4）配合度(服务)

配合度，应配备适当的分数，服务越好，得分越多。

将以上四项分数相加得出总分，为最后考核评比分数，以此来考核供应商的绩效。

2. 案例分析

表 8－1 是某家电商场 2014 年第四季度同档次笔记本电脑的采购统计资料。

表 8－1　某家电商场 2014 年第四季度同档次笔记本电脑的采购情况

供应商	采购商品数量/台	验收合格商品数量/台	准时交货数量/台	单价/元	综合考评得分
A	80	76	80	9080	94.92
B	60	56	50	8680	91.56
C	100	92	90	8880	91.94
D	80	78	60	8280	92.75

假设该家电商场网上采购委员会先前制定的评价项目和分数权数为：产品质量40%，价格35%，交期交量25%。根据评价项目和采购统计资料，显然各供应商的产品质量评价可用合格率＝验收合格商品数量÷采购商品数量来表示；价格评价以最低的供应商为基数(满分35)，其他供应商与此比较，价格越高，得分越低；交期交量评价，可用准时交货率＝准时交货数量÷订购数量来表示。

那么，根据加权综合评分法对4家供应商进行评价，各供应商综合考评得分分别如下。

A：76÷80×40＋8280÷9080×35＋80÷80×25＝94.92

B：56÷60×40＋8280÷8680×35＋50÷60×25＝91.56

C：92÷100×40＋8280÷8880×35＋90÷100×25＝91.94

D：78÷80×40＋8280÷8280×35＋60÷80×25＝92.75

3. 供应商评价管理的目标

现代企业处于一种动态的环境之中，必须随时根据外在环境的变化调整其行动方略。企业从选择供应商开始就必须将其纳入整个企业管理系统之中。供应商的交货、商品质量、库存水平等对企业的影响越来越大，并直接影响到采购的效率。因此，企业需要对供应商的开发、控制、评价、评定及重新确定双方合作关系等多方面进行跟踪，保证企业供应链系统的稳定和高效运作。因此，供应商评价管理可有以下具体目标。

(1) 获得符合企业总体质量和数量要求的商品和服务。每一个采购方企业都会有一整套的战略规划和方针。在选择供应商时，必须充分考虑该供应商与本企业的发展方向是否一致，它所提供的商品和服务能否满足本企业的质量及数量的要求。

(2) 确保供应商能够提供优质的服务、商品及时的供货。企业在选择供应商时，在双方的供需关系确立后，必须将优质的服务、商品及时的供货作为评价供应商的根本原则。

(3) 力争以低的成本获得优良的商品和服务。企业总是以追求最大利润为根本目标。因此，在供需关系发生后，采购方也会采取多种措施来降低自己取得最优商品和服务的成本，能够提供最大供应价值的供应商是所有采购方都希望与之合作的。

(4) 淘汰不合格的供应商，开发有潜质的供应商。采购方与供应商之间并非是从一而终的既定关系。双方都会不断地审视和衡量自身利益是否在和对方的合作中得以实现，不符合自身利益的合作伙伴最终会被摒弃。

(5) 维护和发展良好的、长期稳定的供应商合作关系。越来越多的企业意识到，同供应商发展战略伙伴关系更加有利于自身的长远发展，采购方谋求的应该是同供应商的长期的伙伴关系。

4. 供应商评价管理的主要内容

对供应商进行评价的基础是确定评价的内容和方法。基于供应商在企业供应链条中的地位和作用，可以从以下几方面加以考虑：

(1) 供应商是否遵守公司制定的供应商行为准则。供应商行为准则是企业对供应商最基本的行为约束，也是二者保持合作关系的基本保障，这是进行供应商评价的首要内容。

（2）供应商是否具备良好的售后服务意识。采购商品在装配使用和运输过程中可能因为质量问题或使用方式不当等原因而导致损坏。在发生这种情况时，供应商应及时处理，提供相关的售后服务支持，而不应借故拖延，或者让采购企业蒙受损失。

（3）供应商是否具备良好的质量改进意识和开拓创新意识。随着市场竞争的加剧，企业的技术创新、商品创新层出不穷。尤其是在高新技术企业中，商品更新换代的速度日新月异。企业的创新意识离不开供应商的支持，有时供应商的创新甚至是推动企业创新的原动力之一，它为企业提供了更大的利润空间。

（4）供应商是否具备良好的运作流程、规范的企业行为准则和现代化企业管理制度。管理混乱、行为规则不健全的供应商是很难在激烈的竞争中维持生存和发展的，因为这些问题的存在不利于和采购方建立长期稳定的合作关系。

对供应商进行评价的内容涉及许多方面，不同企业对此有各自的具体要求和期望。对于大型企业尤其是跨国集团来讲，供应商选择的成功与否关系到企业整个系统的正常运作，因此他们对供应商进行评价时有更多、更严格的标准和广泛的内容。而中小企业对供应商的要求则相对较为宽松。另外，就评价内容而言，有些方面是可以量化的，有些则只能由企业在长期的运作中通过观察来得到。许多企业根据自身规模和运作，根据实际情况形成了对供应商进行考评的指标体系。

供应商评价指标体系是企业对供应商进行综合评价的依据和标准，是反映企业本身和环境所构成的复杂系统不同属性的指标，是按隶属关系、层次结构有序组成的集合；不同行业、企业，不同商品需求和环境下的供应商评价应是不一样的，但不外乎涉及以下几个可能影响供应链合作关系的方面：供应商的业绩、人力资源开发、质量控制、成本控制、技术开发、消费者满意度和交货协议。

企业必须建立一个专门的小组来控制和实施对供应商的评价，这个小组的组员以来自采购、质量等与供应链合作关系密切的部门为主。这些组员必须有团队合作精神，而且还应具有一定的专业技能。另外，这个评价小组必须同时得到采购方企业和供应商企业最高领导层的支持。一旦企业决定实施供应商评价，评价小组必须与初步选定的供应商取得联系，来确认他们是否愿意与企业建立供应链合作关系，是否有获得更高业绩水平的愿望。所以，企业应尽可能早地让供应商参与到评价的设计过程中来。然而，企业的力量和资源毕竟是有限的，只能与少数关键的供应商保持紧密的合作，所以参与的供应商应该是尽量少的。

评价供应商的一个主要工作是调查、收集有关供应商生产运作等全方位的信息。在收集供应商信息的基础上，就可以利用一定的工具和技术方法进行供应商的评价了。

5. 供应商评估的控制要点

供应商评估的控制要点如下：

（1）供应商的初选及选择条件。

（2）供应商的品质保证能力的调查。

（3）供应商的样品品质鉴定。

（4）供应商评估内容及步骤的确定。

（5）供应商评估结论的审核与批准。

(6) 合格供应商的批准。

(7) 合格供应商档案的建立。

(8) 合格供应商的供货情况定期监督与考核。

(9) 根据供应商定期考核情况，进行优胜劣汰或辅导。

(10) 监督以及发现问题的处置。

6. 互利共赢的供应商质量管理与控制

采购是采购方与一个或多个供应商之间的交易活动，采购的商品质量与供应商的质量管理水平和质量保证能力是密切相关的。企业与供应商的合作已成为企业质量管理体系中的一个关键问题。

在经济全球化不断深入的今天，一些企业已经意识到与供应商建立良好的合作关系的重要性，但对如何建立互利共赢的供应商质量管理体系探讨得还不够。目前，加强供应商的质量管理与控制中还存在着一些问题，因此，企业必须根据自身实际，加强与供应商的合作，建立起新的质量管理模式。

供应商采购方需要的合格商品，对于采购方是十分重要的。因此，选择合格的供应商是采购的首要工作，是进行质量管理的重要环节。很难想象一个管理松散、设备陈旧、人员素质低下的供应商可以提供优质的产品；也很难想象一个信息闭塞、财务紧张的供应商可以及时、保质保量地提供企业所需的产品。合格的供应商就是要提供合格的产品、按时交货、满足数量的要求、价格合理、服务周到。

可以采用以下方法来了解供应商是否具备这些能力：

(1) 根据供应商的信誉对比类似产品的历史情况，对比其他用户的使用情况，考虑选择供应商。

(2) 根据供应商提供的样品进行评价来选择供应商。

(3) 对供应商的能力进行现场调查和评价来选择供应商。

(4) 根据是否取得有关质量认证机构的质量体系认证来选择供应商。为保证顾客对产品或服务满意，企业必须对产品质量形成的全过程进行严格的管理与控制，而为保证采购质量，制约供应商商品质量，企业需要与供应商订立契约，明确规定质量责任和义务，并按承诺的内容和要求测量质量和服务。

本章小结

本章主要介绍网络采购的方法及供应商管理，阐述了网络采购的优势，网络采购流程，如何进行采购商品质量管理与控制，介绍了供应商管理，对供应商的选择、控制、评价、评定。

网络采购是指通过互联网发布采购信息、接受供应商网上投标报价、网上开标以及公布采购结果的全过程。网上采购的主要目标是对于那些成本低、数量大或影响业务的关键产品和服务订单实现处理和完成过程自动化。无订单采购和无票据自动结算将是网上采购的最佳形式。

网络采购的优点：提高采购效率，降低采购成本；有效竞争，保证采购质量；评标工作提供方便；促进企业采购的信息化建设；规范采购程序的操作和监督。

网络采购与付款业务流程必须遵守伦理道德及法律。确定一个最有利的投标。

网上采购的一般流程：填写订购要求；订单被自动审核；订单被批准后以电子方式通告给供应商；订单登记到可支付账户的财务核算系统并被传递到申请人手中。

为了提高采购商品质量，加强采购质量管理与控制，必须明确采购质量管理与控制的内容：一是对供应商管理与控制；二是进货检验；三是对采购物流过程中的质量管理。

供应商管理要求有供应商选择、供应商招标以及供应商调查。企业还需要对供应商的开发、控制、评价、评定及重新确定双方合作关系等多方面进行跟踪，保证企业供应链系统的稳定和高效运作，明确供应商管理的目标和内容。

本章习题

二、单项选择题

1. 以下不属于网络采购的三大主要操作模式的是：(　　)。

A. 买方系统　　B. 卖方系统　　C. 网络系统　　D. 第三方系统

2. 网上拍卖采购系统一般流程是(　　)。

A. 准备—发标—竞价—采购—反馈　　B. 准备—竞价—采购—规划—反馈

C. 规划—准备—发标—竞价—反馈　　D. 规划—发标—竞价—采购—反馈

3. 与供应商建立长期合作伙伴关系要经过以下哪些正确步骤(　　)。

① 通过供应商会议、访问等形式组织实施计划并跟进进度；②对有关采购用品分析分类确定供应商对象；③在企业内部通过供应商月度考评审核等及时反馈改进规定；④根据对供应商伙伴关系规定制订计划。

A. ②④①③　　B. ②①④③　　C. ④②③①　　D. ④①③②

4. 供应商管理的目标是(　　)。

A. 力争以低的成本获得优良的商品和服务

B. 确保供应商能够提供优质的服务、商品及及时的供货

C. 维护发展良好的、长期稳定的供应商合作关系

D. 全选

5. 实现简化采购流程，提高采购效率，控制采购成本，应抓住的关键是什么？(　　)

A. 更新采购工具　　B. 实施供应链管理

C. 采购方式的战略性转变　　D. 内部整合资源

6. (　　)可以建立一个网上交易市场和服务平台，并支持从买卖信息的交互到交易完成的整个过程，即一站式采购。

A. 买方网络采购模式　　B. 第三方电子市场采购模式

C. 卖方网络采购模式　　D. 企业直接采购模式

7. 在供应链中从上游节点到企业内部直至下游客户，(　　)是企业利润的源泉。

A. 上游产品工艺设计　　　　　　B. 企业内部调整
C. 准时交货　　　　　　　　　　D. 采购供应管理

8. 在网络贸易中，保证企业持续发展源头是(　　)。

A. 综合考虑供应商的业绩　　　　B. 质量控制
C. 技术开发　　　　　　　　　　D. 网络供应商的选择与评估

9. 下列哪项是管理供应商的最好办法?(　　)

A. 建立契约型关系　　　　　　　B. 与供应商建立战略合作伙伴关系
C. 合并、并购　　　　　　　　　D. 双边垄断

10. 以下哪项可以体现出网络贸易采购可以使企业掌握采购主动权(　　)。

A. 企业通过网络和供应商实时沟通，及时获取售后服务或者追加订单
B. 由计算机根据设定标准自动完成供应商的选择工作，避免“暗箱”操作
C. 网上交易的透明化，保障了采购的最优化，控制了采购成本
D. 提高了效率，缩短了采购周期

二、判断题

1. 网络采购通常包括采购申请、采购审批和采购管理 3 个功能模块。(　　)

2. 采购信息的收集，就是通过一定的技术手段和方法进行筛选加工，获得有实际价值的采购信息。(　　)

3. 同一商品的供应商数目应根据商品的重要性程度和供应商的可靠程度而定，最好只要一个。(　　)

4. 招标采购的流程可分为开标、发标、决标和签订合约 4 个阶段。(　　)

5. 采购方通过与供应商建立长期合作伙伴关系，可以缩短供应商的供应周期，提高供应的灵活性。(　　)

6. 网络贸易采购中的信用风险主要是由供应商信用问题引发的企业信用风险。(　　)

7. 网络贸易采购所要进行的业务关系到供应商和采购商两个主体，特别是采购物料信息，均来自企业内部，这给网络采办模式的建立提供了各种可能性。(　　)

8. 公开形式的标单，除了要列出竞标日期、竞标时长等信息外，还要设置出价梯度等参数。(　　)

9. 企业与供应商是双赢的共同体，所以只存在合作达到最大化，没有存在供应商对企业的利益侵害。(　　)

10. 企业对于战略性物料的供应管理策略必须致力于与质量可靠的供应商建立一种长期的、战略伙伴式的关系。(　　)

三、填空题

1. 网络采购的主要目标，是对于那些 __________、__________或影响业务的关键产品和服务订单实现 __________。

2. 网络采购相对于传统的采购方式，最主要的区别就是网络采购采取__________的技术。

3. __________是采购的首要工作，是进行质量管理的重要环节。

4. 网络采购模型通常包括 __________、__________和 __________ 3个功能模块。

5. 物流是在供应链上产品由__________到__________的流通以及相反流向的退货流通。

6. 采购是企业经济活动的主要组成部分，网络贸易采购就是基于__________的企业采购解决方案，企业可以通过实施网络贸易采购策略来提升其在网络时代的竞争优势。

7. 企业最终应该选择何种网络采办模式，主要取决于两方面因素的考虑，即__________和__________。

8. 网络贸易采购法律和政策方面的风险，主要起因于__________和 __________。

四、简答题

1. 什么是网络采购？网络采购有哪些特点和优势？

2. 比较网络采购流程和传统采购流程的异同。

3. 实施网络采购存在哪些风险？

4. 什么是供应商管理？它的目标是什么？

5. 如何评价供应商？

五、实训题

1. 根据有关采购管理规范，拟订一份通过网络采购50台电脑合同的主要条款。

2. 设计一套适合网上采购模式的供应商综合评价指标体系，并用实际业务数据检验它的合理性和不足之处，并在此基础上进一步改进原先设计的评价指标体系使它尽可能地更加科学和合理。

第9章 电子商务的应用

教学目标

通过本章的学习，了解电子商务的应用领域，网上旅游、网上教育、网上证券、网上保险等电子商务的应用；理解电子政务的特点、实施和应用发展；掌握常见的B2C、B2B、C2C类电子商务的特点和应用。

教学要求

知识要点	能力要求	相关知识
B2C类的电子商务	(1) 了解B2C类电子商务的优势 (2) 了解B2C类电子商务模式创新 (3) 了解B2C类电子商务的发展 (4) 了解B2C类电子商务的交易过程 (5) 了解我国网络购物存在的问题及解决对策	(1) B2C类电子商务的概念与特点 (2) B2C类电子商务模式种类 (3) B2C类电子商务的系统结构
B2B类的电子商务	(1) 了解B2B类电子商务的优势 (2) 了解B2B类电子商务模式创新 (3) 了解B2B类电子商务的发展 (4) 了解B2B类电子商务的交易过程	(1) B2B类电子商务的概念 (2) B2B类电子商务模式种类 (3) B2B类电子商务的交易流程
C2C类的电子商务	(1) 了解中国C2C简史、C2C类电子商务的发展前景 (2) 了解C2C类电子商务模式创新 (3) 了解C2C类电子商务模式存在的隐患及对策	(1) C2C类电子商务的概念 (2) C2C类电子商务模式种类 (3) C2C类电子商务的交易流程
其他类的电子商务	(1) 了解电子政务的应用发展 (2) 了解电子政务的实施过程 (3) 了解电子政务应用发展、未来发展趋势 (4) 了解网上旅游服务、网上教育、网上信息服务的应用 (5) 了解电子商务应用扩展	(1) 电子政务的概念与特点 (2) 各种旅游服务的查询和预定 (3) 网上证券的优势和功能 (4) 网上保险的概念和优势 (5) 网上信息服务，网络信息咨询服务特点

导入案例

"网购"改变商业版图，传统卖场沦为试衣间

位于上海西北郊的嘉定区，近日爆出一大"冷门"：2012年全区电子商务B2C(商家对顾客)营业额占到上海消费类电子商务交易额的三分之一，增速和规模超过传统"十里洋场"。与此同时，上海百货业销售额却出现了自2010年以来的首次负增长。电子商务的兴起正在悄然改变城市固有的商业版图。

一、"网购"改变商业版图

近年来，上海嘉定区吸引了京东商城、新蛋网、凡客诚品等众多国内知名电商企业。2012年，嘉定区电子商务企业共实现交易额356.4亿元，同比(比上年)增长53%。

"互联网的无地域性，给郊区发展商业带来了前所未有的机遇。"嘉定区区长马春雷说，电商的一个主要支撑就是智能化物流和仓储系统，而在上海这样的国际化大都市，中心城区往往已没有多余的空地，这恰恰给了郊区发展空间。

B2C巨头京东商城2011年把华东区总部落户嘉定，当年就实现销售额70多亿元，2012年增至约150亿元，贡献税收7 000多万元。

京东商城CEO刘强东说，京东目前正在嘉定投资建造亚洲最大的智能化物流中心——"亚洲一号"，预计于2013年年底建成使用，届时将支撑每年300亿～400亿元的销售量。

电子商务正在改变中国的传统商业版图：2012年淘宝、天猫"双十一"促销一天的销售额高达191亿元；而浙江义乌原本名不见经传的村庄青岩刘村，聚集着来自多个省市的2000多户淘宝卖家，被外界称之为"中国淘宝第一村"。

此外，支付宝2012全民年度对账单显示，2012年，中国四线城市的网上支付用户数增长64%，网上支付金额增长68%，增速均超过了一、二线城市。

二、传统商场沦为试衣间?

在网络零售狂飙突进的同时，传统卖场的业绩增速则显得有些力不从心。上海市商业信息中心日前发布监测数据：2012年全市55家百货商店累计实现销售305亿元，同比下降1.1%，出现自2010年以来的首次负增长。其中，2012年上海百货业单店销售20强共计实现销售234.1亿元，同比下降0.2%，有11家商场出现不同程度下降，这一数量明显多于往年，其中有4家商场的降幅超过了10%。

复旦大学电子商务中心主任黄丽华认为，电商确实开始给传统商业业态带来挑战，一些传统商店正沦落为人们只看不买的"试衣间"。

以百货商场为例，中国百货商业协会副秘书长范艳茹说，实体店比网店的成本高，主要是租金、人工成本、渠道费等导致的，"实体店不光卖商品，还要卖服务、卖环境，这些都需要成本。不像网店，一两个人就能搞定采购、服务、售后等所有环节。"第一纺织网总编辑汪前进介绍，假设一件衣服的出厂价为100元，百货商场的零售价可能达到1 000元甚至更高，即使是一件很普通的衣服，出厂价与零售价之间也相差三四倍，一级、二级、三级甚至四级代理商等中间环节层层加码。

"电商对传统商圈的冲击将不可避免。"刘强东称，特别是在2012年国内网络零售交易额迈过1万亿元大关后，电商行业每年数千亿元的增长量，很大一部分就是从传统零售商转过来的。

冲击已经开始显现。北京的中关村IT卖场，近年来人流量日渐减少，部分卖场开始关门倒闭；在上海的徐家汇商圈，多家大型商场的销售额出现下滑。

"一些标准化的产品如电器、电子产品、书籍、化妆品等，未来电商的市场份额可能会达到70%至80%。"刘强东说。

三、上海面临消费分流

实际上，面临"试衣间尴尬"的不仅是传统商场，也可能包括中心城区乃至北京、上海这样的一些传统商业中心。

"上海曾经是国内实体零售业的天堂，而目前正面临着电商带来的大挑战。"民盟上海市委专职副主委方荣认为，上海需要加快谋划传统实体零售业的转型，同时也为应对电子商务衍生业态，如第三方支付、网购中转站(代收网购商品)、现代物流业(快递业)等加快研究并提前布局。黄丽华建议，面对电商给传统商圈和商业中心城市带来的冲击，上海要通过迪士尼、"东方梦工厂"这样的文化、旅游景观，来重塑上海商业中心的竞争力。此外，还要争取免税店等政策，让流失到海外的消费力回流。

(资料来源：中国家电在线)

9.1 B2C类的电子商务

9.1.1 B2C类电子商务的概念

B2C(Business to Consumer，B2C)即企业对消费者的电子商务，指企业与消费者之间依托互联网等现代信息技术手段进行的产品、服务及信息交换等商务活动。简而言之，它是企业与个人在网上进行交易的电子商务模式。B2C类电子商务一般以网络零售业为主，主要借助Internet开展在线销售活动。企业和商家可以充分利用电子商城提供的网络基础设施、支付平台、安全平台、管理平台等共享资源，有效地、低成本地开展自己的商业活动，即"网上商城""网上商店"和"网上购物"。

这种电子商务模式中所涉及的网上商店与传统商店相比有很大的不同，它不需要租金昂贵的店面，不需要雇佣太多的人手，不必有很多的库存。当网上商品日益丰富和上网购物的人数增多以后，人们可以通过网上购物获得更多的商业信息，买到价格较低的商品，节省购物的时间，足不出户就可以通过"货比三家"来购买商品。当然，这种电子商务模式的发展需要低成本、高效率的物流体系的支持。这种方式中比较典型的代表就是全球知名的亚马逊网上书店。

伴随着WWW的出现，B2C类电子商务发展迅速。目前，互联网上遍布着各种类型的网上商店，向消费者提供的从最初的图书、音像制品、鲜花、玩具到现在的服装、食品、数码产品、汽车、旅游预订服务、充值、彩票等各种商品和服务，几乎包括了所有的消费品和生活服务。到目前为止，我国比较成功的B2C类电子商务企业有当当网、京东商城、凡客诚品、携程、同程等。随着用户消费习惯的改变及优秀企业示范效应的促进，未来，B2C将在电子商务领域占据重要的地位。图9.1展示了2012年第一季度中国B2C网络购物交易市场份额。

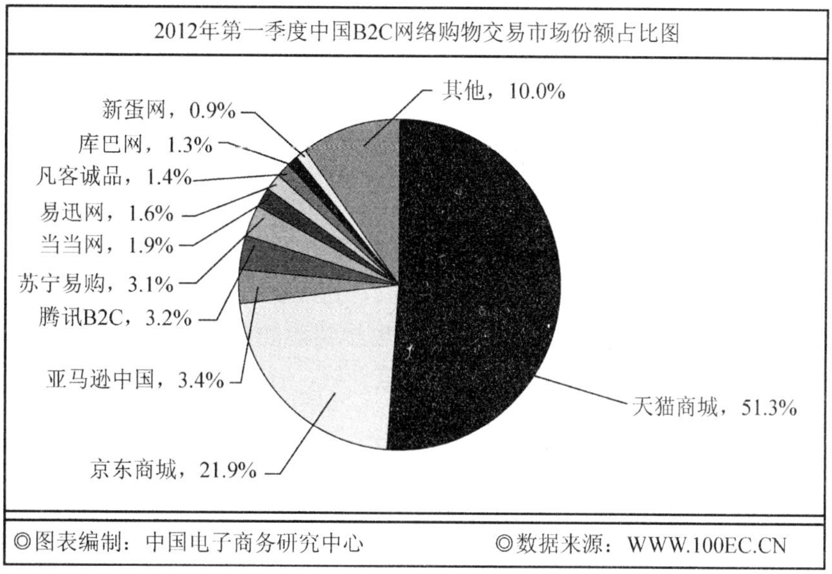

图 9.1 2012 年第一季度中国 B2C 网络购物交易市场份额

9.1.2 B2C 类电子商务的优势

1. 品种丰富

由于没有营业面积的限制，网上商店的货架无限大，网络商店中的商品种类繁多，可以包含国内外的各种产品，充分体现了网络无地域差别的优势。在传统商店中，无论其商铺空间有多大，它所能容纳的商品是有限的，而对于网络而言，它是商品的展示平台，是一种虚拟的空间，只要有商品，就可以通过网络平台进行展示，就可以把世界的各类知名品牌全部放在上面进行展示。

2. 全天候营业

网络购物没有时间限制。作为网上商店，它可以 24 小时对客户开放，用户在任何时间登录网站，都可以挑选自己需要的商品。而在传统商店中，消费者大多受到营业时间的限制。

3. 成本低廉

对于网络商品购买者，他们挑选、对比各家的商品，只需要登录不同的网站，就可以在很短的时间内完成选购，选购完成后由商家直接负责送货，免去了传统购物中奔波的辛苦，时间和费用成本大幅降低。而对于传统购物来讲，这一点是无法达到的。此外，网上商品价格较低，因为网络可以省去很多传统商场无法省去的费用，所以商品的附加费用很低，商品的价格也相对较低。在传统商场，一般利润率要达到 20%以上，商场才可能盈利，而对于网络店铺，它的利润率在 10%就可以盈利了。

4. 减少库存

网上商店库存少，资金积压少。很多商品一般是在客户下订单后再进行商品调配，不需要很多库存，从而可以减少资金的积压。因为网络购物中，商家可以通过消费者下订单和配送商品的时间差，进行商品的调配，而传统商店就需要在顾客选购商品的同时提供商品。当然，不同的商品，具有不同的库存需求，比如对于价格、样式、功能等方面变化不大的商品，可以有适量的库存。而市场需求、价格变化大的商品，一般都是在接到订单后，再进行商品调配。这样，一方面，可以减少不必要的损失，另一方面，也可减少资金的积压。

5. 服务更全面周到

网上商店商品信息更新快，而且方便。只要将新商品的图片、介绍资料上传到网上，或者对商品信息、价格进行修改，购买者就可以看到最新的商品信息了，并且立刻在全球范围内统一更新。而在传统商业中，购买者要想看到新的商品，就要等到商家拿到商品，放置到货架后才能看到。在修改商品信息或调整价格，特别是要在较大的地域范围内统一修改时，在时效性上传统商店就更处下风了。

网上商店的商品容易查找。网上商店中基本具有网上商品的分类、搜索功能，通过搜索，购买者可以很方便地找到所需要的商品。而在传统商店中，购买者查找商品就需要用更多的时间和精力。

网络商店服务的范围广。网络的无地域、无国界的特点，使网络商店的服务范围不仅仅限定在某个固定的区域内，购买者可以通过网络商店买到世界各地的商品。

6. 建立长期稳定的客户关系

由于B2C类电子商务是生产厂商或商家直接面对的消费者，它可以根据消费者个人的要求生产适合其个性特点的商品，并且可以根据消费者的各种私人信息，如收入、家庭、兴趣、个人喜好，来有针对地做买卖，在虚拟商店可以为每个买过商品的顾客设立一个固定的个人档案，来满足每个顾客的不同需要，而在传统的商店要做到这点是很困难的。

电商实践

2013年3月国内B2C流量排名

① 流量增长明显的：优购网、麦考林、天猫、易迅。

② 流量下滑较大的：红孩子、苏宁易购。

③ 3月天猫流量反超京东，B2C流量前十五：天猫、京东、易迅、一号店、亚马逊中国、一号商城、苏宁易购、当当、聚美、凡客、唯品会、麦考林、优购、梦芭莎、红孩子。

9.1.3 B2C类电子商务模式

1. B2C类电子商务的主要模式类型，见表9-1。

表9-1 B2C类电子商务的主要模式类型

模式类型	特　点	举　例	盈利来源
门户网站	提供集成的综合性服务与内容，如搜索、新闻、购物、娱乐等	www.163.com www.sina.com www.sohu.com	广告费、订阅费、交易费等

续表

模式类型	特　　点	举　　例	盈利来源
电子零售商	在线的零售商店，提供在线的零售服务	www.dangdang.com www.joyo.com	广告费、订阅费、交易费、产品销售等
内容提供商	提供信息和娱乐服务为主，是网络中的传媒资讯提供商	www.cctv.com www.xinhuanet.com	广告费、订阅费、会员推荐费等
交易经纪人	在线的交易处理人，帮助客户完成在线交易	www.51job.com www.ctrip.com	交易费等
社区服务商	建立网上平台，集中有特点兴趣、爱好、需求的人交流、交易	www.ivillage.com	广告费、订阅费、会员推荐费等

2. B2C类电子商务模式的创新

B2C模式的应用，大大方便了消费者购物，然而人们仍然不满足，希望以更低廉的价格购物，因此团购现象出现，以团购的方式向商家购物会以比零售更低廉的价格成交，出现了C2B形式的电子商务。

C2B(Consumer to Business)是消费者对商家的电子商务，即网络团购。该模式的核心是通过聚合为数庞大的具有相同购买意愿的零散消费者，形成一个强大采购集团向商家大批量购买，以此来改变B2C模式中一对一出价的弱势地位，使其享受到以大批发商的价格购买单件商品的优惠。

目前存在的网络团购主要有四种方式：

第一种是自发行为的团购，即消费者通过网络自发组织的团购。此种团购中，所有参与团购的都是消费者，组织者作为消费者之一通过网络将零散的消费者组织起来，以团体的优势去跟商家谈判，从而获得比单个消费者优越的购买条件。

第二种是职业团购行为，即专业团购组织通过网络组织的团购。这种网络团购是一种新兴的C2B电子商务模式，是C2B电子商务模式的创新。该模式的核心是专业团购组织建立第三方网络平台即团购网站，向消费者提供商家的优惠商品和服务，并从中获取佣金，消费者得到优惠的价格，商家也从大量销售商品中获取利润。

第三种就是销售商自己组织的团购。这种模式的团购是商家通过网络发布团购信息，邀请消费者参与团体采购，而商家自愿将价格降至比单个采购低的水平。

第四种就是通过组建“消费者联盟”建立持续、稳定、重复团购渠道来创业的“个人特许加盟型团购”。

这种崭新的电子商务模式的创始者是美国的Groupon。现在，在团购网站和团购帖子的“省钱才是硬道理”的号召之下，小到图书、软件、玩具、家电、数码、手机、电脑等小商品，大到家居、建材、房产等价格不很透明的商品，都有消费者因网络聚集成团购买。不仅如此，团购也扩展到个人消费、健康体检、保险、旅游、教育培训以及各类美容、健身、休闲等多个领域。

目前，国内团购已在上海、北京、广州等大型城市流行起来，并逐渐发展成为一种新型的消费模式。现在，国内的团购网站有拉手网、美团、糯米团、高朋网、QQ团、大众点评团和58同城网的团购频道等。随着团购模式的逐渐流行，未来团购市场竞争也将更加激烈。

9.1.4 B2C类电子商务的发展

在Internet刚起步的阶段，许多人专注的还只是在网页的编辑、软硬件设备的提升、简单的信息传递等服务的时候，亚马逊的创始人杰夫·贝佐斯(Jeff Bezos)却认为在Internet上的应用绝不仅仅是这些，于是他毅然决然地放弃原本高薪的工作，独自到电子商务这块荒芜地上开垦。

亚马逊曾一度是互联网零售业的明星，市值高达300多亿美元。亚马逊的"网上书店"(http://www.amazon.cn，如图9.2所示)每个月的访问量高达上百万。尽管随着纳斯达克股市的震荡，包括亚马逊在内的B2C类的网上零售业遭受了沉重的打击，但网上销售的发展势头仍然锐不可当。

图9.2 亚马逊网上书店主页

随着近几年互联网的飞速发展，国内的B2C商务进行得如火如荼，各种类型的B2C网站也如雨后春笋一般，发展势头迅猛。中国B2C电子商务已不再仅仅是卓越、当当和近几年夺人眼球的淘宝的天下了；苏宁、大中、国美等传统交易商家也把业务搬到网上，为B2C的发展添了一把火；而鲜花类、家具日用品类等网站的崛起，也在B2C领域占领一席之地。尽管同任何新生事物一样，我国的电子商务目前还不够成熟，但和以往相比有了长足的进步与发展，发展电子商务的环境和条件也在日趋改善。

2006年，中国网购总额仅258亿元，2015年超2万亿元；2006年，每天配送快递量300万票，2012年达到2500万票，其中1500万票来自网购。连续24个月，全国快递业务量同期增长50%。

近年来，随着相关政策法规的出台，网络零售商竞争格局的动荡、传统商家的线上布局、风投的频频投资、用户的高网购频率，体现了网络零售业已步入“快车道”，成为经济发展体系中的一股重要力量。我国网上零售业规模呈现稳步上升势态。中国电子商务B2C行业未来发展将有如下四个特征趋势。

1. B2C受风险投资追捧，资本主导市场主力军

随着网络零售行业竞争的全面加剧，资金链断裂、商业模式不清晰、领先厂商的压迫式竞争，以及外部政策风险影响(实名制、牌照、关税)等都会让缺乏竞争力的厂商将面临淘汰。B2C电子商务模式对于资金的需求较高。近些年风投在我国B2C行业的助推作用明显。2006～2009年中国电子商务B2C行业及相关领域共发生投资事件95笔，涉及企业44个，投资金额达到6.04亿美元。2010年中国电子商务领域已披露的投融资共42起，合计金额超过9.4亿美元，其中涉及B2C行业的风险投资、并购、IPO累计共26家。B2C企业为占据市场领先地位，通过不断融资或上市来推动其自身的发展，“烧钱”已是行业司空见惯之事。因此，未来几年将是网上零售商们“资本火拼年”，更是“市场火拼年”，在这片看似“蓝海”的网上零售市场，通过2010年的市场孕育期，竞争将进一步升级，市场主力军仍将由“资本”主导。

2. B2C网站加速百货化

目前我国垂直领域市场容量不够大、不足以喂饱数量众多的B2C网站，有些品类的平价毛利率如图书、电子类产品甚至低于5%。而百货化一则可以让B2C网站应对多元的网民需求，增加对用户的黏度，二则为B2C网站获取更多的生存空间提供了可能，开辟更多新利基，获取新战略支点。早在几年前，国内网络图书零售巨头当当网与卓越亚马逊就嗅到多元化的广阔商味和规模效用，率先开始了转型的步伐，先后走上了百货化之路，后又有京东商城、红孩子紧随其上，加入百货化进程中，加速了国内传统垂直B2C商城开始向综合性商城全面转变，更有许多不知名的中小B2C企业也号称要挺进“网上百货商城”。B2C网站的百货化趋势正在加速。

3. 价格战竞争将加剧

市场份额依旧是市场追逐的第一要素。价格战在未来几年将仍然是B2C市场的常态。成本导向是绝大多数B2C网站一贯的风格。在电子商务市场发展前半阶段，B2C网站在打价格战的时候，更多的动机在于快速的圈地，去抢占市场份额，所以在这个阶段选择价格战这种竞争方式是可以理解的。但是在中后期，很多厂商会逐步的淡化价格战在它竞争的核心，会逐渐的注重服务还有其他方面的竞争。物流行业作为与网上零售业结合紧密的行业之一也迎来了快速发展。目前阿里巴巴集团与金融合作伙伴承诺投资200亿～300亿元人民币，逐步在全国建立立体式的仓储网络体系及物流公司。

4. B2C将替代C2C成网购主流

C2C平台购物方式对国内网络购物市场的培育贡献巨大，但随着网购市场的逐步完善，B2C在商品质量、服务保障方面的优势愈加凸显，网民对B2C网购的认可程度相对

更高，导致 B2C 转化率缓步趋高。对比 C2C，B2C 购物方式同样有着购物便捷的优势，但又具备比较好的物流及退换货制度。更由于消费者面对的是商家，因此有着比 C2C 较高的安全支付保障。所以在未来几年，B2C 必将代替 C2C 成为网购主流。

电商实践

“淘宝第一村”青岩刘村造富退烧：小卖家走向消亡

“淘宝第一村”义乌青岩刘村，1000 间房屋住着 8000 人，拥有 1000 多家淘宝店，其中 200 多家年交易额超千万元。但近年来因饮鸩止渴般网店推广、货品过于相似引发的“马太效应”、过度辛劳和电商行业的整体演变导致这个村子风光不再。

9.1.5 B2C 类电子商务的系统结构

开展 B2C 电子商务并不仅仅是建一个商业网站这么简单，它需要多个对象和实体的参与。其系统结构如图 9.3 所示。

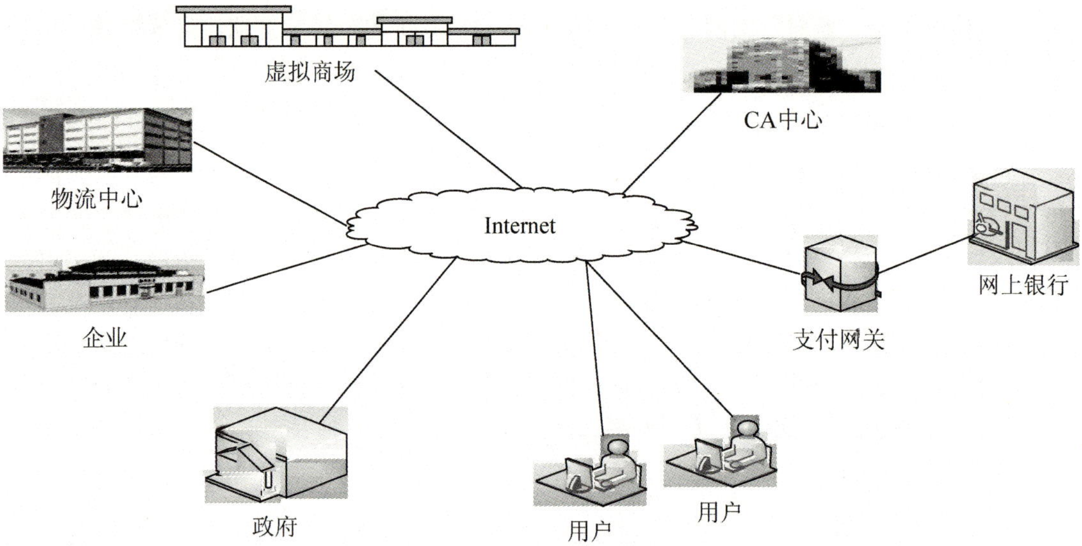

图 9.3 B2C 类电子商务的系统结构

由图 9.3 可见，参加网上零售活动主要有以下对象和实体。

1. 用户

用户是指使用电脑网络从事商品购买活动的消费者。

2. 政府

是指政府在网上的采购活动，各级政府为了来施展日常政务活动或者为社会公众提供公共物品和服务的需要，使用政府的财政资金按照法定的方式和程序，为政府部门及其所属公共部门购买物资、建设工程或者提供服务的行为。

3. 网上银行

网上银行又称网络银行、在线银行，是指银行利用 Internet 技术，通过 Internet 向客户提供开户、销户、查询、对账、行内转账、跨行转账、信贷、网上证券、投资理财等传统服务项目，使客户足不出户就能够安全便捷地管理活期和定期存款、支票、信用卡及个人投资等。可以说，网上银行是在 Internet 上的虚拟银行柜台。网上 E _ mail 通信方式也非常灵活方便，便于用户与银行内部之间的沟通。

4. 支付网关

支付网关是连接银行专业网络与 Internet 的一组服务器，其主要作用是完成两者之间的通信、协议转换和进行数据加、解密，以保护银行内部网络的安全。支付网关的主要功能有：将 Internet 传来的数据包解密并按照银行系统内部的通信协议将数据重新打包；接收银行系统内部反馈的响应信息，将数据转换为 Internet 传送的数据格式，并对其进行加密。

5. 虚拟商场

虚拟商场是指建立在第三方提供的电子商务平台上的、有商家自行开展的电子商务的一种形式，正如同在大型商场中租用场地开设商家的专卖店一样。虚拟商场作为一种网络营销和网上销售方式有其独特的作用，现在有许多大型门户网站和专业电子商务公司提供网上商店平台服务，如淘宝、新浪商城等。合理利用虚拟商场的功能，也能在某些方面发挥企业的部分功能，如产品信息发布平台，产品促销等。

6. 企业

网上销售商品的生产者和提供者，有时也可成为消费者。

7. 物流中心

主要功能是大规模集结、吞吐货物，具备运输、保存、保管、分拣、装卸、包装、加工、单证处理、信息传递、结算等主要功能，以及贸易、展示、货运代理、报关检验、物流方案设计等一系列延伸功能。

8. CA 认证中心

它是采用 PKI(Public Key Infrastructure)公开密钥基础框架技术，专门提供网络身份认证服务，负责签发和管理数字证书，且具有权威性和公正性的第三方信任机构。目前国内的 CA 认证中心主要分为区域性 CA 认证中心和行业性 CA 认证中心。

9. Internet

基础通信平台。

9.1.6 B2C类电子商务的交易过程

B2C的网上购物活动，彻底改变了传统的面对面交易和一手交钱一手交易等购物方式。是一种新型高效、保密性好、安全保险的购物方式，是一种与传统购物方式完全不同的高新技术购物方式。以消费者进行网上购物为例，B2C电子商务交易如图9.4所示。

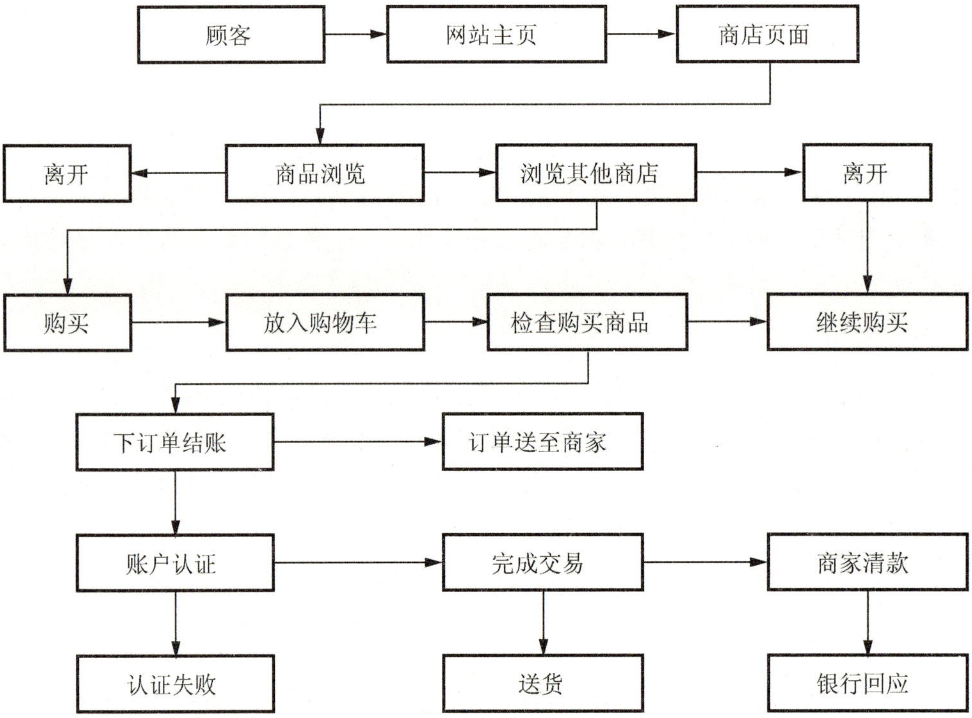

图9.4 B2C类电子商务的交易过程

网上购物在实际进行过程中，即从顾客确认订单到银行确认付款的全过程仅用数秒时间，所以这种电子购物方式十分省时、省事、省力。购物以后，无论何时何地，顾客都可以重新登录网上商店查阅自己的订单信息。

电商实践

影响B2C订单转化率的因素

第一，是否在为难你的客户？第二，网站的设计是否合理？第三，文字表述清晰明确吗？第四，客户对贵网站信任吗？第五，着陆页的设计合理吗？第六，产品页面真的合理吗？第七，购物车是转化关键一步；第八，支付形式及退换货流程；第九，售后与物流配送与客服。影响B2C订单转化率的因素如图9.5所示。

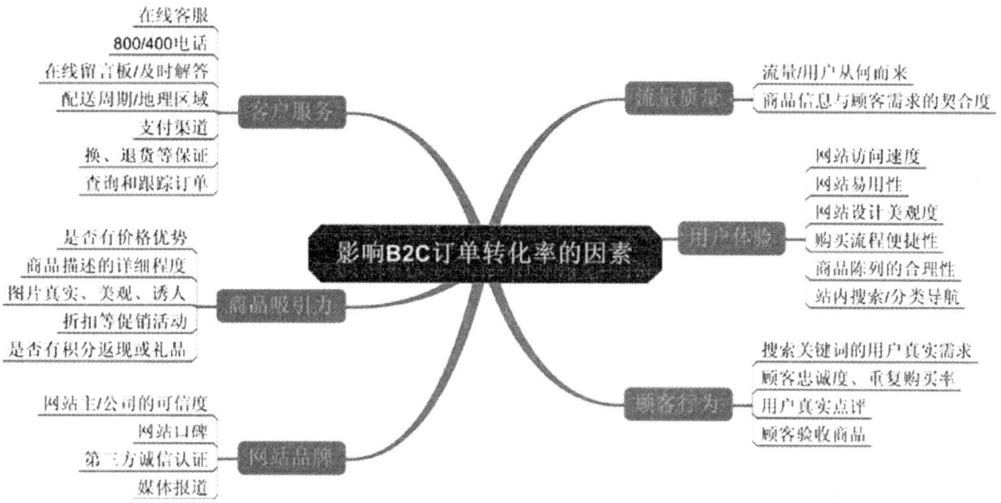

图 9.5 影响 B2C 订单转化率的因素

9.1.7 我国网络购物存在的问题及解决对策

1. 市场问题

市场问题一直是影响中国电子商务的三大主要问题(市场问题、信用问题、配送问题)之一。中国的市场体系还不健全、不规范，假冒伪劣商品屡禁不止、坑蒙拐骗时有发生，市场行为缺乏必要的自律和严厉的社会监督，消费者的权益在很大程度上得不到保障，直接导致的结果可能是消费者避免网上购物，或者在上网寻找产品信息后，进行离线购物。另外，网络购物者提交订单后无故取消等，即买家的忠诚度也是影响网络信誉的一个重要因素。这说明，影响电子商务发展的技术手段的原因是次要的，而市场的健全是根本的。

业内专家认为，首先应该加强行业自律，其次是各个商家联合起来组成行业协会，这样会对网络购物的发展具有积极的促进作用。此外，通过建立权威机构定期发布网上商家信誉度情况，也能够在很大程度上减少购买者对商家信誉的担忧。当然，随着网络购物在国内的发展，市场机制在不断健全，网络购物方面的法律法规也在不断完善，从而促使商家和消费者之间的信任度不断增加。

2. 电子商务安全问题

从全球电子商务的安全性上看，一般要满足 4 个要求：一是安全可靠的电信网络；二是保护有关网络的信息系统的有效方法；三是证实及确保电子信息的机密性，防止信息未经授权而使用的有效方法；四是电子商务交易的安全性，包括电子支付的安全和商品的安全。其中，消费者更关注的是在线支付问题和网络安全问题。

从网络进入人们的生活开始，网络安全问题就一直存在，在网络购物中，网民对网络安全也有很大担忧，例如用户的个人信息、交易过程中的银行账户密码、转账过程中资金的安全等问题。此外，据 CNNIC 的历次调查数据显示，我国网络购物付款的支付方式中，采取银行卡网上支付的比例逐年增加。因此，这些问题很大程度上影响了网上购物的发展。为此，随着网络购物的发展和银行在服务体系上的竞争，银行卡网上支付需要进一步改进、完善，以适应网络经济的发展。此外，消费者个人也需加强账户加密，保障自身财产的安全。

3. 物流配送问题

对于物流，我国 B2C 企业进行了各种尝试，但是直到目前为止，对于电子商务的物流，仍然在探索之中，虽然已经较为认同第三方物流的方式，但是，我国的传统物流配送体系较为薄弱，发育不全，物流企业体制僵化，尤其是物流配送环节严重先天不足，无法适应电子商务对物流的需求，都给电子商务的发展带来很大的障碍。目前，我国新型的现代化物流配送系统还未建立，这在一定程度上抑制了电子商务的发展。

为此，我国需加强现代电子商务和物流的研究，吸收国外的先进思想、理论和技术。首先，我们可以吸取别国物流管理研究的成果，向电子商务物流发达的国家学习，加快我国电子商务物流发展的步伐。其次，积极发展网络化、社会化的物流服务体系。从全球经济发展的趋势和为客户提供更完善服务的角度看，对物流服务的网络化、社会化要求越来越强烈。最后，物流企业应重视物流网络的发展，促进物流企业的联合，发展物流企业间的业务联盟。

4. B2C 具体经营问题

从目前 B2C 类电子商务的发展来看，主要有 3 个问题：一是整体商务模式尚未建立起来，缺乏创新；二是缺乏有力的营销方法；三是人才观念尚待加强。

目前，我国电子商务还停留在对国外先进的电子商务经营模式的模仿和移植的水平上，缺少电子商务技术和模式的创新，尤其是缺少与我国国情相结合的电子商务创新，电子商务的优越性没有充分发挥，这也是我国电子商务发展的一个重要方向。在营销方法上，网上零售商需要充分应用客户关系(CRM)等先进的管理模式，了解客户资料并进行分析，从而增加老用户重复购买，提升自身业绩。此外，需要加强人力资源管理，将人才视为企业之本，抑制自加入 WTO 后的电子商务人才外流情况。

5. 网络购物缺少相应的政策法规、行业规范

目前国内缺乏针对网络购物的政策和法规，比如税务问题、行业规范等。在这种情况下，很多网上活动要遵循传统商业的政策，从而对网络购物造成一定的阻碍。因此，网络购物呼唤相关政策、法规的出台来保障网络购物的健康发展。

6. 购物习惯问题

网络购物是一个新生事物，对于习惯了传统购物的人们来说，接受它需要一定的时间，需要媒体的宣传和引导，培养人们进行网络购物的习惯。同时，购物网站需要将操作流程简单化，减少客户网络购物的难度和心理障碍。此外，消费者需要大胆尝试，去接受新事物。

电商实践

中国网民网购时间点

上午 10 点达到最高峰，订单量占比达 10%。从上午 10 点到下午 6 点，除中午 11 点外网购热度呈下

降趋势，下午6点到晚上9点则再次上升，并在晚上9点达到全日网购的次高峰，此后直线下跌。网购主要集中于工作日，尤以周二到周四为高潮时段。在周二达到最高峰，订单量占比达18%。

9.2 B2B类的电子商务

9.2.1 B2B类电子商务的概念

B2B(Business to Business，B2B)电子商务即企业对企业的电子商务，是指企业通过信息平台和外部网站将面向上游供应商的采购业务和面向下游代理商的销售有机地联系在一起，从而降低彼此之间的交易成本，提高客户满意度的商务模式。其中，网上采购、网上中介、网上贸易谈判以及网上批发都是基于Internet，以企业和企业为交易主体，银行电子支付和结算为手段，以企业数据为依托的商务模式。把它们并为一类，即为B2B类的电子商务。简而言之，B2B类电子商务就是企业对企业的商务电子化。

电子数据交换EDI是企业与企业之间电子商务活动最典型、最基本的应用。早在“电子商务”这一名词出现之前，EDI就已经被许多大公司开发使用，所以EDI在这方面的应用开发是最早的，是电子商务的先驱。随着Internet的EDI技术的出现和各种网络支付手段的建立和完善，促使中小企业不断进入这一领域。

目前，随着中国互联网环境的不断改善、中小企业数量的持续增长和政府政策法规的制定，中国的B2B类电子商务市场有了极大的发展。根据中国电子商务研究中心发布的2014年中国B2B电子商务市场数据监测报告显示，中国电子商务市场交易规模达13.4万亿元，同比增长31.4%。其中，B2B电子商务市场交易额达10万亿元，同比增长21.9%。网络零售市场交易规模达2.82万亿元，同比增长49.7%。电子商务整体保持稳定的发展态势，B2B电子商务以其较大的交易数额、较规范和成熟的交易条件代表电子商务发展的主流方向。企业与企业之间的交易额大、交易复杂，需要通过引入电子商务产生大量效益，利用电子商务来建立竞争优势。因此，从动态的角度看，B2B电子商务具有巨大的发展潜力。

此外，受中国总体经济的强势增长以及国内需求的拉动，中国B2B类电子商务市场也迎来了前所未有的发展机遇。尤其是东南部地区大量的外贸企业，他们成为推动中国B2B类电子商务的强大动力。

9.2.2 B2B类电子商务的优势

电子商务的引入能够给企业带来巨大的收益。在迅速发展的网络经济时代，企业面临更大的挑战和更多的机遇。一方面，经济全球化带来了日益激烈的市场竞争，企业必须缩短生产周期、降低经营成本、提高服务质量、加强供应链管理和客户关系管理，才能在严峻的市场经济环境中生存和发展；另一方面，信息技术和计算机网络技术，尤其是Internet的迅速发展，使企业实现上述目标成为可能，同时给企业提供了技术支持。同时在这种商业背景下，能给企业带来更高的生产率、更低的经营成本、更优质的服务和更多的商业机会的B2B类电子商务便应运而生了。具体地说，B2B类电子商务给企业带来以下明显的好处。

1. 降低采购成本

在传统商务中，企业的物资或劳务的采购是一个非常复杂的过程，从企业要寻找相应的产品供应开始，到收到所需产品、交付货款为止，不仅耗费大量的时间、人力和物力，还要消耗巨额的采购费用。

进入20世纪90年代中后期，Internet的出现为中小企业打开了电子商务的大门，通过Internet使采购从大量的人工系统转向采用Internet协议的电子系统，在反应速度、服务改进以及减少劳动力和材料成本方面，都产生了很明显的收益。

2. 减少库存和产品的积压

生产计划送达供应商所需的时间越长，企业的库存就越大，并可能带来延迟和错误，使供应商对需求变化来不及做出所要求的快速反应，企业的库存越多，运转费用就越高，效益就越低。对企业来说，恰当地管理库存将提高客户服务质量并降低运转费用。增加库存周转频率，意味着相应地将降低与库存有关的信息、搬运和存储费用，进一步使制造能力得到有效的利用，从而可以减少或消除对厂房和设备增加投资的要求。

3. 缩短生产周期

Internet上实行电子商务，建立企业与大的供应商和客户之间的电子联络，可使企业在比以前短得多的时间内完成发送和接受采购订单、发货单和发货通知，还可以将不同地点的合作小组通过Internet联系起来，进一步缩短生产周期。

4. 更有效的客户服务

目前，很多从事网上商务的公司已注意到利用Internet为客户进行服务，在网上介绍产品、提供技术支持、查询订单处理信息，可以解放公司自身的客户服务人员，让他们去处理更为复杂的问题，如调整与客户的关系等事项。从客户一方考虑，Internet还可为客户提供方便、省时的购物服务，增加客户的满意程度。除此之外，公司利用Internet进行客户服务也可以从联机订单跟踪、下载软件和提供技术支持信息等方面节省开支。

5. 降低商品价格

电子商务节省了生产、库存、售后服务等各个方面的费用，从物理上说，网络销售减少了分销渠道，不用设置具体的仓储地点或销售人员，而是将销售功能置于网络服务器中，对查询和订货的响应仅仅受到服务器容量的限制。因此，网上站点的销售业务可以在很少或根本没有附加费用的情况下增加新的客户，从而降低商品的价格。

6. 新的销售机会

作为B2B类电子商务的主要工具，Internet没有时间和空间的限制，并且成本费用低廉，从而为企业提供了理想的和低成本的信息发布和传送渠道。因此，越来越多的企业加入电子商务这一新的商务领域中来，从而大大增加了商业机会，也给企业带来了一个更新、更广阔的市场。

7. 改善供应链管理

电子商务物流系统大大提高了整个供应链运作的效率，并且缩短了时间，从而降低了整个供应链的成本，提高了市场销售中产品的竞争力。

9.2.3 B2B 类电子商务的特点

B2B 类电子商务的特点如图 9.6 所示。

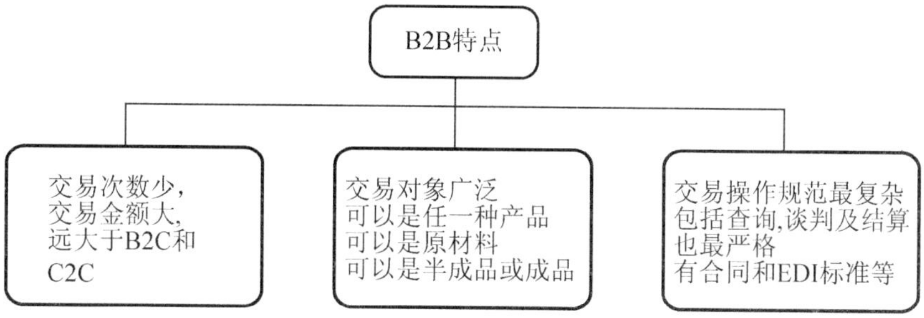

图 9.6 B2B 类电子商务的特点

9.2.4 B2B 的模式

B2B 电子商务平台主要包括两种基本模式：一种是企业之间直接进行的电子商务(如制造商的在线采购和在线供货等)；另一种是通过第三方电子商务网站平台进行的商务活动。例如，国内著名电子商务网站阿里巴巴是一个 B2B 平台，各类企业可以通过阿里巴巴进行企业间的电子商务(B2B)，如发布和查询供求信息，与潜在客户/供应商进行在线交流和商务洽谈等。

目前企业采用的 B2B 可以分为以下 4 种模式。

1. 面向制造业或面向商业的垂直 B2B

垂直 B2B 可以分为两个方向，即上游和下游。生产商或商业零售商可以与上游的供应商之间的形成供货关系，比如 Dell 电脑公司与上游的芯片和主板制造商就是通过这种方式进行合作。生产商与下游的经销商可以形成销货关系，比如 Cisco 与其分销商之间进行的交易。

2. 面向中间交易市场的 B2B

这种交易模式是水平 B2B，它是将各个行业中相近的交易过程集中到一个场所，为企业的采购方和供应方提供了一个交易的机会，像阿里巴巴、环球资源网、ECVV、TOXUE 外贸网等。

3. 自建 B2B 模式

行业龙头企业自建 B2B 模式是大型行业龙头企业基于自身的信息化建设程度，搭建以自身产品供应链为核心的行业化电子商务平台。行业龙头企业通过自建自身的电子商务平台，串联起行业整条产业链，供应链上下游企业通过该平台实现资讯、沟通、交易。但此类电子商务平台过于封闭，缺少产业链的深度整合。

4. 关联行业 B2B 模式

关联行业 B2B 模式是相关行业为了提升目前电子商务交易平台信息的广泛程度和准确性，整合综合 B2B 模式和垂直 B2B 模式而建立起来的跨行业电子商务平台。

9.2.5 B2B 类电子商务的交易过程

企业间电子商务交易过程大致可以分为交易前准备、交易谈判和签订合同、办理交易前手续以及交易合同的履行和索赔 4 个阶段。

1. 交易前的准备

这一阶段主要是指买卖双方和参加交易各方在签约前的准备活动。买方根据自己要购买的商品，制订购货计划，进行货源市场调查和市场分析，反复进行市场查询，了解各个卖方情况，反复修改购货计划，确定和审批购货计划，准备贷款。再按计划确定商品的种类、数量、价格、购货地点和交易方式等，尤其是利用互联网和各种电子商务网络寻找自己满意的商品和商家。

卖方根据自己所销售的商品，全面进行市场调查和市场分析，了解各个买方情况，收集客户对产品的偏好，制定各种销售策略，利用网络发布商品广告，寻找贸易伙伴和交易机会，扩大贸易范围和市场份额。

2. 交易谈判和签订合同

这一阶段主要是指买卖双方对所有交易细节进行谈判，将双方磋商的结果以文件形式确定下来，即以书面文件形式或电子文件形式签订贸易合同。电子商务的特点是可以签订电子贸易合同，交易双方利用现代电子通信设备和通信方式，经过认真谈判和磋商后，将双方在交易中的权利、所承担的义务，对所购买的商品的种类、数量、价格、交货地点、交货期、交易方式、运输方式、违约和索赔等合同条款，全部以电子交易合同做出全面、详细的规定，然后可以通过数字签名等方式进行确认。

3. 办理交易进行前的手续

主要是指买卖双方签订合同后到合同开始履行之前办理各种手续的过程，也是双方贸易前的交易准备过程。交易中要涉及有关各方，如中介方、银行机构、信用卡公司、海关系统、商检系统、税务系统、保险公司、运输公司等。买卖双方要利用 EDI 与有关各方进行各种电子票据和电子单证的交换，直到办理完卖方发货前的所有手续。

4. 交易合同的履行和索赔

这一阶段是从买卖双方办完所有各种手续之后开始，卖方要备货、组货，同时进行报关、保险、取证、信用等，然后将商品交付给运输公司包装、起运、发货。买卖双方可以跟踪发出的货物，银行和金融机构也可以按照合同处理双方收付款，进行结算，出具相应的银行单据等，直到买方收到自己所购商品，就完成了整个交易过程。索赔是在买卖双方交易过程中出现违约时，需要进行违约处理的工作，受损方要向违约方进行索赔。

9.2.6 B2B电子交易业务流程

目前，B2B电子交易可以分为企业间网络交易流程和通过网络中介交易流程。

1. 企业间网络交易的流程(直销)

在传统商务环境下，生产企业的商务活动大致可分为：需求调查—材料采购—组织生产—商品销售—收款—货币结算—商品交易。

在电子商务环境下，这个交易过程描述为：以电子查询形式进行需求调查—确定采购方案—组织生产—通过网络广告促销商品—以电子货币形式进行资金接收—以电子银行进行货币结算—商品交易。

企业间电子交易标准规定了电子商务应遵循的基本程序，交易过程如下：

(1) 买方向卖方询价，即提出商品报价请求。

(2) 卖方向买方提供商品的报价单，即发出该商品的报价信息。

(3) 买卖双方进行价格磋商。卖方对买方的发盘进行还盘，直到达成一致。

(4) 买方向卖方提出商品订购单，说明最后确定购买的商品信息。

(5) 卖方对买方的商品订购单进行应答，说明商品存货及规格型号、品种、质量等信息。

(6) 买方向卖方提出商品运输说明，发出运输方式、交货时间和地点等信息。

(7) 买卖双方签订电子合同交易。

(8) 卖方向买方传递发货通知，约定运输方式、交货地点、运输设备、包装等信息。

(9) 买方向卖方发送收货通知，报告收货信息。

(10) 买方收到商品向卖方发送电子支票，卖方收到贷款并出具电子支票，完成全部交易过程。

2. 通过网络中介交易的流程

中介型B2B电子商务是指由第三方电子商务服务企业建立一个电子商务的信息和交易平台，并吸收各类企业加入到这个网上虚拟市场，目的是为企业提供更多的市场机会。

B2B电子交易可以通过网络商品交易中心作为中介机构，在CA认证基础上进行交易。企业利用中介型B2B商务网站提供的是交易信息，可以将市场的覆盖面扩大、延伸，大大增强企业的商业机会和企业之间的竞争。

企业利用网上中介服务，买卖双方的信息沟通不再受地理位置和时间的限制，这样，在企业原有的市场竞争格局中还可能出现来自网上的新竞争对手，因此，网上中介市场对企业既是机遇，也是挑战。

网络商品交易中介的功能有以下几个方面：

(1) 为买卖双方提供信息发布的场所。这是中介型B2B电子交易网站的基本功能，通过在线注册并交纳一定的资金即可申请加入，企业可以在网站上发布实施商情及供求经济合作信息。

（2）提供信息附加功能。中介型商务网站除了为企业提供信息发布外，一般还提供与企业开展商务活动密切相关的各类宏观和微观环境信息，为企业在经营活动中的决策起重要参考作用。

（3）提供与交易配套的服务。中介型商务网站为企业提供如网上谈判、电子商务邮件、网上签订合同、网上支付等服务来实现网上交易配套的服务。

9.2.7 B2B 类电子商务的发展

目前以阿里巴巴等为代表的 B2B 电子商务网站所提供的服务主要以初级电子集市为标志，仅保持与买卖双方的松散的供求关系，企业间的联系并不紧密，仅有少数 B2B 电子商务平台能够提供在线交易系统。

B2B 电子商务网站所能提供的服务也仅限于电子集市，其他的诸如物流、支付等环节都还不能解决。也就是说，目前还处在电子商务发展的初级阶段，如图 9.7 所示。

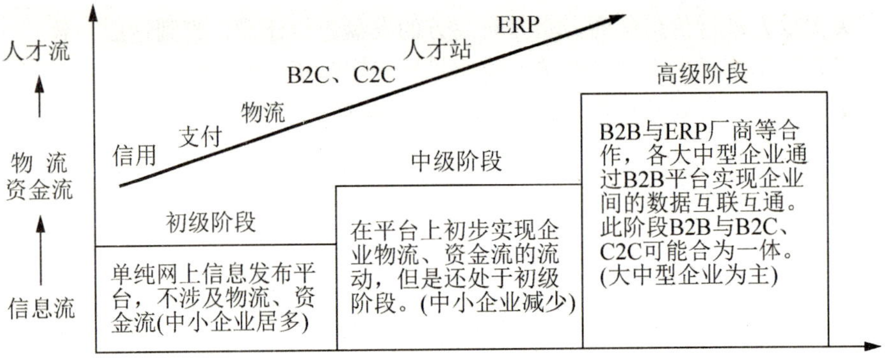

图 9.7 B2B 类电子商务的发展

9.3 C2C 电子商务

9.3.1 C2C 类电子商务的概念

C2C(Consumer to Consumer)即消费者对消费者、个人对个人的电子商务，是基于 Web 网站提供平民之间的自由贸易和商品信息沟通买卖的一种模式。其运营是通过第三方企业搭建网络个人拍卖平台，个人消费者可以在网上注册成为会员，注册成功后就可以成为买主或卖主了。C2C 电子商务的盈利来源多样化，主要是通过买卖双方搭建拍卖平台，按比例收取交易费用，或者提供商务平台供个人在此平台上开店，以会员制的方式收费，或者对店铺装修或宣传时收取增值服务费用等。对于 C2C 电子商务模式，可以从以下几点来加深认识。

首先，C2C 类电子商务模式来源于跳蚤市场。跳蚤市场最早是欧美国家对旧货地摊市场的别称，它是由一个个地摊位组成的，市场规模大小不等，出售的商品多是旧货或卖主多余的物品和未曾用过但已过时的物品等，其商品种类繁多，小到衣服上的装饰物，大到电视机、计算机等家电用品，而且市场价格低廉，仅为新货价格的10%～30%。不仅如此，在跳蚤市场中，买卖双方可以进行一对一的讨价还价，只要双方同意，立刻可以完成交易。实际上，C2C类电子商务就是一种跳蚤市场，只不过它是卖方把市场搬到Internet网上，在拍拍网站上通过提供出售商品的图片和详细资料，供那些想买东西的人挑选。

其次，C2C类电子商务是由个人消费者开展的电子商务活动。C2C模式本质上是网上拍卖，它是卖者在拍卖网上上传所售商品的名称、实物照片和价格等信息，在有限期限内如有愿意购买的人就按照网站要求的方式付款和收货。而提供进行这一交易的网站管理者通过收取手续费和运营在线拍卖的相关业务来获利。具体说有两种类型：

一是以卖方为主的C2C类电子商务模式，即由出售商品的个人在网上发布消息，由多个买者竞价，或与卖者讨价还价，最终成交。这种模式的代表有eBay、雅宝等拍卖网站。雅宝是我国首家在线拍卖公司，它于1999年6月开通。在它的站点上，物品种类包括计算机软硬件、家电、图书影视等，多达数千个品种。雅宝的目标是促成普通用户之间的在线交易，任何人只要上网，就能够立即进行交易。

二是以买方为主的C2C类电子商务模式，即由想购买商品的个人在网上发布求购信息，由多个卖者竞价，或者与买者讨价还价，最终达成交易的电子商务模式。在这类网站中，求购二手商品的人与欲出售相同二手商品的人进行洽谈、交易。

最后，C2C类电子商务需要电子交易平台供应商的支持。既然C2C类电子商务主要是消费者个人之间的网上交易，那么他们交易的实现就离不开强有力的电子交易平台供应商的管理。第一，网络的范围如此广阔，如果没有一个知名的、受买卖双方信任的供应商提供平台，将买卖双方聚集在一起，那么双方单靠在网络上漫无目的地搜索是很难发现彼此的，并且也会失去很多机会。第二，电子交易平台提供商往往承担监督和管理的职责，负责对买卖双方的诚信进行监督和管理，对交易行为进行监控，最大限度地避免欺诈等行为的发生，保障买卖双方的权益。第三，电子交易平台提供商还能够为买卖双方提供技术支持服务，包括帮助卖方建立个人店铺，发布产品信息，制定定价策略等；帮助买方比较和选择产品以及电子支付等。

C2C最成功、影响最大也是最早出现的是美国的eBay，它是1995年由美国加州的一位28岁的年轻人奥米迪尔创办的，是当时互联网上最热门的网站之一，也是目前全球最著名的网上拍卖站点之一，任何人都可以在这里出售商品和参加拍卖。中国的C2C以1999年易趣网的成立为标志，国内的淘宝网、拍拍网等企业也是这种模式。

9.3.2 中国C2C简史

1999年：邵亦波创立易趣网，创中国C2C先河。

1999年8月：易趣网正式上线。

2002年3月：eBay注资易趣网3000万美元。

2003年5月：阿里巴巴4.5亿元成立C2C网站淘宝网。

2003年7月：eBay斥资1.5亿美元全资收购易趣网。

2004年4月：一拍网正式上线，新浪占据其中33%的股权，原雅虎中国占67%的股份。

2004年6月：易趣网进入与美国eBay平台对接整合。

2005年9月：腾讯推出拍拍网，2006年3月13日运营。

2006年2月15日：一拍网彻底关闭，阿里收购一拍全部股份，原属一拍用户将导入淘宝。

2006年12月：TOM在线与eBay合资，更名为TOM易趣。

2007年10月：搜索引擎公司百度宣布进军电子商务，筹建C2C平台，预计2008年初推出。

2008年05月05日：易趣宣布任何用户只要在易趣开店，无论是普通店铺、高级店铺还是超级店铺，都将终身免费。

2008年6月18日：百度网络交易平台正式在北京启动其在全国范围的巡回招商活动。

2008年10月8日：淘宝总裁陆兆禧对外宣布，阿里集团未来5年将对淘宝投资50亿元，并将继续沿用免费政策。

2008年10月28日：百度电子商务网站“有啊”正式上线，有望开创新的电子商务格局。

2009年：C2C新形式的诞生，网购导购业进驻C2C抢占市场份额。

2009年12月：D客商城正式上线，推动个性定制业发展。

2011年4月：百度电子商务网站“有啊”宣布关闭C2C平台，转型提供生活服务。

9.3.3 C2C类电子商务的发展前景

科学技术飞速发展，网络走进了千家万户，C2C网站也跟着这股热浪得到了大众的热捧。随着互联网在中国的不断普及，越来越多的人选择网络购物这一新型的购物模式。根据艾瑞咨询即将发布的2014年中国电子商务市场交易规模12.3万亿元，增长21.3%，其中网络购物增长48.7%，在社会消费品零售总额渗透率年度首次突破10%，成为推动电子商务市场发展的重要力量。由此可见，国内C2C网络购物市场正处于飞速发展时期，其市场前景是十分广阔的。

如今，金融危机肆虐全球，股市萎靡、公司降薪、消费紧缩，消费者的购买力大幅下降，C2C网站却迎来了又一个快速增长的新机遇。伴随着经济危机，许多人都改变了原有的生活习惯。原来热衷购买奢侈名牌的消费者已经悄悄开始选择经济实惠、价廉物美的网购品牌。在这种形势下，随着我国在线支付、信用体系等方面的完善，网络购物在性价比方面的优势更加显著，受到更多消费者的青睐。此外，由于金融危机造成的失业浪潮，使得更多人寻找新的就业形式——在网上开店。因此，网上购物和网上开店的人数都会大幅增加，C2C类企业的发展前景将会更加广阔。

9.3.4 C2C类电子商务模式的创新

随着计算机网络的不断发展，Web 2.0逐渐成为新一类的互联网应用。各种创新型应用和新概念不断出现，很多社会化的新事物不断涌现，如BLOG(博客)、Podcast(播客)、WIKI(百科全书，如百度百科、中华百科)、RSS(聚合内容服务)、SNS(社交网络，如人人网、开心网)等。

目前，随着电子商务的发展和其业务的不断壮大，越来越多的 Web 2.0 元素渗透到电子商务中，C2C 电子商务模式也有了一些创新型应用，列举以下 3 种模式。

1. 威客模式

威客模式就是一种将人的知识、智慧、经验、技能通过互联网转换成实际收益，从而达到各取所需的互联网新模式，主要应用于解决包括科学、技术、工作、生活、学习等领域的问题，体现了互联网按劳取酬和以人为中心的新理念。

"威客"音译为 witkey，是指凭借自己的智力和创意在网上承揽业务和招标项目，为客户提供智力解决方案而获得收入的人。他们从威客网站中搜寻自己感兴趣、有能力做的招标项目，把自己的创意方案提交到网站，如果被客户欣赏和接受，就可以获得报酬。同淘宝网 C2C 平台一样，威客网站平台由第三方企业提供，成为"威客"和招标客户网上交易的平台。目前，国内的"威客"网站较多，而且增长速度较快，每天都有新发布的项目和新增的"威客"，如威客中国、猪八戒威客网、任务中国、百脑汇威客网等。

2. 换客模式

换客模式是一种由第三方提供网站平台，服务于网民之间进行换物交易的新型互联网模式。"换客"指的是在互联网上交换物品和服务，并享受交换乐趣的人。换客网站采用最新的 Web 2.0 技术，向"换客"提供物品置换平台，通过这一平台，"换客"可以通过原始的交易方式在网上发布自己的闲置物品，并换到自己所需的物品，让剩余的物资重新获得价值。目前，国内此类网站有换客中国、中国换客网、上海换客易物网、换肉网等多家换客网站。

3. SNS 模式

SNS(Social Networking Services)即社会性网络服务，专指旨在帮助人们建立社会性网络的互联网应用服务，又指基于社会网络关系系统思想(六度分割理论)建立的网站，即社交网络(SNS 网站)，如美国的 MySpace 和 Facebook，中国的开心网、人人网、爱情公寓等。SNS 社交网站提供的产品、服务及应用很多，包括照片、日记、书评、影评、视频等信息分享平台，短消息、留言、评论等沟通手段，事务管理、网络硬盘、收藏等个人工具，投票、答题、真心话等互动活动，以及朋友买卖、争车位、买房子送花园、钓鱼、开心餐厅等互动游戏。

SNS 模式是一种通过第三方提供社交网络平台，使用户与朋友、同学、同事、家人保持更加紧密的联系，通过每个人真实的人际关系，以满足各类用户对社交、资讯、娱乐等多方面的沟通需求。而 SNS 社交网站企业则通过广告空间和增值产品服务等取得盈利，如开心网提供的小游戏中的植入式广告、QQ 空间的虚拟装饰品和会员费用等。

9.3.5 C2C 类电子商务模式存在的隐患及对策

eBay 的成功使雅虎、亚马逊等网站纷纷做起了 C2C 业务，虽然不能与 eBay 一较高低，但是它们都非常成功。尽管，eBay 的成功已经证明，C2C 模式具有很大的发展潜力和前景，但是它仍然面临许多问题。并且，这些问题如果不能得到妥善的解决，将可能影响和制约C2C电子商务的发展。以下将从买卖双方和政府部门两大角度来阐述C2C电子商务模式在发展中存在的主要问题。

1. 买卖双方存在的问题

1）人们的消费习惯有待改变和培养(买方)

目前受到传统消费观念的影响，许多人对这一新事物持观望态度。根据互联网络信息中心提供的数据，2007年年底，网民中网络购物的使用率为22.1%，2008年底为28.5%，远远低于世界其他国家。传统消费观念是阻碍C2C电子商务发展的重要因素。但是近年来随着人们网络购物的不断普及，我国网络购物的人群不断壮大，中国互联网络信息中心发布的《中国互联网络发展状况统计报告》显示，截至2014年12月，我国网络购物用户规模达到3.61亿人，网络购物使用率提升至55.7%。

2）C2C电子商务中的信任问题(卖方)

我国社会信用体系尚未完全建立，由于我国的诚信建设还在逐步完善之中，不可避免地存在着诈骗行为。有些卖家会通过故意透露出售的是水货假货等非法产品，或者自己的地址电话以博得买家的信任来诈骗，也有的通过发假货或者劣质货来诈骗。同时由于免税和免柜台费的原因，网上物品的价格都比实际的柜台销售价格低，但价差太大就会间接传递着质量可能存在问题的信息。

2. 政府层面存在的问题

1）相关法律法规问题

由于网络交易的特殊性，C2C交易缺乏相关法律的规范，我国至今没有一部法律可以对应地解决C2C或是电子商务交易中出现的问题，法院需要参照多种法律来综合裁决。因此在某种意义上讲，C2C等电子商务游离在法律监管的边缘。

2）工商监管不到位

依我国现有立法，职能部门有责任对市场主体的经营行为进行监督和规范。然而受制于网络经营的特殊性，有关部门对个人网店的监管还有待加强。点开淘宝、易趣等网页，可以看见众多假冒伪劣商品充斥其间。不少网店堂而皇之地以所谓“高仿品”作为自己的主打产品，而一些以低价吸引消费者眼球的商品，不过是三无产品，甚至是通过非法途径进入我国的产品。

鉴于以上问题，为保证C2C电子商务的健康发展，需要对以上C2C电子商务模式所涉及的问题给出相应解决办法。

3. 买卖双方方面的相关对策

1）通过宣传和引导，培养人们的网络购物习惯

(1) 推广网购初体验，消除网络购物的心理障碍：应该加大电视传媒的力量。即使不能使所有的人都感兴趣，都参加网购，至少让他们心理上接受这一新兴事物的存在。从顾客出发进行思维，通过全面的关注和持续的改进赢得顾客满意，对淘宝的发展至关重要。

(2) 培养网民的网购习惯：当网民有了网络购物的习惯后，就不容易再改变了。目前很多购物网站最忠诚的用户都是具有网络购物习惯的网民，他们不但自身为购物网站带来

交易额，同时会把生活中的很多传统购物方式转换成网络购物方式。

2）统一网络诚信度标准，加强行业自律性

(1) 商家加强行业自律性：想要好好发展，商家们自己要先加强自律性；其次是各个商家联合起来组成行业协会，这样会对网络购物的发展起到积极的促进作用。

(2) 信誉评定道德的推崇：电子商务网站应联合社会舆论和一部分网民，对这种行为进行理性的分析评价，让网民们了解到这种不诚信评价是对自己和其他即将网购的网民带来多大的侵害行为。应全力推崇信誉评定道德，让网民们对自己的评价行为赋予道德责任。

4. 政府层面的相关对策

针对政府层面存在的问题，相应的对策如下：

1）完善相关的法律法规，成立专门监督执法机构

政府应该尽快成立一个专门的机构专门解决由于电子商务而引发的一系列法律法规问题，并制定出相应的法律法规，要注意在适合本国发展的同时还要与国际上的一些规范通则相融合。

2）有关部门应加强对C2C市场的监管

有了政府的行政监管部门引入信誉评价体系和银行的支付平台账户资金监管相结合，才能实现真正意义上脱离买卖双方利害冲突，建立起一套第三方专业独立监管体系，为C2C市场良好有序地运行做好保障。

电商实践

口碑数据

① 一个不满意的客户至少要向另外11个人诉说；②一个高度满意的客户至少要向周围5个人推荐。③忠诚客户能给企业带来源源不断的新客户：一个忠诚的老客户可以影响25个消费者，诱发8个潜在客户产生购买动机，其中至少有一个人产生购买行为；④如客户忠诚度下降5%，企业利润则下降25%。

9.4 其他类的电子商务

除了上述三种电子商务应用类型之外，电子商务还存在着其他一些应用类型，包括电子政务、网上旅游服务、网上教育和网上信息服务等。

9.4.1 电子政务

1. 电子政务的基本概念

电子政务，就是应用现代信息和通信技术，将管理和服务通过网络技术进行集成，在互联网上实现组织结构和工作流程的优化重组，超越时间和空间及部门之间的分隔限制，向社会提供优质和全方位的、规范而透明的、符合国际水准的管理和服务。

具体而言，电子政务本身包括三个方面：

一是政府机构各部门实现行政自动化、网络化和信息化，帮助提高政府在行政、管理和服务方面的效率，积极推动机构精简和程序简化等新的业务流程和管理模式。

二是利用政府内建立的网络、信息资源和现代化手段，为社会公众提供多种方式、任何地点、任何时间(Anyhow、Anywhere、Anytime)的3A优质服务。

三是以政府的信息化加强政府部门的协作，并推动和加速整个国家和社会的信息化发展。

电子政务的应用模式，根据用户的不同，将电子政务分为以下几个类别：政府对公务员的电子政务(G to E或G2E)；政府间的电子政务(G to G或G2G)；政府对企业的电子政务(G to B或G2B)；政府对公民的电子政务(G to C或G2C)。

中国电子政务网(http://www.e-gov.org.cn/，如图9.8所示)是在信息产业部电子科学技术委员会及信息产业部基础产品发展研究中心指导下建立的全国最早的系统全面的介绍电子政务建设、信息化建设的专业网站。中国电子政务网在普及电子政务知识、促进政府上网工程、组织专家论证电子政务方案、介绍优秀电子政务企业等方面，开展了卓有成效的工作，有力地推进了中国电子政务的发展。

图9.8　中国电子政务网主页

2. 电子政务的特点

相对于传统行政方式，电子政务的最大特点就在于其行政方式的电子化，即行政方式的无纸化、信息传递的网络化、行政法律关系的虚拟化等。

1) 虚拟化

在传统的政府行政方式中，行政法律关系双方当事人(行政机关及其工作人员与行政相对方)是现实存在的，无论是面对面交谈，作出行政决定，还是通过传统邮寄手段递交申请、送达行政裁决，各方都能清楚地感受到对方的实际存在以及所接收信息的真实性。但电子政务则不同，在某种意义上讲，它是虚拟的。以北京市公安局开设的网上申请行政复议为例：行政相对人可以直接在政府网站公布的电子表格中填写相关内容，填写完毕后，点击发送按键即可完成行政复议的申请程序。公安复议机关经过审查，可以通过电子邮件通知复议申请人是否受理，并可以通过电子传输的方式向复议申请人送达复议决定。在整个复议过程中，当事人双方完全可能从未谋面，也不能借助任何传统的凭据如受理通知书、实实在在的复议机关办公设施等来判断对方的可信度。行政相对方仅能从网站的设计以及内容感觉是在与行政机关打交道；行政机关也只能通过行政相对人在自己网站电子表格中填写的复议申请与行政决定书的编号来判断行政相对人的真实性与可信度。

2）无纸化

减少纸面公文，实现无纸化办公，既是电子政务的特点之一，也是其宗旨之一。为此美国政府甚至颁布了《削减书面文件法》，意图借助电子信息技术实现公文制作及交换、传输的网络化、电子化，即无纸化。政府机关采用计算机及网络技术，使政府文件的生成、修改、存储、发送与接收都可以实现无纸化。无纸化行政有助于提高政府的工作效率，减少公文差错，但电子文件大量产生，这又会带来其他问题。

3）即时性

传统的信息交流方式，如信函、电报、直接交付、发布公告等方式，在信息的发送与接收之间存在着长短不同的时差。而在电子政务中，各方当事人通过网络交换信息，无论实际的空间距离远近，一方发送信息与另一方接收信息几乎可以做到同时进行，就如同行政相对人与行政机关工作人员面谈一样直接、同步、互动。当然，这需要具备一定的条件，如行政机关的电子邮箱随时都在运行，且不存在机器故障或突然的停电等事件发生。

4）技术性

电子政务是借助于现代计算机与通信技术而建立在网络平台上的。电子政府的运行，电子政务的安全，电子信息数据库的保密等等，都需要技术措施才能实现。可以说，电子政府就是用高科技武装起来的政府，它使政府的行政方式技术化、电子化。如网上申请许可、电子行政决定的通知与送达将成为行政管理关系中通行的行政方式。传统政务中以书面文件为中心而构建的行政运行体系，在电子政务中将被电子文件、电子签章、电子邮件等所取代。

3. 电子政务的实施过程

1）实现政府内部管理电子化

政府部门内部管理电子化是电子政务的基础。电子化的具体内容包括政府内部网的建设、政府内部公文信息的流转、办公自动化系统的建设以及基于工作流技术的文档管理系统的建设等。这个阶段需要提高政府的事务处理能力和政府管理的效率。

2）推进政府网站的建设与管理

政府上网的主要目的一是充分的信息公开，二是平时通过其他方式进行的服务搬到网络上来进行，节省人力物力，提高工作效率。同时，也可以更好地加强政府网站的建设和管理。

3）建立电子化的政府管理系统

电子化的政府管理系统是要实现政府内网和外网的有机整合，从而消除政府部门之间以及政府与公众之间信息沟通的障碍。

4）由浅入深、循序渐进，推行电子政务的实施

电子政务的应用和发展是一个渐进的过程。要以社会需求为导向，以应用促发展。要从我国的实际出发，统筹规划，协调发展。电子政务还需要一把手的高度重视，同时需要群众配合，才能做好。

4. 电子政务应用发展

电子政务得到了许多地方政府的大力推广和应用，许多地方政府已经开展了“十二五”电子政务规划工作，地方电子政务发展水平评估工作取得积极进展，地市和区县的电子政务培训工作也取得明显成效，微博成为政民沟通新的渠道。

1）“十二五”电子政务规划编制工作相继开展

2011 年是电子政务规划年。2011 年 3 月发布的《国民经济和社会发展第十二个五年规划纲要》提出大力推进国家电子政务建设，推动重要政务信息系统互联互通、信息共享和业务协同，建设和完善网络行政审批、信息公开、网上信访、电子监察和审计体系。加强市场监管、社会保障、医疗卫生等重要信息系统建设，完善地理、人口、法人、金融、税收、统计等基础信息资源体系，强化信息资源的整合，规范采集和发布，加强社会化综合开发利用。

工业和信息化部信息化推进司组织编制的《国家电子政务发展“十二五”规划（2011—2015 年）》已经过多个部委和专家的评议，进入审批阶段。许多省市启动了电子政务“十二五”规划编制工作，有的已发布实施，如山东、青岛、郑州、秦皇岛、惠州等。各地电子政务“十二五”规划文本普遍强调政务信息资源整合，普遍提出应用物联网、云计算等新一代信息技术。

2）电子政务评估工作持续推进

工业和信息化部信息化推进司在江苏开展了地方电子政务发展水平评估试点工作，以便进一步改进并完善全国地方电子政务发展水平评估指标体系和标准化、规范化的评估方法，为全国普遍推广实施提供示范经验。试行的地方电子政务发展水平评估指标体系由主要职能领域信息化应用覆盖率、核心业务信息化覆盖广度、核心业务信息化覆盖深度、主要职能领域信息共享覆盖率、重要政务信息系统业务协同覆盖率、行政权力事项网站办理率、公共服务事项网站办理率、基层政务服务信息化覆盖率、管理制度完备度九个指标构成。

交通运输部、环保部、国家测绘地理信息局等部委开展了政府网站绩效评估。例如，国家测绘地理信息局开展了 2011 年度测绘系统政府网站绩效评估工作，对网站的可用性、内容维护、互动栏目等方面进行了评估，并发布了 2011 年度测绘地理信息部门网站绩效评估结果。湖南、福建、陕西、江西、深圳等许多省市也开展了政府网站绩效评估。比如湖南省政府网站绩效评估评分项，包括部门网站政府信息公开、网上政务服务系统、网上访谈等，其中加分项包括共建栏目或专题、特色栏目、网站整合等。

3）电子政务培训工作深入开展

2008 年国务院进行了机构改革，之后全国各级地方政府也相继开展了政府机构改革，

一大批新的领导干部走上了电子政务管理岗位。2011 年，工业和信息化部信息化推进司组织举办了多期全国地方电子政务干部培训班。培训内容主要包括政府网站建设、电子政务信息共享和业务协同、电子政务运维管理、电子政务新形势等。通过培训开拓了地方电子政务领导干部的思路，交流了地方电子政务建设的成功经验。2011 年 10 月，第九期政府管理创新与电子政务专题研究班在国家行政学院开班，来自全国 12 个城市分管信息化工作的副市长(副专员)，8 个省(区、市)工业和信息化主管部门的分管厅局长，以及工业和信息化部直属通信管理局和部有关司局负责同志参加了培训。山东、陕西、云南、贵州、新疆和田等许多地方政府也积极开展电子政务培训工作。

4）政府微博成为政民沟通新渠道

(1) 政务微博高速发展。上海交通大学公共关系研究中心舆情研究实验室联合发布的《中国政务微博报告》显示，截至 2011 年 11 月 5 日，新浪政务微博总数达 18694 个，其中政府机构微博数 10023 个，公务人员微博数 8671 个。2012 年新浪政务微博延续了高速发展态势，年度增长率和活跃度都迅猛提升。至 2012 年 10 月底，新浪微博认证的政务微博总数达到 60064 个，相比去年同期净增 41932 个，增长率达 231%。目前，新浪政务微博的发博总数约为 3200 万条，平均每个政务微博的发博数为 531 条。从地域分布看，江苏省政务微博总数超过 6000 个，位居全国首位，也是全国唯一一个政务微博数突破 6000 的省份。报告指出，尽管我国政务微博已颇具规模，但与当下网民对各级、各地政府的信息需求相比，依然存在差距。

(2) 政务微博的高端影响力。2012 年，基层政务微博和部委微博的快速发展成为重要亮点。目前新浪拥有 5.8 万个基层微博，他们更直接地倾听民意、服务民生，已成我国政务微博发展的中流砥柱。同时，涉及 20 个部委的 46 个微博落户新浪。2012 年部委微博进入快速发展时期。目前，经过新浪认证的部委微博总数达 46 个，包括外交部、公安部、卫生部、铁道部、商务部、文化部等 20 个国家部委及下属部门官方微博，展示出中央高层对微博问政渠道的重视。2012 年 11 月 9 日，“国务院公报”微博开通，成为目前全国政务微博中唯一一个以“国务院”开头的官方微博，短短 2 天时间就吸引了 25 万个粉丝，截至 11 月底已有 59 万个粉丝。部委纷纷开博，凸显了政务微博的高端影响力，微博问政转向制高点。

2012 年也是政务微博集群化快速发展的一年，从 2011 年 11 月 17 日全国首个微博发布厅——北京微博发布厅上线至今，落户在新浪微博平台上的政务微博发布厅总数达 133 个。这一年中诞生了全国首个交通微博发布厅、卫生系统发布厅、公安微博发布厅、检察机关微博发布厅、司法行政系统微博发布厅、法院系统微博发布厅。

(3) 政务微博评选十佳应用奖，务实应用、创新发展成新趋势。2012 年，政务微博进入民生应用年，成为民意汇集交流平台。为表彰在务实应用、创新发展、服务民生等方面有杰出表现的政务微博，新浪微博本年度特别评选出“2012 年新浪政务微博十佳应用”：“@中国青年志愿者”“@微博发布厅”“@豫法阳光”“@东坡区纪委”、“@广东省政法”“@中国地震台网速报”“@善行河北”“@商务微新闻”“@建邺播报@玄武发布@栖霞发布@江宁发布@浦口发布@六和发布@高淳发布、@下关微讯”“@海南信访群众之家”。

2012 年 6 月上线的中华人民共和国商务部新闻办官方微博@商务微新闻，通过清晰的＃商务微发布＃、＃发布会微报＃等栏目规划与定位，直接表明自身的微新闻模式定位。在面临如“中欧光伏问题”“电商大战问题”等焦点事件时，@商务微新闻都会及时微博发声，且内容发布速度与官网基本保持同步。@商务微新闻进一步深化了微新闻模式，将微博打造成为官方第一时间新闻发布的主要渠道，使网民了解热点新闻更加快捷方便。

2012 年，4 月 12 日，海南省委群众工作部、海南省信访局率先在全国开通了信访政务微博，成了全国首个“信访微博”。该微博积极接受群众诉求，主动介入社会热点问题，在为民众解决实际问题的同时，树立政府的良好形象。6 月中旬，安徽游客姚远在@海南信访群众之家微博留言，反映他来海南旅游遭遇旅行社恶劣接待，该微博参与事件处置全过程，并及时微博直播，最终事情得到妥善解决。对民众关心的焦点话题，该微博第一时间关注督办，并及时发布投诉反馈，体现了群工、信访部门为民服务观念、方式的转变，为政务微博务实应用、创新发展做出了表率。

在公安部交通管理局@交通安全微发布微博带动下，2012 年 9 月 26 日“交通安全微博发布厅”正式上线，首批共有全国 2600 余个基层公安交通管理部门政务微博、交通警察个人微博加入“发布厅”，发布的主要内容包括我国道路交通管理、交通安全政策法规、各地重大活动交通管理措施、重要节假日安全出行提示等服务性、实用性信息。同时，发布厅也带动各地结合典型案例，及时开展交通安全宣传，并汇集互联网上宣传交通安全的视频、音频资料，传播宣传交通安全知识。

所有入选十佳的应用，都表现出了服务民生、务实应用的特点，并在创新发展上做出表率，同时获奖微博由部委级延伸至基层，显示出全国政务微博在务实应用上都取得巨大进步。

(4) 政务微博由问政渠道扩展至办公平台，提升应用水准是持续发展关键。2011“两会”期间，众多人大代表和政协委员纷纷通过微博征集网民对提案的意见，形成了“微博问政”的新气象。许多政府机构开通了官方微博，成为与社会公众沟通的新途径。在政府微博数量快速增长的同时，由政府机构和官员微博引发的热点事件也越来越多。

《2012 年新浪政务微博报告》公布了“十大政务机构微博”等 11 大榜单，总结了全国政务微博的分布情况、发展特点及趋势等。报告显示，新浪政务微博成为各地、各部门、各层级政府部门执政为民、行政亲民的有力渠道，已经从问政渠道扩展为办公平台，成为我国最具影响力的政务微博平台。

2012 年政务微博更加凸显贴民生、务实事、重应用的特点，政务机构、公务人员微博和网民相互呼应、联动的效果十分显著，公众对政务微博的认可度也不断提升。政务微博实现了由“宣传发布”到“服务民生”的转变，从倾听社情民意的问政平台，成长为常规化制度化的网络“办公平台”。

7.21 北京暴雨灾害中，北京市政府通过政务微博进行的舆情应对尝试，使其在网络舆论场中赢得了权威发布的“话语权”，成为微博办公的典范。暴雨当晚，北京政务微博就形成了以“京城四大 V”(@北京发布、@平安北京、@北京消防、@交通北京)为代表的微博互动群，彻夜运作，积极回应群众的要求。四大微博与 16 区县政务微博持续不断发布官方信息，合力形成了官方舆论场。北京政府机关积极通过微博平台了解灾情、并及时地展示各地段的现场灾情，有效弥补了政府管理机构的灾情信息，为救援行动和灾情管理评估提供了一线的实况。

2013 年 1 月 5 日，铁道部在新浪微博独家上线@2012 铁路春运微平台，在为期 40 天的运营过程中，发起了“微博春运！回家路上，你我相伴！”“主人，你在哪里?”“铁路人乡音大拜年”三大专项活动，三大活动主题策划重务实应用，联动全国所有路局及时更新余票信息，发起失物招领等，受到网友广泛好评。1 月 16 日，@广州铁路 通过微博寻找丢失火车票的乘客，在经过 300 多条网友转发后，13 个小时就找到了丢票的女孩。

(5) 政务微博办事厅。为进一步提升政务微博应用水准，继发布厅之后，新浪又推出了一款应用型产品——“政务微博办事厅”，有效推进了网络办公平台的建设，产生了良好的参考和示范效应。2012 年 9 月，新浪微博平台联合上海、重庆、四川、江西、河南、吉林等六省市政府机构推出政务微博办事厅之民生主题日系列活动。各地纷纷就交通出行、医疗卫生、消费维权等民生热点问题设置“服务咨询日历”，由“当日值班微博”提供实时咨询解答，为网民提供了一个日常咨询的窗口。不到 3 个月时间，共有 100 多个单位利用办事厅直面网友的实事诉求，并在线真正解决网友的问题。

2013 年 3 月 3 日，全国两会开幕之际，腾讯微博“两会发布厅”正式上线。在过去一年政务微博、媒体微博的快速发展中，“发布厅”形式成为集合信息、立体展示的发布利器。而在今年的两会报道中，腾讯微博则创新打造“两会发布厅”形式，整合腾讯微博内的两会代表委员、合作媒体官博、上会、政务微博集群、意见领袖等五维信息通路，形成具有新媒体特色的微博集成发布和互动模式。

从大量新浪微博平台统计数据来看，提高政务微博应用水准，为百姓办实事才是政务微博进一步发展的关键。政务微博平台的应用，目前正经历着一个由低级往高级、由单一功能往复合功能演变的过程。这一过程中，是否能够不断提高微博应用水准，让微博成为务实办公平台，是政务微博持续发展的根本。同时，伴随微博应用水准的提升，整个政务微博功能也会提升，由此也将带来公共行政服务方式的转变与改进。

微博运营进一步科学化、规范化，汇聚年轻力量成为朝阳部门，建立梯形扁平化格局将是未来政务微博发展的趋势。

5. 电子政务未来发展展望

电子政务的发展，智慧政府成为智慧城市规划和建设的重点内容，政府云和移动电子政务将兴起，新一代信息技术应用的信息安全问题将受到越来越多政府部门的重视。

1) 智慧政府将成为智慧城市的重要内容

“智慧政府”是指利用物联网、云计算、移动互联网、人工智能、数据挖掘、知识管理等技术，提高政府办公、监管、服务、决策的智能化水平，形成高效、敏捷、便民的新型政府。“智慧政府”是电子政务发展的高级阶段，是提高党的执政能力的重要手段。2012 年，将有越来越多的城市启动智慧城市规划编制工作，一批经济发达的大中型城市将进入智慧城市实施阶段。在智慧城市规划和建设内容中，智慧政府将成为重点。政府先行，带动城市经济、社会领域的智能化。各地智慧政府的规划和建设的重点内容将包括智能办公、智能监管、智能服务、智能决策等领域。

2）云计算技术在电子政务领域的应用将开始兴起

云计算是一种基于互联网的计算新方式，通过互联网上异构、自治的服务为个人和企业用户提供按需即取的计算。云计算在政府数据中心、政府门户网站、政务信息资源整合等领域将逐步得到应用。一些政府部门将建设“政府云”平台，提供云服务。

在国家层面，随着“金字工程”建设的深入推进和完成，许多部委都建设了一大批业务应用系统。这些业务应用系统迫切需要进行整合、互联互通，以实现各部门信息共享和业务协同。另一方面，一大批部委已经或即将进入数据大集中阶段，部委数据中心面临超大规模数据处理和存储的问题。无论是信息资源的有效整合，还是数据中心的高效运行，都迫切需要引入云计算技术。

在地方层面，随着企业和社会公众对公共服务要求越来越高，迫切需要通过政府门户网站提供“一站式服务”，政府部门之间进行信息共享和业务协同也越来越显得必要。为了应对超大的访问量和数据交换量，采用云计算技术是明智之举。将有越来越多的地方政府推行“机房大集中”，把 OA 系统、邮箱系统、行政审批和电子监察系统等共性政务信息系统放在云服务平台上运行。

3）智能终端和 3G 的普及将带动移动电子政务的发展

移动电子政务是指用户可以通过移动终端和无线通信网络获取政府部门提供的信息和服务。与传统电子政务相比，移动电子政务有很多优势，例如领导干部即使出差在外也可以随时随地批阅公文。另外，移动电子政务使社会公众随时、随地地获取政府信息和公共服务，政民互动程度将明显提高。

目前，移动电子政务发展所需的受众基础和网络条件已经具备。由于设计的人性化并拥有众多的应用软件，iPhone 等智能手机以及 iPad 等平板电脑越来越受到社会公众的青睐。经过前几年的无线城市的建设，全国各地 3G 普及率快速提高，北京等城市已经开始 4G 网络建设。电子政务应用信息系统的客户端软件非常适合在 iPhone、iPad 等移动智能终端上运行。基于移动智能终端的电子政务应用将越来越多，移动电子政务将掀起新一轮电子政务发展浪潮。

4）信息安全将成为电子政务建设的重点内容

目前，中国信息安全面临严峻形势。我国电子政务系统中有大量国外厂商生产的设备，这些设备使用的操作系统、数据库、CPU 也大多数是由国外厂商生产，由于外方通常不可能提供设备核心技术和专利，我方很难判断设备是否存在“后门”“软件陷阱”“系统漏洞”“软件炸弹”等信息安全漏洞。这些漏洞可能是开发过程中有意预留的，也可能是无意疏忽造成的。在特殊情况下，特定安全漏洞可能被利用实施入侵、修改或破坏设备程序，或从设备中窃取机密数据和信息。

由于政府部门在行使职能中涉及大量保密信息和敏感信息，保障信息安全是电子政务系统运行的基本条件。由于我国在信息产业领域缺乏自主可控的核心技术，物联网、云计算、移动互联网等新一代信息技术在促进应用创新的同时，也将带来严重的信息安全隐患。对于物联网，一旦黑客侵入物联网，不但可以窃取、篡改信息，还可以操控设备，在交通安全等领域造成的危害性比传统情况下要严重得多。在传统计算模式下，使用者对数据的存储和计算拥有完全的控制权；而在云计算模式下，使用者的数据与计算以及物理计算单元的管理完全依赖于服务商。对于移动互联网，手机病毒等不容小觑。2012 年，针对政府云、移动电子政务、政府物联网等新应用的信息安全保障工作将成为电子政务建设的重要内容之一。

9.4.2　网上旅游服务

网上旅游是指利用互联网，在网络中浏览旅游景地信息，获得旅游消费心理满足的一种浏览方式。目前，基本上有两种应用功能：一种是预览，就是通过互联网了解目的地信息，如景点、食宿和交通状况等；另一种是预定，就是方便外出旅游客户在家里在线预订旅游机票、火车票甚至目的地的酒店，也可以参加旅行社组织的旅游团，或者根据自己的要求安排旅游计划等。现在，较好的网上旅游网站有：华夏、悠哉、驴妈妈、有多多、驴评、途牛、欣欣、到到、蛙步等。下面以同程网为例(http://www.17u.cn/，如图 9.9 所示)来说明国内主要旅游电子商务提供的一些服务。

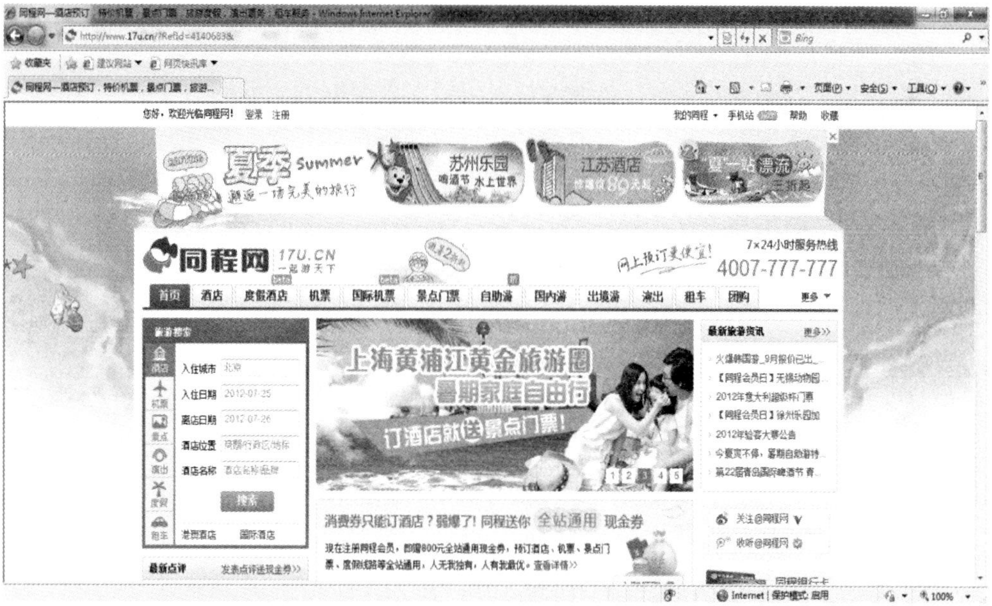

图 9.9　同程网主页

1. 旅游信息

(1) 旅游资讯。主要是刊登各类和旅游有关的动态信息。例如，旅游行业新闻、地方新闻和景区新闻等。从而及时对外发布新闻公告，同时还提供各个景点的动态信息。

(2) 景点介绍。主要是旅游景点指南，为网上消费者提供国内外各个景区的详细资料，如美食餐饮、地方特产、历史文化、民风民俗、交通住宿等信息，为旅游者出行提供完整的信息参考。

(3) 交通信息。主要提供通往景区的各类交通信息，包括航空线路、火车时刻、公共交通、出租车、旅游汽车、交通地图等。此外，有些也提供如何节省旅费等方面的交通信息。

(4) 天气预报。主要提供针对各个旅游景点的天气预报和气象分析。

2. 各种旅游服务的查询和预定

网上旅游服务除了可以实现查询各种酒店、旅行社、旅游线路价格的功能，更重要的是可以通过网上支付的方式，预订酒店房间、飞机票、火车票、火车票、旅游路线等。而且，可以预定的项目越来越细化，能够充分定位消费者的需求信息。随着网上支付方式的多样化，为消费者更理性化出游奠定了良好基础。在线订票和订房为旅游爱好者提供便利的同时，对传统的旅行社订购产生了很大的冲击。

此外，在网上实施安全有效的电子支付，除了为用户提供了便利之外，对网站和银行以及相关旅游企业的资金周转也起到了很好的促进作用。

3. 电子商务网站的其他服务

(1) 租用交通工具。通过旅游电子商务网站，可以租用各类型交通工具，如轿车、大巴等，方便旅游爱好者出行。

(2) 各种旅游优惠。一些旅游电子商务网站推出会员卡、优惠卡等服务，可以在全国各地的酒店、商场、饭店获得优惠。

(3) 旅游爱好者交流的平台。旅游爱好者可以在旅游电子商务网站交流心得体会，也可在网站上发表帖子、上传照片和对旅游动态进行交流。

(4) 针对旅行社和其他团体的服务。旅游电子商务网站提供旅行社管理软件、各种语言翻译和旅游网站制作等服务。

(5) 个性化旅游。一些旅游网站相继推出个性化旅游服务，旅游电子商务网站提供各种旅行路线，旅行者可自行选择行程、景点和活动，满足个性化需求。

9.4.3 网上教育

1. 网上教育的概念

网上教育，它是指跨越地理空间进行教育活动。网上教育涉及各种教育活动，包括授课、讨论和实习。它克服了传统教育在空间、时间、受教育者年龄和教育环境等方面的限制，带来了崭新的学习模式，随着信息化、网络化水平的提高，它将使传统的教育发生巨大的变化。中国人民大学网络教育学院的网上教育(http://www.cmr.com.cn，如图 9.10 所示)就是一个具有代表性的在线学习网站。

现代远程教育的发展已经成为全球性的大趋势。为了解决教育资源的匮乏，实现资源的共享，许多国家的政府都把发展现代远程教育作为重要的战略决策，制订专门的计划，并组织实施。远程教育成为各级各类学校的一种重要教育手段和发展方向，也成为企业的一种重要的知识管理方式。我国有国家现代远程教育资源网。

2. 网上教育的优势

网上教育是一种基于计算机、网络技术和通信技术进行知识传输和知识学习的新型模式，其特色和优势主要体现在以下几个方面。

1) 资源利用最大化

教育资源库通过网络跨越了空间距离的限制，使学校的教育成为可以超出校园向更广

图 9.10 中国人民大学网络教育学院的主页

泛的地区辐射的开放式教育。学校可以充分发挥自己的学科优势和教育资源优势，把最优秀的教师、最好的教学成果通过网络传播到四面八方。

2）学习行为自主化

网络技术应用于远程教育，其显著特征是：任何人、任何时间、任何地点、从任何章节开始、学习任何课程。网络教育便捷、灵活的“五个任何”，在学习模式上最直接体现了主动学习的特点，充分满足了现代教育和终身教育的需求。

3）学习形式交互化

教师与学生、学生与学生之间，通过网络进行全方位的交流，拉近了教师与学生的心理距离，增加教师与学生的交流机会和范围。并且通过计算机对学生提问类型、人数、次数等进行的统计分析使教师了解学生在学习中遇到的疑点、难点和主要问题，更加有针对性地指导学生。

4）教学形式修改化

在线教育中，运用计算机网络所特有的信息数据库管理技术和双向交互功能，一方面，系统对每个网络学员的个性资料、学习过程和阶段情况等可以实现完整的系统跟踪记录，另一方面，教学和学习服务系统可根据系统记录的个人资料，针对不同学员提出个性化学习建议。网络教育为个性化教学提供了现实有效的实现途径。

5）教学管理自动化

计算机网络的教学管理平台具有自动管理和远程互动处理功能，被应用于网络教育的教学管理中。远程学生的咨询、报名、交费、选课、查询、学籍管理、作业与考试管理等，都可以通过网络远程交互的方式完成。

3. 网上教育的形式

网上教育主要有三种形式：远程教育、网校和学习网站。远程教育以 Internet 为基础，具有覆盖面广、成本低、不受时空限制等特点，其中通过虚拟教室实现的实时教育是目前最受欢迎的方式之一。网校，总体而言是传统教育在互联网上的延伸。总之，网上教育是从学习者着手，追求学习的主动、实时与交互。

9.4.4 网上信息服务

网络信息服务，也称互联网网上信息服务，指的是在网络环境下信息机构和行业利用计算机、通信和网络等现代技术从事信息采集、处理、存储、传递和提供利用等一切活动，其目的是为了给用户提供所需的网络信息数据、产品和快捷的服务，让人们从繁重的体力劳动中解放出来，享受网络带来的省事、省心、省力。

中国经济信息网，简称中经网(http://www.cci.gov.cn)，是国家信息中心组建的，以提供经济信息为主要业务的专业性信息服务网站，于1996年12月3日正式开通。它继承了国家信息中心多年来的丰富的信息资源和信息分布经验，利用自主开发的专用平台和互联网平台，为政府部门、金融机构、高等院校、企业集团、研究机构及海内外投资者提供宏观经济、行业经济、区域经济、法律法规等方面的动态信息、统计数据和研究报告，帮助它们精准了解经济发展动向、市场变化趋势、政策导向和投资环境，为其经济管理和投资决策提供强有力的信息支持。

网上信息服务是电子商务应用的延伸。目前，电子商务利用互联网已经开发了一系列服务项目，以实现互联网上各站点信息资源的共享，其基本的网上信息服务有以下几种方式。

1. 网络信息代查服务

通过在互联网上建立各种数据库，然后针对这些数据库对信息进行检索。如中国科技信息研究所、万方数据库、中国学术期刊全文数据库等。此外，用户可以借助雅虎、搜狐、百度、谷歌等搜索引擎搜寻所需信息。

2. 网上信息加工服务

通过对信息资源的加工，进行分类、标引、整序、建立起索引，为用户查询提供方便，也可为用户进行专题信息服务。例如，为省工商联提供民营企业的信息材料，杭州图书馆为省旅游公司提供的旅游专题信息等，提高了信息的利用率。

3. 网络信息传递服务

这类服务包括电子文献传递服务和电子邮件服务等。

4. 网络信息咨询服务

1）网络信息咨询与传统信息咨询

网络信息咨询就是信息咨询顾问和用户之间借助于各类网络进行信息的传递和交流。具体地说，就是信息咨询顾问针对用户的信息需求，利用各类网络检索、选择、加上、传递信息，并形成信息咨询报告，提供给用户。咨询过程就是信息的传递、反馈与控制的过程。

网络信息咨询与传统信息咨询既有共同点，又有其自己的特点。两者的相同之处在于都是通过对信息的有效搜集、加上和传递，最终以满足用户的信息需求作为衡量信息咨询服务优劣的标准。不同之处在于，传统的信息咨询服务的各个工作环节主要借助于人力来进行。而网络信息咨询服务的各个工作环节将更多地利用计算机网络、有线广播电视宽带网络(多媒体网络)和信息技术设备。

2) 网络信息咨询服务特点

(1) 通过计算机等网络传播媒体寻找用户。

(2) 更多地利用计算机网络检索信息或者说较多地利用电子信息资料(如：计算机网络的各类数据库、电子期刊、电子图书、企业电子报告等)。

(3) 更多地通过网络与用户进行信息交流。

(4) 更多地利用各类信息技术设备对信息进行加工。

(5) 通过网络管理咨询项目。

3) 信息咨询服务的方法

(1) 开发用户的方法。

(2) 获取信息的方法。信息资料的收集、整理和加工(信息的开发和再生产)是信息咨询服务的主要工作内容。它伴随信息咨询活动的始终。现在互联网上各类信息资源十分丰富，获取信息的方法也较多。

通常共享和使用网络信息资源的方法有以下几种：①电子函件；②文件传输；③远程登录；④网络化信息检索工具。

(3) 洽谈。信息咨询服务的过程就是信息的有序流动过程。其中一方面就是咨询者与用户的沟通和洽谈。通过洽谈，咨询顾问可以了解用户的信息需求和对咨询上作的具体要求，如工作进度、咨询报告形式和信息咨询费的结算办法等。

洽谈是成功咨询服务的前提和基础。洽谈是信息咨询顾问所必备的基本功之一。但对于网络咨询服务来说，洽谈主要是借助计算机或通信工具进行的信息交流。

由于技术等原因，这种方法目前还存在较大的缺陷。一是缺少必要的感情交流；二是难以把握对方的感受和情绪的变化，因而有时没有传统的面对面座谈更有成效。但它通常较为经济快捷。一般对较小的信息咨询服务项目比较合适。

(4) 项目管理。信息咨询项目的管理是对咨询顾问、资金的合理分配和工作进度的有效控制。我国网络信息咨询服务项目还很少，因而，关于网络信息咨询服务的项目管理还缺乏经验。但网络信息咨询服务有别于传统的信息咨询服务方式，所以，在确定咨询小组、咨询顾问、设备和资金等生产要素的分配时，要进行仔细分析和深入的研究。确保人尽其才，物尽其用，使网络信息咨询服务在满足用户信息咨询需求的前提下，服务成本控制在最低水平。总之，各类网络带来了通向世界的窗口，同时也带来了非常好的市场机遇。由于网络所具有的技术和信息资源优势，网络信息咨询服务较传统的信息咨询服务具有更大的发展潜力。

9.4.5 网上证券

1. 网上证券的概念

网上证券，是证券行业以 Internet 为媒介向客户提供全新的商业服务。它是一种大规模、全方位、体系化、新型的证券经营模式，可为大量远离证券营业部的证券投资者同所有的甚至更多与现有的营业部提供全方位的服务。

紧跟我国 Internet 的发展，1996 年我国出现了最早一批的财经网站，提供包括金融、证券、理财等服务内容。1999 年开始，以闽发证券等券商为代表，开始推出网上证券委托交易业务。现在，随着互联网与电子商务的进一步发展，股民们通过 Internet 证券交易商，可以在任何地方、任何时候兼顾到自己的投资。Internet 证券商通常在其 Web 网站上发布证券交易行情，同时为其客户提供通过 Internet 直接在其 Web 网站上填写证券买卖单证的服务，证券交易商则把这些买卖单证实时传递给证券交易所。

中国证券网(http://www.cnstock.com)创立于 1997 年，是中国最早从事财经信息网络传播的专业性网站之一。中国证券网是《上海证券报》的网上窗口，是上海证券报平面媒体在网络上的延伸，代表着未来媒体的发展方向。目前，中国证券网已成为最受股民欢迎的综合类财经网站之一。

2. 网上证券的优势

网上证券交易有替代传统证券交易的势头。一方面是由于近年来国际互联网的复苏发展以及其与证券经纪业务的有机结合；另一方面是因为网上证券交易相对于传统的交易方式具有众多优势。

首先，对投资者来说，利用证券电子商务可以得到比较公平、公正、高效的证券行情、信息和交易服务，可以减少因行情延迟、信息时差或交易不及时等引起的交易损失。

其次，对证券商来说，证券电子商务的实现，一方面可以大幅度降低成本，减少基础设施和人力资源的投入，另一方面可以方便的扩展业务范围，通过远程证券交易的手段占领更广大的市场。

最后，对交易所来说，支持证券电子商务的发展，积极向电子商务靠拢是非常必要的，国际证券市场已广泛实现了电子商务，中国加入 WTO 必然对中国证券市场产生巨大的压力。因此，中国的证券交易所也将会大力开展证券电子商务，加快与国际接轨的步伐，促使我国证券交易所在的国际市场竞争中处于有利地位。

3. 网上证券交易的功能

网上证券交易系统为客户提供网上股票交易的实际环境，使得股民通过 Internet 进行方便快捷的在线交易、管理及其行情查询。业务涵盖股票买卖、行情查询、银证转账、账户余额、开户、销户、密码修改等方面。交易系统由几个不同的模块组成，主要任务是完成证券金融信息的收集、整理、发布以及交易等工作。

主要交易功能有：登录；委托买入；委托卖出；委托撤单；委托查询；成交查询；资金明细查询；历史委托查询；当日委托查询等。

4. 网上交易模式

交易模式是指客户与公司之间业务往来的方式。目前，我国网上证券交易主要有两种模式。

1）营业部模式

投资者首先在证券公司开展网上交易的各个营业部注册登记，成为该证券公司的一个客户，然后直接在网络交易平台上下单交易。但网上交易仍然通过开户的营业部进行，记入该营业部的交易量指标中。

2）银证通模式

该模式是指证券公司同商业银行合作，以客户的银行存折账号作为保证金账号，客户到就近的银行办理登记注册以及资金的划转和结算业务，由银行代证券公司审查客户开户资料的合法性和有效性。

为加强证券公司利用互联网络开展证券委托业务的管理，规范市场参与者的行为，防范和化解市场风险，保护投资者利益，中国证监会于 2000 年 3 月 30 日正式发布实施《网上证券委托暂行管理办法》，这标志着我国网上证券委托交易步入规范发展的轨道。

9.4.6 网上保险

1. 网上保险的概念

保险电子商务也称网上保险，指保险公司或保险中介机构以互联网和电子商务技术为工具来支持保险经营管理活动的经济行为。保险电子商务发展是涉及保险公司、保险中介公司各类资源整合，涉及公司所有利用互联网(包括 Internet 与 Intranet)、无线技术、电话等信息技术手段进行电子化交易、电子化信息沟通、电子化管理的活动，贯穿公司经营管理的全过程。保险电子商务是随着互联网技术兴起并逐渐成熟后，新的信息技术在保险公司内又一轮深层次的商务应用，是信息技术本身和基于信息技术所包含、所带来的知识、技术、商业模式等在公司内的扩散和创新。

2. 网上保险的优势

网上保险不但可以缩减公司的成本，并且提供更多的服务内容。该类公司通过网上销售产品，使各保险公司必须在监管部门的监管和催促下公布更多公开公正的公司信息，使缓解保险市场上保险公司与保险客户间信息不对称的程度成为可能；保险公司也真正站在同一起点上销售保单，进而提高保险产品的优势。多家公司对同一客户展开竞争有利于客户的正确抉择，这就需要专业的保险顾问就各种设计方案为客户提供客观的比较分析，促使消费者做出理性的选择，这也为以后理赔工作和保险纠纷的顺利解决打下了良好的基础。

交互性是网络的又一优势。保险公司通过设置用户调查表、留言簿等得到客户的大量信息，如个人偏好、购物方式、消费水平等，从而努力为其提供真正个性化的保险产品组合。此外，随着网络的发展，逐渐实现保险公司信息、管理、服务三位一体的功能，才能更符合人们的需求，更符合保险公司降低成本、提高经济效益的商务本质。

3. 我国网上保险及其特征

1）我国保险网站常见类型

目前，我国常见保险网站大致可分为三大类。

第一类：保险公司自建网站，主要推销自家险种，如平安、泰康在线等。

第二类：独立保险网站，不属于任何保险公司，但也提供保险服务，如优保网、易保等。

第三类：就是中国保险网一类的保险信息网站，往往被视为业内人士的 BBS。

2）我国网上保险特征

网络保险在我国还只能算新生事物，并呈现出如下几个特征。

（1）多数保险公司对网络保险的认识是处于试用阶段，真正开展网络保险业务的保险公司较少。

虽说我国的保险网站早在 1997 年就出现，但其主要功能一直局限于保险咨询、险种浏览、投保意向、网上投诉报案、调查市场需求、管理客户资料和设计保险方案等。

（2）网络保险业务内容单一，缺乏线上互动。在网络销售方面，还处于最初的静态信息给予阶段，很少有保险公司进行网络直销。在客户服务方面，也仅仅处于服务信息提供阶段。

（3）网络保险客户较少。相当一些人因收入水平低而无条件上网，直接影响网络保险需求。

（4）网络保险存在着较大的风险。网络系统是网络保险的依托，任何有关网络系统不安全的因素都可能造成信息资料的失真和丢失，影响网络的安全运行。此外，在缺乏丰富的保户资料而保险公司与保户又不是面对面接触的情况下，网络保险很容易带来道德风险。

4. 网上保险的服务内容

一般来说，保险电子商务的服务内容大致可以分为两类。

一类是网上理财。包括证券、融资、期货、资产管理、信托等融资服务。如平安保险推出的国内首家一站式金融综合理财服务，包括保险、证券、信托投资、企业养老金、期货交易于一体，网上买卖股票、养老金账户查询等服务。

另一类是网上保险业务。包括险种介绍和保单查询，以及保险公司形象和产品的宣传等保险信息服务，网上直销保单服务和提供半自动化的网上保险服务。客户的咨询、投保、续期保险费的缴纳及各种保险金的领取等都可以通过保险公司的网站来实现，足不出户就可以得到全方位的保险服务。

电商实践

电商创业的几个误区

误区一：只要有流量，就会有销售；误区二：好的线下零售商线上也一定能做好；误区三：只要抓好了某一个关键点顾客体验就好了；误区四：只要规模做大了成本自然就降下去了。

9.4.7 电子商务应用扩展

近几年，随着网络的发展和网民数量的急增，网络的应用越来越广泛，电子商务的各种应用也应运而生。下面列举几种最新的电子商务的应用和发展。

1. 懒得淘：精品化礼物导购

“懒得淘”网站是一个开放式的精品化礼物导购网站。“懒得淘”主要服务于被各种送礼难题困扰的，由于工作繁忙难以花大量时间挑选礼物的现代都市人群。用户只要以提问的方式描述出具体购物需求，通过求购问答的模式以需求驱动购物，并能免费获得由“礼物顾问”量身定制的送礼策划方案和推荐。

送礼是门学问，子曾经曰：来而不往非礼也，“礼尚往来”是美德。“懒得淘”正是看中了个性化礼物细分市场的机会，以礼物市场作为切入点进入电商，通过礼物求购导购，形成买家、卖家、顾问的社交关系。

“懒得淘”满足用户专业化、个性化的需求，解决不知道送什么礼物的“难题”。在“懒得淘”，用户只要以提问的方式描述出具体购物需求，通过求购问答的模式以需求驱动购物，并免费获得由“礼物顾问”量身定制的送礼策划方案和礼物推荐。

同时，“懒得淘”已推出 IOSAPP 应用，方便用户更加便捷地提出求购需求。“懒得淘”还有关注、粉丝等社交功能，引导用户更加快捷地找到满意的礼物。

“懒得淘”认为礼物是天然与社交网络结合在一起的消费，因此在“懒得淘”上有类似微博的关注、粉丝功能，用户可以看到“顾问”的所有推荐产品。

“礼物顾问”是有佣金的。“礼物顾问”为他人推荐礼物，该礼物被购买，导购指向的淘宝商铺会返还给“礼物顾问”佣金。具体的佣金比例根据卖家不同而有区别。

“懒得淘”通过检测用户购买行为，实时计算出“礼物顾问”预计能够获得的佣金。在随后一定时间内，如果购买礼物的用户没有退货或者投诉等导致交易不成功的行为，佣金会在一定时间后存入“礼物顾问”的账户。

“懒得淘”收录了数以万计的时尚礼物，并根据所属类别，将礼物分成多个品类。在“懒得淘”页面中，品类展示图中的数字表示：对应于目前的标签，该品类中包含的所有礼物数量。

用户通过选择标签的方式，尽量完整地选择预设标签，并尽可能详细地补充求购备注，描述礼赠需求，确认礼物求购问题并提交，专业礼物顾问就能更准确推荐礼物。总之，提供越详细的礼赠需求，“懒得淘”越能推荐越准确的礼物。

2. 人脉通：B2B 商务社交应用

“人脉通”是以销售职能为导向的用户管理人脉、挖掘潜在交易机会的应用，这款“人脉通”的应用自其 IOS 客户端在 2012 年四月份、Android 客户端在六月份上线之后，已经积累了 60 多万用户。而更有趣的是，它的主要用户群，正是制造业、纺织业、化工业和钢铁业这些看似不可撼动的传统中小企业里的个体。

人脉通是如何钓到这部分用户的呢？先简单介绍一下这款应用。虽然人脉通自己的定位是一款 B2B 的商务社交应用，但实际它的用户都是中小企业里面的一个个个体，主要是销售和采购人员。其提供的服务就包括名片管理、人脉管理和互动；各类行业展会论坛的各类资讯服务；基于用户的商务活动轨迹、行业和公司细分的人脉推荐服务；原材料、产品供求信息发布服务。

人脉通创始人陈曦掌握了人脉通的用户具有这么几个特点：经常有差旅，参加很多行业展会；明确的交易需求，不管是找产品、找代理还是找项目；支付能力比较强(企业报销)，对流量也不是很敏感。

针对用户的这些特点，陈曦自己总结了挖取用户的三点经验。第一个关键词是展会，人脉通会去收集各个行业的展会信息，比起相对单薄的线上社交，展会成了用户线下商务社交、拓展人脉的基础，而这类信息实际也是差旅型销售人员的刚需；第二，线下运营很重要。陈曦说，他们锁定中小企业的目标客户做了很多工作，让用户成功入驻、并且留在了平台(这点他不愿细说)；第三，“去互联网化”、接地气的目标客户沟通方式。关于第三点，陈曦举了个例子：你跟那些销售人员说什么 Evernote 他们都不懂，但很多人都会随身带个纸版的“小账本”，这两者实际在功能上有很多相似处。同样的道理，在面向非互联网行业的用户时，你也需要换用用户听得懂的表达方式，把产品实际解决的痛点，传达给他们。

总结来说，人脉通的功能在一定程度上跟这些人的需求完成了匹配。另外，因为线下拓展业务的成本相对较高，也不可控，人脉通信息结构化呈现、免费的特点也让它比较自然地成了这部分人群的一个补充品。另外，在完成最初的用户积累之后，人脉通现在也把关注点放在了“商机”两个字上，并将(原材料)采购方和(产品)销售方的供求信息放在了应用更显著的位置，希望用户能够挖掘商机甚至完成交易。可以说，现在的人脉通更像是一个没有入驻门槛、为中小企业买卖双方提供免费信息服务的“阿里巴巴”。人脉通真实面向的还是销售和采购中的中高端用户，人脉通用户的越狱行为非常普遍，手机型号也多为三星、iPhone 等大屏的中高端机，他们对于如何使用产品实际很清楚，只是，很多时候他们只是拿着智能手机打游戏，看电影。对人脉通而言，基于比较精准的用户定位，让合作方在平台上做酒店、机票预订等服务，通过社交化的方式拓展商务机会。

3. Best Decision：终极购物车

LEAP Commerce 是一家名不见经传的移动购物创业公司，目前对“Best Decision” IOS 购物应用进行了大幅升级，为用户提供了真正意义上的通用购物车。用户一旦看到自己喜欢的产品，便可“加入购物车”，感觉就像所有商品都来自同一家网站一样。结账也可以一次性完成，Best Decision 可以通过后台与各大零售网站单独完成结算流程。

通过这一服务，用户只需使用一个购物车，便可同时在很多网络商店中购物。该公司正在与 23 家电子商务网站合作，不仅包括沃尔玛和亚马逊等顶级电商网站，还包括 Gilt 和 Svpply 等新兴企业。LEAP 会使用零售商的 API(应用编程接口)，有时则会通过联盟计划展开合作。虽然该应用并未将合作零售商的产品全部整合进来，但新应用仍然提供了 1.1 亿种商品。

LEAP 大约一年前创立，取自四个单词的缩写，分别是忠诚度(Loyalty)、参与度(Engagement)、分析(Analytics)和支付(Payments)。

2012 年该公司就推出了一款 IOS 应用，有些类似于目录应用，可以方便用户在各种电子商务网站中搜索，并通过电子邮件、Facebook、Twitter 或短信向好友征求意见。最新发布的应用外观与旧版本类似，但却整合了通用购物车功能。

用户一旦看到自己喜欢的产品，便可“加入购物车”，感觉就像所有商品都来自同一家网站一样。结账也可以一次性完成，Best Decision 可以通过后台与各大零售网站单独完成结算流程。至于具体完成过程，则是 LEAP 的“秘密武器”——该公司还申请了几项专利。

“当我们开始整合社交与移动元素时，电商市场的前景令我们很振奋。”LEAP CEO

阿米特·查特吉(Amit Chatterjee)说。他表示，该公司希望解决当今电子商务的三大问题："首先，在购物图谱方面缺乏足够的创新；其次，没有多少购物分析——虽然有不少购买分析，但却没有购物分析；第三，对话中彻底移除了社交元素。"

当然，第三点并不完全正确，因为很多网站都引入了社交购物模式，但LEAP的理念略有不同。例如，该公司可以在兴趣类似的消费者之间建立联系，而其他社交商务项目中的"社交"元素只是让用户可以看到好友推荐或购买的商品。

该公司还希望利用用户行为了解消费者的习惯，从而根据这些内容定制搜索结果。目前，LEAP使用26种不同指标来将用户分为14种类别，而且仍在不断改进算法。通过对用户行为的深入理解，LEAP还可以帮助合作开发商和广告网络提供更精准的广告。

LEAP并未在这款新应用中整合所有的愿景，而且应用界面仍然存在不足。但他们所使用的技术的确很吸引人，对于经常网购的人来说，能够在不同网站间实现一站式体验的确很有吸引力。

LEAP已经获得了100万～500万美元的种子投资。Best Decision IOS应用可以通过苹果App Store免费下载。

4. 电子商务的应用领域

电子商务应用灵活多变，可以集思广益，开发多种应用。电子商务作为信息流、现金流的实现手段，应用领域极其广泛，主要应用在以下领域。

(1) 国际旅游和各国旅行服务行业，例如旅店、宾馆、饭店、机场、车站的订票、订房间、信息发布等一系列服务。

(2) 传统的出版社和电子书刊、音像出版部门。

(3) 网上商城、批发、零售商品、汽车、房地产、拍卖等的交易活动。

(4) Web工作站和工作网点。

(5) 计算机、网络、数据通信软件和硬件生产商。

(6) 无收入的慈善机构。

(7) 进行金融服务的银行和金融机构，持有各种电子货币或电子现金者(例如电子信用卡、磁卡、智能卡、电子钱包等持有者)。

(8) 政府机关部门的电子政务，如：电子税收、电子商检、电子海关、电子政府管理。

(9) 信息公司、咨询服务公司、顾问公司。

(10) 进行小规模现金交易的金融组织和证券公司。

(11) 分布全世界的各种应用项目和服务项目等。

电商实践

电商运营三核心

电商运营的第一个核心在于竞争分析；运营的第二个核心在于产品的商品化；运营的第三个核心是体验构建。

本章小结

本章针对电子商务在现实生活中的应用做了详细的介绍，主要是对常见的B2C、B2B、C2C类电子商务深入地解析，从总体上对电子商务的应用有初步了解，进而拓展其他领域的电子商务的应用，从更广泛的角度认识电子商务，为思维拓展提供广阔空间。

B2C即企业对消费者的电子商务，是企业与消费者之间依托互联网等现代信息技术手段进行的产品、服务及信息交换等商务活动。具有品种丰富、全天候营业、成本低廉、减少库存、服务更全面周到、建立长期稳定的客户关系等优势。B2C电子商务的主要模式有门户网站、电子零售商、内容提供商、交易经纪人、社区服务商等，在此基础上创新出C2B创新模式。熟悉B2C的系统结构和交易过程。

B2B类电子商务即企业对企业的电子商务，是企业通过信息平台和外部网站将面向上游供应商的采购业务和面向下游代理商的销售有机的联系在一起，从而降低彼此之间的交易成本，提高客户满意度的商务模式。具有降低采购成本、减少库存和产品的积压、缩短生产周期、更有效的客户服务、降低商品价格、新的销售机会、改善供应链管理等优势。目前企业采用的B2B可以分为面向制造业或面向商业的垂直B2B、面向中间交易市场的B2B、自建B2B模式、关联行业B2B模式等四种模式。要熟悉B2B电子商务的交易过程和B2B电子交易业务流程。

C2C类电子商务即消费者对消费者、个人对个人的电子商务，是基于Web网站提供平民之间的自由贸易和商品信息沟通买卖的一种模式。了解中国C2C简史。C2C模式创新如威客模式、换客模式、SNS模式。C2C类电子商务在买卖双方、政府层面均存在一定问题需应用相关对策解决。

其他类的电子商务主要介绍电子政务、网上旅游服务、网上教育和网上信息服务。电子政务的最大特点就在于其行政方式的电子化，即行政方式的无纸化、信息传递的网络化、行政法律关系的虚拟化等。网上旅游服务形成旅游服务平台，服务内容多元化。网上教育的优势主要体现在：资源利用最大化、学习行为自主化、学习形式交互化、教学形式修改化、教学管理自动化。网上教育主要有远程教育、网校和学习网站等形式。网上信息服务是电子商务应用的延伸，主要有：网络信息代查服务、网上信息加工服务、网络信息传递服务、网络信息咨询服务等。网上证券是证券行业以Internet为媒介向客户提供全新的商业服务。它是一种大规模、全方位、体系化、新型的证券经营模式，可为大量远离证券营业部的证券投资者同所有的甚至更多与现有的营业部提供全方位的服务。

本章习题

一、单项选择题

1. 亚马逊网上书店是一家以(　　)业务为主的电子商务企业。

A. B2C　　B. B2B　　C. C2C　　D. B2B2C

2. 淘宝网(http://www.taobao.com)的域名是(　　)。

A. taobao　　B. www.taobao

C. taobao.com　　D. www.taobao.com

3. B2C类电子商务是一种广泛应用的电子商务类型，包括(　　)。

A. 网上商店　　B. 网上商厦　　C. 网上直销　　D. 以上都是

4. 网络教育使得人们足不出户就能平等地获得优质的教育和自我提高的机会，但在(　　)还不能完全克服传统教育的限制。

A. 空间　　B. 时间　　C. 师生的相互交流　　D. 受教育的年龄

5. 下列描述网络商务信息的说法中准确的是(　　)。

A. 网络商务信息的范畴不仅仅指只有通过计算机网络传递的商务信息

B. 网络商务信息的范畴其实仅仅指的通过网络传递的商务过程中的买卖双方交流的信息

C. 网络商务信息是指通过计算机网络传递的商务信息

D. 网络商务信息的范畴不仅仅指的只有通过计算机网络传递的信息

二、判断题

1. B2C类电子商务是电子商务的主流形式，占所有电子商务类型中的绝大比重。(　　)

2. 网络购物较传统购物而言，有许多优越性，因此，在不久的将来。网络购物一定会取代传统购物方式。(　　)

3. 阿里巴巴网站是属于面向制造业或面向商业的垂直B2B商业模式。(　　)

4. 电子政务就是指政府实行网上采购活动。(　　)

5. 目前，我国网上证券交易主要有营业部模式和银证通模式两种。(　　)

三、填空题

1. B2C类电子商务是Business to Consumer，B2C的英文缩写，是指__________对__________的电子商务。

2. 世界上第一家网上书店是亚马逊网上书店，网址是__________，创始人是__________。

3. 中国电子政务网(http://www.e-gov.org.cn/)是在信息产业部电子科学技术委员会及信息产业部基础产品发展研究中心指导下建立的全国__________系统全面的介绍电子政务建设、信息化建设的专业网站。

4. 中国证券网的网址是__________，创立于__________年，是中国最早从事财经信息网络传播的专业性网站之一。

5. 保险电子商务的服务内容大致可以分为__________和__________两大类。

四、简答题

1. B2C类电子商务有哪些优势?

2. 我国网络购物存在哪些亟待解决的问题?有何对策?

3. B2B 类电子商务有哪些优势？
4. C2C 类电子商务目前有哪些隐患？应如何解决？
5. 电子政务有哪些特点？
6. 网上证券有哪些功能？

参 考 文 献

[1] 宋文官．电子商务师国家职业资格培训教程(基础知识)[M]．北京：中央广播电视大学出版社，2010.

[2] 宋文官．电子商务师国家职业资格培训教程(助理电子商务师·国家职业资格三级)[M]．北京：中央广播电视大学出版社，2010.

[3] 许多顶，田华，等．电子商务概论[M]．北京：高等教育出版社，2007.

[4] 吴德本．物联网综述(1)－(6)[J]．有线电视技术，2011(1-6).

[5] 张毅，唐红．物联网综述[J]．数字通信，2010(8).

[6] 朱仲英．传感网与物联网的进展与趋势[J]．微型电脑应用，2010(1).

[7] 孙其博，刘杰，黎彝，等．物联网：概念、架构与关键技术研究综述[J]．北京邮电大学学报，2010(6).

[8] 陆静．海尔电子商务应用研究与启示[J]．科学与管理，2010(1).

[9] 杨延红，李红利．海尔电子商务战略分析[J]．山西广播电视大学学报，2006(4).

[10] 何积丰．Cyber-Physical Systems[J]．中国计算机学会通讯，2010，6(1)：25-29.

[11] 吕廷杰．移动互联网与物联网发展趋势展望[J]．Technical Report，2011(3).

[12] 王俊宇，闵昊．EPC系统结构及其面临的问题[J]．小型微型计算机系统，2006(7).

[13] 王强．Dreamweaver CS4 入门与进阶[M]．北京：清华大学出版社，2010.

[14] 胡崧．Dreamweaver CS3 中文版完美网页设计——技术入门篇[M]．北京：中国青年出版社，2009.

[15] 田苗，陈洪全．基于RFID的电子商务物流技术创新分析[J]．商场现代化，2006(4中).

[16] 匿名．马云：下一站大机会是物流[J]．看天下，2011(01)：94.

[17] 郑玲．中国B2C电子商务发展趋势探讨[J]．电子商务，2011(6).

[18] 梁利峥．中粮的微博集团军[J]．经理人，2011(6).

[19] 方磊．电子商务物流管理[M]．清华大学出版社，2011.

[20] 周慧，罗小琼．物流电子商务[M]．清华大学出版社、北京交通大学出版社，2011.

[21] 郭汝惠．电子商务实用教程[M]．电子工业出版社，2010.

[22] 姚春荣，刘利华．电子商务概论[M]．武汉大学出版社，2007.

[23] 苏晓雯．电子商务环境下物流管理的特点、问题及对策[J]．商业时代(原名《商业经济研究》)，2010(23).

[24] 刘真．我国电子商务信用体系问题的探讨[J]．读与写(教育教学刊)，2010(8).

[25] 夏志楠，王睿．浅析计算机网络失泄密问题及防范措施[J]．科教文汇(下旬刊)，2010(7).

[26] 陈谦倩，郝春静，肖颖，等．电子商务下支付的风险分析[J]．学理论，2010(18).

[27] 刘永华等．计算机网络技术及应用[M]．中国水利水电出版社，2008(9).

[28] 黄金波，齐永才．计算机网络技术案例教程[M]．北京大学出版社，2010.

[29] 陈昭．第三方物流企业物流信息管理系统探析——探讨中国第一家物流企业宝供物流体系的成功之道[J]．现代商贸工业，2010.

[30] 刘要红．浅析绿色物流[J]．辽宁科技学院学报，2006(3).

[31] 王付山，潘东静．联机分析处理技术的应用研究[J]．德州学院学报，2006(5).

[32] 白国应．中国科学院文献信息网络建设的回顾与展望[J]．中国图书馆学报，1996(3)：57-62.

[33] 陶伟．2000年中国步入信息化社会不是天方夜谭[J]．计算机世界网络时代，1996(11)：129.

[34] 朱江．Internet上的中文信息资源及其利用[J]．情报理论与实践，1996(5)：50-52.
[35] 索传军．信息咨询服务的项目管理[J]．图书馆工作与研究，1996(6)：3-6.
[36] 计算机世界网络部．Internet前途光明ISP任重道远[J]．计算机世界网络时代，1997(1)：145.
[37] 王源．加快信息资源建设，推进信息资源利用[J]．图书馆杂志，1997(4)：8-11.
[38] 迈克尔・沙利文—特雷纳．信息高速公路透视[J]．科学技术文献出版社，1995(7).
[39] 陆山珊．INTRANET挑战INTERNET[J]．中国信息导报，1997(1)：20-21.
[40] 曹彩杰．电子商务案例分析[M]．北京：北京大学出版社，2010.
[41] 吴金炎．数据挖掘、数据仓库技术在电子商务的应用综述[J]．福建教育学院学报，2010年第4期.
[42] Daniel Giusto，Antonio Iera，Giacomo Morabito，et al.．*Preface to "The Internet of Things"* [J]. Springer，2010.
[43] Krassie Petrova，*Bin Wang*. *Location-based services deployment and demand：a roadmap model* [J]. Electronic Commerce Research，2011(11)：5-29.
[44] Edward A. Lee. *Computing Foundations and Practice for Cyber-Physical Systems：A Preliminary Report*[J]. Technical Report，2007.
[45] Luigi Atzori，Antonio Iera，Giacomo Morabito. *The Internet of Things：A survey*[J]. Computer Networks，2010(54)：2787-2805.
[46] Deze Zeng，Song Guo，and Zixue Cheng. The Web of Things：A Survey[J]. JOURNAL OF COMMUNICATIONS，2011，6(6)：424-438.
[47] 卢曦．当当网宣布盈利，业界人士提出三大质疑．每日经济新闻，2009-06-04.
[48] 腾讯科技．京东C轮融资超5亿美元．http://tech.qq.com/a/20101224/000367.htm，2010-12-24.
[49] 中国电子商务研究中心．2012年中国网络零售市场动态监测．http://b2b.toocle.com.
[50] 中国电子商务研究中心．2012年度中国电子商务市场数据监测报告．http://www.100ec.cn/zt/2012ndbg/.
[51] 中国互联网络信息中心(CNNIC)．第31次中国互联网络发展状况统计报告．http://www.cnnic.net.cn/hlwfzyj/hlwxzbg/hlwtjbg/201301/t20130115_38508.htm.
[52] 网易科技．淘宝商城独立运营的台前幕后．http://tech.163.com/10/1119/08/6LRDJ53000094913.html，2010-11-19.
[53] 吴勇毅．B2C企业加速百货化，多子并非多福．商业评论网，2011-03-30.
[54] 百度百科，http://baike.baidu.com.
[55] CIO时代网(www.ciotimes.com).

北京大学出版社本科电子商务与信息管理类教材(已出版)

序号	标准书号	书　名	主　编	定　价
1	7-301-12349-2	网络营销	谷宝华	30.00
2	7-301-12351-5	数据库技术及应用教程(SQL Server 版)	郭建校	34.00
3	7-301-17475-3	电子商务概论(第 2 版)	庞大莲	42.00
4	7-301-12348-5	管理信息系统	张彩虹	36.00
5	7-301-26122-4	电子商务概论(第 2 版)	李洪心	40.00
6	7-301-12323-2	管理信息系统实用教程	李　松	35.00
7	7-301-14306-3	电子商务法	李　瑞	26.00
8	7-301-14313-1	数据仓库与数据挖掘	廖开际	28.00
9	7-301-12350-8	电子商务模拟与实验	喻光继	22.00
10	7-301-14455-8	ERP 原理与应用教程	温雅丽	34.00
11	7-301-14080-2	电子商务原理及应用	孙　睿	36.00
12	7-301-15212-6	管理信息系统理论与应用	吴　忠	30.00
13	7-301-15284-3	网络营销实务	李蔚田	42.00
14	7-301-15474-8	电子商务实务	仲　岩	28.00
15	7-301-15480-9	电子商务网站建设	臧良运	32.00
16	7-301-24930-7	网络金融与电子支付(第 2 版)	李蔚田	45.00
17	7-301-23803-5	网络营销(第 2 版)	王宏伟	36.00
18	7-301-16557-7	网络信息采集与编辑	范生万	24.00
19	7-301-16596-6	电子商务案例分析	曹彩杰	28.00
20	7-301-26220-7	电子商务概论(第 2 版)	杨雪雁	44.00
21	7-301-05364-5	电子商务英语	覃　正	30.00
22	7-301-16911-7	网络支付与结算	徐　勇	34.00
23	7-301-17044-1	网上支付与安全	帅青红	32.00
24	7-301-16621-5	企业信息化实务	张志荣	42.00
25	7-301-17246-9	电子化国际贸易	李辉作	28.00
26	7-301-17671-9	商务智能与数据挖掘	张公让	38.00
27	7-301-19472-0	管理信息系统教程	赵天唯	42.00
28	7-301-15163-1	电子政务	原忠虎	38.00
29	7-301-19899-5	商务智能	汪　楠	40.00
30	7-301-19978-7	电子商务与现代企业管理	吴菊华	40.00
31	7-301-20098-8	电子商务物流管理	王小宁	42.00
32	7-301-20485-6	管理信息系统实用教程	周贺来	42.00
33	7-301-21044-4	电子商务概论	苗　森	28.00
34	7-301-21245-5	管理信息系统实务教程	魏厚清	34.00
35	7-301-22125-9	网络营销	程　虹	38.00
36	7-301-22122-8	电子证券与投资分析	张德存	38.00
37	7-301-22118-1	数字图书馆	奉国和	30.00
38	7-301-22350-5	电子商务安全	蔡志文	49.00
39	7-301-22121-1	电子商务法	郭　鹏	38.00
40	7-301-22393-2	ERP 沙盘模拟教程	周　菁	26.00
41	7-301-22779-4	移动商务理论与实践	柯　林	43.00
42	7-301-23071-8	电子商务项目教程	芦　阳	45.00
43	7-301-23735-9	ERP 原理及应用	朱宝慧	43.00
44	7-301-25277-2	电子商务理论与实务	谭玲玲	40.00
45	7-301-23558-4	新编电子商务	田　华	48.00

如您需要更多教学资源如电子课件、电子样章、习题答案等，请登录北京大学出版社第六事业部官网 www.pup6.cn 搜索下载。

如您需要浏览更多专业教材，请扫下面的二维码，关注北京大学出版社第六事业部官方微信（微信号：pup6book），随时查询专业教材、浏览教材目录、内容简介等信息，并可在线申请纸质样书用于教学。

感谢您使用我们的教材，欢迎您随时与我们联系，我们将及时做好全方位的服务。联系方式：010-62750667，dreamliu3742@163.com，pup_6@163.com，lihu80@163.com，欢迎来电来信。客户服务 QQ 号：1292552107，欢迎随时咨询。